MFS/72063

SOUVENIRS HISTORIQUES

DE

GUY-JOSEPH BONNET

GÉNÉRAL DE DIVISION DES ARMÉES DE LA RÉPUBLIQUE

D'HAITI

ANCIEN AIDE DE CAMP DE RIGAUD

DOCUMENTS

RELATIFS A TOUTES LES PHASES DE LA RÉVOLUTION DE SAINT-DOMINGUE

RECUEILLIS ET MIS EN ORDRE

PAR

EDMOND BONNET

PARIS

AUGUSTE DURAND, LIBRAIRE

RUE DES GRÈS, 7.

1864

SOUVENIRS HISTORIQUES

DE

GUY-JOSEPH BONNET

PARIS — IMPRIMERIE DE E. DONNAUD,
RUE CASSETTE, 9.

SOUVENIRS HISTORIQUES

DE

GUY-JOSEPH BONNET

GÉNÉRAL DE DIVISION DES ARMÉES DE LA RÉPUBLIQUE

D'HAITI

ANCIEN AIDE DE CAMP DE RIGAUD

DOCUMENTS

RELATIFS A TOUTES LES PHASES DE LA RÉVOLUTION DE SAINT-DOMINGUE

RECUEILLIS ET MIS EN ORDRE

PAR

EDMOND BONNET

PARIS

AUGUSTE DURAND, LIBRAIRE

RUE DES GRÈS, 7.

—

1864

INTRODUCTION [1].

La colonie de Saint-Domingue, centre de la puissance française en Amérique, était parvenue, vers la fin du siècle dernier, à un haut degré de prospérité. La fertilité d'un sol où la nature semble à plaisir avoir concentré ses forces productives, la douceur du climat qui favorise une végétation perpétuelle ; le nombre et l'étendue des plaines, séparées entre elles par de hautes montagnes, d'où s'échappent d'abondantes rivières, qui apportent à la production le concours de leurs eaux bienfaisantes ; tous ces avantages réunis avaient concouru à faire de cette île la plus belle des possessions européennes dans le Nouveau-Monde.

La population se fractionnait en trois grandes

---

(1) Cette introduction a pour base le rapport sur les troubles de Saint-Domingue, par J. P. Garran.

divisions : les blancs, les hommes de couleur libres, et les esclaves.

Les grands planteurs, possesseurs du sol, largement récompensés de leurs efforts agricoles, par les précieux avantages que leur offrait le pays, étaient rapidement arrivés à la fortune. Les immenses richesses dont ils étaient en possession leur avaient ménagé des alliances avec les premières familles de France. Leur vanité s'en était accrue. Fiers de leur position, qui venait encore ajouter à la morgue que leur donnait déjà, la puissance absolue du maître sur l'esclave, ils traitaient avec dédain les petits blancs ou blancs *manants*, dénomination sous laquelle on comprenait les artisans, ceux qui vivaient de leur industrie et cette foule d'aventuriers qui venaient chercher fortune aux colonies; ils poursuivaient de leurs mépris et de leur haine les hommes de couleur libres, dont la vue leur rappelait sans cesse le mélange de leur sang avec le sang des Africains, et foulaient aux pieds les esclaves instruments de leurs richesses, qu'ils rangeaient au niveau de la brute.

Soumis aux caprices des grands planteurs, le blanc *manant* lui-même se vengeait de son abjection par la puissance des préjugés ; *la noblesse de la peau* le relevait au-dessus des hommes de couleur libres, quel que fût leur état d'aisance, et à plus forte raison au-dessus des esclaves. Une ligne de démarcation tranchée séparait ainsi les blancs des deux autres classes de la société coloniale.

Les hommes de couleur étaient abreuvés de mépris et d'humiliation. Asservis aux blancs, il leur fallait *respectueusement* dévorer l'outrage sans se plaindre, supporter toutes les exactions sans avoir recours aux tribunaux, qui leur refusaient la protection de la loi ; leurs propriétés mêmes n'étaient pas à l'abri de la convoitise des blancs ; la résistance était sans effet, car alors ils avaient pour accusateurs, pour juges, pour exécuteur les préjugés (1).

Les noirs, arrachés violemment des côtes de l'Afrique, entassés pêle-mêle sur des négriers, comme des colis de marchandises, étaient vendus, sur les marchés, comme le plus vil bétail, et condamnés ensuite à supporter la volonté, les caprices, la cruauté même du maître, sans qu'aucune autorité s'interposât entre eux.

Tel était le tableau de la colonie, lorsque le

---

(1) Rapport sur les troubles de Saint-Domingue. P. Garran, vol. II, p. 11.

gouvernement obéré de la France recourut aux états généraux.

Quoique les colons propriétaires fussent étrangers aux idées politiques qui travaillaient la mère patrie, la révolution qui s'annonçait leur souriait par l'espoir qu'ils avaient de secouer le joug de la métropole. Saint-Domingue leur semblait un patrimoine sur lequel, seuls, ils avaient des droits. Réunis en secret, ils concertèrent leurs moyens d'action et nommèrent des députés à l'Assemblée française (1), sans daigner abaisser leurs regards sur les classes inférieures, qu'ils croyaient pouvoir éternellement retenir dans l'abjection et dans l'asservissement.

Jusque-là le calme n'avait pas été troublé dans la colonie; les préjugés subsistants ne laissaient pas pénétrer ces grandes pensées d'égalité qui agitaient la France. La révolution du 14 juillet 1789 vint réveiller les esprits; la nouvelle de la prise de la Bastille avait été reçue avec enthousiasme à Saint-Domingue; partout on arbora la cocarde nationale, et, à l'instar des autorités po-

---

(1. Ces députés se présentèrent à la séance de l'Assemblée nationale au Jeu de Paume. Ils furent admis provisoirement au nombre de douze, dans la fameuse séance du 28 juin 1789.

Par le décret définitif du 4 juillet, ce nombre fut réduit à six députés et autant de suppléants, à raison de deux pour chaque province de la colonie. J. P. Garran, vol. 1, pp. 49 et 50.

pulaires qui s'étaient formées en France, les comités créés en secret par les grands planteurs se produisirent tout à coup et s'emparèrent de l'administration, sous le titre de comités provinciaux (1).

Ce n'était pas l'amour de la liberté qui animait les colons; la déclaration des *droits de l'homme*, les décrets des 4 et 5 août contre la féodalité vinrent, au contraire, répandre l'épouvante parmi eux. Ils voulaient abattre le despotisme administratif tout en donnant plus de force aux préjugés de l'esclavage. Ils voulaient faire la guerre aux personnes bien plus qu'aux abus, et, dans leur fol orgueil, ils croyaient que ceux qui gémissaient sous ces abus ne viendraient pas, à leur tour, revendiquer leurs droits naturels et reconnus à la liberté, à l'égalité.

L'esprit *effrayant* et *dominant* de la France ne leur laissait pas assez de confiance dans l'Assemblée nationale, dont ils entendaient n'accepter, du reste, que les actes qui favoriseraient leurs prétentions, et rejeter tous ceux qui porteraient atteinte à leurs préjugés. La résistance ne pouvait s'organiser qu'en s'appuyant sur un centre commun, qui imprimerait l'unité d'action à leurs

---

(1) Le 28 octobre 1789, ils notifièrent leur acte constitutif du 25 janvier. J. P. Garran; vol. 1, p. 71 et 72.

mesures et tiendrait en harmonie les différents comités provinciaux; ils recoururent à une assemblée coloniale (25 mars 1790).

Les forces ainsi concentrées, la lutte s'engagea entre les blancs, lutte acharnée, où l'administration, attaquée de toutes parts, incertaine, irrésolue, voyait déjà l'intendant, M. de Marbois, fuir devant le mouvement (26 octobre 1789). Alors les prétentions exagérées des grandes planteurs soulevèrent les *petits blancs*, qui formèrent, de leur côté, une coalition sous le nom de *pompons blancs*; coalition sur laquelle les agents du gouvernement s'appuyèrent pour maintenir leur autorité. Forts de cet appui et des secours que leur prêta le comité provincial du Nord, qui s'élevait aussi contre les tendances de l'assemblée de Saint-Marc, secondés par l'énergie de Mauduit, colonel au régiment de Port-au-Prince, ils parvinrent à opérer la dissolution du comité provincial de l'Ouest (30 juillet 1790) et de l'assemblée de Saint-Marc. Les membres de cette assemblée, au nombre de 85, s'embarquèrent pour la France sur le vaisseau le *Léopard* (7 août 1790) en faisant un appel aux armes (1) contre les agents du gou-

(1) J. P. Garran, vol. I, p. 264.

vernement, ce qui créa le parti des *Léopardins :* parti dont les vues, les opinions, les intrigues ont dominé la révolution à Saint-Domingue et fait perdre cette colonie à la France.

Cependant les hommes de couleur n'étaient pas restés indifférents au nouvel ordre de choses qu'annonçait la Révolution française (1). Ceux qui se trouvaient à Paris, rejetés de la représentation nationale, pour laquelle ils avaient nommé des députés, adressèrent à l'Assemblée leurs réclamations, demandant :

« Que la déclaration des droits de l'homme
» leur soit commune avec les blancs ; que les
» art. 57 et 59 de l'édit du mois de mars 1685
» soient renouvelés et exécutés suivant leur forme
» et teneur. En conséquence l'Assemblée natio-
» nale sera suppliée de déclarer que les nègres et
» créoles de couleur sont admis concurremment
» avec les blancs à tous les rangs, places, char-
» ges, dignités, honneurs ; en un mot qu'ils
» partageront avec les blancs les fonctions pé-
» nibles et honorables du gouvernement civil et
» du service militaire.

» Que, pour cet objet, l'accès des tribunaux
» leur sera ouvert ; qu'ils pourront parvenir aux

(1) J. P. Garran, vol. I, p. 98.

» premières places de judicature, comme il leur
» sera libre de se livrer aux fonctions secondai-
» res que la justice entraîne nécessairement après
» elle, telles que celles d'avocat, de notaire, de
» procureur, de greffier, d'huissier..... en sorte
» que leur couleur ne soit plus désormais un
» titre d'exclusion (1). »

Décidés à soutenir la justice de leurs réclamations, sans cependant porter la perturbation dans la colonie, ils s'adressèrent également à la société des colons, siégeant à l'hôtel Massiac, l'engageant à appuyer leur démarche. Toutes leurs prétentions furent repoussées (2).

Dans la colonie, des excès sacriléges avaient accueilli ces réclamations. Exclus partout, et des comités et des municipalités qui se formaient dans les communes, les hommes de couleur essayèrent, par d'humbles suppliques, d'obtenir de la clémence des colons leur admission aux assemblées primaires. Au Petit-Goave, un vieillard vénérable qui, par l'aménité de ses mœurs, avait su commander le respect à toutes les classes de cette société coloniale, Ferrand de Baudières, sénéchal du lieu, qui venait lui-même d'être nommé élec-

---

(1) *Débats dans l'affaire des colonies*, vol. III, pp. 83 et 84.
(2) J. P. Garran, vol. I, p. 106. *Débats*, vol. III, p. 134.

leur, consent à rédiger la pétition des hommes de couleur de la paroisse (1), pétition qui se bornait à demander quelques améliorations à leur état, et la faculté d'envoyer un d'entre eux à l'assemblée de la province. A la lecture de cette pièce, les blancs s'indignent de l'insolence des mulâtres. On s'excite, on s'emporte; à force de menaces et de violences, on arrache à ceux qui étaient venus présenter la pétition le nom du rédacteur.

Un colon avait prêté sa plume pour réclamer contre les abus du système colonial; un blanc avait pu appuyer, même en termes modérés, les droits des hommes de couleur; un magistrat avait osé réclamer en faveur de la justice et de l'humanité! Un cri unanime de réprobation s'élève de toutes parts; aux colons de la ville se joignent les colons de la plaine; Valentin de Cullion, qui présidait l'assemblée, déclare le sénéchal coupable; ni son âge, ni son caractère irréprochable, ni ses vertus ne peuvent fléchir ces forcenés; on traîne le vieillard par les rues, on le force à faire amende honorable; on le décapite sur la place publique, et sa tête, fichée au bout d'une pique,

---

(1) Garran, vol. I, pp. 109-110. *Débats* vol. I, pp. 84-104; vol II, pp. 200; vol. III, p. 300.

est promenée en triomphe par toute la ville (novembre 1789).

Premier martyr de la liberté, un colon, un blanc, avait payé de sa tête ses sentiments de modération, de justice et d'humanité. Cette tête, jetée à la face des hommes de couleur, était une déclaration de guerre à mort. Désormais les préjugés ne pouvaient disparaître que noyés dans le sang.

Cet assassinat fut le prélude des persécutions les plus odieuses.

Traqués dans les différents quartiers de la colonie (1), les hommes de couleur ne trouvaient nulle part de sûreté pour leurs personnes, de garantie pour leurs propriétés. Au *rassemblement de Plassac*, on avait répondu par une chasse en masse aux hommes de couleur de l'Artibonite. Vainement ils cherchaient à se soustraire à la mort en se cachant sans armes ; tous ceux qu'on put saisir furent impitoyablement massacrés et leurs têtes sanglantes portées triomphalement à Saint-Marc (2).

Après l'affaire du *fond parisien*, premier exemple de représailles exercé par les hommes de couleur, les mulâtres qui s'étaient défendus, ceux

---

(1) P. Garran, vol. I, pp. 111, 112 et 113.
(2) P. Garran, vol. II, pp. 15 et suivantes.

que la terreur avait portés à s'enfuir, sont déclarés *traîtres à la patrie, rebelles aux blancs* : leurs possessions ravagées, leurs champs livrés aux flammes, et, comme à l'affaire de l'Artibonite, les biens des plus riches confisqués (1).

Ces atrocités appelaient la résistance. Ce n'était pas la crainte qui, jusque-là, arrêtait les hommes de couleur; ils avaient, au contraire, le sentiment de leur force, et lorsque les agents du gouvernement, menacés par les décrets de l'assemblée de Saint-Marc, se déterminèrent à s'opposer aux visées d'indépendance de cette assemblée, à la dissoudre, l'appui des hommes de couleur, dans l'Ouest et dans le Sud. suffit à contenir la confédération qui s'était formée à Léogane en faveur des 85 et à assurer le triomphe du gouvernement. La cause de leur tolérance venait de la confiance que leur inspirait l'Assemblée nationale. En s'appuyant sur les principes proclamés par cette Assemblée, il était impossible que leurs réclamations, dont la justice était manifeste, ne fussent admises à la fin. Ils se décidèrent donc à tout attendre de la loi, à supporter les injustices, les vexations, les outrages même des

---

(1) P. Garran, vol. II, pp. 30, 34 et suivantes.

blancs; leur courage et leur résignation ne se démentirent point. Dévoués à la mère patrie, vers laquelle s'élançaient toutes leurs espérances, ils n'attendaient que d'elle seule la protection qui leur était due, et juraient de lui consacrer la dernière goutte de leur sang.

Bientôt les discussions soulevées au sein de l'Assemblée nationale, de cette assemblée si grande par ses lumières, si noble par ses principes, amenèrent, sur la question des colonies, les décrets des 8 et 28 mars 1790. Barnave, le rapporteur fameux du comité des colonies, vendu à la faction coloniale, avait employé tous ses talents à éluder, dans la rédaction, même le nom des hommes de couleur. Grégoire, cet apôtre de la liberté des noirs, insista pour qu'on y consacrât définitivement leurs droits, et son amendement ne fut retiré que sur cette observation faite par le rapporteur, d'accord avec les députés des colonies, qu'admettre cette consécration, ce serait déclarer les droits des hommes de couleur contestables et contestés. Dès lors, dans sa teneur et dans son esprit, cette loi reconnaissait le légitime exercice de leurs droits politiques.

A la nouvelle de ce décret, assemblée coloniale, comités provinciaux, royalistes et indépendants, tous les partis, toutes les classes des blancs se réunissent, en méconnaissent le sens, et décident de repousser les hommes de couleur des assemblées électorales.

Au milieu de cette agitation, de cette tourmente, Vincent Ogé arriva de France, joyeux du décret dont il était muni, et persuadé qu'en le portant à la connaissance de la colonie, il en obtiendrait facilement l'exécution. Il ne pensait pas, lui qui avait assisté, à Paris, dès le principe aux glorieux travaux de l'Assemblée constituante, que Saint-Domingue osât résister aux décrets de cette Assemblée. Vainement les hommes de couleur du Mirebalais, auxquels il avait donné avis de son arrivée et de ses intentions, l'engagèrent-ils à se rendre au milieu d'eux, où il aurait pu être appuyé par une force suffisante, avant de rien entreprendre. Aveuglé par la confiance en ses droits, il négligea cet avis, et adressa directement, de la paroisse du Dondon qu'il habitait, ses réclamations aux autorités constituées. Une armée marche contre lui. Après avoir résisté à une première attaque, grâce au concours d'une poignée des siens accourus à sa défense, il est obligé de s'enfuir sur le territoire espagnol. Livré par le gouverneur de cette partie de l'île et ramené au Cap, on lui fait subir, au milieu d'affreuses tortures, le supplice de la roue. Le sang de ses partisans coule à grands flots. Il n'était question dans toute la colonie que d'une Saint-Barthélemy des hommes de couleur.

La persistance à refuser l'exécution des décrets des 8 et 28 mars 1790, de celui du 15 mai, qui appelait à la jouissance des droits civils et politiques les hommes de couleur nés de père et mère libres ; la rage des persécutions partout poussée à l'excès ; les menaces de scission et d'indépendance de l'assemblée coloniale; les négociations avec le gouverneur de la Jamaïque dans le but de livrer la colonie aux Anglais, tous ces faits réunis lassèrent la patience des hommes de couleur, lesquels, dans l'Ouest et dans le Sud, recoururent aux armes pour soutenir leurs droits.

Déjà leur armée victorieuse, se précipitant des hauteurs du Mirebalais, s'était répandue dans la plaine du Cul-de-sac, culbutant tous les obstacles qui s'opposaient à sa marche, s'emparant de l'artillerie des troupes envoyées contre elle, lorsque les hommes du parti des *pompons blancs*, chassés de Port-au-Prince après la catastrophe de Mauduit, vinrent demander à s'allier aux hommes de couleur. Patriotes dévoués à la révolution française, opposés par conséquent de principes et de vues, aux *pompons blancs*, royalistes contre-révolutionnaires, ils n'acceptèrent pas moins cette alliance qui leur offrait les moyens d'arriver au triomphe de leur cause (1). Ils plantèrent leurs drapeaux au bourg de la Croix-des-Bouquets.

Épouvanté des succès de l'armée des confédérés, contre laquelle leurs efforts devenaient impuissants, les habitants de Port-au-Prince furent, à la fin, contraints de reconnaître les droits des hommes de couleur et de signer avec eux des concordats. Les bases de ces conventions furent posées par les commissaires des hommes de couleur. Dans cet acte mémorable, ils stipulaient l'égalité des droits que leur donnaient la nature et les principes de la révolution, comme les décrets nationaux et l'édit de 1685; l'engagement préalable d'exécuter le décret du 15 mai, dès qu'il serait reçu; la formation des assemblées primaires, aux termes des décrets du mois de mars 1790; le droit de députer directement à l'assemblée coloniale; la voix délibérative et consultative pour les députés de couleur comme pour ceux des blancs. Ils protestaient contre l'établissement des municipalités et des assemblées provinciales formées en contra-

---

(1) « Le diable se serait présenté que nous l'eussions enrégimenté, » répondait le général Beauvais, au commissaire civil Roume, qui lui reprochait cette alliance.

vention des décrets de l'Assemblée nationale ; ils réclamaient l'inviolabilité du secret des lettres et la liberté de la presse, demandaient la révocation de toutes les proscriptions, l'annulation des décrets et jugements rendus contre eux et des confiscations opérées en vertu de jugements ou autrement, avec les indemnités qui leur étaient dues pour leur exil, se réservant de faire dans un autre moment et envers qui il appartiendrait, toutes protestations et réclamations relatives aux jugements contre les sieurs Ogé, Chavannes et autres compris dans lesdits jugements, regardant dès à présent les arrêts prononcés contre les susdits par le conseil supérieur du Cap comme infâmes, dignes d'être voués à l'exécration contemporaine et future. Leur prise d'armes tiendrait jusqu'à l'exécution de tous les articles ; les armes, canons et munitions de guerre enlevés pendant les combats qui avaient eu lieu resteraient en la possession des vainqueurs. Ils rendirent ces stipulations communes aux hommes de couleur des autres paroisses, même à ceux de Port-au-Prince, qui, par une fausse pusillanimité, ne s'étaient pas réunis à eux.

Tous ces articles furent acceptés sans aucune modification par les commissaires de Port-au-

Prince, et les hommes de couleur déclarèrent qu'ayant tout lieu de croire à la sincérité de ce retour, ils se réuniraient de cœur, d'esprit et d'intention aux citoyens blancs, *pourvu que la précieuse et sainte égalité fût la base et le résultat de toutes les opérations ;* qu'il n'y eût entre eux et les citoyens blancs d'autre différence que celle qu'entraînent nécessairement le mérite et la vertu.

Le concordat à peine conclu fut violé par les blancs. Un traité de paix, du 19 octobre 1791, le confirma de nouveau. On y reconnut de part et d'autre les torts des blancs, la justice des réclamations des hommes de couleur. On réhabilita, par un article exprès, la mémoire des malheureuses victimes de la passion et des préjugés; on régla qu'il serait fait pour eux un service solennel dans les quatorze paroisses de l'Ouest, et qu'il serait pourvu par la colonie aux indemnités dues aux veuves et à leurs enfants. On ordonna la révision de tous les procès criminels antérieurs à la révolution, intentés contre les citoyens de couleur, pour raison de rixe entre eux et les citoyens blancs, de même *que tous jugements où le préjugé l'aurait emporté sur la justice.* Le serment *fédératif décrété par l'Assemblée nationale* serait prêté.

Tous, citoyens blancs, citoyens de couleur, ils jurèrent de soutenir de toutes leurs forces la *nouvelle Constitution* et de verser la dernière goutte de leur sang *pour s'opposer au retour de l'ancien régime*. Ce traité et le concordat devaient être soumis à l'approbation *de l'Assemblée nationale* et les hommes de couleur déclaraient s'en rapporter absolument à sa décision sur les articles insérés dans ces deux actes.

Le traité de paix avait été signé par les députés des quatorze paroisses de l'Ouest, réunis sur l'habitation Goureau. Il ne s'agissait plus que d'assurer la concorde générale. On arrêta qu'il serait chanté un *Te Deum*, où les troupes de ligne de terre et de mer et la marine marchande seraient invitées. L'armée des hommes de couleur, drapeaux déployés, devait se rendre à Port-au-Prince pour y assister et partager, dès ce jour-là même, le service de la garde nationale (1). C'est en cette occasion qu'apparaît Guy-Joseph Bonnet, dont nous publions ici les Souvenirs historiques.

Ces Souvenirs d'un homme qui fut mêlé, dès l'âge de 15 ans, aux scènes émouvantes de la révolution de Saint-Domingue, présent aux conseils de ceux qui ont dirigé le parti des hommes de

---

(1) P. Garran, vol. ii, p. 144, 145 et suivantes,

couleur ; appelé par les hautes fonctions dont il fut investi à participer aux actes mémorables qui ont assuré la liberté de son pays, fait proclamer son indépendance et fondé la république, pourront offrir quelque intérêt à ceux qui cherchent à s'éclairer sur l'histoire d'Haïti.

Je vais donc, sans passion, sans esprit de rivalité, livrer au public les faits avec leur appréciation, tels que je les ai recueillis dans l'intimité des entretiens de famille. Je m'efforcerai de faire ressortir dans ce récit l'impartialité et la modération de Bonnet, qualités qui dérivaient chez lui de la conviction d'avoir en toute circonstance agi avec droiture et loyauté. Lorsqu'on l'engageait à écrire : « A quoi bon? disait-il, le jour où une plume impartiale écrira l'histoire de mon pays, ma part sera assez belle, je n'ai à envier celle d'aucun autre. » Puisse ma narration, en rétablissant la vérité, que l'esprit de parti cherche encore de nos jours à défigurer, donner cette conviction au lecteur et lui faire porter sur ces mémoires un jugement favorable !

SOUVENIRS HISTORIQUES

DE

GUY-JOSEPH BONNET

PREMIÈRE PARTIE.

CHAPITRE PREMIER.

Bonnet, ses premières années; rupture des concordats; incendie de Port-au-Prince, son emprisonnement; camp de la Croix-des-Bouquets; son retour à Léogane et sa nomination au grade de capitaine du contingent marchant, sous Rigaud, au siége de Port-au-Prince.

Romaine *la Prophétesse* ; Saint-Léger, commissaire civil, dissout sa bande. Soulèvement de la plaine du Cul-de-Sac ; Bélisaire roi. Loi du 4 avril ; arrivée des commissaires civils Polverel, Sonthonax et Aillaud ; livraison de plusieurs villes aux Anglais ; esprit qui anime l'armée des hommes de couleur ; conseil de guerre, jugement de Dupaty.

Né à Léogane le 10 juin 1773, Bonnet, dès son bas âge, perdit son père. Marie-Louise, sa mère, négresse libre, présida seule à son éducation. Après avoir appris le peu qui s'enseignait alors aux colonies, il fut placé en qualité de commis, chez M. Pilloton, subrécargue chargé des intérêts d'une maison de Bordeaux. Par son intelligence, par son travail et sa bonne conduite, le jeune homme sut mériter à tel point la confiance de son patron que celui-ci pendant un voyage en France, où il était allé rendre compte de sa gestion, n'hésita pas à laisser à son commis, tout jeune qu'il était, la charge de mener à fin ses opérations.

Les passions spontanément enflammées chez les blancs fermentaient sourdement chez les hommes de couleur, qui espéraient, dans ce grand mouvement social, pouvoir ressaisir leurs droits civils et politiques. C'est à cela seul que se bornait alors leur ambition. Avides de nouvelles, ceux de Léogane s'assemblaient en secret et se les communiquaient. Bonnet, disposant des journaux de la maison de commerce où il travaillait, les portait à cette réunion qui, en reconnaissance, n'hésitait pas à recevoir les communications d'un enfant. Mais cet enfant était plein d'enthousiasme et de feu. Assistant aux discussions des blancs, un amour effréné de liberté et d'égalité s'était emparé de lui. Bientôt il était devenu l'orateur de cette assemblée d'hommes de couleur ; trop petit de taille, il ne pouvait au milieu d'un cercle être vu de tous ; on le faisait monter sur une table, tribune improvisée, d'où la lecture des papiers publics, les nouvelles de France, les explications qu'il donnait, exaltaient les imaginations, ranimaient les courages et faisaient naître ce patriotisme pur qui devait conduire aux plus nobles dévouements, être couronné d'éclatants succès.

Le cœur ulcéré de l'oppression sous laquelle gémissaient les siens, il ne put voir sans douleur Labuissonnière, après avoir erré dans les bois, n'obtenir la permission de rentrer dans ses foyers qu'en prêtant à genoux le serment de *respect et d'obéissance* envers les blancs. Il avait versé des larmes de sang sur la mort d'Ogé et de Chavanne ; et lorsque Mauduit vint braver sur la place d'armes de Léogane, les confédérés partisans des quatre-vingt-cinq, il avait frémi d'indignation en voyant ce colonel traîner à sa suite et conduire dans les prisons de Port-au-Prince, Rigaud, Faubert, Lefranc, les chefs des hommes de couleur qui s'étaient levés dans le Sud. Aussi le vit-on accueillir de toute la joie de son âme les concordats signés à la Croix-des-Bouquets et le traité de paix des quatorze paroisses de l'Ouest, dans la conviction que ces actes, en cimentant l'union de toutes les classes d'hommes libres, allaient ramener la paix dans la colonie.

La ratification des concordats avait été assignée au 21 novembre 1791. Les hommes de couleur de Léogane devaient ce jour-là se réunir à Port-au-Prince, à l'armée de la Croix-des-Bouquets qui, en exécution des traités, y était entrée, drapeaux déployés, afin de fraterniser avec la garde nationale blanche. Bonnet voulut aussi participer à l'honneur de ce beau jour de réconciliation; mais encore soumis à l'autorité de sa mère, il lui fallait adroitement s'évader, sans éveiller la sollicitude maternelle. Il enveloppa son fusil dans une natte, l'envoya, par un domestique, au port où ses amis allaient s'embarquer, et de grand matin, après avoir endossé un habit de garde national, il partit à cheval.

Bonnet entrait à Port-au-Prince au moment même où l'on pendait Scapin, tambour des hommes de couleur. Marguerite Chamayeau, amie de sa mère, qui, inquiète du mouvement qui régnait en ville, se tenait sur le seuil de sa porte, l'aperçoit, l'appelle avec anxiété et lui recommande d'éviter la rue du Magasin-de-l'Etat, où l'attroupement s'agitait dans toute sa violence, autour du cadavre de Scapin. Se rendant à cette invitation, le jeune homme alla descendre sur le quai, à l'angle de la rue de Bonnefoi, chez un négociant bordelais en relation avec sa maison de Léogane, pour attendre l'arrivée des embarcations.

L'armée des hommes de couleur avait pris les armes. Déjà ceux-ci avaient vengé l'assassinat de leur tambour en abattant, sur la place du Gouvernement, un homme de la troupe de Praloto, qui était venu à cheval en face de leur quartier, les braver par des fanfaronnades. Déjà le commandant, l'auteur avoué de la rixe et du crime, avait, à la tête de ses canonniers, commencé le combat au poste du Bel-Air. La garde nationale avait marché contre le gouvernement, et la troupe de ligne, sur la réquisition de la municipalité, s'était portée au secours de la garde nationale repoussée à une première attaque. Des agitateurs vociféraient par toute la ville des cris de mort contre les mulâtres; des bandes armées parcouraient les rues, massacrant les hommes et les femmes de couleur ; ils s'introduisaient dans les maisons et jusque dans l'intérieur, ils se saisissaient de leur proie. Ces atrocités excitèrent la sollicitude du négociant envers son hôte; il voulut le soustraire aux dangers qui le menaçaient, en l'embarquant sur un navire en rade. Des marins envoyés pour explorer la route rapportèrent que sur le port où refluait la population qui fuyait le combat, on défonçait les caisses, on ouvrait les malles, on vidait les sacs, dans la crainte que ces objets ne servissent à protéger la retraite de quelques hommes de couleur. En face de mesures aussi rigoureuses, l'embarquement devenait impossible ; il fallut se résigner à subir les événements.

Cependant l'armée des hommes de couleur, qui avait soutenu le combat pendant le jour, commença, vers le milieu de la nuit, à opérer sa retraite en bon ordre. La division placée sur le Bel-Air suivit le mouvement en dernier ; elle mit le feu à sa caserne, espérant par ce moyen retarder la poursuite ; le jour commençait à poindre. A peine était-on parvenu à éteindre le feu, que l'incendie éclata au bas de la ville, dans le quartier du commerce, objet de la convoitise de cette bande d'aventuriers de toutes les nations qui formaient la troupe de Praloto.

Le feu se propageait avec activité éclatant sur divers points à la fois. La confusion était à son comble, le pillage venait encore ajouter au désordre. Bientôt les vapeurs de l'incendie forcèrent Bonnet, qui avait été relégué au grenier, à descendre dans la cour. La maison était déserte, tout le monde avait fui. Alors pour échapper aux flammes qui l'eussent infailliblement enveloppé, il franchit des murs garnis de tessons de bouteilles, et arrive en lambeaux à la rue du Magasin-de-l'Etat, où il tombe au milieu d'une bande armée. On l'environne, on l'arrête. Aux cris partout répétés : « *un mulâtre, un mulâtre!* à la lanterne, il faut le pendre, » la foule, en s'avançant, avait considérablement grossi. A l'encoignure de la rue du Port, on s'apprêtait à le pendre à un réverbère, lorsque parut le maire de Port-au-Prince, se dirigeant vers l'attroupement. On courut au-devant de lui, lui présentant le mulâtre, demandant ce qu'il fallait en faire. — Le conduire en prison, répondit le magistrat. — Comment ! ce mulâtre est couvert du sang des blancs et vous voulez qu'on le mène en prison? *A la lanterne! à la lanterne!* il faut le pendre. — Le maire, indigné en voyant un enfant que son âge même ne garantissait pas de l'acharnement de la populace, arrache ses insignes et les rejette loin de lui, en leur déclarant qu'il est las de commander à des bêtes féroces altérées de sang. Ces hommes se radoucirent. On fut ramasser le chapeau, l'écharpe, l'épée du maire, on vint les lui remettre avec respect, et en paraissant se soumettre à ses ordres ; cependant on continua d'avancer. A l'angle de la Grande-Rue, devant les casernes des bataillons d'Artois et de Normandie, les émeutiers rencontrèrent Caradeux, commandant de la garde nationale. Comme s'ils eussent éprouvé le besoin d'en appeler de la décision du maire, ils l'environnent, lui présentant le mulâtre qu'ils venaient d'arrêter. Caradeux regarde le prisonnier avec dédain, hausse les épaules, *que voulez-vous que j'en fasse?* dit-il durement ; puis éperonnant son cheval, il s'élance hors du groupe.

L'arrêt de mort était prononcé, ils délibérèrent un moment, puis, poussant le prisonnier à distance au milieu de la rue, un d'entre eux s'apprête à lui faire sauter la cervelle. Résigné à son sort, le jeune homme, les bras pendants, joignit les deux mains devant lui et détourna la tête. Déjà il avait senti le bout de la baïonnette posée auprès de son oreille, déjà il avait entendu armer le fusil, lorsqu'un soldat qui, appuyé au poteau de la galerie, au-devant de sa caserne, observait cette scène, s'élance tout à coup, le sabre au poing, relève vivement le fusil et leur déclare que le prisonnier était sous sa sauvegarde, que s'ils avaient le malheur d'attenter à ses jours, ils auraient immédiatement affaire aux bataillons d'Artois et de Normandie. La foule s'écarte, et le soldat conduit le jeune homme à la maison d'arrêt. Après avoir fait la remise du prisonnier, il se retirait déjà ; mais près de s'éloigner, il se retourne, soit involontairement, soit par un dernier sentiment d'intérêt, et voit le concierge qui avait laissé le jeune homme au milieu de la cour, sortir précipitamment de son logement et lui courir sus, armé de son sabre. D'un bond le soldat se porte de nouveau à la défense de son protégé. Vainement le concierge persiste à prétendre que ce mulâtre qu'il ne connaissait pas, qu'il voyait pour la première fois, avait tué son père, était couvert des plus grands crimes et méritait la mort. Le militaire exigea que le prisonnier fût mis en sûreté, déclarant qu'il reviendrait s'en informer, et que si un cheveu tombait de sa tête, le concierge en serait responsable envers lui. Ne pouvant faire partager ses passions à un brave soldat qui récemment arrivé de France n'était pas encore initié à toute cette haine coloniale, il ordonna à un guichetier d'aller mettre le prisonnier aux fers. Le cachot dans lequel on le conduisit était occupé par deux criminels auxquels on l'associait.

Cependant l'incendie continuait ses ravages. Des quartiers du commerce, il s'était tout à coup manifesté au Morne-à-Tuf, situé à l'autre extrémité de la ville, et menaçait d'envahir la prison. Une épaisse fumée se répandait dans les cachots et la chaleur excessive qui à chaque instant augmentait, faisait croire que le feu était à la prison. Les cris de désespoir, les hurlements prolongés des malheureux prisonniers qui se croyaient voués à périr dans les flammes, semblaient ne pas exciter la sollicitude des gardiens. Bonnet, dont les fers trop larges ne comprimaient pas les petits pieds, jouissait d'une certaine liberté dans son cachot. Il roula sur les instances de ses deux compagnons, et jusqu'à leur portée, une poutre qui se trouvait dans le fond; ils s'en servirent comme d'un bélier pour briser la porte. Leurs efforts furent impuissants. Bientôt la fumée redoubla d'intensité. La chaleur plus vive indiquait l'approche des flammes. Les cris redoublèrent aussi de violence. L'anxiété était à son comble, lorsque parut enfin le guichetier, qui vint ouvrir les cachots et donner avis aux prisonniers que la municipalité avait pris un arrêté qui ordonnait de les élargir, si le feu se communiquait à la prison.

Port-au-Prince n'était plus qu'un monceau de cendres. Les bandes de Praloto, gorgées de sang et de pillage, opprimaient les habitants. Les ruines fumaient encore, quand la municipalité, qui comprenait le tort qu'on avait eu d'attaquer les hommes de couleur, entrés dans la ville sur la foi des traités, essaya de renouer les négociations. Ils exigèrent, tout d'abord, que les femmes et les enfants, jetés en prison dans ce jour de désastre, leur fussent rendus; et la municipalité ayant consenti à les faire escorter jusqu'à la Croix-des-Bouquets, Bonnet recouvra sa liberté.

On le fit sortir par la porte de la rue de la Révolution. En traversant les corridors, il fut saisi d'horreur; les pavés, les murs étaient teints de sang. Des hommes apostés dans ces corridors avaient impitoyablement massacré tous ceux qui avaient été introduits par ce côté. Le jeune homme fut placé sur une charrette encombrée de femmes. Il était presque nu. Les lambeaux de ses vêtements ne recouvraient pas même les parties du corps que la décence exige de cacher aux yeux. Honteux de sa position, il ne savait comment se tenir, lorsque ses compagnes d'infortune lui donnèrent des madras avec lesquels il s'enveloppa. C'est dans ce costume bizarre qu'il arriva au camp de la Croix-des-Bouquets. De là date sa première connaissance avec des compagnons d'armes que nous retrouverons dans toutes les circonstances de sa vie politique.

Pinchinat dirigeait le conseil des hommes de couleur, Beauvais était investi du commandement de l'armée, Pétion était le capitaine de la compagnie d'artillerie, toute composée de jeunes gens; il avait pour lieutenants Lys et Dupuche. Bonnet reçut l'accueil le plus cordial ; l'intimité ne tarda pas à s'établir entre lui et ses nouveaux camarades. Esprit exalté, entrant à peine dans le monde, il avait pensé trouver au camp des hommes de couleur l'union la plus intime, l'accord le plus parfait; il n'en était rien cependant. Médisant, caustique, railleur, Pétion était le centre vers lequel convergeait toute cette jeunesse brave, pétulante, insubordonnée, qui ne demandait que le combat. Indolent et froid, assis, l'après-midi, sur le seuil de sa porte, il était environné de ces jeunes gens, dont il encourageait les scandales, contrariant ainsi les mesures des chefs de l'armée. Loin d'apprécier la sagesse de Beauvais qui, concentrant ses forces, ne voulait pas, à moins de circonstances favorables, livrer le succès de son entreprise aux hasards d'un combat qui pouvait rester sans résultat, ils le couvraient de ridicule, lançaient contre lui et ceux qui l'environnaient, des sarcasmes outrageants. C'était *grande Lambert qui radotait;* c'était *Mlle Beauvais qui avait peur de se battre.* Les choses furent poussées à ce point qu'un jour ils se levèrent, sans ordre, et allèrent attaquer les blancs. Beauvais les laissa faire, et vint, à la tête de son armée, les dégager lorsque déjà ils avaient été fort maltraités. Ces symptômes de mésintelligence affectèrent vivement Bonnet, qui craignait qu'une catastrophe n'en fût le résultat. Vainement, lui, nouveau venu, essaya-t-il de combattre leurs opinions et de les ramener à des procédés plus convenables envers leurs chefs; ils ne tinrent aucun compte de ses observations; mais Beauvais lui en sut si bon gré, que dès ce moment il lui accorda sa confiance et son amitié.

Sur ces entrefaites arriva André Rigaud. Traversant par les montagnes, il était venu concerter, avec les chefs et le conseil des hommes de couleur de la Croix-des-Bouquets, les mesures les plus convenables pour ramener les habitants de Port-au-Prince à l'exécution franche et loyale des concordats. Son caractère chevaleresque, hardi, entreprenant, sut plaire à cette jeunesse, qui lui témoigna beaucoup de déférence. Cette nouvelle connaissance donna à Bonnet le moyen de regagner Léogane. Il se mit à la suite du général, à son départ pour le Sud, et arriva dans sa ville natale au moment où les hommes de couleur de cette ville allaient former une compagnie. Ne le voyant pas reparaître après la catastrophe de Port-au-Prince, on le croyait victime des événements du 21 novembre; le bruit de sa mort s'était même répandu. Sa soudaine apparition excita le plus vif intérêt ; on se pressait autour de lui ; on lui demandait le récit de ses tribulations ; on l'écoutait avec attendrissement, on le félicitait d'avoir échappé aux sicaires ; et, dans l'élection qui suivit, il fut nommé capitaine de la compagnie à l'unanimité, moins sa voix.

La nécessité bien reconnue des concordats et l'indignation causée par la catastrophe de Port-au-Prince avaient porté les autres paroisses de l'Ouest et une partie de celles du Sud à ratifier le traité de paix. Rigaud n'eut pas de peine à réunir une armée ; et, Léogane ayant fourni son contingent, Bonnet fit sa première campagne sous les ordres de ce général, qui vint camper à Bizoton, et resserrer, par le sud, la ville investie, à l'est et au nord, par l'armée des confédérés de la Croix-des-Bouquets.

Port-au-Prince éprouva bientôt les plus grandes privations. Les eaux de Turgeau et de Martissant, qui alimentent la ville, furent détournées, les approvisionnements n'arrivaient plus que difficilement sur les marchés ; les habitants étaient presque entièrement privés de viande fraîche. Grimouard ayant refusé d'obtempérer aux arrêtés de la municipalité (7 et 10 décembre 1791), qui l'invitaient à débusquer les assaillants, les agitateurs soulevèrent les équipages. On établit avec le cure-port une batterie flottante, qui, appuyée sur le fort Saint-Clair, battait le poste de Martissant ; Bizoton recevait les bordées des vaisseaux. Pendant ce combat, Rigaud, debout près du mât de pavillon, faisant battre la charge, avait fait coucher son armée à plat ventre.

Après avoir longtemps essuyé le feu soutenu des vaisseaux, ce général se replia à l'intérieur.

Cependant les premiers commissaires civils, Mirebeck, Roume et Saint-Léger, arrivèrent au Cap (28 novembre 1791). *Le conseil des commissaires des paroisses de la dépendance de l'Ouest réunis à la Croix-des-Bouquets* s'empressa de leur adresser ses réclamations, et de leur demander la ratification du traité de paix du 23 octobre. Les commissaires civils s'abstinrent de donner leur sanction au traité, en exigeant, au contraire, la soumission à la loi du 28 septembre, qui attribuait aux assemblées coloniales le droit de statuer sur l'état des esclaves et l'état politique des hommes de couleur. Ceux-ci, toujours fidèles au principe qui leur faisait une obligation de se soumettre aux lois de la métropole, bien que le traité de paix fût antérieur à la publication de cette loi, obtempérèrent aux injonctions des commissaires civils, et se retirèrent dans leurs quartiers respectifs, pour en attendre les effets.

Bonnet, en rentrant à Léogane, trouva cette ville sous la pression de Romaine *la Prophétesse*. L'armée des hommes de couleur avait préservé l'Ouest des désastres épouvantables qui avaient bouleversé le Nord, dont les ruines fumaient encore; mais la retraite de cette armée, les manœuvres des blancs, leurs attaques incessantes contre les mulâtres, avaient excité partout des insurrections d'esclaves.

Un *griffe* espagnol, se disant le fils de la Vierge, mêlant aux idées religieuses les superstitions de l'Afrique, et surnommé Romaine *la Prophétesse*, vint s'établir au *Trou-Coffi*, dans le quartier de Léogane. Sa troupe se grossit des esclaves de toutes les habitations, qui, à sa voix, accouraient se ranger sous ses drapeaux. Bientôt tout le quartier subit sa loi. Ses intelligences avec les autorités de Léogane avaient mis cette ville à sa merci.

Sur la demande des partis qui agitaient l'Ouest, le commissaire civil Saint-Léger s'y était rendu. Il pensait, par la modération, parvenir à y ramener la paix en rétablissant l'ordre. Ses efforts restant impuissants en face des factieux qui dominaient à Port-au-Prince et persistaient à méconnaître les pouvoirs délégués par la métropole, Saint-Léger se décida à sortir de cette ville inhospitalière; mais le cœur navré des malheurs que causait au pays l'aveugle opiniâtreté des colons, et redoutant les désastres qui devaient entraîner la ruine de la colonie, il résolut d'aller à Léogane essayer de dissiper le rassemblement du *Trou Coffi*. Les habitants, épuisés par les réquisitions sans cesse renouvelées de Romaine, soupiraient après un peu de sécurité.

La misère la plus affreuse régnait dans ce quartier; la terreur avait chassé les propriétaires des habitations où Romaine avait promené le fer et la flamme; la disette, conséquence naturelle de cet état de choses, venait ajouter ses tortures aux angoisses de la population. Dans cette position désespérée, Saint-Léger fut reçu avec empressement; Bonnet commandait la garde d'honneur placée, lors de son arrivée, à la maison civile.

N'ayant pu obtenir de Port-au-Prince une force armée suffisante pour appuyer ses projets, le commissaire civil s'était adressé aux hommes de couleur de la Croix-des-Bouquets, qui lui fournirent cent hommes. D'un autre côté, la souffrance étant générale, tous les partis s'étaient ralliés autour de lui ; les paroisses voisines lui firent l'offre de leur concours. L'élan fut tel que Romaine, ébranlé, envoya une députation à Saint-Léger, lui demandant un délai de trois jours, et se disant décidé à faire sa soumission.

On se félicitait de ce résultat obtenu sans l'emploi de la force ; mais tandis qu'on se laissait aller à la confiance, on fut pris dans le piége. Avant l'expiration de la trêve, dans la nuit du 11 au 12 mars, la troupe de Romaine se précipitant des hauteurs du *Trou-Coffi*, comme un torrent gonflé par les orages, envahit soudainement Léogane. La ville, réveillée en sursaut, était dans la stupeur. On courait de tous côtés, sans bien se rendre compte du désastre ; et, dans ce premier moment de confusion, les noirs armés qui inondaient la ville massacraient tous les hommes de couleur qui tombaient en leur pouvoir.

Bonnet accourut se rallier à la défense du commissaire civil ; mais n'ayant pas su répondre par le mot d'ordre au qui-vive des sentinelles placées en avant de l'église, où se trouvait le quartier général de Romaine, il fut incontinent enveloppé. Il allait indubitablement périr, nouvelle victime des atrocités de cette nuit funeste, lorsqu'un ancien esclave de son père, Thélémaque, qui se trouvait dans la bande, reconnut sa voix, le réclama, et vint le faire asseoir près de lui sur les marches du perron. Là, il assista longtemps à d'horribles assassinats, avant que Thélémaque pût trouver un moment favorable pour le faire évader. Échappé à ce pressant danger, il gagna la maison du commissaire civil, où étaient accourus tous ceux qui s'étaient soustraits aux coups de Romaine. Leur troupe, appuyée par le détachement de la Croix-des-Bouquets et les marins de la *Galatée*, parvint à balayer la ville, en rejetant hors de son enceinte ces hordes indisciplinées. Secourus bientôt par les communes avoisinantes, ils purent forcer Romaine jusque dans son repaire du *Trou-Coffi*, abattre son prestige et dissoudre sa bande.

Léogane respirait, mais au même moment, de graves événements se déroulaient à Port-au-Prince.

Dans cette lutte des hommes libres, les blancs, aveuglés par la vengeance, armaient leurs esclaves contre les hommes de couleur et les excitaient à l'assassinat, accordant des récompenses pécuniaires aux meurtriers, qu'ils couvraient de leur protection.

Les excursions faites dans la plaine du Cul-de-Sac par le trop fameux Cayeman laissaient d'horribles traces de meurtre et d'incendie, et surexcitaient les ateliers au milieu desquels couvait déjà le désir naturel de jouir de la liberté.

Débarrassés de Saint-Léger, dont la présence les gênait, les agitateurs de cette ville, qui voulaient à tout prix recommencer la guerre, Praloto à leur tête, profitèrent de la dispersion des confédérés pour aller s'emparer de la Croix-des-Bouquets. Précédés de la troupe d'Africains commandée par Cayeman, ils surprirent le bourg, s'en emparèrent sans coup férir, et passèrent au fil de l'épée tous ceux qui n'avaient pas eu le temps de fuir ; mais au moment où, ivres de leur triomphe, ils se félicitaient de ces horreurs sans provocation, les esclaves se soulevèrent spontanément et mirent tout à feu et à sang. Un épisode curieux signala le soulèvement de la plaine du Cul-de-Sac.

Les ateliers s'étaient levés; les propriétaires avaient fui de tous côtés devant l'incendie, le meurtre et le pillage. Un ouvrier maçon, un mulâtre, à qui son intelligence et son habileté dans les travaux de son métier avaient mérité la confiance des habitants, Bélisaire, qui était, en ce moment, occupé dans la plaine, cherchant aussi à regagner la ville, tomba au milieu des bandes insurgées. Les groupes se formèrent selon les peuplades africaines auxquels ils appartenaient, et chacun délibéra sur son sort. Enjoué, facétieux, doué d'une facilité extraordinaire, Bélisaire, en travaillant dans la plaine, avait appris à parler les différents idiomes de toutes les nations de l'Afrique. Sans perdre contenance, il s'approche successivement de chaque groupe et prend part à la délibération. Aux Congos, il parle congo; aux Aradas, arada; aux Mandingues, aux Nagos, aux Aoussas, à chacun enfin son idiome particulier. Tous s'arrêtent frappés d'étonnement. Ils se demandent quel pouvait être cet homme; bien certainement, pensaient-ils, c'était un envoyé providentiel, ce ne pouvait être que *Grand-Mouché* (1). Alors ils l'environnent avec respect, le voilà roi. Et, comme les pieds de *Grand-Mouché* ne doivent pas fouler le sol, on fait apporter un fauteuil garni en velours cramoisi, produit du pillage; on l'installe sur des brancards, on l'y fait asseoir, et il est porté dans cet appareil au centre de l'armée. Son conseil se composait des *papas* de toutes les sectes, réunis autour de lui. Lorsqu'il fal-

(1) Grand Monsieur.

lait délibérer, les *papas* étendaient à terre leur petit tapis, les uns avec des coquilles, les autres avec des lisérés en cuir garnis de petits nœuds; chacun, enfin, selon son usage, interrogeait le sort, et l'ensemble de ces oracles décidait de la marche à suivre.

Cependant ce pouvoir spontanément donné par ces hommes à un inconnu que le hasard avait jeté sur leur route excita la jalousie d'un de ceux qui, dans le principe, s'étaient posés comme leurs chefs. Une nuit, Bélisaire qui dormait à peine, l'oreille toujours aux écoutes, l'entendit se concerter avec quelques-uns des siens; il n'était question de rien moins que d'assassiner *Grand-Mouché*. Le lendemain, il vit le conseil s'assembler, et l'oracle déclara unanimement que *Quioubouc mandé sang* (1). Bélisaire tremblait; cependant, sans perdre sa présence d'esprit, il se retourna incontinent vers celui qui, la nuit précédente, complotait sa mort : *pran Mouché* (prenez monsieur), dit-il; et l'arrêt fut exécuté.

Bélisaire venait, pour le moment, d'échapper à la mort, mais rien ne lui garantissait l'avenir, et il ne savait comment se soustraire à sa haute dignité. Enfin on arrêta de marcher au combat. Le conseil consulté, les *papas* proclamèrent un grand succès : les balles des ennemis devaient fondre, la mitraille se changer en eau, et l'armée victorieuse s'emparer de la Croix-des-Bouquets. La troupe s'ébranla et vint attaquer le bourg. Aux détonations de l'artillerie, *de l'eau, de l'eau*, criaient-ils de tous côtés en se jetant sur les canons, en culbutant les blancs. La mêlée fut horrible; bon nombre

---

(1) Que l'entreprise, pour réussir, demandait un sacrifice humain.

d'entre eux avaient jonché le sol de leurs corps ; ils triomphèrent. Mais, au milieu de la mêlée, le brancard de *Grand-Mouché* avait roulé dans la poussière ; Bélisaire, après s'être relevé, profita de ce moment de confusion pour s'enfuir et rentra à Port-au-Prince, abdiquant ainsi sa royauté éphémère.

La guerre était partout rallumée ; les premiers commissaires civils résolurent de se retirer, et d'aller rendre compte en France de la position de la colonie.

Cependant les actes mémorables qui avaient signalé la lutte des hommes de couleur étaient parvenus à la connaissance de l'assemblée française ; la modération des concordats leur avait concilié l'opinion publique ; la justice de leurs réclamations était reconnue de tous ; la loi du 4 avril vint consacrer leurs droits à la liberté et à l'égalité. De nouveaux commissaires civils furent nommés ; Polverel, Sonthonax et Aillaud arrivèrent bientôt avec la mission expresse de faire exécuter la loi.

La lutte prit un caractère nouveau : la faction Léopardine, appelant à son aide les forces britanniques, livra au gouverneur de la Jamaïque les principaux ports de l'île, et l'on vit l'étendard du roi d'Angleterre se déployer sur Jérémie, Tiburon, le Môle, Saint-Marc, l'Arcahaie. Les Français, chez lesquels, par-dessus toute considération, dominait le religieux sentiment de la patrie, se rallièrent aux hommes régénérés du 4 avril, et ce parti de la liberté soutint les principes de la révolution.

Pendant le cours de ces luttes, Bonnet combattit toujours à côté de Rigaud, dont il avait su mériter la confiance. Epoque vraiment grande dans nos annales et pleine de dévouement, de patriotisme, de désintéressement! Personne ne portait envie à son émule; on était joyeux du triomphe des siens, on ressentait vivement leurs défaites. Si, dans une réunion publique, on présentait une couronne civique à Rigaud, il s'empressait de l'offrir à Pinchinat. L'armée était animée d'un esprit d'abnégation qui lui faisait endurer toutes les souffrances avec un courage héroïque. Une seule pensée animait les hommes de couleur : faire triompher la cause de la liberté. Au camp des rivaux, on avait à supporter les plus grandes privations. Dartiguenave, qui était préposé à la subsistance de l'armée, se présente tout à coup dans un cercle d'officiers : « Mes amis, bonne nouvelle s'écrie-t-il en se frottant les mains! » On s'empresse autour de lui, chacun de l'interroger. Prenant, alors, un air grave, promenant ses regards autour du cercle : « Eh! bien quoi, dit-il avec un geste moitié sérieux, moitié comique, il n'y a plus de pain! » L'hilarité fut générale; on courut attaquer l'ennemi avec le même entrain que si l'abondance eût régné dans le camp. Lorsque les commissaires civils établirent les conseils de guerre chargés de prononcer sur le sort des traîtres qui portaient les armes contre la patrie, Bonnet fut nommé greffier de la commission militaire séant au Petit-Goave. On jugeait Dupaty, colon français, arrêté dans les rangs des Anglais. On venait de terminer la lecture de l'acte d'accusation, lorsqu'un inconnu, descendant de cheval à la porte du tribunal, se présenta botté, crotté et éperonné à la barre, demandant à défendre l'accusé:

« Je suis Viol, dit-il, le seul avocat qui ait osé publiquement, au Cap, prendre d'office la défense d'Ogé et de Chavanne. » Après avoir retracé les souffrances de ces malheureux jeunes gens, les tortures qu'ils avaient endurées, les efforts qu'il avait faits en leur faveur, il annonça qu'il était venu dans le but de rendre le même service à son ami Dupaty. En apprenant qu'il allait être jugé par un tribunal composé d'hommes de couleur, il avait voyagé nuit et jour, sans prendre de repos, confiant dans leur magnanimité : « Mânes sacrés d'Ogé et de Chavanne, dit-il en terminant, vous qui, du haut des cieux, avez assisté à mes angoisses, je viens, en votre nom, réclamer de vos frères qu'ils me rendent mon ami Dupaty; me le refuseront-ils ? »

Le tableau navrant des souffrances d'Ogé et de Chavanne avait réveillé tous les sentiments généreux que l'horrible assassinat de ces martyrs d'une sainte cause avait laissés dans le cœur des hommes de couleur. Rigaud, qui présidait le tribunal, s'était couvert les yeux, ne voulant pas laisser voir les larmes qui sillonnaient ses joues. Lefranc, l'accusateur public, ce terrible Lefranc, qui, avec sa voix de stentor, concluait toujours par la peine de mort, les paupières gonflées, la poitrine oppressée, avait perdu la parole ; l'émotion fut telle, qu'on dut lever la séance. Les juges, en reprenant leurs siéges, prononcèrent un verdict de non-culpabilité. Les deux amis se précipitèrent dans les bras l'un de l'autre, et, comme le tribunal se retirait, Viol, allant au-devant des juges, leur dit : « Messieurs, vous avez rendu un jugement des dieux »

CHAPITRE II.

Polverel et Sonthonax, décrétés d'accusation, confient le département du Sud à Rigaud. Organisation préalable ; prise de Léogane ; prise de Tiburon ; l'armée marche sur Port-au-Prince, affaire de Truitier.
Décret du 5 thermidor, l'armée de Saint-Domingue a bien mérité de la patrie. Pinchinat, Salla et Fontaine, envoyés pour remercier la Convention nationale, se rendent au Cap. Laveaux consent à la formation des assemblées électorales ; les députés sont rappelés. Affaire du 30 ventôse.
Seconde mission de Sonthonax ; projet de vengeance contre les hommes de couleur. Mise hors la loi de Villatte ; Rey, Leborgne, Kerverseau, envoyés aux Cayes ; conduite des délégués dans le Sud ; attaque du camp Perrein ; Desfourneaux battu ; arrestations dans la ville des Cayes ; affaire de fructidor.

Les commissaires civils Polverel et Sonthonax, après la prise de Port-au-Prince par les Anglais, s'étaient réfugiés à Jacmel. Ils reçurent, dans cette ville, le décret d'accusation lancé contre eux par la Convention, sur les dénonciations de Page et de Bruley, et se constituèrent prisonniers à bord de la corvette l'*Espérance*, capitaine Chambon. En s'embarquant, ils confièrent à Rigaud le commandement du département du Sud et des quartiers de l'Ouest y attenant. *C'est sur vous seul*, lui écrivit Polverel, *le* 11 *juin* 1794, *que reposent, dans votre département, le salut de la colonie, ainsi que la défense de la liberté et de l'égalité. Je suis tranquille sur ce département, parce que je vous connais intrépide et loyal républicain.*

Rigaud entreprit hardiment de justifier ce témoignage insigne de confiance par une ardeur toute républicaine. La culture était abandonnée, le commerce anéanti, la caisse publique épuisée. Le soldat, sans armes, mal nourri, mal vêtu, avait encore vu supprimer sa solde par la pénurie d'espèces. L'anarchie dominait partout. Rigaud aplanit, à Jacmel, les difficultés survenues entre Montbrun et Beauvais, étouffa les divisions et rétablit l'ordre. Il ranima les courages, inspira à ses frères la haine des Anglais, et rallia leurs idées vers un même but : l'expulsion de ces envahisseurs de l'Ouest et du Sud. De concert avec l'ordonnateur Gavanon, il établit des règlements de culture, basés sur les proclamations de Polverel ; commit à leur exécution des inspecteurs particuliers pris parmi les anciens conducteurs, et réprima le vagabondage. Lefranc, chargé, en qualité d'inspecteur général, de diriger ce service, sut, par son zèle et son activité, contribuer à rétablir les cultures. Ces dispositions préalables étaient indispensables à la défense. La guerre maritime nous privait des secours de l'extérieur ; il fallait que l'intérieur nous fournit les ressources nécessaires à la subistance de l'armée. Rigaud alimenta le commerce en favorisant les neutres ; il protégea les corsaires qui venaient aux Cayes verser le produit de leurs cargaisons et de leurs captures. Il arma des croiseurs pour la sûreté des côtes, et les encouragea à courir sur les navires chargés d'esclaves que les colons envoyaient vendre à la Jamaïque, et rendait ainsi à la liberté les noirs provenant des prises. Ayant partagé avec Laveaux le peu de poudre qui lui restait, il envoya aux Etats-Unis d'Amérique deux agents chargés de lui procurer des armes et des munitions.

Son armée était à peine organisée qu'il dût entrer en campagne. Les Anglais occupaient Léogane. Labuissonnière, qui en était le maire, avait eu l'indignité de livrer sa ville natale aux ennemis de sa patrie et de sa cause.

Les hommes de couleur de l'endroit, Derenoncour à leur tête, gémissaient de cet état de choses qui les tenait en servitude. Ils s'en ouvrirent à Rigaud, qui se porta de suite sur Léogane. Trahis, dans cet intervalle, par quelques-uns des leurs, bon nombre d'entre eux durent s'évader de la ville pour se soustraire à la fureur des royalistes qui, ralliés aux Anglais, étaient sur un pied de défense formidable. Aucune considération ne pouvant arrêter Rigaud, il fond sur Léogane et l'enlève d'assaut, dans la nuit du 15 au 16 vendémiaire an 3. La reddition de la ville entraîna celle du fort *Ça ira*, qui commande le port.

Enhardi par ce premier succès, ce général ramène son armée aux Cayes, presse ses moyens d'action, reforme ses colonnes et marche contre Tiburon, place forte, dont la belle position donnait aux Anglais d'immenses avantages pour asseoir leur domination sur cette partie de l'île.

Piverger, à la tête d'une colonne de cent grenadiers, (à cette époque, une colonne de cent hommes était une force imposante), alla occuper l'Ilet à Pierre-Joseph. Quatre routes venaient aboutir à ce point. Les Anglais dirigèrent, par chacune de ces routes, une colonne, dans le but d'en débusquer nos troupes. Le gros de l'armée était encore fort éloigné. Rigaud, toujours impatient d'arriver au lieu de l'action, précédait l'armée. La fusillade lui ayant annoncé que Piverger était aux prises avec l'ennemi, il s'avança rapidement à la reconnaissance, accompagné de Bonnet, son aide de camp. Parvenu jusque sur les derrières de la colonne anglaise, il ne put rejoindre son avant-garde ; il se porta, dans les bois, sur une éminence très-rapprochée du champ de bataille, et assista, de ce point élevé, à cette lutte terrible où Piverger, comme un roc inébranlable, soutint, à quatre reprises, le choc de l'ennemi, et, à quatre reprises, le força de se retirer. Le général courut féliciter son lieutenant, et, l'armée étant réunie, on se porta en avant contre la ville. On débouche dans la petite plaine qui précède Tiburon, par un col étroit. Les Anglais avaient barré ce défilé en y faisant creuser un fossé large et profond ; une corvette, embossée près du rivage, défendait le passage. Cinq cents cultivateurs pourvus d'outils suivaient l'armée : ils furent de suite employés à couper des fascines et à combler le fossé. Un promontoire dominait le mouillage de la corvette ; Rigaud donna l'ordre d'y établir une coulevrine de 16. Au coucher du soleil, Zénon, officier d'artillerie, flamba sa pièce : le commandant de la corvette anglaise s'en étant aperçu, descendit en ville ; un conseil de guerre fut assemblé ; le commandant déclara que sa position n'était pas tenable et qu'il allait lever l'ancre. « Auriez-vous peur, par hasard ? » lui dit le chevalier de Séveray, colon français, au service des Anglais. Le commandant, indigné, se retire à son bord. Le lendemain, au lever du soleil, Zénon ouvre son feu, qui plonge sur la corvette ; au troisième coup de canon, le vaisseau anglais avait sauté.

Ce premier obstacle écarté, il fallait, pour marcher contre la ville, enlever une redoute établie dans la plaine, et qui en couvrait les abords. Piverger, homme de la localité, se met à la tête de ses grenadiers, descend la nuit, par les Côtes de fer, et ayant de l'eau jusqu'à la poitrine, longe le rivage. Il débouche au point du jour entre la ville et la redoute. La garnison qui nous croyait encore arrêtés par le fossé, supposa qu'un renfort lui était envoyé ; elle regardait sans défiance cette troupe qui semblait venir de la ville, lorsque Piverger, arrivé à distance, s'élance à la course, entre pêle-mêle avec les Anglais dans la redoute, les culbute et y arbore le drapeau tricolore. L'armée alla ensuite mettre le siége devant Tiburon. La place, resserrée de toutes parts, opposa une vigoureuse résistance à nos attaques. Cependant notre artillerie, dirigée avec précision, causait d'immenses ravages dans la ville. La garnison ne pouvant plus tenir, un conseil de guerre s'assembla de nouveau ; Séveray émit l'avis qu'il fallait évacuer. « Auriez-vous peur à votre tour, chevalier ? » lui répondit l'officier anglais qui commandait la garnison, et la défense continua. Mais Zénon s'apercevant que ses boulets ne produisaient plus le même effet, changea son tir : il lança des grenades dans les fossés. Alors toute la population, hommes, femmes et enfants, qui s'y était réfugiée, s'élance pêle-mêle dans la plaine, sous la grêle des balles de nos tirailleurs. Jamais, dans nos guerres, aucun engagement ne fut plus meurtrier ; toute la route des Irois était jonchée de cadavres. On trouva, gisant sur le chemin, une femme et trois enfants formant un groupe : cette mère, pour emporter ses enfants, en avait placé un sur son dos, un autre sur sa poitrine et tenait le plus jeune à son bras ; pas une balle ne les avait atteint ; ils avaient péri sous la pression de la foule. Quant au chevalier de Séveray, il avait pris son épouse sur son bras gauche et, l'épée à la main, il avait pu, avec son rare courage, traverser nos lignes.

A Port-au-Prince, un parti se formait, sympathique à la république. Rigaud marche contre cette ville et vient établir son camp au carrefour de Truitier. L'avant-garde, sous les ordres de Faubert, était placée en avant de l'habitation Cotte, où l'on avait élevé une demi-lune armée d'une pièce de campagne. Le centre de l'armée était sous le commandement de Beauvais; Rigaud avait son quartier général à la barrière de Truitier; il y occupait une case de cultivateur. Dans la nuit du 6 germinal, une fusillade se fait entendre aux avant-postes; Bonnet, qui occupait une chambre attenant à celle de son général, reçoit l'ordre d'aller s'enquérir des causes de cette alerte. A peine s'était-il avancé sur la grande route, qu'il vint rapporter qu'on était en pleine déroute. Voici ce qui avait eu lieu : tous les rapports arrivés à Beauvais, annonçaient que jusqu'au moment où l'on avait battu la retraite, les Anglais n'avaient fait aucun mouvement en ville; dans la soirée, Faubert envoya demander des renforts à ce général, annonçant que les Anglais marchaient. Beauvais, confiant dans les rapports qu'il avait reçus, crut à une fausse alerte, et répondit ironiquement à l'envoyé de Faubert : *Allez dire à trois bouteilles que, si son bidon est vide, il n'a qu'à me l'envoyer, je le ferai remplir.* Cette mauvaise plaisanterie militaire indisposa Faubert, qui se contenta de se tenir en observation.

Les Anglais marchaient réellement. Tout avait été combiné avec les colons de manière à surprendre l'armée de Rigaud. Quelques instants après la retraite, les troupes s'étaient mises en marche silencieusement et avançaient rapidement ; la colonne anglaise vint donner contre la demi-lune. Faubert, qui n'était pas en force, ne put lutter, fit son feu d'avant-poste, et se rabattit sur le centre de l'armée. Les soldats, réveillés en sursaut et pris d'une terreur panique, se débandèrent ; c'était un sauve qui peut général, sans que personne se rendît compte de la cause de ce revers. Rigaud fit de vains efforts pour arrêter les fuyards : désespérant de pouvoir rétablir le combat, il traversa l'eau de Truitier, puis, s'arrêtant, tout à coup de l'autre côté du ravin, avec une de ces résolutions soudaines que le danger lui suggérait, il s'écria : *Je n'irai pas plus loin, seul j'arrêterai ici l'ennemi, ou les Anglais me passeront sur le corps ; il ne sera pas dit que j'aurai fui sans avoir combattu.* Bonnet, qui savait que, dans ces moments suprêmes, la détermination du général était inébranlable, courut, de droite et de gauche, lui rallier quelques hommes. Il rencontra Augustin Rigaud, lui fit part de la résolution de son frère, et, à eux deux, ils parvinrent à réunir autour du général, une cinquantaine d'officiers à cheval. Rigaud se mettant à la tête de cette troupe, descend dans les jardins, et marche au-devant de l'ennemi. Il faisait une de ces nuits obscures assez fréquentes aux Antilles, lorsque la lune, de son pâle reflet, n'éclaire pas ces contrées. Le colonel Markams, qui commandait les Anglais, avait été tué à l'embrasure de la demi-lune. L'ennemi, sans chef, cheminait dans les allées de l'habitation Cotte, marchant à tâtons. Il ne pouvait supposer que l'armée du Sud, dont il avait éprouvé la valeur, eût été mise en déroute avant que l'action eût été engagée. Tout à coup, au détour d'une pièce de cannes, Rigaud, à la tête de sa petite troupe, charge avec un vif élan l'avant-garde de l'ennemi. Une terreur panique, égale à celle qui s'était emparée de nos troupes, se répand au milieu des Anglais, qui croient être tombés dans un piége; ils se débandent à leur tour, et Rigaud les poursuit, l'épée aux reins, jusqu'à l'eau de Bizoton.

Un singulier épisode termina gaiement cette rencontre. Les colons, comptant sur les mesures prises pour surprendre le camp de Truitier, demeuraient convaincus que l'armée de Rigaud allait être détruite. Ils avaient fait préparer, sur l'habitation *Letor*, un grand souper; ils s'apprêtaient ainsi à célébrer la victoire des Anglais. Mais, après leur défaite, Rigaud s'étant présenté, le procurateur vint au-devant de lui le féliciter et lui faire l'hommage du repas; la table, disait-il, avait été dressée en son honneur. Le général feignit d'être dupe; il s'attabla avec ses officiers, leur recommandant tout bas de faire la consommation la plus large possible. La campagne était bonne; nous avions, d'un coup, remporté deux succès; les Anglais avaient été refoulés à Port-au-Prince, et les colons mystifiés avaient vu leurs vins destinés à fêter notre défaite couler à grands flots en l'honneur de notre triomphe.

Rigaud, voulant presser vivement le siége de Port-au-Prince, sentit la nécessité d'occuper les forces anglaises sur tous les points à la fois. Il pensait que ce serait un moyen efficace de s'emparer de la ville. Il proposa donc à Laveaux de faire attaquer, de nouveau, Saint-Marc, d'où le général Toussaint Louverture avait été, une première fois, repoussé. Laveaux répondit à cette invitation par un ordre de lever le siége. La retraite de l'armée du Sud eut pour conséquence le massacre d'un grand nombre d'hommes de couleur à Port-au-Prince et à l'Arcahaie.

Si les opérations militaires étaient conduites avec vigueur, la sagesse de l'administration avait aussi produit ses fruits ; la culture prospérait, le commerce avait repris une certaine activité ; les revenus du trésor s'étaient accrus à tel point, qu'on put accorder aux troupes une demi-solde, dont elles avaient été privées jusqu'alors. Cet état de prospérité adoucissait les maux de la guerre, ramenait la confiance, établissait l'union la plus complète entre tous. Ces dispositions favorables furent encore ranimées par les nouvelles reçues de France. La conclusion de la paix avec l'Espagne, la déclaration solennelle que « *l'armée de Saint-Domingue avait bien mérité de la patrie,* » l'acceptation de la Constitution furent saluées avec enthousiasme. On se réjouissait dans des fêtes civiques, et dans les transports de la joie générale, on résolut d'envoyer des députés au Corps législatif, selon le vœu de la Constitution.

Le général Laveaux, consulté, s'opposa à la convocation des assemblées primaires. Il invita les généraux Beauvais et Rigaud, qui venaient de recevoir la confirmation de leur grade par un décret du 5 thermidor, à se borner, pour le moment, à envoyer trois citoyens en France porter leurs remercîments à la Convention nationale.

Pinchinat, Salla et Fontaine, chargés de cette mission, se rendirent au Cap. Bonnet, d'après les ordres de son général, les accompagna, afin d'assister à leur embarquement sur la corvette *la Vénus*. Villatte qui commandait la place, les reçut avec empressement. Ce général, quoique pauvre, avait une table somptueuse qu'il devait à la libéralité des habitants. La belle défense du Cap avait excité leur admiration ; ils lui témoignaient leur reconnaissance et les sentiments d'affection dont ils étaient animés par des envois de gibier, de poisson, de légumes et de fruits. La corvette ne devant partir que longtemps après l'annonce qu'en avait faite Laveaux, et ce gouverneur, dans l'intervalle, ayant consenti, sur les instances des habitants du Sud, à la convocation des assemblées électorales, les députés retournèrent aux Cayes, où ils étaient rappelés.

Un mois après leur départ, le despotisme de Laveaux, ses excès, sa condescendance en faveur des émigrés, la cupidité de l'ordonnateur Perraud, ses dilapidations, amenèrent au Cap la journée du 30 ventôse ; le peuple, poussé à bout par leurs vexations, finit par les arrêter. Le général Toussaint Louverture, ne voyant dans le gouverneur que son chef, les fit élargir. La nouvelle des troubles du Nord arriva dans le Sud au commencement de germinal, et l'on fut tout étonné de voir, par les écrits calomnieux de Laveaux et de Perraud, qu'ils cherchaient, en les généralisant, à incriminer la colonie entière relativement à des faits qui ne pouvaient concerner que les habitants du Cap. Laveaux ne laissa pas échapper cette occasion de manifester toute sa fureur contre les mulâtres, quoique les noirs et les blancs eussent eu la plus grande part à sa détention.

Cependant Sonthonax, ayant triomphé des colons, était renvoyé à Saint-Domingue à la tête d'une nouvelle commission. Roume, qui en faisait partie, arriva le premier à Santo-Domingo, et se fit rendre compte de l'affaire de ventôse. Il reçut les députés de Villatte et de Laveaux, qui s'était fait représenter par Perroud lui-même. Rigaud et Beauvais avaient aussi envoyé une députation au commissaire du gouvernement, chargée de lui rendre compte de l'état où se trouvaient les départements du Sud et de l'Ouest. Ces députés assistèrent aux conférences qui eurent lieu, en présence de l'agent Roume, entre les envoyés de Laveaux et de Villatte. L'événement de ventôse ne parut pas, au sentiment de Roume, mériter le bruit qu'on en avait fait. Il fit convenir les uns et les autres de leurs torts, les porta à se réconcilier, et désirant rendre complet le succès de cette réconciliation, il envoya au Cap Boyé et Salla assister à la réunion sincère des deux partis.

Dans cet intervalle, la commission du gouvernement français descendit au Cap; Laveaux machina, avec le perfide dictateur imposé à Saint-Domingue par la France, une vengeance terrible et générale.

Sonthonax arrivait avec de nouveaux projets; leur exécution ne pouvait être parfaite qu'à la condition d'imprimer, dès son début, la terreur et l'épouvante. L'occasion lui en était offerte, il s'en saisit; il lança contre Villatte un décret de mise *hors la loi*, ordonnant de le saisir *mort ou vif*. Il lui fallait se donner un motif d'étendre ses persécutions dans le Sud, il accusa Pinchinat, dans une proclamation, de n'être venu au Cap que pour fomenter les événements de ventôse.

Les choses étaient en cet état, lorsque Bonnet, chargé par le général Rigaud de porter des dépêches à la commission, se présenta au Cap. Il ne tarda pas à se convaincre de l'horrible projet qui se tramait contre les hommes de couleur. Dans son précédent voyage, il avait reçu l'hospitalité chez Villatte. Ce général se trouvant alors dans le malheur, il voulut lui serrer la main, et il sollicita de Sonthonax la permission de se rendre à bord du navire où il était détenu en rade. « Je comprends fort bien, lui dit ce dernier en lui remettant l'ordre, *que vous ayez besoin de voir Villatte.* »

L'aide de camp de Rigaud avait mission de faire connaître à la commission les besoins du département du Sud en armes et en munitions. Sonthonax, qui avait apporté *quarante mille* fusils, n'envoya que *mille* fusils et *dix milliers* de poudre dans ce département où l'on combattait sans cesse, et avec acharnement, les ennemis de la république, tandis qu'il en fit distribuer une quantité considérable aux noirs révoltés de la montagne de l'Est, qui s'en servaient dans les combats en faveur des émigrés et des Anglais.

De son côté, l'ordonnateur Perraud publia un libelle diffamatoire où il se débordait contre les hommes de couleur, les accusant d'avoir formé le projet de détruire tous les blancs, et de détacher la colonie de la métropole. Or, dans ce temps-là même, le sang des citoyens de l'Ouest et du Sud ruisselait dans la plaine de Léogane, versé courageusement pour le triomphe de la république. Dans ce temps-là même, ils venaient de resserrer les liens de leur fidélité et de leur attachement à la mère patrie, en nommant des députés au Corps législatif.

Bonnet, indigné, voulait répondre à ce pamphlet; mais le commissaire Raymond l'invita au silence, lui donnant l'assurance que la commission allait en faire justice. Loin de là, ce mémoire incendiaire fut approuvé de la commission par un arrêté particulier.

Bientôt après, le choix d'une délégation de trois agents dévoila les vues et les projets de la commission contre la partie du Sud. Rey, Leborgne et Kerverseau allaient mettre à exécution les plans du gouvernement colonial.

Rey était célèbre à Saint-Domingue par sa haine profonde contre la liberté; Rey était un des principaux auteurs de l'assassinat commis sur le général Rigaud, aux Cayes, lors de la fête de la fédération, au 14 juillet 1793; Rey avait été un des agents envoyés par les colons près des Anglais, auxquels ils voulaient livrer la partie du Sud; et Sonthonax lui-même l'avait condamné à la déportation en 1793.

Leborgne, illustre par son titre de *Marat des Antilles*, dont il s'était hautement vanté dans son mémoire justificatif à la Convention, ne l'était pas moins par ses vols et par ses brigandages.

Il n'y avait donc, dans ce choix, que Kerverseau d'honnête et de probe; il était, par cela même, frappé de nullité, et obligé d'assister à des actes que son caractère réprouvait.

Débarqués à Tiburon, ces délégués entrèrent aux Cayes le 5 messidor. Les citoyens leur firent une magnifique réception, malgré le rapport bien affligeant des propos semés sur leur route dans le but de flatter l'ambition des noirs et d'exciter leur jalousie contre les mulâtres. On voyait à leur suite un contrôleur et un ordonnateur nouveaux ; puis, une cinquantaine d'officiers parmi lesquels se trouvait Arnaud Préty, lâche brigand, qui, au commencement de la révolution, était dans le quartier de Jérémie l'un des chefs de ces cannibales qu'on avait vus faire la chasse aux hommes de couleur, et porter à leur chapeau, au lieu de cocardes, les oreilles de leurs malheureuses victimes.

En prenant les rênes du gouvernement, ils suscitèrent de toutes parts des divisions, brisèrent les liens de la discipline militaire, répandirent dans la ville des inquiétudes et des alarmes. L'ordonnateur Gavanon avait administré avec probité, sagesse, économie. Il avait réussi, par son zèle infatigable, à restaurer les finances du département. Il fut dépouillé de ses fonctions, et remplacé par Idlinger, banqueroutier frauduleux, lequel avait été employé par les Anglais à Port-au-Prince, était retourné en France, puis revenu à Saint-Domingue. Par ces hauts faits, il avait mérité la confiance de Sonthonax.

A la faveur des anciennes relations de Rey, des hommes tarés et mal notés s'installaient journellement à la délégation, qui se trouvait ainsi entourée de tous les ennemis bien prononcés de la république et de la liberté. Les républicains furent destitués et remplacés par les royalistes. Des émissaires répandaient l'insubordination dans la plaine et, par leurs insinuations, cherchaient à soulever les soldats noirs contre les officiers de couleur. Les délégués tentèrent, dans une tournée, de révolutionner les cultivateurs de la plaine du Fond et de Torbeck. Ils firent briser avec éclat les portes de toutes les maisons de correction; partout ils ordonnèrent des danses, et les gens de leur suite prenaient part au *Calinda*, répétant aux *bons nègres* qu'ils étaient bien sots d'obéir aux ordres *d'un mulâtre* comme Lefranc, et de travailler comme ils le faisaient. Au camp Périn les soldats, sur l'instigation d'Arnaud Préty, enfermèrent dans un cachot Geffrard qui commandait le poste. Délivré par ses officiers, il porta ses plaintes à la délégation, sans obtenir justice.

Le général Rigaud gémissait en silence de désordres contre lesquels il ne pouvait rien, étant dominé par ses supérieurs. Qu'allait-il advenir de ce département dans lequel il avait déployé tant d'activité et de courage à défendre la liberté? Une lueur d'espérance lui restait encore; c'était la confiance que lui témoignaient ces mêmes noirs qu'on cherchait à égarer. On fit de Marc, cuisinier de la délégation, un capitaine de la garde nationale. Marc, dans d'autres temps, avait été employé par les colons à la chasse des hommes de couleur; on lui donnait quatre gourdes par paire d'oreilles de mulâtre qu'il rapportait. Pris par Rigaud, ce général lui avait fait grâce de la vie. Soit reconnaissance, soit persuasion, Marc, en lui rendant compte des propositions de la délégation, lui dit qu'il avait fait une première faute, qu'il n'en ferait certainement pas une deuxième. Dévoué en apparence aux délégués, il venait chaque soir rendre compte à Rigaud des trames qui s'ourdissaient. Jacinthe, jeune noir bien fait et d'une belle tenue, cavalier dans une compagnie de dragons que Bonnet avait commandée, fut aussi endoctriné et s'empressait de venir tout rapporter à son commandant. Les noirs suivaient, en tous lieux, les mêmes principes vis-à-vis de leurs chefs.

Assurément Rigaud méritait bien l'influence qu'il

avait dans le département du Sud, par la conduite loyale qu'il y avait tenue. Le premier, il s'était levé réclamant contre les abus du système colonial, et, dès son début, il avait associé la cause des noirs à celle des hommes de couleur. Combattant pour la république par conviction, son armée victorieuse rétablissait la liberté dans toutes les contrées où les colons, appuyés par les forces britanniques, maintenaient l'esclavage. Toute sa force résidait dans les noirs qui servaient sous ses ordres, et le dévouement de ces mêmes noirs à sa personne témoignait de l'impartialité de ses procédés dans le commandement. S'il rétablissait la culture pour alimenter le commerce et assurer les subsistances à l'intérieur, son désintéressement ne pouvait être mis en doute, car ni ce général ni aucun membre de sa famille ne possédaient de propriété rurale. Toute sa fortune consistait en une maison de ville qu'il faisait péniblement bâtir, à cause de la pénurie de ses moyens pécuniaires. Or, en rétablissant l'ordre, par la répression d'un vagabondage affreux qui s'était introduit à la suite de nos troubles civils, il servait les intérêts des cultivateurs eux-mêmes, et les mettait en état de jouir pleinement du fruit de leur travail. Dans de telles circonstances, comment les délégués auraient-ils pu parvenir à prouver aux noirs que les hommes de couleur leur ravissaient leur liberté? Bien plus, la conduite extravagante des délégués, en fait d'administration, offrait un contraste trop tranché avec l'administration qu'ils avaient rejetée, pour qu'on pût admettre leurs assertions. Les plus folles profusions avaient remplacé la stricte économie de Gavanon. Les délégués pillaient les caisses publiques et autorisaient l'infidélité des administrateurs de leur choix. Ils partageaient leurs rapines avec une foule de courtisans qui dévoraient avec eux l'économie de trois années. Tandis que la demi-solde accordée aux troupes n'était plus payée, tandis que la ration du soldat était diminuée de moitié, la délégation absorbait en deux mois *trois cent mille* livres, affectées à sa dépense personnelle; elle faisait des emprunts, et passait des marchés onéreux à la république avec la maison Nathan frères et Compagnie; elle armait des corsaires contre les neutres, et, par cette mesure, elle éloignait les approvisionnements que fournissait le continent américain. Leborgne lui-même était actionnaire sur plusieurs corsaires. Juge et partie dans les contestations qui s'élevaient sur les prises, on peut se figurer quelle était l'équité de ses jugements. Sous le prétexte d'acheter la trahison d'un émigré commandant, pour les Anglais, le poste Raimond, les délégués se firent donner une somme de *cinquante mille* francs. Le poste ne fut pas livré, l'argent certainement ne fut pas donné, et cette somme ne fut jamais restituée au trésor.

Au mileu de ces dilapidations, ils poursuivaient leurs odieuses machinations contre les hommes de couleur. N'ayant pu arracher aux noirs des déclarations conformes à leur politique, ils tournèrent leurs vues vers les citoyens blancs. Ils recueillirent une dénonciation qui signalait Lefranc comme ayant voulu faire égorger les prisonniers à Saint-Louis, et ordonnèrent la translation de ces prisonniers aux Cayes. Bien qu'ils eussent acquis la preuve de la fausseté de cette dénonciation par les rapports de la municipalité de Saint-Louis, et bien que, sur leur demande, Rigaud leur eût remis un état des détenus, contenant l'exposé des faits qui avaient motivé leur emprisonnement, ce furent précisément les plus coupables qu'ils mirent en liberté. Filtgéral, député de la commune de Léogane auprès des Anglais, pour traiter de la livraison de cette place en 1793, fut élargi. Bauduit, officier dans la légion royale britannique de la Croix-des-Bouquets ; Jean-Marie Noblet, capitaine de port au môle Saint-Nicolas, tous deux pris séparément sur des corsaires anglais après quelques heures de combat, furent non-seulement relaxés, mais encore employés : Bauduit dans les bureaux de l'ordonnateur Idlinger, Noblet à la suite du général Desfourneaux.

Pour réussir dans leurs projets, il fallait que les délégués pussent détruire l'autorité de Rigaud et prouver sa nullité. Ils ordonnèrent, sans avis préalable, la suspension des travaux d'un fort qu'il faisait élever à l'embouchure de la rivière l'Islet. Ils défendirent de lui délivrer, à l'arsenal, les armes et les munitions dont il avait besoin pour le service de l'armée. Ces ordres ne parvinrent à la connaissance du général que par la communication que lui en firent les officiers subalternes, afin de justifier leur refus.

Leborgne lui ménageait une plus grande humiliation. Rigaud était fiancé à une jeune personne qu'il aimait éperdument ; Leborgne voulut en faire sa maîtresse ; il négocia avec les parents de la jeune fille, et on la lui livra de force. Rigaud était au camp. A son retour, sur une invitation à dîner, il se rendit à la délégation; Bonnet l'accompagnait. En traversant la première pièce, qui était déserte, ils trouvèrent la jeune personne assise près d'une fenêtre et paraissant occupée à la couture. Le général s'étant avancé vers elle, ils échangèrent quelques paroles ; elle le supplia, à mains jointes, de la délivrer ; ils s'entendirent, et Rigaud la fit enlever.

Sonthonax, pour mettre à la disposition de la délégation un officier général destiné à porter le dernier coup au département du Sud, avait envoyé aux Cayes Desfourneaux, en qualité d'inspecteur général. Cet officier était déjà très-désavantageusement connu dans cette contrée, par suite des événements qu'il avait fomentés à Port-au-Prince, en mars 1794. Desfourneaux unissait ses efforts à ceux des délégués, afin d'agir dans leur sens sur l'esprit de la garnison. Il employait l'aide de camp noir, Edouard (ancien domestique du duc d'Orléans), à séduire les noirs; il promettait aux uns des places, aux autres des récompenses. Il était évident pour tous que le département du Sud était à la veille d'une subversion générale.

Desfourneaux avait mission d'opérer l'arrestation de tous ceux qui avaient, jusqu'à ce jour, dirigé la révolution dans le Sud. Peu après son arrivée, s'entretenant avec Rigaud d'affaires publiques, dans une conversation particulière, il lui dit : *Si l'on voulait arrêter Pinchinat, est-ce que tu t'y opposerais ?* Le général étonné lui demanda pourquoi on arrêterait Pinchinat. *Oh! on en arrêtera bien d'autres, et, si tu voulais t'y opposer, tu commencerais par te battre avec moi.* Rigaud eut la sagesse de se contenir ; les desseins de Desfourneaux lui étaient révélés, il se contenta de l'observer en silence.

L'ordre d'arrestation ne tarda pas à arriver. Sur les avis secrets qu'il en reçut, Rigaud manda de suite son aide de camp ; il fallait, avant la notification de cet ordre, parer aux événements qui en eussent été la conséquence : les habitants du Sud n'auraient pas consenti à laisser opérer l'arrestation, que rien ne motivait, de l'auteur des concordats qui avaient assuré la liberté de leurs frères, et les ennemis de ce général le rendraient responsable des maux que préparait leur machiavélisme. Bonnet parcourut la ville sans pouvoir rencontrer Pinchinat. Celui-ci se trouvait dans ce moment chez Desfourneaux, qui, pour s'assurer de sa personne, l'avait invité à jouer. Bonnet trouva la partie fortement engagée. Desfourneaux, les manches retroussées et les coudes appuyés sur la table, paraissait absorbé dans ses cartes. Se tenant à la porte de l'appartement, l'aide de camp de Rigaud appela Pinchinat. Desfourneaux l'invita à entrer, pour attendre la fin de la partie : « Je n'ai qu'un mot à dire à Pinchinat, répondit Bonnet, qu'il couvre un moment ses cartes, il reviendra immédiatement les reprendre. » Pinchinat étant sorti, Bonnet le prévint qu'il était tombé dans un guet-apens ; que s'il voulait éviter d'être arrêté, il n'avait qu'à prendre la chaise de poste qui stationnait au détour de la rue, que le postillon obéirait à ses ordres. Pinchinat partit sans revenir sur ses pas, et, lorsque l'ordre de se saisir de sa personne fut délivré, il fut impossible de le retrouver ; sa retraite était demeurée secrète, même pour ceux qui lui avaient ménagé les moyens de fuir.

La présence de Rigaud aux Cayes gênait les délégués. Ils résolurent de s'en débarrasser, en l'occupant à combattre les Anglais. Une campagne est donc arrêtée sur une base que l'expérience du général lui faisait désapprouver. On n'en poursuit pas moins l'exécution, non sans doute par ignorance, mais dans le but de favoriser l'accomplissement des projets que les délégués voulaient faire réussir. L'armée est divisée en trois colonnes, qui doivent se porter sur trois points différents. Rigaud marche contre les Irois, tandis que Desfourneaux, avec la colonne du centre, composée de la majeure partie des forces de l'expédition, se rend sur la montagne de Plimouth, afin d'attaquer le poste Raymond. Les délégués, fondant leur espoir sur la trahison qui devait leur livrer ce poste, se mettent, en grande pompe, à la tête de cette colonne. Mais Porchet, colon français, à qui les Anglais en avaient confié le commandement, ayant accueilli le parlementaire qui lui avait été envoyé par une décharge de mousqueterie, le combat s'engagea. Les fausses manœuvres du général Desfourneaux amenèrent une défaite honteuse ; *dix-huit cents* hommes échouèrent devant une redoute défendue par *trente* hommes. La troupe exposée au feu, compagnie par compagnie, battit en retraite, après des pertes considérables, laissant une pièce de canon au pouvoir de l'ennemi. Desfourneaux, pour se justifier, cria à la trahison. Dans la liste des traîtres qu'il signalait, on voyait figurer le nom d'hommes morts sur le champ de bataille et de blessés qui gémissaient dans les hôpitaux. Les délégués étant rentrés aux Cayes, comblèrent d'éloges les troupes blanches, dans une proclamation où ils diffamaient la légion, exaltant en même temps, comme une victoire, la retraite du général.

Le moment d'agir leur semblait arrivé. L'ex-ordonnateur Gavanon, mandé pour être consulté sur un prétendu règlement de culture, fut saisi et conduit à bord de la corvette l'*Africaine*. Des arrestations de nuit causaient de l'agitation dans la ville. Le chef de bataillon Faubert et d'anciens employés, se rendaient aux ordres de la délégation, et allaient être déportés, lorsque les événements de fructidor éclatèrent.

Le chef de brigade Lefranc, commandant à Saint-Louis, appelé par Desfourneaux pour affaire de service, s'était empressé d'accourir près du général. A peine celui-ci l'eut-il aperçu, qu'il se jeta sur lui, le désarma et ordonna sa translation sur la corvette. Deux aides de camp se saisirent de sa personne, et reçurent l'ordre de l'escorter au port.

Lefranc avait obéi sans résistance, quoique doué d'une force herculéenne. Arrivé à la hauteur de la rue où logeait Augustin Rigaud, d'un revers de bras il abat l'officier de droite, d'un coup de tête il culbute celui de gauche, et, s'élançant à la course : *Aux armes*, s'écriat-il, *Augustin Rigaud, on va vous arrêter!* Un des aides de camp de Desfourneaux court après lui, le sabre à la main, criant de toute la force de ses poumons : *Arrêtez-moi ce mulâtre*. Au même moment, la population, déjà agitée par ces arrestations arbitraires qu'elle voyait avec indignation, s'attroupe, frémit, se soulève. Les cris *aux armes* s'élèvent de toutes parts, on court se réfugier aux forts de la Tourterelle et de l'Islet, le canon d'alarme retentit, les cultivateurs en foule accourent au secours des habitants de la ville. La délégation ordonne, sans succès, une attaque sur le fort de l'Islet. La troupe immobile sauve, par son inaction, le département du Sud d'un embrasement général.

Tandis que ces événements se passaient aux Cayes, Rigaud, après quelques avantages remportés sur les Anglais, était occupé au siége des Irois. Les délégués l'appelèrent à leur secours, les opprimés en firent autant de leur côté. Son armée, se rendant aux ordres de la délégation, était déjà à une certaine distance de la ville, lorsque la nuit vint la surprendre. Impatient de savoir ce qui s'était passé en son absence, le général voulut s'avancer en personne jusqu'au fort de la Tourterelle, afin d'apprendre des siens les faits qui avaient motivé la prise d'armes. Vainement son aide de camp combattit cette résolution, lui objectant que l'enthousiasme qui accueillerait son arrivée révélerait à la ville sa présence au fort; que les délégués prendraient de là occasion de le rendre responsable de tout ce qui s'était passé en son absence, détruiraient les pièces qui pourraient les compromettre, et qu'il se priverait ainsi de la faculté de se saisir des papiers qui devaient porter la lumière sur toute cette trame. Il ne tint aucun compte de ces observations. L'événement justifia les prévisions de Bonnet. Les vivats mille fois répétés, au milieu du calme de la nuit, par les citoyens enfermés à la Tourterelle, retentirent jusqu'en ville. Rey et Desfourneaux, qui se sentaient les plus compromis, voulant s'évader, s'embarquèrent, au point du jour, dans un canot de la rade. Au fort de l'Islet, on s'aperçut de cette fuite, on tira sur l'embarcation, espérant forcer les fuyards à retourner au port. Les coups de canon répandirent l'alarme. Les cultivateurs, accourus au secours des habitants, sautèrent par-dessus les parapets, franchirent les fossés, et se répandirent en ville. Les délégués, Leborgne et Kerverseau, reconnaissant leur insuffisance, expédièrent Desclos, commandant de la garde nationale, avec l'ordre de porter à Rigaud, qui était encore sur la route, un arrêté par lequel ils lui remettaient tous les pouvoirs nécessaires au rétablissement de l'ordre.

Le général trouva, à son arrivée, la ville remplie de cultivateurs. Des coups de fusil partaient de tous les côtés. Ce ne fut qu'en s'exposant aux plus grands dangers qu'il put arrêter le cours des vengeances populaires. Les officiers qui l'entouraient accourent, par ses ordres, arracher ceux qui se trouvaient dans le péril à la fureur de ces hommes exaltés. *Huit cents* personnes trouvent sûreté et protection chez Rigaud; mais malgré la sollicitude de ce général, au milieu de ces scènes affreuses, près de quarante victimes furent immolées dans les rues. Rigaud se rendit au siége du gouvernement. Il y trouva Leborgne, qui venait de brûler ses papiers, dont les cendres fumaient encore.

Les délégués avaient perdu la confiance du peuple, qui ne voulut plus reconnaître leur autorité. La commission du gouvernement, instruite de cette réaction, s'empressa de les rappeler, et d'envoyer aux Cayes les généraux Martial Besse et Chanlatte prendre des renseignements sur les faits. Quoique le rapport de ces deux généraux, ainsi que celui du général Beauvais, fussent favorables à Rigaud, Sonthonax, qui avait déjà rompu toute communication avec la partie du Sud, se renfermant dans son machiavélisme, et se faisant un appui des discours et des écrits mensongers des délégués, publia son épouvantable proclamation du 23 frimaire an v.

CHAPITRE III.

Mission en France ; le navire qui porte les députés est capturé par la croisière anglaise qui rallie au môle Saint-Nicolas l'amiral Parker. Captivité des envoyés sur les pontons à Portsmouth ; leur délivrance ; débarquement à Cherbourg. La faction royaliste domine en cette ville. Après le 18 fructidor, Pinchinat et Rey-Delmas se rendent à Paris, Bonnet est retenu à Cherbourg. Il adresse une pétition au conseil des Cinq-Cents, la consigne est levée. Position dans laquelle il retrouve Pinchinat; sa détermination de défendre les opérations du Sud ; son entrevue avec le ministre de la marine ; il dîne chez M. de Vincent ; son Mémoire en réfutation des assertions de Sonthonax. Persécution dans les bureaux ; il est attaché à l'expédition d'Égypte; le Directoire lui donne audience; Barras lui remet une carte de sûreté. Il utilise son séjour à Paris en se livrant à l'étude. Pelletier et de la police de Paris. Rapport d'Hédouville. Bonnet essaye de conjurer la guerre civile ; il expose ses vues, le gouvernement approuve ses idées ; une frégate est mise à sa disposition, à se rend à Bordeaux pour s'embarquer. Le ministre contremande l'ordre. Retour de Bonnet à Saint-Domingue sur un navire de commerce.

Les événements qui venaient de se passer dans le Sud avaient un caractère trop sérieux, et les projets de Sonthonax étaient trop à découvert, pour que Rigaud ne s'empressât pas de mettre la vérité des faits sous les yeux du gouvernement français. Un simple rapport ne pouvait atteindre ce but; il comprit que le moment était venu d'envoyer en France des députés chargés des intérêts de l'Ouest et de ceux du Sud.

Salla ayant été tué au combat des Irois, Pinchinat seul représentait le département du Sud; Rey-Delmas et Fontaine, celui de l'Ouest. On leur avait adjoint Lachapelle, Garigou et Rénéum, commissaires de la commune.

La mort de Salla, aide de camp de Rigaud, le privait d'un ami dévoué. Il sentit la nécessité d'adjoindre à la députation un homme capable de présenter sa défense personnelle. Il songea dès lors à Bonnet, le priant d'accepter cette mission. La position de cet officier près du général, l'intimité dont celui-ci l'honorait, et qui lui avait donné accès à ses conseils, sa connaissance particulière des motifs qui avaient fait agir le chef du département du Sud, la conformité de leurs principes, tout justifiait ce choix.

La députation ainsi formée partit au mois d'octobre, sur le *Cerf-Volant,* navire qui, sous pavillon masqué de parlementaire devait, sous prétexte d'aller en Angleterre opérer l'échange de quinze prisonniers anglais, débarquer à la Corogne ses passagers politiques. Arrivé devant la Béate (1), le navire fut capturé par la croisière du commodore Riquet, composée de deux frégates. Cet officier général ne voulut pas admettre la validité des expéditions, et déclara prisonniers l'équipage et les passagers. Rénéum et Fontaine furent envoyés, sur le navire même, à la Jamaïque, où ils devaient servir à faire constater la prise.

Dans la cale, on avait trouvé deux caisses de papiers appartenant à la députation, que l'équipage avait enfouies sous le lest. Les Anglais conçurent des doutes, croyant que ces Messieurs étaient chargés de transporter en France des sommes considérables. Alors, afin de parvenir plus sûrement à s'emparer de ce qu'ils possédaient, on employa les moyens les plus captieux. On les

(1) Petite île sur la côte sud de Saint-Domingue.

traita d'abord avec beaucoup de ménagements, et, pendant les trois mois que dura la croisière, jamais on ne montra la moindre disposition à toucher à ce qui leur appartenait; mais, un jour, tandis qu'ils étaient réunis sur le pont, un mouvement militaire s'opère tout à coup, on place des sentinelles aux écoutilles et sur l'arrière. Bonnet comprit de suite qu'on allait les dépouiller. Il s'approcha du maître d'équipage, prisonnier avec eux, lui remit la clef de sa malle, et le pria d'aller y prendre une ceinture garnie de doublons, dont il lui indiqua la position. Cet homme se glissa adroitement par l'avant, gagna la cabine en toile qu'occupait cet officier près d'un sabord de l'entre-pont, enleva son or et le lui remit.

Pinchinat, plus défiant, portait toujours sur lui sa ceinture, garnie de soixante-dix doublons. Il fut appelé l'un des premiers à la visite, et l'officier, ne trouvant pas d'argent dans sa malle, l'invita à lui déclarer, sur sa parole d'honneur, s'il n'en avait pas sur lui. Pinchinat refusa d'engager sa parole d'honneur, et remit les fonds qui formaient toutes ses ressources. On trouva dans la malle de Bonnet, une traite de *six mille* francs et un rouleau de *cinquante louis*, que Rigaud envoyait à son fils qui étudiait au collége de Liancourt. Cette traite ne pouvant servir aux Anglais, ils la lui remirent et ils eurent aussi l'honnêteté de respecter le rouleau d'or destiné au jeune Rigaud.

La visite avait été faite avec une rigueur excessive. Les prisonniers étant complétement dépouillés, on donna à chacun d'eux une somme de *quatre-vingts* piastres, qui devait servir à leurs dépenses urgentes. Cette opération terminée, on les transféra d'une frégate sur l'autre. Bonnet avait encore ses effets à bord de la première frégate ; le commodore Riquet le prit dans son canot, lui permettant, par cette faveur, de les aller chercher. Ce commodore, d'origine française, appartenait à une famille du Midi ; il était du nombre de ces officiers anglais qui aiment à habiter la France pendant la paix. Tout en cheminant, il engagea la conversation sur Lapointe, commandant à l'Arcahaie, sous les Anglais, et lui demanda ironiquement s'il connaissait cet officier. — Personnellement non, mais de réputation fort bien, répondit-il. — Le commodore annonça à Bonnet qu'allant passer devant l'Arcahaie, il se disposait à remettre les prisonniers à sa garde. — « Je vous comprends, lui répondit son compagnon, on nous destine à être assassinés. Lorsque le vaisseau *le Swetehood* se jeta sur *la Folle*, à l'entrée de la rade des Cayes, j'étais l'officier que le général Rigaud avait chargé de s'emparer du navire et de son équipage, et certes, dans cette circonstance, je me suis conduit vis-à-vis des prisonniers bien autrement que vous ne prétendez le faire envers nous ; mais, je vous le déclare, *cinq cents* Anglais, actuellement détenus dans les prisons des Cayes, répondent de ma tête. »

Le commodore Riquet reprit avec beaucoup de courtoisie qu'il n'avait pas entendu lui faire une offense, ni exposer les jours des prisonniers, que M. Lapointe étant un de leurs compatriotes, il avait pensé que ce serait leur être agréable que de les confier à ses soins. — Bonnet fit observer au commodore que telle ne pouvait être sa pensée, qu'il savait fort bien que

M. Lapointe avait trahi sa patrie, en livrant l'Arcahaie aux Anglais ; que dans ce commandement qu'on lui avait conservé, il continuait à servir le parti qu'il avait embrassé, exerçant contre les siens des cruautés inouïes.

Dès ce moment, le commodore Riquet traita son prisonnier avec beaucoup d'égards. Il lui fit céder par son cousin, second à son bord, la chambre que celui-ci occupait, et il lui envoyait souvent une invitation à dîner.

Au mois de janvier la frégate rallia, au môle Saint-Nicolas, l'amiral Parker, commandant l'escadre anglaise ; et cet amiral eut pour Bonnet les mêmes égards, les mêmes attentions ; ce qui lui fit supposer que le commodore lui avait rendu compte de leur conversation.

Le général Rigaud, informé de la captivité de la députation, s'empressa d'en proposer l'échange à l'amiral, qui s'y refusa.

A peine Sonthonax eut-il appris que les députés étaient en rade du Môle, qu'il les fit réclamer à son tour. L'amiral ne voulut pas se dessaisir de ses prisonniers. Les colons, de leur côté, sollicitèrent vivement et en vain leur remise. Leurs intrigues, leurs propos incendiaires, la fureur que faisait naître en eux l'impuissance de leurs perfides efforts, tout était rapporté aux prisonniers par Laharpe, traiteur, qu'on avait chargé de pourvoir à leur subsistance. Grand parleur, beau diseur, celui-ci se faisait bien venir d'eux en leur racontant toutes les nouvelles de la ville.

Une après-midi, étonné de voir faire à bord le branle-bas de combat, Bonnet en demanda la cause à un anglais, M. Coppinger, avec lequel il s'était lié et qui parlait français. Il apprit que les colons ne pouvant obtenir de l'amiral qu'il leur livrât les prisonniers, avaient conçu le dessein de venir, dès la nuit suivante, les enlever du bord, et que ces dispositions étaient prises dans l'intérêt de leur sûreté. Il se rendit de suite près de l'amiral et lui demanda des armes pour lui et ses compagnons d'infortune, le priant de prendre en considération que puisque c'était à eux qu'on en voulait, il était juste de leur permettre au moins de participer à leur défense. L'amiral refusa d'acquiescer à sa demande. Protéger les prisonniers était son affaire, disait-il, ils pouvaient dormir tranquillement dans leur lit. Ils pouvaient compter sur lui. — Les colons n'osèrent pas attaquer. Bientôt après, en février, les députés capturés furent envoyés en Angleterre, sur la frégate *le Succès*. Ils arrivèrent à Spithead, près Portsmouth, au moment où la flotte était en rébellion contre l'autorité, et ils furent jetés sur les pontons, où ils restèrent en captivité. Une circonstance fortuite favorisa leur délivrance.

Le rapport de Vaublanc avait produit de l'agitation dans les Chambres. Le gouvernement anglais, renseigné sur certains points par les papiers saisis à bord du *Cerf-Volant*, pensa sans doute que la présence de cette députation à Paris contribuerait à multiplier les embarras qu'occasionnait déjà la question de Saint-Domingue. On les renvoya en exigeant seulement d'eux, sur serment, qu'ils ne serviraient contre l'Angleterre qu'après leur échange.

Le parlementaire qui portait les députés ne put gagner Bayonne, lieu de sa destination. Le navire ayant lutté en vain pendant plusieurs jours contre les vents, le capitaine fut contraint de les débarquer à Cherbourg. Ils ignoraient alors que la faction royaliste avait le dessus dans cette ville, et qu'on y parlait ouvertement du retour de Louis XVIII.

Pinchinat, après avoir fait à la municipalité le tableau de ses tribulations et de celles de ses compagnons, termina en disant : « Mais lorsque le républicain touche enfin le sol de la patrie et de la liberté, il oublie toutes les souffrances qu'il a endurées. » En face d'une municipalité royaliste, ces paroles de Pinchinat étaient un blasphème ; lui et ses collègues furent placés sous la surveillance de la haute police.

Lachapelle et Garigou furent exemptés de ce traitement rigoureux, dont en partie ils avaient été la cause. Dès leur séjour dans les prisons d'Angleterre, ces deux hommes s'étaient détachés des autres membres de la députation, et, à leur arrivée à Cherbourg, ils se rangèrent ouvertement au parti de Sonthonax, au sein duquel ils pensaient trouver de plus grands avantages. Ils s'attachèrent donc à représenter leurs compagnons comme des monstres ; et Lachapelle, en parlant de Pinchinat, disait qu'il avait, à lui seul, égorgé plus de blancs qu'il n'avait de cheveux sur la tête.

Pinchinat fut frappé au cœur par cette calomnie ; il ne put, lui qui avait toujours défendu la république avec fermeté, se consoler de ce premier échec en débarquant sur la terre de France. Il prit le parti de s'enfermer dans sa chambre, ne voulant pas paraître dans les rues suivi d'un gendarme.

Quant à Bonnet, encore adolescent, plein de cet enthousiasme patriotique que lui avaient communiqué l'idée de la France, ses assemblées, ses luttes, ses triomphes, sa gloire, désirant ardemment connaître cette mère patrie pour la défense de laquelle il avait versé son sang, et qu'il abordait pour la première fois, ne pouvant, du reste, avoir à rougir d'une rigueur qu'aucune mauvaise action de sa part ne justifiait, il allait fièrement dans tout Cherbourg, ayant son gendarme à sa suite.

Dans une de ses promenades par les rues de la ville, il aperçut quelqu'un à une croisée qui, par un geste, l'invitait à monter.—« Vous êtes républicain ? » lui dit cet inconnu en le recevant.—« Oui, monsieur, et je m'en fais gloire. » — « Je m'en aperçois au traitement que vous éprouvez. » Après l'échange de quelques paroles, Bonnet lui raconta succinctement les causes qui l'avaient amené à Cherbourg. M. Sorrel (c'était le nom de sa nouvelle connaissance) lui dit que le commissaire du gouvernement était à la campagne, qu'il serait de retour le lendemain, que c'était un patriote sincère qui le délivrerait des persécutions des royalistes. Il l'engagea en conséquence à l'aller trouver, et lui remit son adresse.

Le lendemain Bonnet, profitant du conseil qui lui avait été donné, alla exposer sa position au commissaire du gouvernement. « Vous êtes républicain, lui dit ce magistrat, voilà la cause de votre disgrâce ; » et il lui donna rendez-vous pour la séance du soir même à la municipalité. A l'heure indiquée Bonnet était à la barre, et le commissaire du gouvernement, sur sa réclamation, ayant demandé la cause du traitement qu'il éprouvait, les membres de la municipalité embarrassés ne purent trouver aucune explication. Le magistrat prit acte de leur silence, la consigne fut levée et les députés rendus à leur indépendance. Bonnet s'empressa d'aller remercier M. Sorrel, qui lui fit faire la connaissance plus intime du commissaire du gouvernement. Rey-Delmas, de son côté, ayant retrouvé dans la ville M. Baillo, un de ses amis du Cap, ils furent ensemble admis en cercle chez ce dernier, et se trouvèrent bientôt dans le monde avec ces mêmes royalistes dont ils avaient essuyé les persécutions. Les députés restèrent à Cherbourg, attendant les ordres du ministre, auquel ils avaient donné avis de leur arrivée. Tout entier à la conspiration royaliste, qui absorbait son temps, le ministre négligeait de leur répondre. Enfin arriva le 18 fructidor. La faction royaliste ayant succombé, M. Sorrel voulut entraîner Bonnet à faire au club le récit des persécutions dont il avait été victime; il s'y refusa.

Lachapelle et Garigou, par l'influence du parti colonial, obtinrent facilement l'autorisation d'aller à Paris. Après le 18 fructidor, Pinchinat et Rey-Delmas, étant députés au Corps législatif, ne trouvèrent plus d'obstacle à se rendre à leur poste. Mais l'aide de camp du général Rigaud, chargé d'une mission particulière près du gouvernement français, ne put de son côté obtenir le même avantage. Vainement il écrivit au ministre, puis au Directoire; une main cachée lui barrait le chemin. Il paraissait condamné à languir à Cherbourg. Fatigué de sa position et décidé à remplir la mission qui lui était confiée, il prit la détermination d'adresser au conseil des Cinq-Cents une pétition ; le résultat fut l'ordre de venir à Paris.

Cependant Sonthonax était de retour de Saint-Domingue ; Toussaint Louverture, voulant, à tout prix, se débarrasser de l'agent français, l'avait fait élire au Corps législatif. Par son ordre, le général Pierre Michel, à la tête de cinquante dragons armés, avait envahi le lieu des séances de l'assemblée électorale, imposant aux électeurs la nomination de Sonthonax, par la menace de mettre tout à feu et à sang. Malgré l'illégalité de cette élection, faite sous l'empire de la force, Sonthonax fut admis à siéger au conseil des Cinq-Cents. L'infortuné Pinchinat n'arriva qu'après lui et ne put faire valider son élection. Ce second échec, joint à une insulte qui lui fut faite dans les rues de Paris, acheva de le décourager. Il se laissa dominer par le chagrin et demeura dans un état complet d'abattement. Ses facultés intellectuelles s'étaient affaiblies au point que cet homme, le plus capable par l'étendue de ses connaissances, par la clarté et l'élégance de son élocution, par la force de ses raisonnements, de présenter les faits, de raconter les événements avec la précision qui caractérisait tous les actes émanés de lui depuis le commencement de la révolution, cet homme d'un vrai talent, dont s'honoraient les hommes de couleur, se trouvant dans la nécessité de rédiger quelques lignes d'un mémoire, fut obligé de s'adresser à Coterel.

Bonnet fut fort affecté de l'état où il retrouvait Pinchinat, sur lequel il fondait de grandes espérances ; et bien qu'il lui fût inférieur et par le talent et par la capacité, il entreprit hardiment la défense des opérations qui avaient eu lieu dans le département du Sud. Ayant appris que le général Hédouville, porteur d'un décret de mise hors la loi contre Rigaud, était déjà rendu à Rochefort, où il devait s'embarquer pour Saint-Domingue, Bonnet s'empressa d'écrire à ce général dans le dessein de l'engager à ne pas mettre, sans examen, cet acte rigoureux à exécution. Il lui conseillait, dès son arrivée à Saint-Domingue, de bien étudier la position de la colonie ainsi que les hommes et les faits, afin de ne pas s'exposer à priver la république des services d'un de ses plus généreux défenseurs. Après cette démarche honorable, il sollicita du ministre de la marine une audience, à laquelle il se rendit en compagnie de Pinchinat et de Rey-Delmas. Il exprima au ministre tout le regret qu'il éprouvait de ce que les Anglais lui eussent enlevé les dépêches adressées au gouvernement français, dont il était porteur. Mais le ministre, entièrement sous l'impression des rapports de Sonthonax et de la délégation, se répandit en amers reproches contre Rigaud, qu'il supposait avoir provoqué les événements du Sud.

Voyant Pinchinat garder le silence, Bonnet ne se contint plus. Abordant la question sans détour, il fit au ministre la relation des faits dans toute leur exactitude. Après avoir établi la position difficile dans laquelle la délégation les avait placés : « Nous nous trouvions, dit-il, dans l'alternative ou de nous laisser égorger, ou de nous défaire de nos ennemis; nous avons pris ce dernier parti; à notre place qu'eussiez-vous fait ? Pléville-le-Pley, qui avait écouté avec une religieuse attention tout ce que Bonnet lui avait exposé, s'approcha de lui, et, le frappant légèrement sur l'épaule, il lui dit : «Jeune homme, je comprends votre affaire, vous avez raison au fond, mais vous avez péché par la forme. »

Dès ce moment le ministre de la marine le traita avec bonté, ce qui lui valut les égards des employés subalternes.

Les préventions élevées contre Rigaud avaient valu à son fils le traitement le plus odieux. Bonnet, s'étant rendu au collége de Liancourt, trouva le jeune Rigaud relégué sous un escalier, dans un état déplorable, rongé par les vers. Il ne put contenir son indignation et courut sur-le-champ s'en plaindre au ministre ; le sort de l'enfant fut amélioré et on le plaça au collége de la Marche (1).

A quelques jours de là, M. de Vincent, officier du génie, employé au Cap, et alors à Paris, avec une mission du général Toussaint Louverture, envoya à Bonnet, ainsi qu'à Pinchinat, une invitation à dîner. Ils s'y rendirent, sans se douter qu'une réunion politique se voilait sous le prétexte d'un dîner. Parmi les convives se trouvaient MM. Lescalier, Granet, Esmangart, agents de la marine, et Rallier ancien ingénieur au Cap, membre du conseil des Anciens. La conversation s'engagea tout naturellement sur les affaires de Saint-Domingue ; on en vint au département du Sud, on justifia à dessein Sonthonax et la délégation, et l'on fit planer sur la conduite de Rigaud les doutes les plus injurieux.

Bonnet se flattait encore que Pinchinat répondrait à ces attaques, mais il continua à garder le silence. Alors l'aide de camp de Rigaud, prenant la parole à sa place,

---

(1) M. de Vincent accompagnait Bonnet dans cette visite ; il témoigna le plus vif intérêt à cet enfant, qui fut dans la suite l'objet de toute sa sollicitude.

rétablit les faits dans leur vérité, en racontant toutes les circonstances des événements du Sud avec autant de précision qu'il l'avait fait chez le ministre. Au sortir de la table, M. Rallier vint se mettre à côté de lui, près de la cheminée, et là, lui prenant la main à l'écart, il lui dit à l'oreille : « Jeune homme, je suis content de vous, je défendrai votre cause, » et il tint parole.

Sonthonax avait attaqué Rigaud à la tribune; Bonnet, ayant à cœur de justifier son général, rédigea un mémoire explicatif des faits. Mais élevé au milieu des camps, et n'ayant reçu qu'une éducation fort incomplète, il redoutait de se faire imprimer. Garnot lui donna le conseil de faire corriger le mémoire par un homme de lettres. Il s'adressa dans ce but à Barbault-Royer. Celui-ci, après l'avoir lu, conçut le dessein de le diviser en deux et de s'en approprier une partie, avec l'intention de l'insérer dans une brochure qu'il se proposait de publier sur Saint-Domingue. Le refus de l'auteur ayant contrarié cette combinaison, il se borna à faire disparaître les incorrections de langage ; puis il ajouta une conclusion dont le style élégant ne cadrait pas avec l'ensemble de l'écrit (1).

Le mémoire ayant été distribué au conseil des Cinq-Cents, en messidor an VI (2), Sonthonax monta à la tribune pour le réfuter. Là, s'échauffant dans le cours de ses explications et cherchant à prouver que le prétendu auteur était incapable de rien rédiger, il demanda

---

(1) Je rapporte ici les expressions mêmes du général; voyez le Mémoire aux pièces justificatives.

(2) Dans la séance du 22 messidor, par un vote de l'Assemblée, le Mémoire fut renvoyé au Directoire exécutif.

quel était ce Bonnet, et alla jusqu'à le traiter d'ancien domestique.

Mettant toute considération de côté, Bonnet, indigné de ces injures grossières, voulut répondre par lui-même. Au moment où il terminait son travail, il reçut de Rigaud des lettres contenant les propositions que lui faisaient les Anglais, dans le cas où il consentirait à quitter de sa personne le département du Sud, et comme complément, l'énergique réponse du général. Bonnet fit imprimer, à la date du 10 fructidor, ces deux pièces à la suite de son second mémoire, qu'il fit aussi distribuer aux deux conseils.

Sonthonax furieux monte à la tribune, prétendant se justifier; mais de toutes parts on lui crie : *A bas, à bas, il pue le sang, il croit être à Saint-Domingue!* Plus exalté que ses collègues, un membre de l'Assemblée, le saisissant par son écharpe, l'arrache de la tribune.

Le coup avait porté. Humilié dans son orgueil, cet homme vindicatif dévora l'affront, mais jura de s'en venger. Ne pouvant agir ostensiblement, il noua ses intrigues dans l'ombre des bureaux de la marine, où il était tout-puissant.

Les bonnes dispositions des bureaux de la marine changèrent tout à coup. L'aide de camp de Rigaud avait à réclamer sa solde arriérée. Chaudry, chef de bureau, qui jusque-là lui avait témoigné beaucoup d'égards, le reçut avec hauteur, contestant ses droits à aucun payement. Dans une de ces discussions, il était allé jusqu'à lui contester son grade de chef d'escadron. — *Qui vous a donné ce grade?* lui demandait-il avec humeur? — *Le général commandant en chef l'armée dans le département du Sud. — Il n'avait pas qualité pour créer des officiers.* Un officier général, assis au fond du bureau et qui paraissait absorbé dans la lecture d'un journal, fatigué de ces observations, demanda à Chaudry, si on avait envoyé des troupes à Saint-Domingue contre les Anglais. Sur sa réponse négative, « Mais alors, lui dit-il, s'il a fallu que le général en chef créât, avec ses propres ressources, une armée pour combattre l'ennemi, certainement il a été dans la nécessité de nommer des officiers, tout aussi bien que de recruter des soldats. Ces paroles mirent un terme à la discussion. »

Ces difficultés n'arrêtaient pas Sonthonax, qui voulait, à tout prix, étouffer la voix de Bonnet en l'écartant des affaires. On fit passer notre jeune chef d'escadron de la marine à la guerre ; puis il reçut un ordre du ministre de la guerre de rejoindre un bataillon se rendant à l'armée d'Italie. Bonnet alla trouver Schérer, lui exposa sa situation à Paris et l'étonnement que lui causait cet ordre. Le ministre se fit représenter cette pièce qu'il n'avait pas signée ; il remarqua qu'on y avait apposé sa griffe et contremanda cette commission.

On avait échoué dans cette tentative. On le réintégra à la marine, d'où lui vint l'ordre de rejoindre, à l'île d'Aix, un dépôt de troupes des colonies, destiné à se rendre au Sénégal. Bonnet fut trouver le ministre qui contremanda également cet ordre.

Le général Bonaparte, après sa brillante campagne d'Italie, était de retour à Paris, apportant le traité de Campo-Formio. L'aide de camp de Rigaud, partageant l'enthousiasme général, avait assisté à la réception faite au général par le Directoire exécutif, et aux fêtes qui avaient accueilli son retour. Il se croyait à l'abri de nouveaux embarras, lorsque le Directoire, ayant arrêté avec le héros du jour le plan de la campagne d'Égypte, fit réunir les corps de troupes destinés à cette expédition. Bonnet fut de nouveau attaché au ministère de la guerre, puis immédiatement on lui signifia l'ordre de rallier, dans les *vingt-quatre* heures, les troupes qui se réunissaient à Toulon, sous peine d'être arrêté par la gendarmerie et d'y être conduit de brigade en brigade. Cet ordre impératif ne laissait pas de temps aux réclamations. Cependant il résolut de faire tête à l'orage; avant de rien tenter, il courut prendre conseil du général Dumas, son compatriote et son ami. Ce jour-là, les officiers généraux devaient être reçus en audience particulière par le Directoire. Dumas engagea Bonnet à se présenter à cette audience et à faire ses réclamations, l'assurant que, dans le cas où elles ne seraient pas écoutées, il ne manquerait pas, devant aussi faire cette campagne et n'ayant pas encore d'aide de camp, de le réclamer en cette qualité. Bonnet ne pouvait arriver jusqu'au Directoire qu'à la condition d'être présenté par un officier général qui consentit à être son introducteur. Dumas devait rester en dehors de cette démarche. Martial Besse, désigné aussi pour l'armée de Saint-Domingue, se mit à sa disposition, et tous deux, en uniforme, se rendirent au Luxembourg. L'audience touchait à sa fin, ils furent les derniers introduits. Barras tenait la séance. Martial Besse lui présenta l'aide de camp de Rigaud, qui exposa au directeur sa position à Paris. Il lui apprit qu'envoyé près du gouvernement français par le général commandant l'armée dans le département du Sud de Saint-Domingue, il s'était mis en relation avec le ministre de la marine dès qu'il lui avait été possible de le faire; il dévoila les entraves qui jusqu'à ce jour l'avaient empêché de donner suite à cette mission, et les persécutions dont il était l'objet; il avait, disait-il, été promené de la marine à la guerre, de la guerre à la marine, et, en dernier lieu, il venait de recevoir l'ordre de quitter Paris dans les vingt-quatre heures, sous peine d'être arrêté par la gendarmerie. Barras lui demanda cet ordre que Bonnet n'avait pas sur lui. Le directeur l'invita à l'aller chercher, consentant à l'attendre. Dès que Bonnet fut de retour, Barras prit connaissance de la pièce, la retint et lui remit une carte de sûreté.

Le résultat de cette démarche ne se fit pas attendre. Réintégré à la marine, il se rendit dans les bureaux et s'aperçut, tout d'abord, du changement qui s'était opéré en sa faveur. Chaudry, changeant, en effet, de manières et de ton, lui présenta un dossier, en lui disant : « Lisez ce rapport, jeune homme, vous êtes allé dire au Directoire que j'étais le vassal de Sonthonax : lisez et vous verrez si je vous veux du mal. » — « Le commensal, monsieur Chaudry, et non pas le vassal, répliqua Bonnet; mais oublions le passé; » et ce passé fut aussitôt oublié dans de joyeux toasts, à la suite d'un dîner. Le rapport effectivement était des plus favorables à Bonnet. Le rapporteur, après avoir énuméré ses services, concluait par le payement de l'arriéré qui lui était dû et de justes indemnités en réparation des pertes qu'il avait éprouvées pendant sa captivité en Angleterre.

Bonnet reçut le remboursement de ce qu'on lui avait

alloué, partie en espèces, partie en une somme de *six* mille francs, inscrite sur le grand-livre de la dette publique. Les événements ultérieurs lui firent perdre cette dernière somme. La guerre de l'indépendance ayant amené l'interruption des relations avec la France, lors de la reprise de ces relations, il fit faire, dans le but de recouvrer ses fonds, quelques démarches infructueuses; le décret impérial de 1808 frappait de déchéance les créances antérieures à l'an VII.

Dès ce moment, il put faire entendre sa voix. Le gouvernement n'ayant pas voulu prendre de détermination à l'égard de Rigaud avant l'arrivée du rapport du général Hédouville, Bonnet dut séjourner à Paris, où il prit sa part des plaisirs et des fêtes auxquels se livrait la société française dans sa joie d'être délivrée du règne de la terreur. Il aimait plus tard à parler des muscadins, des jeunes gens à cadenette, des dames qui par leur élégance donnaient le ton à la société parisienne. Il savait quelques anecdotes piquantes et aimait à les raconter. Il assista, aux Français, à la rentrée de Larive, et il se plaisait au souvenir de l'enthousiasme qui accueillit cet acteur célèbre. Cependant, il sut mettre à profit le temps qu'il passa en France. Ayant la conscience de ce qui lui manquait comme éducation, il se donna des maîtres et travailla avec ardeur. Il fréquentait le cercle des arts, où il eut occasion de rencontrer l'idole du jour, le vainqueur de l'Italie. Homme politique, Bonnet étudiait la France, ses institutions, ses mœurs, les rouages de son gouvernement. Un fait particulier vint lui révéler toute la vigilance de la police.

Lorsque les députés furent faits prisonniers par les

Anglais, Rigaud, toujours dans le but d'avoir à Paris un ami qui pût rétablir la vérité sur les événements du Sud, fit partir Pelletier, par la voie des États-Unis. Sonthonax, averti de ce départ et voulant empêcher ce nouvel envoyé d'arriver à Paris, informa le ministre français résidant à New-York, qu'un certain Pelletier, payeur de l'armée, s'était évadé, emportant avec lui la caisse militaire et s'était embarqué sur un navire en destination de New-York. Il invitait l'autorité à le faire rechercher et arrêter. Cette lettre ne parvint à sa destination qu'après le départ de Pelletier. Le ministre français transmit cet avis à son gouvernement, qui fit épier toutes les démarches de ce prétendu fonctionnaire infidèle.

Sur ces entrefaites, Pelletier fit la connaissance d'une jeune personne dont il devint amoureux. C'était un parti avantageux. Le père de la demoiselle, pour donner son consentement au mariage, exigeait un apport en espèces. Pelletier n'avait pas d'argent; il obtint d'un banquier un prêt de *cent mille francs,* en déposant les titres de propriétés qu'il avait à Saint-Domingue. Le contrat était à peine rédigé sur les bases de cet apport, que Pelletier fut arrêté et interrogé. On lui demanda compte de l'emploi de son temps depuis qu'il avait quitté Saint-Domingue. On voulut savoir quelle était sa position dans la colonie avant son départ, ce qu'il y faisait, l'état de sa fortune, et enfin d'où lui venaient les *cent mille francs* qu'il avait fait porter sur son contrat de mariage. La justification était facile, on acquit la certitude de la fausseté de l'avis de Sonthonax, et Pelletier fut remis en liberté.

Le général Watrin, porteur du rapport de l'agent Hédouville, rapport favorable à Rigaud, étant arrivé, Bonnet put donner suite à sa mission. Il adressa, le 22 vendémiaire an VII, un mémoire au ministre sur la situation du département du Sud de Saint-Domingue (1). Dans les différentes audiences qui lui furent données, le ministre revenait toujours sur la mésintelligence semée entre les noirs et les jaunes ; il redoutait une collision qui devait nécessairement amener le triomphe de la force numérique. L'aide de camp de Rigaud cherchait, au contraire, à le rassurer. Il était facile, d'après son jugement, d'empêcher cette collision. Le général Toussaint Louverture, disait-il, était entièrement sous la direction des colons, qui poussaient aux événements. Pour conjurer les malheurs qu'on redoutait, le gouvernement français n'avait qu'à donner à Rigaud un témoignage public de satisfaction par l'approbation de sa conduite, et les colons seraient comprimés. Voici comment il entendait cette manifestation : il demandait que le gouvernement le renvoyât officiellement à Saint-Domingue, sur un navire de guerre qui le débarquerait aux Cayes. Jusqu'à sa mort, il resta parfaitement convaincu que cette seule démonstration eût empêché la guerre civile d'éclater.

Le ministre finit par goûter cette idée, et la frégate *la Circé* fut mise à sa disposition. Avant de quitter Paris, Bonnet avait épousé Mlle Castaing. Il se rendit à Bordeaux avec sa jeune épouse et son beau-frère, qui retournait aussi à Saint-Domingue. M. le commissaire de

---

(1) Voir cette pièce à la fin du volume.

la marine Bergevin lui fit savoir que la frégate attendait au bas de la rivière. Il s'y rendit immédiatement, et passa la nuit à bord ; mais les vents contraires ayant empêché d'appareiller, le même commissaire reçut et transmit le lendemain le contre-ordre du départ.

Dès que Bonnet eut quitté Paris, les colons, qui avaient toujours conservé une grande influence dans les bureaux de la marine, se mirent à l'œuvre et parvinrent à changer les dispositions du gouvernement. Dans cette fâcheuse conjoncture, et sentant bien aussi qu'il avait épuisé tous ses moyens de persuasion auprès des ministres, il s'embarqua sur un navire de commerce. Après trente jours de mer, on se trouva sur les côtes de Saint-Domingue, et là le navire fut chassé par une frégate anglaise. Le capitaine voulait se jeter à la côte ; mais un passager, habitant de Jacmel, et marin lui-même, donna le conseil, en voyant venir la nuit, de longer la côte d'aussi près que possible avec le vent de terre, la frégate, par son plus grand tirant d'eau, étant obligée de se tenir au large. Au jour, ils étaient devant la baie de Jacmel, où ils donnèrent en plein avec la brise de mer, toujours chassés par la frégate, et ils vinrent débarquer, comme le disait Bonnet en plaisantant, à la barbe des Athéniens.

A peine arrivé, il donna avis de son retour au général Toussaint Louverture, et lui manda que dès qu'il aurait rendu compte de sa mission au général Rigaud, il se ferait un devoir d'aller au Cap lui présenter ses hommages.

De Jacmel il se rendit à Léogane, où il se proposait d'embrasser sa mère. Les hommes influents de la ville se pressèrent autour de lui, et le saluèrent de leurs acclamations. Le discours prononcé par le général Toussaint dans la chaire de l'église de Port-au-Prince leur faisait craindre une lutte prochaine entre ce général et Rigaud, lutte dont ils croyaient voir la cause dans une question d'autorité. Bonnet leur objectait vainement que cette guerre avait un tout autre caractère, qu'elle était dirigée contre la classe de couleur tout entière, qu'il avait été en situation de s'en convaincre pendant son séjour à Paris, qu'en restant indifférents et dans l'inaction, que même en prenant parti pour Toussaint, ils seraient un jour victimes de leur confiance. Les Léoganais ne voulurent point écouter celui qui leur donnait d'aussi sages conseils, et dans la suite ils furent presque tous sacrifiés à la vengeance coloniale.

Rigaud reçut à bras ouverts l'ami dévoué qui l'avait servi avec tant de zèle. Bonnet trouva son général absorbé par les embarras incessants qu'on lui suscitait de toutes parts. Peu de temps après, pendant qu'ils étaient à table, le général reçut une lettre dont la lecture parut le contrarier; il la passa à son convive, c'était une véritable déclaration de guerre de la part de Toussaint. — Que ferez-vous? lui demanda Bonnet. — J'accepterai la position qu'on me fait, répliqua le général, ce n'est pas moi qui ai provoqué les événements. La guerre civile était déclarée. Résumons les faits antérieurs, ce sont ces faits qui nous en feront connaître les causes.

CHAPITRE IV.

Des causes qui ont amené la guerre civile; les colons, leurs vues, leurs tendances. Polverel et Sonthonax, divergence dans leur caractère; jalousie de Sonthonax envers Polverel et sa haine contre les hommes de couleur. Montbrun, sa lutte avec Desfourneaux, préventions des commissaires civils contre lui; différends avec Beauvais; intervention de Rigaud, embarquement de Montbrun. Villatte, sa belle défense du Cap; jalousie de Laveaux; Toussaint Louverture passe au service de la république, menées de Laveaux et des colons pour l'opposer à Villatte et aux hommes de couleur; Sonthonax vient se jeter dans ce parti, il livre ses pouvoirs à Toussaint qui le renvoie de la colonie. Hédouville, conduite de Toussaint et de Rigaud à son arrivée; Toussaint propose à Rigaud de chasser l'agent. Capitulation de Jérémie et du Môle. Toussaint méconnaît l'autorité de Hédouville. L'agent du Directoire exécutif obligé de se retirer maintient Rigaud dans le commandement du département du Sud.

Dans l'origine de la révolution, les colons, convaincus que l'admission des hommes de couleur à la participation des droits civils et politiques conduirait inévitablement à l'affranchissement des esclaves, avaient déployé toute leur énergie pour les retenir dans l'abjection. Vexations, persécutions, assassinats, tout avait été mis en œuvre ; leurs propres forces leur paraissant insuffisantes, ils avaient partout armé leurs esclaves contre les affranchis.

Enrôlés sous les bannières de l'esclavage, base de leur fortune, source de leur orgueil, peu leur importait le drapeau qui dût les rallier ; ils firent en conséquence bon marché de leur nationalité et entamèrent, dès la première assemblée coloniale, des négociations avec le gouverneur de la Jamaïque ; en haine des principes de l'Assemblée nationale, ils se disposaient à livrer la colonie à l'Angleterre.

Caméléons politiques, les colons changeaient de couleur selon les circonstances, poursuivant un but unique : le maintien de l'esclavage par la destruction des hommes de couleur. Royalistes alors qu'ils pensaient conserver leurs priviléges en s'appuyant sur la royauté, ils devinrent jacobins effrénés sous la terreur, espérant par cette transformation apparente se venger de tous ceux qui les avaient contrariés dans leurs vues, soit par faiblesse, soit par conviction. Ils traduisaient au tribunal révolutionnaire royalistes et républicains. Ainsi, après avoir dénoncé le ministre La Luzerne qui les avait servis, après avoir fait tomber la tête de l'infortuné Blanchelande, qui avait été la dupe de leurs stratagèmes, on les vit figurer au procès des Girondins et faire incarcérer et poursuivre tous ceux qui avaient joué un rôle de quelque importance à Saint-Domingue. Ayant dans les bureaux de la marine une influence acquise par de longs sacrifices, et qu'ils mettaient toute leur sollicitude à maintenir, ils purent, par ce moyen, au milieu des embarras de la révolution, embrouiller les différends survenus aux colonies, au point de les représenter sous un jour qui leur était favorable et de mettre obstacle à toutes les mesures qui ne s'accordaient pas avec leurs désirs.

Lorsque Polverel et Sonthonax, comptant sur le concours des hommes de couleur, mirent à exécution les décrets de l'Assemblée nationale et en vinrent, par la force des choses, à proclamer la liberté générale (29 août 1793), les colons voulant, à quelque prix que ce fût, maintenir l'esclavage, n'hésitèrent pas à appeler les

Anglais à leur aide et à leur livrer les ports de la colonie (19 septembre 1793).

Les hommes de couleur défendirent avec courage et énergie le drapeau tricolore, symbole de la liberté, et l'histoire consacrera quelques pages glorieuses aux luttes héroïques que soutinrent Villatte au Cap, Rigaud et Beauvais dans l'Ouest et le Sud. Mais une nouvelle complication vint ajouter aux persécutions dirigées contre le parti des hommes de couleur, destinés à soutenir jusqu'à la fin, et au milieu des épreuves les plus cruelles, la cause de la liberté.

Polverel, dont le caractère droit, franc, loyal, désintéressé, s'accordait si bien avec les principes des hommes de couleur de l'époque, s'était bientôt concilié leur sympathie et leur considération. Devant agir dans l'Ouest et dans le Sud, et fort de la vénération dont il jouissait, il put organiser avec succès une administration qui lui procura les moyens de combattre les factieux.

Sonthonax, au contraire, d'un caractère remuant, vacillant, s'était créé, par ses boutades et par ses mesures qui se contrariaient les unes les autres, des embarras inextricables, même parmi les hommes de couleur du Nord. En comparant la situation qu'il s'était faite par sa conduite à celle de Polverel, il avait conçu contre son collègue un profond sentiment de jalousie, qui se traduisait en haine contre les hommes de couleur, les considérant, dans cette préférence donnée à son émule, comme des ingrats envers lui. Cette disposition d'esprit s'était encore aggravée par quelques tracasseries qu'on lui avait suscitées à son passage à Saint-Marc, et comme dans cette contrée il se trouvait, parmi les hommes de couleur, quelques traîtres qui, plus tard, sous l'influence des colons, livrèrent Saint-Marc (24 novembre 1793) et l'Arcahaie aux Anglais, il en prit prétexte pour vouer à la classe entière, toute son animadversion. Tenter de transmettre à Desfourneaux, par un coup de main, le commandement du département de l'Ouest, qu'occupait Montbrun, fut le premier acte par lequel Sonthonax manifesta ses sentiments hostiles contre cette classe. Montbrun, attaqué à l'improviste dans la nuit du 17 au 18 mars 1794, vigoureusement défendu par la légion de l'Ouest, força Desfourneaux à s'enfuir; et Sonthonax, se posant en victime, chercha à inspirer à son collègue, qui l'avait rejoint à Port-au-Prince, des préventions contre Montbrun. Lorsque les Anglais enlevèrent le fort Bizoton à cet officier (1er juin 1794), fait d'armes qui entraîna la prise de Port au-Prince, Sonthonax représenta Montbrun comme vendu aux Anglais, et à cette époque où la défiance était générale, par suite des trahisons qui se manifestaient, Polverel, ébranlé par les insinuations de son collègue, écrivit à Rigaud, au moment de s'embarquer pour la France, de se défier de Montbrun qui avait opéré sa retraite à Jacmel, ville où les commissaires civils s'étaient aussi retirés de leur côté.

Cette défaveur jetée sur la conduite de Montbrun devint la source des difficultés qui s'élevèrent entre ce général et Beauvais, qui commandait à Jacmel. Rigaud intervint. Il avait à se prononcer entre ces deux généraux, qui se trouvaient en présence avec des antécédents bien différents. Beauvais, dès les premiers troubles, avait été placé, comme Rigaud, dans le Sud, par la confiance des siens à la tête des hommes de couleur de l'Ouest; comme lui, à toutes les époques, il avait défendu la cause de la liberté avec persévérance ; comme lui, il n'avait jamais failli à ses principes et avait encore le mérite d'avoir su, sans hésiter, faire à ses convictions le sacrifice de sa fortune. Montbrun n'avait paru dans la lutte qu'à la suite de Desparbès, ce gouverneur déloyal qui s'était laissé circonvenir par Campfort, Touzard, Rouverai, chefs du parti royaliste à Saint-Domingue. Les commissaires civils avaient employé Montbrun, les commissaires civils le signalaient à la défiance des républicains, et cet officier général avait le tort de négliger le service pour s'occuper de réparer les brèches faites à sa fortune. Quelque honorable que fût le caractère de Montbrun, dans ce moment de danger suprême où l'on ne pouvait rien confier à l'incertain, Rigaud devait prendre parti pour Beauvais, il embarqua Montbrun.

Sonthonax, donnant cours à sa haine, avait, en partant, insinué aux Africains qu'il fallait se défaire des anciens libres, s'ils voulaient, eux, conserver leur pleine liberté. Afin de leur inspirer une entière confiance dans ses conseils, il donna son cordon tricolore à Pierre Dieudonné, en lui disant qu'il le faisait commissaire civil en sa place. Cette atroce perfidie eut tout le succès qu'en attendait son auteur. Les noirs, réunis sous Pierre Dieudonné et Pompée, se mirent incontinent à égorger les anciens libres. Les émigrés cherchèrent à rallier ce parti aux Anglais, et le baron de Montalembert parvint à diriger tous leurs mouvements, en leur faisant des propositions honorables au nom du roi d'Angleterre, propositions qui avaient pour base la destruction de tous les mulâtres de Léogane. Il fallut, en combattant les Anglais, dissoudre ce parti nouveau, qui, agissant contre ses propres intérêts, tendait à étouffer la liberté.

Sonthonax ayant élevé Laveaux jusqu'à la charge de gouverneur de la colonie, lui avait transmis sa haine contre les hommes de couleur et légué sa vengeance. Laveaux, par reconnaissance sans doute, ne mit que trop de zèle à suivre ses instructions.

Après les assassinats juridiques d'Ogé et de Chavanne, les ateliers s'étaient soulevés dans la plaine du Nord, dans la persuasion que ces exécutions n'avaient eu d'autre cause que la réclamation d'Ogé, laquelle avait pour but la mise en vigueur d'un ordre du roi qui accordait trois jours francs à l'esclave par semaine. Ainsi, tout en s'élevant contre l'injustice des colons, qui ne voulaient pas leur laisser les trois jours francs, les esclaves révoltés témoignaient envers le roi le respect le plus absolu, et s'alliaient aux prêtres, aux émigrés et aux Espagnols, s'imaginant soutenir la royauté et venger Louis XVI.

Laveaux, ayant à soutenir leurs attaques par terre et par mer, celle des Anglais auxquels le Môle avait aussi été livré, désespérant de pouvoir, avec les forces dont il disposait, garantir toute cette province contre les atteintes de l'ennemi, résolut de concentrer ses moyens sur un point, afin de ménager au besoin un port de débarquement à la France, et de donner ainsi à la métropole la faculté de ressaisir sa colonie. Il choisit le Port-de-Paix, dont la position lui parut plus propre qu'une autre à une vigoureuse défense, et il y fit transporter en approvisionnements, munitions, matériel, tout ce qu'il put réunir; mais, en se préparant ainsi à la résistance, il dégarnissait le Cap qu'il ne croyait pas susceptible de tenir contre les forces combinées de l'ennemi. En même temps, il laissait à Villatte le commandement de cette ville. C'était mettre à une cruelle épreuve le dévouement des hommes de couleur ; mais, élevant son énergie à la hauteur du danger, Villatte résolut, lui aussi, de s'ensevelir dans les ruines du Cap ou de conserver ce point à la république. Dépourvu de poudre, il en fit prendre au Fort-Dauphin, et refusa de remettre cette dernière ressource à Laveaux qui la faisait réclamer (janvier 1794). Puis, resserré par terre par les Espagnols réunis à Jean-François et à Biassou, bloqué par mer par les Anglais, pendant trois mois de pénibles souffrances, il se livra tout entier aux travaux de la défense, sans se préoccuper ni des fatigues, ni des privations qu'il avait à endurer. Chaque jour, il lui fallait sortir à la tête de sa garnison, livrer combat, débusquer l'ennemi de ses positions, pour donner à ses maraudeurs le temps de se répandre dans la plaine et de couper les cannes à sucre dont il nourrissait les habitants de la ville. Par son exemple, ses discours, sa gaieté même, il soutenait le moral des assiégés ; il leur communiquait son énergie, son courage, son enthousiasme. Soutenu par cette brave garnison, qui, pleine de confiance dans son chef, se jetait tête baissée sur l'ennemi et revenait toujours victorieuse, il parvint, à force de constance et de patriotisme, à triompher des ennemis de la république et à dégager le Cap. Dévouement sublime! Comment en a-t-il été récompensé !.....

Toussaint Louverture, l'un des chefs des bandes révoltées sous Jean-François et Biassou, se trouvait alors en désaccord avec ses supérieurs ; cherchant à se soustraire à leur vengeance qu'il savait implacable, il vint se ranger avec ses troupes dans le parti républicain (6 mai 1794). Cette défection consolida la position de Laveaux. On ne pouvait faire un reproche au gouverneur d'entourer ce général d'égards, de considération, dans le but de l'attacher plus fortement aux défenseurs de la patrie ; c'était même un devoir que lui imposait l'intérêt de la chose publique. Mais le triomphe de Villatte avait porté ombrage à Laveaux. Il lui avait laissé une place dépourvue, croyant qu'il lui serait impossible de la défendre ; il s'apprêtait peut-être déjà à l'accuser de trahison, le comprenant dans la catégorie de tous ces agents subalternes qui, dépourvus de moyens, travaillés par la coalition de Saint-Marc, abandonnés par les noirs qui désertaient en masse au camp de Toussaint, avaient eu la faiblesse de se rallier au parti des Espagnols. A sa grande surprise, Villatte s'était couvert de gloire dans la défense de cette place. Laveaux en fut profondément irrité ; et sa haine s'accrut d'autant plus, qu'il voyait toute la population témoigner avec effusion son amour et son estime à ce général. Il affectait, au contraire, envers Villatte, une indifférence qui prenait les formes du mépris, s'attachant à contrecarrer toutes les mesures qu'il prescrivait et à le censurer dans tous ses actes, tandis qu'il employait vis-à-vis de Toussaint les adulations les plus basses, les cajoleries les plus outrées. Recevait-il ces deux officiers à sa table, il n'avait de politesse que pour Toussaint. Non-seulement il s'empressait de lui déplier et nouer sa serviette, mais il poussait encore la prévenance jusqu'à lui casser ses œufs,

Ces procédés indignaient Villatte qui, voulant faire comprendre à Toussaint que ces affectations n'étaient pas sincères, lui rappelait sans cesse, dans son langage tout soldatesque, sa révolte dans les bois, en l'appelant *vieux brigand*. Cette franchise militaire contrastait avec la servilité de Laveaux et servait ses vues. Le gouverneur excitait Toussaint contre Villatte, en lui faisant voir que ce dernier le traitait avec hauteur parce qu'il était nègre.

Alors toute la correspondance de Laveaux avec Toussaint, toute la correspondance de Toussaint avec les officiers noirs, ses subordonnés, posaient ce général comme un drapeau dont la présence était une excitation à la haine contre les hommes de couleur. D'un autre côté, les Léopardins, les émigrés, les colons de tous les partis, circonvinrent Toussaint Louverture, formèrent sa société intime, lui témoignant une admiration outrée. Dans l'excès de sa reconnaissance envers Laveaux, Toussaint ne trouvait pas d'expression plus caractéristique que de l'appeler son *papa*. C'était un fils soumis et dévoué à la politique de *papa Laveaux*. Les colons exploitant cette pensée le surnommaient à leur tour *papa Toussaint*; ils étaient tous ses enfants. On captait ses bonnes grâces, sa bienveillance en flattant sa vanité. Les colons blancs allaient jusqu'à lui livrer des femmes blanches pour concubines; ils ne rougissaient même pas de lui livrer leurs propres épouses. Toussaint se voyait tout à coup l'idole de cette société coloniale qui naguère l'accablait de tout le poids des préjugés. Son orgueil en était flatté, il se laissait aller complaisamment en apparence à leurs conseils, à leurs insinuations. Par une conduite habilement ménagée, ils réalisèrent, en s'emparant de l'esprit de Toussaint, les projets qu'ils avaient conçus dès l'origine de la révolution, et que les hommes de couleur avaient déjoués par leur persistance à demeurer fidèles à la France.

Ainsi, dans le but d'assurer l'aristocratie des grands planteurs, en s'emparant de l'autorité, ils avaient lutté contre les agents du gouvernement, qu'ils cherchaient successivement à chasser de la colonie. Pénier et Blanchelande avaient été poursuivis par eux; Mirebeck, Roume et Saint-Léger, les premiers commissaires civils, paralysés par leurs intrigues, avaient été obligés de prendre la fuite, seul moyen de se soustraire à leur vengeance. Polverel et Sonthonax les avaient contenus, ils étaient parvenus à les faire décréter d'accusation. A la suite de leurs revers ils s'étaient livrés aux Anglais; mais la vigueur de Villatte dans le Nord, l'énergie et les succès de Rigaud dans le Sud, et, en dernier lieu, la soumission de Toussaint Louverture leur ôtant tout espoir de réussir par ce nouveau moyen, ils changèrent de tactique. La faction coloniale, à Paris, arrêta un nouveau plan. « En réunissant les noirs avec nous, se
» disait-elle, nous nous débarrasserons de ces figures à
» rhubarbes ; ensuite en nous mettant avec les nègres
» de Guinée contre les nègres créoles, nous parvien-
» drons sans difficulté à détruire ces docteurs maro-
» quins ; enfin la France fatiguée de tant de désordre,
» finira par nous laisser faire ; alors nous rétablirons
» l'esclavage. »

Sonthonax, lors de sa seconde mission, connaissait parfaitement ce projet que Roume, par sa lettre du

23 floréal an IV, avait dévoilé aux généraux Laveaux, Toussaint Louverture, Villatte, Pierre Michel, Pierre Léveillé et Rigaud. Cependant le même commissaire qui avait plaidé avec chaleur la cause de l'humanité en dévoilant les turpitudes coloniales (1), qui avait propagé les idées de liberté et d'égalité chez tous les hommes sans acception de race, Sonthonax, aveuglé par sa soif de vengeance contre les anciens libres, vint se jeter dans le parti des ennemis qu'il avait combattus ; poursuivant de sa haine implacable les généreux défenseurs de la France, de ses lois, de ses institutions, dont le sang coulait encore sur le sol de la patrie, sans autre intérêt que celui de maintenir l'honneur et la gloire du drapeau tricolore. S'appuyant sur la mésintelligence survenue entre Laveaux et Villatte, par suite des déprédations de l'ordonnateur Perroud, il fit déporter Villatte, puis envoya aux Cayes une délégation intriguer contre les hommes de couleur, pervertir la population noire, afin de parvenir à déporter Pinchinat, Rigaud et les principaux chefs de l'armée du Sud. Croyant diriger le général Toussaint Louverture, tout en ne paraissant agir que par ses conseils, il remit tous ses pouvoirs aux mains de ce général. Toussaint, doué d'une intelligence supérieure, aussi rusé et plus que lui peut-être, secrètement excité par les colons, le renvoya poliment en France ainsi que Laveaux, en les faisant nommer au Corps législatif ; et, après cette double expédition, il resta maître de la position.

Toussaint envoya à Paris M. de Vincent, chargé

(1) Voir les débats dans l'affaire des colonies.

d'atténuer l'effet de ce hardi coup d'État; et le parti colonial lui vint en aide, en exaltant les talents, la prudence, le dévouement, l'habileté du général noir. C'était l'homme qui convenait à la situation; tandis que d'un autre côté Rigaud était représenté sous les couleurs les plus sombres, et accusé des crimes les plus atroces.

Abusé par ces rapports, le Directoire envoya dans la colonie le général Hédouville, qui par les talents dont il avait fait preuve dans la pacification de la Vendée, lui paraissait l'homme le plus propre à calmer l'effervescence des partis, à rapprocher les esprits et à fonder une administration dont l'unité devait servir à consolider la puissance française à Saint-Domingue. Rigaud étant signalé comme un homme dangereux, un traître, l'agent partit muni d'un décret de mise hors la loi qui l'autorisait à le déporter.

Si d'un côté les colons obtenaient un succès en se débarrassant de Rigaud, d'un autre côté la nomination d'un nouvel agent, appelé à administrer la colonie, était un échec qui les contrariait vivement dans leurs vues. Travaillé par leurs insinuations, Toussaint Louverture éludait habilement de se rencontrer avec Hédouville, bien que celui-ci fût arrivé dans le département que commandait ce général. Rigaud, au contraire, quoiqu'il eût sa résidence à l'autre extrémité de l'île, s'empressa, dès qu'il apprit l'arrivée du délégué de la métropole, de lui faire sa soumission, et de lui demander l'autorisation de se rendre près de lui. Ce contraste dans la conduite des deux principaux acteurs de cette grande scène politique dut frapper Hédouville. Or, le traître qu'on lui avait signalé se justifiait encore de cette accusation par ses triomphes sur les ennemis de la République, ainsi que par sa soumission aux lois de la métropole.

Dans la suite, lorsque ces deux officiers généraux se trouvèrent réunis à Hédouville, Toussaint Louverture vint chez Rigaud lui proposer de se débarrasser de l'agent. Rigaud combattit ce projet avec toute la franchise qui le caractérisait. Quelles raisons pouvaient-ils avoir, objectait Rigaud, de se montrer hostiles à la France, de méconnaître son autorité ? Il lui fit le tableau de leurs luttes antérieures ; il lui représenta l'Anglais prêtant ses armes au parti colonial et agissant de concert contre la liberté ; leur orgueil et leur patriotisme, s'écriait-il, devaient tendre à en purger la colonie, dont ils occupaient encore plusieurs points. Rester fidèle au drapeau qui avait reconnu leurs droits, était donner la preuve de leur reconnaissance, et servir la cause de leurs malheureux frères, qui gémissaient toujours sous le fouet de l'esclavage.

Toussaint parut se rendre à ces raisons : ces sentiments, disait-il, étaient les siens ; il félicita Rigaud avec chaleur et lui pressa les mains avec effusion.

Cette rencontre entre les deux généraux avait eu lieu fort avant dans la nuit. Dès le point du jour, Toussaint Louverture était chez l'agent, et lui rendait compte de son entrevue avec Rigaud. Ce dernier général n'alla voir Hédouville que fort tard dans la matinée. Il voulut parler de la visite qu'il avait reçue ; l'agent l'interrompit et lui fit savoir que le général Toussaint Louverture était venu, au saut du lit, lui rapporter leur conversation ; ce général avait voulu s'assurer des sentiments de Rigaud, et faisait les plus grands éloges de sa fidélité à la mère patrie. Hédouville était-il dupe de Toussaint? Rigaud n'en sut rien ; toutefois les faits postérieurs devaient lui dessiller les yeux.

Les colons avaient appelé les Anglais à leur aide, ils désiraient ménager des capitulations honorables à ces auxiliaires au moment où ils étaient forcés de se retirer. Le général Toussaint Louverture étant entièrement soumis à leur influence, ils le portèrent, lors des capitulations de Jérémie et du Môle, à méconnaître l'autorité de l'agent du Directoire, en écartant ses instructions et en annulant tout ce qu'il avait fait.

Persévérant dans le système qu'ils avaient adopté, de capter la bienveillance de Toussaint et de le diriger dans leur sens par des flatteries à sa vanité, les colons lui firent rendre des hommages qui n'étaient dus qu'à la royauté, à son entrée au Môle. Le clergé catholique, les troupes anglaises faisant la haie, vint en grande pompe, croix et bannières en tête, aux portes de la ville, le recevoir sous le dais et le conduire processionnellement à l'église, où il se prosterna au pied des autels, et remercia Dieu de ses triomphes inouïs.

Hédouville, cédant à la tyrannie de Toussaint Louverture, se vit forcé de s'embarquer. Avant son départ, il confirma Rigaud dans le commandement du département du Sud. La guerre ayant éclaté entre Toussaint et Rigaud, et ce dernier ayant succombé, les hommes de couleur, victimes des atroces vengeances qui suivirent cette lutte fratricide, accusèrent unanimement Hédouville d'en être l'auteur. Cet agent avait-il pu agir autrement qu'il ne l'avait fait?

Arrivé dans la colonie sous l'impression des rapports défavorables que Sonthonax, les délégués, la faction coloniale avaient faits au Directoire, rapports dans lesquels Rigaud était signalé comme un traître qui négociait avec les Anglais la livraison du département du Sud, Hédouville, au lieu du traître contre lequel il croyait avoir à sévir, trouvait ce général entièrement soumis aux lois de la métropole, combattant avec acharnement et succès les ennemis de la République. Toussaint, au contraire, comblé d'éloges de toutes parts, était représenté comme l'homme du moment, dont le dévouement était à toute épreuve, et pourtant Toussaint Louverture violait les lois de la République, se mettait en révolte ouverte contre la France, en usurpant le pouvoir suprême par l'expulsion de ses délégués, et l'on voulait que l'agent se soumît sans protestation !

Hédouville, par son arrêté, maintenait le *statu quo* dans le commandement, tel que l'avaient antérieurement établi Polverel et Sonthonax. Toussaint jusqu'alors n'avait administré que le département du Nord, tandis que Rigaud gouvernait le Sud. Se retirer en laissant subsister le décret de mise hors la loi, surpris au Directoire contre Rigaud, c'était laisser à la disposition de Toussaint le moyen le plus puissant d'envahir le département du Sud. Ce général, appuyé sur le parti colonial, disposait de la force armée ; ne pouvant le renverser, Hédouville maintint la séparation des deux provinces, c'était le seul usage qu'il pouvait faire de ses pouvoirs. Il espérait par ce moyen donner le temps à la République française de raffermir, par des mesures énergiques, son autorité dans la colonie.

Hédouville n'était donc pas l'auteur de la guerre civile ; le projet de la destruction des hommes de couleur, par la rivalité de caste entre les noirs et les jaunes, émanait de la faction coloniale, et n'était un secret pour personne. Roume en avait dévoilé la trame dès le début de la seconde mission de Sonthonax. La jalousie de Laveaux et le désir de vengeance de Sonthonax avaient servi les plans des colons, qu'ils poursuivaient avec ardeur, le rétablissement de l'esclavage en brisant le seul obstacle qui d'après eux s'opposait à leurs vues. Or Rigaud avait combattu d'une part les colons, d'autre part les Anglais, dans le but honorable d'arriver à assurer et à maintenir la conquête de la liberté, devait-il abandonner cette cause glorieuse parce qu'on présentait la lutte, en la transformant en une question de caste ?

CHAPITRE V.

Guerre civile ; Delva prend possession du petit Goave ; hésitations de Rigaud. Roume paralyse Beauvais qui abandonne la garnison de Jacmel ; siége de cette ville, noble conduite de Pétion. Geffrard et Bonnet s'échelonnent alternativement et protégent la retraite de l'armée du Sud ; passage du morne Saint-Georges ; Bonnet reçoit un brevet de colonel. Défection de Lefranc, Bonnet le remplace dans le commandement de Saint-Louis ; M. de Vincent vient inviter Rigaud à faire sa soumission ; les garnisons de Saint-Louis et de Cavaillon livrent ces places à Dessalines ; Geffrard s'évade par adresse ; retraite du département du Sud ; Rigaud à Saint-Thomas et à la Guadeloupe. La goëlette qui porte les officiers du Sud relâche à Curaçao ; ces officiers rallient l'expédition du général Jeannet. Projet d'attaque contre Curaçao ; Bonnet envoyé à Santo Domingo avec mission de réunir les débris de l'armée de Rigaud ; Toussaint Louverture à Santo Domingo ; la combinaison échoue. Bonnet obtient passage sur une frégate des États-Unis, et se rend à San Yago de Cuba ; son séjour en cette ville.

Nous avons laissé Rigaud sous l'impression de la lettre de Toussaint Louverture, qui n'était qu'un acte hostile équivalent à une déclaration de guerre. Décidé à soutenir la lutte en se tenant sur la défensive, dans le département confié à ses soins, il lui importait de sortir des Cayes et d'aller organiser ses troupes, en les inspectant, jusqu'à la limite de son commandement. A peine arrivé à Cavaillon, une dépêche de Faubert l'informa que Delva, commandant de la garde nationale de son quartier, s'était emparé du Petit-Goave, où il avait pris position. Rigaud transmit cette nouvelle à Bonnet, en lui exprimant la contrariété que lui faisait éprouver un événement qui le ferait considérer comme l'agresseur. Son ami lui répondit qu'ayant tiré l'épée, pour quelque cause que ce fût, il devait rejeter le fourreau loin derrière lui et avancer. Rigaud ne voulut pas suivre ce conseil. S'il eût poussé sa marche jusqu'à Port-au-Prince, où il avait en sa faveur Christophe Mornet qui, ainsi que Delva et tous les anciens libres, était opposé à la guerre allumée par Toussaint Louverture, sous l'instigation des colons, il eût infailliblement rétabli l'équilibre entre les deux partis ; mais de puissants motifs combattaient, dans l'esprit du général, l'idée de ce coup hardi. Pour la première fois Rigaud hésitait, et cette hésitation lui a été funeste ainsi qu'aux siens.

Roume était venu de Santo Domingo, remplacer Hédouville. Il désapprouvait cette guerre fratricide dont il connaissait l'origine ; cependant, par une politique inconcevable, il favorisait Toussaint Louverture qu'il redoutait, en paralysant les forces du Sud. Il avait enjoint à Beauvais, qui commandait à Jacmel, de rester neutre entre les deux partis. Beauvais, qui dans toute sa carrière, avait cru de son devoir d'obéir aux ordres des agents de la métropole, bien qu'il souffrît intérieurement de leur exécution, s'en tint strictement aux instructions de l'agent. La garnison entière, mécontente de la faiblesse de son général, était disposée à se soumettre aux ordres de Rigaud ; mais celui-ci, ne voulant pas enlever le commandement à son ami, à son compagnon d'armes, qui jusque-là, avait partagé avec lui tous les périls de la guerre, s'attacha à vaincre ses scrupules, à le ramener par la persuasion. Ces lenteurs favorisaient les intrigues tramées par Toussaint Louverture dans l'arrondissement de Jacmel. Attaqué par des bandes lancées contre lui par ce général, Beauvais se vit à la fin contraint de réprimer leurs brigandages. Roume cria à la trahison et le traita avec dureté. Beauvais, indécis entre l'obéissance passive aux ordres de l'agent du Directoire exécutif et la réprobation des siens, qui lui adressaient ouvertement d'amers reproches, perdit la tête et s'enfuit clandestinement, laissant à la garnison elle-même le soin de prendre le parti qui lui conviendrait le mieux ; mais alors il était trop tard.

Roume n'avait pas agi sans discernement. Kerverseau, consulté avant la lutte, lui avait répondu qu'à sa place il s'opposerait de toute sa force à la guerre civile, qu'il irait, revêtu des insignes de l'autorité nationale, se placer dans un fauteuil, sur le pont de Miragoane, entre les deux partis, et qu'il déclarerait traître à la patrie quiconque franchirait le point où il se serait établi.

Rigaud commit, en premier lieu, la faute de n'avoir pas, par une condescendance funeste, enlevé cette brave garnison de Jacmel, et de n'être pas allé, après l'avoir réunie à ses troupes, prendre position à Port-au-Prince. En second lieu, Rigaud se croyait invulnérable dans ce département du Sud où il avait toujours obtenu de grands et nombreux succès ; il comptait sans la trahison. Lorsque la lutte s'engagea, les corsaires qui, dans le Sud, avaient été couverts de la protection de ce général, vinrent lui offrir leurs services. Ils lui proposaient de se jeter sur les derrières de Toussaint Louverture, se faisant fort par cette manœuvre de soutenir et d'organiser tout le parti des anciens libres qui se déclaraient contre cette guerre. Le général n'accepta pas leurs services ; il n'avait reçu que le commandement du département du Sud ; il refusait de porter la guerre dans le Nord, action hardie dont le résultat eût été de ramener Toussaint Louverture en arrière. Mais il faut aussi l'avouer, Rigaud était amoureux. Nouvellement marié, il ne voulait pas s'éloigner de son épouse. Quels talents militaires ne déploya-t-il pas dans cette lutte! Toujours victorieux dans ses rencontres avec l'armée de Toussaint Louverture, il était cependant à la fin forcé de céder sous la pression du nombre de ses ennemis qui auraient pu l'envelopper.

La garnison de Jacmel soutint un des siéges les plus mémorables que les fastes militaires aient eu à enregistrer. Abandonnée par Beauvais, elle redoubla d'énergie. Birot, qui en avait pris le commandement, s'étant enfui à son tour, Pétion vint s'immortaliser en soutenant le courage de ses frères d'armes. Jamais officier ne déploya dans la défense d'une place plus de sang-froid et de constance, après avoir tout consommé, provisions, chevaux, jusqu'au cuir sec; privé de munitions, obligé de ménager la poudre dans les combats, il refusait de capituler; et lorsqu'il lui devint matériellement impossible de rester dans la place, il s'élança bravement à la tête de la garnison, traversa les lignes de l'ennemi et rallia l'armée du sud. Rigaud, qui n'avait pas les moyens de ravitailler la place, comprenant que la garnison devait succomber malgré ses héroïques efforts, envoya Bonnet à la tête d'une colonne, par les côtes de fer, appuyer au besoin la retraite de Pétion. Celui-ci s'étant retiré par une autre route, Bonnet se rabattit sur le Petit-Goave.

Au pont de Miragoane, la trahison avait dirigé les troupes de Toussaint Louverture à travers un passage situé au-dessus de l'étang, leur donnant ainsi l'avantage de contourner l'armée du Sud. Obligé de se retirer, Rigaud confia son arrière-garde à Geffrard et à Bonnet. Ces deux officiers s'échelonnaient alternativement et protégeaient la retraite. Au coude que forme le morne Saint-Georges, Bonnet donne sur la tête d'une division de l'armée de Toussaint Louverture, qui, dirigée par des chemins de traverse, commençait à se déployer sur ce point. Résolu à ne pas tomber vivant entre les mains de l'ennemi, il ordonna à ses grenadiers de croiser la bayonnette et traversa au pas de charge. Par une singularité dont il ne se rendit jamais compte, au lieu de l'attaquer, la division surprise lui porta les armes et lui livra le passage. L'armée du Sud qui occupait les hauteurs faisant face à la route, fit entendre d'éclatants bravos, et Rigaud dépêcha au devant du commandant un officier avec mission de lui porter un brevet de colonel.

Déjà le découragement était partout. Dès le principe de la lutte, on avait cherché à propager que la guerre ne se faisait que dans l'intérêt d'un homme, que c'était une simple question d'autorité entre Toussaint et Rigaud. Cette opinion prévalait, la défection se manifestait de tous côtés ; on croyait se mettre à couvert en abandonnant l'armée. A Dufrétay, Borgella, qui se trouvait dans la colonne de Bonnet, vint lui dire que B..... des Cayes désirait se retirer et l'avait prié de solliciter en sa faveur un permis du colonel. Il savait que Rigaud, laissait à chacun la liberté de ses opinions et de ses actions, il pouvait donc quitter l'armée et partir sans crainte d'être inquiété ; mais il ne voulait pas paraître faire défection ; il demandait un permis et offrait un dîner d'adieux. B..... venait de recevoir des Cayes un mulet chargé de provisions, le permis lui fut délivré et son dîner accepté.

De toutes ces défections, celle à laquelle Rigaud a été vraiment sensible fut celle de Lefranc, aucune autre ne lui fit tant de peine.

Eh quoi ! Lefranc, son inséparable compagnon d'armes qui avait toujours eu une grande part dans l'administration et avec lequel il ne s'était jamais trouvé en dissidence d'opinion, son ami de choix, de cœur, venait de l'abandonner en lui laissant la charge entière des affaires de la guerre ! Rigaud ne pouvait s'en consoler. Cependant il fallait agir. Il envoya Bonnet prendre le commandement de Saint-Louis, que Lefranc laissait vacant. Notre nouveau colonel essaya vainement de ramener Lefranc par la persuasion ; ses reproches, l'exposé des chances de l'avenir, rien ne put l'ébranler ; à tous les raisonnements, il objectait qu'il était fatigué de la guerre et ne voulait pas combattre dans l'intérêt d'un seul homme.

Lorsque M. de Vincent, de retour de France, porteur du décret du premier consul du 15 décembre 1779, fut envoyé par Toussaint Louverture auprès de Rigaud qu'il voulait amener à lui faire sa soumission (juillet 1800), cette tentative ayant échoué, M. de Vincent demanda à voir Bonnet, avec lequel il était lié d'amitié. Il espérait que l'aide de camp de Rigaud joindrait ses efforts aux siens, et parviendrait à vaincre la résistance de son général.

Mandé de Saint-Louis, Bonnet accourut aux Cayes où

il s'opposa vivement aux opinions du colonel Vincent, approuvant la détermination de Rigaud, qui consentait à se retirer, sans cependant vouloir faire le sacrifice de ses convictions (1).

Malgré la trêve qui avait été conclue, Toussaint continuait à faire avancer ses colonnes dans l'espoir de se saisir de la personne de Rigaud. Si quelques officiers supérieurs restaient encore attachés au chef du département du Sud, les garnisons entières prenaient sur elles-mêmes de livrer les postes et les places à l'armée de Toussaint Louverture. Mais, il faut le dire à la louange des troupes du Sud, au milieu de toutes ces défections, le soldat respectait les opinions de ses officiers, et leur laissait toujours la liberté de se retirer sans jamais les livrer à l'ennemi.

Bonnet, commandant à Saint-Louis, fut surpris de voir arriver chez lui trois envoyés de Dessaline, sans qu'aucune des formalités qui précèdent l'introduction

(1) M. de Vincent, arrivant porteur des dépêches du premier consul, avait été arrêté sur la route, violemment renversé de cheval et dépouillé; on lui avait enlevé ses dépêches. Lié comme un criminel, il fut conduit à Toussaint, qui exprima une vive indignation du traitement qu'on lui avait fait éprouver et ordonna de lui remettre ses paquets. Vingt-six ans après, M. de Vincent me racontant à Paris ce fait, n'y voyait qu'un trait d'adresse de la part de Toussaint. « Je n'ai pas été sa dupe, me disait-il, c'est bien par ses ordres que j'avais été arrêté, le vieux renard avait déjà pris connaissance des dépêches; lorsqu'il me les rendit, sa colère était feinte : c'était vraiment un habile politique ! »

Aux Cayes, Rigaud reçut M. de Vincent avec une haute considération, d'abord il lui témoigna sa reconnaissance des soins donnés à Paris à son fils; puis, revenant aux affaires du pays, il lui dit : « Prenez tout mon sang, il est à vous; mais je ne puis consentir à me livrer à Toussaint. » M. de Vincent, dans ses préventions contre Rigaud, n'avait pas compris la cause de l'indignation dont il était animé. Tandis que Rigaud s'exaspérait de voir ses compagnons l'abandonner sans avoir le sentiment de la guerre qu'on leur faisait, M. de Vincent, lui, avait tiré des violentes manifestations de ce général, cette fausse induction que Rigaud ne voulait pas être commandé par *un nègre*. Propos, du reste, que les colons propageaient activement dans toute la colonie.

des parlementaires dans une place forte eût été remplie à leur égard. Indigné de cette manière de procéder, il ordonna, sans vouloir les entendre, de leur bander les yeux et de les conduire aux avant-postes. Il se rendit sur la place d'armes où l'attendait la garnison qui lui notifia sa détermination de se rallier à l'armée de Toussaint. N'ayant pas réussi à la ramener à la soumission, force lui fut de se retirer accompagné d'un seul dragon qui lui était resté fidèle.

A Cavaillon, les choses se passèrent bien autrement. La troupe de Dessalines était déployée sur la place d'armes, sans que Geffrard, qui en avait le commandement, en fut informé, il ne dut son salut qu'à sa présence d'esprit. Accourant au devant de Dessalines, il s'attribua le mérite de cette défection, représentant au général qu'il lui avait ménagé, par des mesures dont il était probablement satisfait, la reddition de Cavaillon ; mais il existait, ajouta-t-il, un poste au dehors qui n'avait pas encore reçu ses ordres, il s'y rendait de ce pas, afin d'éviter toute résistance. Dessalines le laissa partir, et Geffrard put ainsi s'évader.

Rigaud, dans ses dispositions de retraite, avait employé le peu de fonds qui se trouvait aux Cayes à l'acquisition de deux goëlettes destinées à recevoir ceux de ses compagnons qui voudraient se retirer. Il s'achemina sur Tiburon, où Dartiguenave, qui était alors à Jérémie, devait le joindre avec la caisse de l'armée. Il comptait, avec les fonds qu'il recueillerait par cette voie, distribuer de l'argent à ceux qui laisseraient le pays. Mais Dartiguenave, pressé par les événements, s'était enfui de Jérémie sur un navire des États-Unis, emportant la caisse militaire, et cette dernière ressource lui faisant défaut, Rigaud dut partir, ainsi que ses compagnons, dans un complet dénûment (29 juillet 1800).

Pétion hésitait à s'embarquer. Toutes ses ressources ainsi que ses effets se trouvant à Jérémie, il voulait absolument les y aller recueillir. Mis hors la loi par une proclamation de Toussaint Louverture, Pétion aurait infailliblement été fusillé. Bonnet, qui désapprouvait sa résolution, lui proposa d'employer, en commun, le peu d'argent dont il pouvait disposer, et réussit, à force d'instances, à vaincre la résistance de son ami (1).

La goëlette qui portait Rigaud et sa famille, manquant de provisions, relâcha à Saint-Thomas. Ayant à lutter contre les vents contraires qui retardaient son entrée dans le port, le général se fit débarquer sur la côte. A peine était-il en ville que, dans le but de braver Rigaud, Badolette passa à diverses reprises devant la maison où il était descendu. Ne voulant pas troubler l'ordre dans une ville où il venait réclamer l'hospitalité et prendre des vivres, Rigaud se rendit de suite chez le gouverneur. M. le gouverneur, lui dit-il, n'a pu manquer d'avoir eu connaissance de l'assassinat tenté contre ma personne par Nouchette et Badolette, le jour de la fête de la fédération (14 juillet 1793). Je retrouve, à Saint-Thomas, ce même Badolette qui a deux fois passé sous mes fenêtres en me provoquant; je crois de mon devoir de vous prévenir que si Badolette passait une troisième fois

---

(1) En 1812, lors du siége de Port-au-Prince, Pétion, retiré à la loge, voulant imposer silence aux courtisans qui calomniaient Bonnet, alors en exil, leur raconta ce fait en leur disant que ceux qui croyaient lui faire plaisir en injuriant ce général se trompaient très-fort.

dans cette rue, il s'ensuivrait une lutte par suite de laquelle l'un des deux resterait sur le carreau. Le gouverneur le remercia de son avis, s'enquit de la manière dont il était arrivé, des motifs qui l'avaient conduit à Saint-Thomas, et s'empressa, dès que l'embarcation fut en rade, de lui faire délivrer tout ce dont il avait besoin: il avait intérêt à se débarrasser au plus vite d'un hôte dont il redoutait d'autant plus la présence, que les marins, employés sur les corsaires (et le nombre en était grand à Saint-Thomas) répétaient partout : *Le roi des mulâtres est arrivé, tous les nègres sont libres.* Au moment où Rigaud se réambarqua, ces hommes se pressèrent sur son passage, le saluant avec affection (septembre 1800).

A la Guadeloupe, d'autres difficultés attendaient le général; les agents de la métropole s'effarouchèrent de sa présence. M. Buisson, surtout, le reçut avec aigreur et déclara ne pouvoir l'autoriser à séjourner dans la colonie. Officier français, Rigaud réclamait son droit à l'hospitalité et à la protection des lois sur une terre française. Buisson lui ordonna de partir de suite, sous peine d'être embarqué de force. Rigaud, indigné de cette menace, répliqua avec hauteur : *Ni vous, ni toute la Guadeloupe, n'êtes capables de me forcer à m'embarquer*, et il se retira chez lui se disposant à une défense désespérée.

Grande rumeur à l'agence. M. Buisson voyait, dans son imagination, le pays à la veille d'être bouleversé et son existence en danger ; Rigaud avait déjà, assurait-il, un parti puissant sur lequel il s'appuyait; ne venait-il pas de le déclarer lui-même! M. Jeannet, plus calme, reprocha à son collègue d'avoir mis trop de vivacité dans ses paroles, et, après y avoir été autorisé, il alla voir le général. Dans cette visite, l'agent réussit à inspirer de la confiance à Rigaud, qui finit par lui avouer que sa femme était dans un état de grossesse très-avancé et sans moyens d'existence; que ce n'était qu'en travaillant de son métier qu'il pouvait lui procurer le nécessaire. Pouvait-il abandonner son épouse dans cette position, n'ayant rien à lui laisser? Jeannet rapporta cet aveu à ses collègues. Il fut arrêté qu'on ferait une pension mensuelle à madame Rigaud, et le général partit pour la France (1).

Rigaud fut fait prisonnier et amené à la Dominique, où les Anglais le traitèrent, selon les lois de la guerre, avec les égards dus à son grade. Le service de sa table lui permit d'adoucir le sort de quelques prisonniers qui répétaient : C'est f... un général est général partout (2).

La seconde goëlette, sur laquelle se trouvaient Augustin Rigaud et la majeure partie des officiers du sud, relâcha à Curaçao. A peine étaient-ils dans le port, que parut l'escadrille qui portait l'expédition de

---

(1) Borgella, étant à Drouillard, à la table du président Boyer, et voulant donner le change sur les motifs qui l'avaient empêché de quitter le pays lors de l'évacuation du Sud, accusa Rigaud de s'être emparé de la caisse militaire, de n'avoir donné que peu d'argent à un petit nombre d'officiers, et prétendit que lui-même n'ayant rien touché, n'avait pas pu fuir. Bonnet rétablit immédiatement la vérité des faits. Rigaud ne pouvait donner d'argent à personne, n'en ayant pas lui-même. En ce qui concernait la caisse militaire, il en appela au témoignage de Boyer qui avait fui de Jérémie avec Dartiguenave. Quel ne fut pas son étonnement, tandis qu'il se retirait, de voir les fils de Rigaud, témoins de ces explications, caracoler autour de la voiture de Borgella, lui faisant escorte: ils n'avaient pas compris l'odieux de cette insinuation calomnieuse lancée contre leur père.

(2) Rigaud étant mulâtre, ils avaient pensé que les préjugés de l'époque influeraient sur le traitement dû à son grade.

Jeannèt (1). Ce général voulut les exciter à faire en ville un mouvement qui en favorisât l'envahissement : ils s'y refusèrent. Officiers français, ils consentaient à rejoindre la division française si le général demandait leur concours, mais ils se refusaient à trahir les habitants d'une ville où ils avaient reçu l'hospitalité. Ils rallièrent l'expédition sur l'ordre du général qui, ne voulant pas, sous l'empire des préjugés, mettre des troupes blanches sous leurs ordres, leur prescrivit de former entre eux un corps séparé. Ils refusèrent cette combinaison et arrêtèrent, en commun, de ne servir qu'à la condition d'être employés selon leurs grades. Le général Jeannet essaya d'amener l'adjudant général Pétion à faire accepter ses propositions aux officiers ses compagnons. Pétion s'y refusa. Il s'adressa à Bonnet qui s'y refusa également. Alors il s'adressa à un colonel noir qui se trouvait parmi eux. Le colonel, cédant à ses cajoleries, promit tout ce que l'on désirait. Lorsqu'il vint à en parler aux siens, un cri général s'éleva contre lui. Aux reproches de Bonnet, le colonel répondit en riant et en lui demandant s'il était encore à apprendre que lorsque le *blanc* bat l'épaule du *nègre*, il faut que le nègre succombe.

On finit par se décider à leur confier des troupes. Bonnet eut le commandement de l'avant-garde, Pétion celui du centre. L'expédition, mal composée, éprouva un échec, les marins lâchèrent pied à la première attaque, et la flottille dut bientôt se retirer, en prévision de la rencontre de la flotte anglaise.

A la Guadeloupe, nos officiers prenaient leur repas à

(1. Frère de l'agent de la Guadeloupe.

table d'hôte avec des habitants de la ville. Un monsieur lançait force quolibets contre le général Jeannet, exaltant le courage des marins qui auraient tout enlevé d'assauts si le général avait su manœuvrer. Fatigué de ces attaques incessantes, Bonnet finit par demander à ce grand parleur s'il avait fait partie de l'expédition. Sur sa réponse négative, il lui signifia qu'ayant assisté lui-même à l'attaque de Curaçao, il pouvait certifier que si le général Jeannet avait échoué, cela tenait à ce que, au lieu de le soutenir, les marins, à la première décharge, avaient fait un magnifique feu de file *de talons*. L'hilarité devint générale, et la plaisanterie banale, qui durait depuis plusieurs jours, cessa dès cet instant.

Parmi les convives se trouvaient des employés du gouvernement qui répétèrent ces paroles à l'agence. Dans la suite, les agents ayant conçu l'idée de renouer l'expédition, mais sur de nouvelles bases, firent mander Bonnet. Entre ce colonel et les agents il fut arrêté qu'il irait à Santo Domingo réunir les nombreux débris de l'armée de Rigaud, qu'on formerait avec ce noyau une expédition sous les ordres de l'adjudant-général Pétion; que si le succès couronnait l'œuvre, Pétion conserverait le commandement supérieur de Curaçao, et que Bonnet serait son premier lieutenant. Le colonel arriva à Santo-Domingo (27 janvier 1801), précisément au moment où le général Toussaint Louverture prenait possession de cette ville. Le projet avorta.

Après cet échec, Bonnet désirait rejoindre à San Yago de Cuba son épouse qu'il y avait envoyée, dans la crainte d'une défaite qui pouvait l'exposer à de grands dangers. On obtint pour lui le passage à bord de la frégate des États-Unis *la Constellation*. Devant le Cap, voyant la frégate se diriger vers le port, il s'empressa de décliner ses qualités au commodore, et de lui faire connaître le sort qui l'attendait s'il tombait entre les mains de Toussaint Louverture. Le commandant mit à la cape, et se borna à envoyer un canot à terre porter ses dépêches. Le lendemain, il fit inviter son passager à prendre un verre de madère, et ayant appris de lui que le but de son voyage était d'aller prendre son épouse et de la ramener à Paris, dans sa famille, le généreux commodore lui offrit de l'attendre vingt-quatre heures devant le port, et si ce temps ne suffisait pas pour terminer ses affaires, de venir le trouver à la Havane, d'où il le conduirait en France, son vaisseau étant en destination de la Manche.

Débarqué sur la côte de Cuba, le premier soin de Bonnet, en entrant à San Yago, fut de chercher la maison du gouverneur : un orfèvre la lui indiqua, et le secrétaire, après avoir reçu sa déclaration, l'autorisa à séjourner. De là il se rendit au consulat de France, où le consul, M. Potier, qui, sur les recommandations que madame Bonnet lui présenta, lui avait donné l'hospitalité, se décida enfin à lui apprendre que son épouse, après avoir vendu ses effets et sa bibliothèque, composée d'ouvrages précieux, avait suivi un négociant à la Jamaïque (1).

Sur ces entrefaites, un colon de Saint-Domingue qui

---

(1) Ce fut la cause du divorce prononcé sous Dessalines.

l'avait vu s'arrêter au magasin de l'orfévre, était allé aux renseignements. Ayant appris qu'il venait de débarquer à la côte, il courut ameuter ses amis. Ces messieurs le dénoncèrent au gouverneur, prétendant qu'il était arrivé à la tête d'une troupe destinée à révolutionner la colonie. M. Kinland le fit mander aussitôt, se montra très-irrité, et lui enjoignit impérativement de lui livrer les *quinze* hommes de couleur qu'il avait cachés dans la campagne. Vainement Bonnet criait à la calomnie, vainement il représentait le but de son voyage; que s'il eût retrouvé son épouse, cette dame que le gouverneur lui-même avait entendue au piano maintes fois chez M. Potier, il serait déjà prêt à quitter le pays. Le gouverneur persistait avec humeur à voir ses imaginaires compagnons de voyage. Bonnet, impatienté à la fin, objecta qu'étant officier français, l'Espagne, alliée à la France, lui devait la protection du droit des gens, et qu'il réclamait cette protection. M. Kinland lui dit alors qu'il était en sous-ordre, que le capitaine général lui avait enjoint de ne pas recevoir les hommes de couleur de Saint-Domingue; qu'en conséquence, il l'invitait à faire ses affaires et à partir au plus vite. Bonnet comprit que c'était une autorisation de rester.

Au fond, M. Kinland, élevé en France au collége de Sorèze, était d'un caractère doux et humain. Il compatissait aux malheurs des réfugiés du Sud, et n'osait cependant pas, étant obsédé par les criailleries des colons de Saint-Domingue, et dans la crainte de se créer des embarras avec le capitaine général de la Havane, les protéger ouvertement, il feignait de les oublier. De son côté, M. Potier faisait servir l'influence qu'il avait sur lui à soutenir ces bonnes dispositions du gouverneur.

A cette époque, arriva Cadet Derenoncour, qui s'était aussi enfui de Saint-Domingue. Une baignoire creusée dans un bloc d'acajou lui avait servi d'embarcation. Marin intelligent, il avait conduit sa frêle barque à San-Iago. A peine embarqué, il fut arrêté et garrotté. Bonnet alla trouver le gouverneur, le priant de lui rendre son parent; M. Kinland ne pouvait pas le lui remettre en plein jour; mais à l'angelus du soir, selon ses promesses, Derenoncour recouvra sa liberté.

Combien il leur était difficile de vivre en paix à Cuba! — de quelle sagesse, de quelle modération ne leur fallait-il pas user au milieu des souffrances et des privations les plus grandes! Legrand, colon de Jacmel, s'attachait à provoquer Geffrard, qui, dans la crainte incessante d'être attaqué, était obligé de travailler chez lui avec des armes à ses côtés. Fatigué de cette persistance du colon à le poursuivre, Geffrard se fit apporter un bâton en bois de citronnier, décidé, à la première rencontre, à assommer son adversaire. Ses amis l'engagèrent à aller de préférence trouver le gouverneur. Il suivit ce conseil, et dès ce moment il fut en repos.

CHAPITRE VI.

Expédition française; les réfugiés à Cuba sont rapatriés par *l'Indienne*, capitaine Proto. *La Créole*, capitaine Massa, les conduit à Saint-Marc. Combat de la Crête-à-Pierrot. Entrevue de Rigaud et de Bonnet. La déportation de Rigaud excite la défiance de Bonnet, qui cherche à se mettre à couvert. M. Morin l'emploie sous le titre de garde du génie. Cruautés de Rochambeau; bal au gouvernement; Lamahotière est pendu; Bonnet se rend au Cap pour se rallier à Pétion. Geffrard le rejoint en cette ville; patriotisme des femmes du Cap. Pétion lève l'étendard de la révolte; ordre d'arrestation de Dessalines; soulèvement à la Petite-Rivière. Pétion attaque le Cap, il est repoussé; mort de Leclerc, Rochambeau est élevé au gouvernement général; deuxième attaque du Cap; la colonne de Christophe atteint le Champ-de-Mars. Une compagnie de jeunes gens de couleur fait rebrousser chemin à la colonne; conduite de Rochambeau. Geffrard s'enfuit du Cap. Assemblée tenue par Rochambeau; Bonnet retourne à Cuba. Jonction de Pétion et de Dessalines; Pétion le reconnaît pour chef de l'insurrection. Geffrard s'empare de Jérémie. Bonnet le rejoint en cette ville, et, de là, se rend à l'armée qui campait à l'Arcahaie. Dessalines nomme Bonnet adjudant général, campagne de Port-au-Prince; Bonnet va traiter avec le général Lavalette de la capitulation de cette ville.

L'arrivée de l'expédition française de Saint-Domingue mit un terme aux cruelles épreuves qu'eurent à subir dans l'exil les réfugiés du Sud. En apprenant la prise de possession de la colonie par le capitaine général Leclerc, l'espérance renaît au cœur des proscrits, qui soupiraient après le retour dans la patrie. Bonnet rédigea en leur nom une pétition par laquelle ils sollicitaient leur rapatriement. La frégate *l'Indienne*, capitaine Proto, vint les recueillir, ils étaient au nombre de trois cent cinquante.

Pendant la traversée, une scène désagréable troubla la joie du retour. Un noir avait eu dispute avec un homme de l'équipage. Le commandant, imbu des préjugés de l'esclavage, ordonna de faire coucher ce *nègre* sur un canon et de lui appliquer *vingt* coups de garcette. Cette violence indigna les réfugiés. Bonnet fit observer au commandant que cet homme n'était que passager à son bord, et qu'il ne pouvait, avec raison, lui infliger un pareil traitement ; Proto s'emporte, on s'échauffe de part et d'autre : — *De quel droit prétendez-vous faire frapper de verges un homme libre?* s'écrie Bonnet. — *De par le droit canon*, répondit Proto, et tout en jurant de tirer vengeance de son interlocuteur, il renonça à faire subir au passager le traitement qu'il lui réservait.

En rade de Port-au-Prince, on fit passer les réfugiés sur la frégate *la Créole*, capitaine Massa, qui eut ordre de les conduire à Saint-Marc.

Après le brillant combat de *la Couleuvre*, dans lequel Toussaint Louverture avait déployé une remarquable énergie, Dessalines s'était porté au fort de la Crête-à-Pierrot, éminence qui domine le bourg de la Petite-Rivière de l'Artibonite, résolu de son côté à tenter un effort suprême contre les Français.

L'armée française convergeait vers cette position avec un formidable déploiement de forces. La division Hardi, s'avançant par la Coupe-à-l'Inde, avait massacré, sans faire de quartier, une troupe qu'elle trouva sur sa route ; la division Rochambeau, traversant par les montagnes des Cahos, surprit sur l'habitation Magnan un riche convoi d'argent et de bagages, dont les soldats s'emparèrent ; la division Boudet, marchant par le Mirebalais, arrivait le 18 ventôse aux Verrettes, et occupait cette position, que venait de quitter, le 15, le général Debelle, qui, lancé à la poursuite de Dessalines, l'atteignit au plateau de la Crête-à-Pierrot. Le même jour le général Dugua, à la tête de la réserve, occupait le bourg de la Petite-Rivière : la position allait ainsi se trouver investie de toutes parts.

Les indigènes avaient à leur tête des officiers d'une bravoure éprouvée, Magny et Lamartinière secondaient Dessalines. La noble résistance qu'ils opposèrent aux Français a mérité que leurs noms fussent honorablement inscrits dans nos fastes militaires.

Le 20, le général Boudet, traversant la rivière en face de l'habitation Labadie, attaque la redoute avec impétuosité; elle est défendue avec une égale vigueur : il est repoussé malgré ses efforts et avec des pertes sensibles. Le général Dugua veut à son tour enlever la position. Il monte à l'assaut avec entrain et vient se heurter contre la valeur des troupes indigènes ; sa défaite fut sanglante. Rochambeau, à la tête de sa division, se porta contre la Crête-à-Pierrot, et mit d'autant plus d'acharnement à l'attaque, que les échecs des jours précédents avaient été grands. Les indigènes avaient augmenté leurs moyens de résistance en plaçant des abatis de bois de campêche en avant des fossés. Lamartinière à leur tête, quoique blessé, avait marché à la rencontre de l'ennemi; la lutte fut longue, furieuse, opiniâtre, on se battit au milieu des obstacles; Rochambeau fut à la fin contraint de se retirer, laissant la rampe qui conduisait au fort jonchée de cadavres.

Dessalines, sorti de nuit dans le dessein d'attaquer les derrières de l'armée française, vint donner sur le morne Nolo, dans la division Hardi ; sa retraite ayant été coupée, il se retira dans les mornes.

Les Français avaient mis leur honneur à enlever la position de vive force ; leurs généraux blessés, leurs troupes décimées, l'entreprise leur coûtait de trop grands sacrifices ; ils s'arrêtèrent, resserrèrent étroitement la Crête-à-Pierrot, établirent une batterie au pied de l'éminence, à l'entrée du bourg ; et du 1er au 3 germinal, les bombes, les boulets pleuvent incessamment dans le fort. La Crête-à-Pierrot était encombrée de soldats, les éclats des bombes causaient d'énormes ravages dans leurs rangs ; épuisés par la fatigue, manquant de vivres, ils résolurent d'évacuer la place. Le 3, à huit heures du soir, les indigènes franchirent les fossés, traversèrent le fleuve, donnèrent de l'autre côté de la rivière contre la division Rochambeau. Vigoureusement poursuivis, les derniers débris de l'armée de Toussaint furent dispersés.

Le capitaine général Leclerc, après ce succès, se rendit à Saint-Marc, où les réfugiés embarqués sur *la Créole* devaient le rejoindre.

Proto, en remettant ses passagers au commandant de *la Créole*, signala Bonnet comme ayant voulu les soulever à bord de *l'Indienne*. Un colon de Jérémie qui avait aussi pris passage sur la frégate, vint de son côté exciter les préventions du commandant, en accusant Geffrard et Doyon de propos incendiaires contre l'expédition française. Le capitaine Massa fit assembler les réfugiés sur le pont et leur reprocha amèrement leur conduite. Bonnet protesta contre ces calomnies, demandant au commandant de leur faire au moins connaître qui les dénonçait, afin qu'ils pussent se justifier sur-le-champ. Le colon leur ayant été désigné : — Quoi ! Monsieur, s'écria Bonnet étonné, mais demandez donc à ce dénonciateur dans quelle colonne il était, et sous quel drapeau il servait lorsque nous sommes allés attaquer les Anglais à Jérémie, et il ose encore nous persécuter jusqu'à l'ombre du drapeau de la république ! A ces mots, l'état-major de la frégate fit le vide autour du colon, qui, honteux, se retira la tête basse. Le commandant fit bientôt appeler Bonnet, il n'avait fait cette sortie, assurait-il, que parce que cet homme l'obsédait de ses plaintes ; il était d'autant plus aise d'avoir démasqué ses perfidies, qu'il aurait pu répéter ailleurs ces propos comme venant de son bord.

En descendant à Saint-Marc, Bonnet rencontra Rigaud sur la place d'armes. Ils ne s'étaient pas revus depuis Tiburon ; ils restèrent ensemble sur la plage fort avant dans la soirée, et ne se séparèrent qu'au moment où le général s'embarqua, croyant partir pour les Cayes. La prise de la *Crête-à-Pierrot* (3 germinal an x), étant venue assurer le triomple de l'armée française, le capitaine général n'avait plus besoin du secours des hommes de l'armée du Sud. En faisant déporter Rigaud, il se débarrassait du chef de cette armée, qui pouvait devenir incommode pour la réalisation de ses projets ; il renvoya aussi à Port-au-Prince, les réfugiés qu'il avait fait recueillir à Cuba.

La déportation de Rigaud, sous le prétexte spécieux d'une lettre écrite à Laplume, inspira une grande défiance à son ancien aide de camp ; c'était, pensait-il, le présage de nouvelles persécutions. Il s'attacha, dès lors, à rester dans l'ombre, évitant avec soin les officiers supérieurs qu'il avait connus à Paris. Ces précautions étaient dictées par la prudence.

Plus pressé que Leclerc, Rochambeau inaugura le règne de la terreur. Il se prévalait de la nécessité de comprimer les bandes insoumises de la montagne, et la potence établie par ses ordres fonctionnait sans relâche. Ce mode d'exécution paraissant trop lent à sa rage, il y ajouta les noyades à la Carrier ; des accons chargés de malheureux arrachés à leur domicile allaient, chaque jour, engloutir les victimes dans la baie. Cette froide cruauté se retrouvait jusque dans ses plaisirs.

Rochambeau avait pour maîtresse une des plus jolies *quarteronnes* de la ville, dont il paraissait très-amoureux. Misse, par vanité, voulant prouver son ascendant sur ce général, conçut l'idée de se faire donner un bal au gouvernement. Il fut convenu entre elle et son amant qu'on n'inviterait à cette fête que des *quarteronnes*, dont la couleur ne différait guère de celle des femmes blanches, et Misse resta chargée des invitations. Les femmes blanches s'en émurent : elles allèrent trouver Rochambeau, qui convint avec elles qu'au moment où le bal commencerait, la salle du festin serait prête à les recevoir, qu'elles seraient introduites par une porte latérale, et viendraient prendre place à la table; qu'en même temps, on ferait entrer les femmes de couleur ; et que des hommes armés de verges forceraient celles-ci, en les fustigeant, à servir les femmes blanches.

Si les préjugés coloniaux s'opposaient à l'union légale des blancs avec les femmes de couleur, les colons n'en étaient pas moins attachés aux femmes de leur choix ; plusieurs d'entre eux, sans en donner les motifs, défendirent à leurs maîtresses d'aller à ce bal. Misse n'en fut pas avertie, elle arriva la première dans les salons du gouvernement. Ivre de plaisir, folle de son triomphe, la belle quarteronne se mirait complaisamment dans les hautes glaces de l'appartement, corrigeant un pli à sa toilette, rétablissant une épingle, redressant les boucles de sa coiffure. Un aide de camp observait seul et en silence cette joie naïve et cette cruelle déception. Prenant en pitié cette femme, il s'approcha d'elle et du doigt lui montra les candélabres, le lustre : à toutes les bougies étaient suspendus des crêpes noirs !

Frappée d'étonnement, Misse le regardait avec anxiété, lorsque, la prenant par la main, il la conduisit dans un boudoir orné à l'intention de ses invitées. La pièce était tendue de noir, garnie de têtes de morts et d'os en sautoir ; au fond était un cercueil.

L'émotion fut trop forte, Misse poussa un léger cri et s'évanouit. L'officier la prit dans ses bras et vint la déposer sur un sofa au salon. À peine eut-elle repris ses sens, qu'elle courut s'établir sur la place du Gouvernement, afin de renvoyer celles de ses amies qui arrivaient à la fête. Cette aventure avait produit un tel éclat, que Latouche-Tréville écrivit une lettre sévère à Rochambeau, qui crut se justifier, en alléguant qu'un de ses officiers ayant été inhumé la veille, on avait oublié de retirer les crêpes des bougies (1).

---

(1) On citait de Latouche-Tréville un trait fort honorable. Un noir, placé sur un des accons qui portaient les victimes de Rochambeau, fit, en passant devant le vaisseau amiral, un signe maçonnique de détresse. Latouche-Tréville, appuyé sur

Bonnet, avons-nous dit, cherchait à se mettre à couvert, une circonstance particulière vint favoriser ses vues. M. Morin, chargé de la direction du génie à Port-au-Prince, avait besoin d'un secrétaire; on le lui présenta et il fut admis au service, avec le titre de garde du génie. Son assiduité au travail lui permit de passer des journées entières dans le cabinet de son patron. Il ne sortait que lorsqu'il lui fallait aller sur le quai choisir les matériaux nécessaires aux constructions. Dans une de ces courses, il rencontra un capitaine bordelais, qui ayant fait antérieurement des voyages à Léogane, s'était lié avec les jeunes gens de couleur de cette localité. On se revit avec plaisir. Le capitaine s'enquit de ses anciens amis, et il fut convenu que Bonnet irait, après son service, dîner à bord, en compagnie de Derenoncour, qui était aussi à Port-au-Prince. Au sortir de table, tandis que Bonnet était appuyé sur le parapet du pont, un coralin, chargé de fruits, accosta le navire; le patron, ancien militaire de l'armée du Sud, l'avait reconnu lorsqu'il montait à bord et accourait le

---

les plats-bords, ayant aperçu le signe, ordonna à l'officier de quart de faire accoster l'accon et de lui amener l'individu qu'il lui désignait. Enfermé dans sa chambre avec cet homme, il lui dit : « Tu as fait un signe, je crois, en passant au long de mon bord. » Le noir refit le signe de détresse. « As-tu conscience de ce que tu fais? — Oui, mon général. Alors, entre. » Le noir entre en apprenti et donne les mots, signes et attouchements. « Vas-tu plus loin? — Oui, mon général. » Il entre en compagnon et lui donne les mots, signes et attouchements de ce grade. « Vas-tu encore plus loin? — Oui, mon général. » et il entre en maître maçon, parcourant le triangle du nord au midi, en s'arrêtant à l'orient. Il fit placer cet homme avec les contre-maîtres. A son retour en France, en débarquant à Brest, il donna sa bourse à Pierre Michel, en lui disant que c'était là tout ce qu'il pouvait faire. Cet homme reparut bien longtemps après dans sa famille qui le croyait victime des noyades, et succomba peu après son retour à une fièvre violente. C'était le père du général Pierre Michel, mort sur le champ de bataille dans nos dernières luttes contre les Dominicains.

prévenir de prendre des précautions en se rendant à terre, attendu qu'on venait d'arrêter Lamahotière, et qu'il était lui-même recherché.

A la nuit, il se fit débarquer à la *Croix-Bossale*, et gagna le Bel-Air, où il alla se réfugier chez une de ses parentes (1), ne voulant rentrer chez lui qu'à la nuit close. De grand matin, il se rendit à son bureau. M. Morin demeurait en face de la prison. La fenêtre du cabinet de travail donnait sur la grande porte d'entrée ; il pouvait donc observer ceux qui entraient et sortaient, et recueillir ainsi des renseignements sur l'avis qu'il avait reçu. Au moment où le directeur lui dictait une dépêche, le roulement du tambour se fit entendre, la porte de la prison s'ouvrit; le secrétaire vit paraître Lamahotière, ayant sur la poitrine un large écriteau portant : « *Espion de Lamour-Dérance.* » Il pâlit, la plume lui échappa des mains. Ce mouvement ayant frappé l'attention de M. Morin, celui-ci voit, à son tour, le prisonnier qu'on menait à la potence : Quelle infamie ! s'écria-t-il, et il sortit repoussant avec violence la porte du cabinet.

Lamahotière était un des réfugiés à Cuba rapatriés par l'*Indienne*. Absent de la colonie, il ne pouvait avoir fait partie des bandes insurgées de Lamour-Dérance, qu'il ne connaissait pas. Le prétexte était grossier, mais significatif. On marchait au rétablissement de l'esclavage par la destruction de tous ceux qui avaient pris une part active à la révolution. Bonnet resta seul toute la journée, en proie à son émotion. Il rénuméra

---

(1) Ninette, mariée depuis à Lamarre, colonel du régiment de Léogane.

dans son esprit les luttes sanglantes qu'on avait eu à soutenir antérieurement ; ses efforts infructueux près du directoire pour conjurer la guerre civile ; Rigaud abattu, les hommes de couleur sacrifiés ; les colons circonvenant le pouvoir nouveau qui surgissait en France, et parvenant à renverser leur idole apparente, Toussaint Louverture, en s'étayant des actes mêmes qu'ils avaient conseillés et rédigés. Ainsi se réalisait ce projet machiavélique, élaboré dans une réunion chez Page et Bruley :

« Nous commencerons par brouiller les mulâtres avec
» les nègres, en coalisant ceux-ci avec les blancs : ce
» moyen procurera la destruction totale de ces figures
» à rhubarbe.

» Ensuite nous brouillerons les nègres créoles avec
» les nègres de Guinée, en coalisant ceux-ci avec les
» blancs : ce second moyen nous délivrera de tous ces
» docteurs maroquins.

» Enfin la France, ennuyée de tous les crimes qui
» se seront commis, ne pourra plus regarder les nègres
» que comme des bêtes féroces indignes de la liberté :
« elle rétablira l'esclavage ; nous nous déferons de tous
» ceux qui auront de l'énergie : nous en ferons venir
» d'Afrique, et nous les tiendrons sans cesse sous le
» fouet et les chaînes. »

La détermination de Bonnet fut bientôt prise. On devait selon lui gagner le Cap, se rallier à Pétion, et de concert avec lui agir contre les Français. Il sortit à la brune, voulant communiquer ses idées à ses amis, entra d'abord chez Boyer, qui logeait dans le voisinage, et chez qui se trouvait Papaillier. L'un et l'autre partageaient ses opinions. Tous ses anciens compagnons qu'il alla voir dans la soirée, demeurèrent d'accord avec lui sur le parti à prendre.

Le lendemain, après avoir écrit sous la dictée de M. Morin, Bonnet rappela à son patron la promesse qu'il lui avait faite de lui être utile si l'occasion s'en présentait, et il sollicita un permis pour le Cap où l'appelaient de grands intérêts. M. Morin lui accorda volontiers sa demande, et poussa la bienveillance jusqu'à lui donner des lettres de recommandation, à l'adresse de M. Bachelu, chef du génie, et de M. Moulut qui avait la direction du Cap. Il prit passage sur un caboteur qui partait le soir même ; mais le permis ne levait pas la difficulté du départ. Par ordre, la station ne devait laisser sortir personne sans le visa du bureau de la place. Le caboteur, en quittant le port, était tenu de s'arrêter en grande rade ; un officier se présentait alors, et tous les passagers étant réunis sur le pont, il procédait à la visite de leurs papiers. Ne pouvant se présenter au bureau de la place, il lui fallait échapper par une ruse à ce premier danger. Rendu à bord, il trouva le moyen de se glisser à fond de cale et de se blottir au milieu des colis de marchandises. Au jour, lorsqu'il parut sur le pont, le capitaine reconnut qu'il n'avait pas assisté à la visite, et se montra mécontent. Cet homme, s'écriait-il, n'a pas de passe-port et va me compromettre. Bonnet pretexta qu'étant endormi il n'avait rien entendu, puis s'empressa d'exhiber le permis de son supérieur, se disant en mission près des chefs du service de son arme. Le capitaine, tout en observant que le visa de la place faisait défaut à cette pièce, accepta cette excuse.

Aux Gonaïves, où le bateau fit échelle, Bonnet trouva les hommes de couleur dans une animation extrême. On conspirait ouvertement. Leur nombre était fort restreint, ils pouvaient être enveloppés et écrasés. Bonnet leur témoigna ses craintes à cet égard et leur conseilla plus de prudence. Arrivés au Cap, les passagers furent conduits au bureau de la place, on procéda à la vérification des passe-ports. Bonnet subissait dans l'anxiété cette seconde épreuve, lorsque l'officier chargé de l'examen des papiers, en voyant la signature de Morin qui était son intime ami, sans pousser plus loin les investigations, se mit à lui demander de ses nouvelles, l'accablant de questions aussitôt suivies de réponses, et il finit par lui offrir ses services au besoin. Dégagé, il fut rejoindre Castaing, et prit logement avec lui, dans la modeste chambre que celui-ci occupait au fond d'une cour. Il se rendit ensuite près de l'adjudant général Boyé (1), employé à l'état-major général, un de ses amis particuliers, et lui raconta l'infâme conduite de Rochambeau à Port-au-Prince, les arrestations en masse, les pendaisons, les noyades. Boyé en avisa le capitaine général Leclerc qui de suite ordonna de faire cesser les exécutions et de lui envoyer les prisonniers détenus à bord des vaisseaux. Boyer, entièrement livré à une intrigue de femme, n'avait pas voulu quitter Port-au-Prince ; au moment où les ordres de Leclerc mandèrent les prisonniers au Cap, arrêté, il avait été placé à bord, parmi les victimes destinées à être noyées.

(1. A la Restauration, il prit du service en Russie, revint à Port-au-Prince rendre visite à ses anciens amis et fut chargé par Boyer de négociations avec la France.

Les lettres de M. Morin valurent à Bonnet deux réceptions bien différentes : M. Bachelu fut à son égard d'un froid glacial; M. Moulut au contraire lui fit un gracieux accueil et l'admit dans son service. Il se croyait ainsi parfaitement à l'abri sous son titre de garde du génie, lorsque Barré commit l'inconséquence de dire à M. Moulut que son protégé avait été colonel dans l'armée de Rigaud. Nier le fait était impossible. L'aveu qu'il en fit lui valut un surcroît de bienveillance de la part de M. Moulut, qui l'invitait, tous les matins, à prendre, avec lui, un premier déjeuner (1).

Bientôt après arriva Geffrard qui désirait aussi se rallier à Pétion. Le règlement de ses affaires l'avait d'abord appelé aux Cayes. Reconnu et dénoncé à l'autorité comme un homme dangereux, son départ pour le Nord avait été signalé et la gendarmerie avait ordre de l'arrêter s'il se présentait au Cap. Au moment où la goëlette sur laquelle il avait pris passage arrivait au mouillage, Carbonne, accompagné de quatre gendarmes, vint aborder et demander si Geffrard était à bord. Peloton-Brouard, subrécargue de la goëlette, le sauva par sa présence d'esprit. Il n'avait pas de passager, disait-il,

(1) Dans un cahier de correspondance tombé par hasard entre les mains de M. Laforestrie, j'ai retrouvé la lettre suivante :

ARMÉE DE SAINT-DOMINGUE.

Suite de la correspondance du service.

DIRECTION MOULUT.

Port républicain au He
N° 181.
Au citoyen Bonnet, garde des fortifications de 1re classe, au Cap.

« J'ai reçu, citoyen, votre lettre du 11 nivôse dernier, par laquelle j'apprends avec un double plaisir et le rétablissement de votre santé et votre existence morale auprès de M. Moulut.

» Je suis infiniment sensible à tout ce que vous voulez bien me dire d'obligeant, je n'ai fait pour vous que ce que votre bonne conduite vous méritait, et je vous prie de croire que vous me trouverez toujours disposé à vous être utile, si les circonstances s'en présentent. »

Cette lettre est de M. Morin.

il ne connaissait pas ce nom. — C'était bien cependant, la goëlette qui arrivait des Cayes. — Peloton dirigea Carbonne sur une seconde embarcation qui donnait dans le port. Dès que la gendarmerie eut laissé le bateau, Brouard réveilla Geffrard qui, étendu sur le roufle, dormait profondément, lui fit revêtir une casaque de matelot, et tous deux se rendirent à terre. Brouard courut à la recherche de Bonnet à qui Geffrard faisait demander asile. Proscrits, nous devons mourir ensemble, répondit Bonnet, en recevant son ami dans la chambre qu'il occupait avec Castaing. Soustraire Geffrard aux poursuites dirigées contre sa personne était le but de tous ceux auprès desquels il avait trouvé un refuge. Le patriotisme éprouvé des femmes de couleur du Cap secondait admirablement leurs vues. Ces excellentes femmes mettaient, au service des leurs, un zèle, une activité, un dévouement dignes des plus grands éloges; jamais leur discrétion ne fit défaut.

Trois jeunes gens de couleur, Fouquet, Carbonne et Chervin, employés dans la gendarmerie, déployaient au service des Français un zèle extraordinaire; ils étaient la terreur du quartier. Mme Leclerc, vivait avec Fouquet qui la traitait indignement et lui inspirait la plus vive crainte. Sous Toussaint, il poussait le mépris jusqu'à lui faire retirer ses bottes. Depuis s'étant un peu relevée, elle avait fait bâtir deux chambres dans la cour, Fouquet en occupait une, Castaing l'autre. Connaissant la position critique de ses hôtes, cette femme veillait sur eux. Elle les tenait au courant de toutes les particularités qui pouvaient les intéresser, et, à chaque avis, elle ne cessait de leur répéter : *Défiez-vous de Fouquet.*

Celui-ci, occupé tout le jour à un service très-actif, ne rentrait guère que la nuit pour prendre quelques heures de repos, et la vigilance de Mᵐᵉ Leclerc était telle, qu'il ne soupçonna jamais la présence de Geffrard à côté de lui.

Geffrard et Bonnet attendirent Pétion qu'une expédition à l'intérieur tenait éloigné et dont le prochain retour était annoncé. Sur ces entrefaites, Bonnet s'était empoisonné en mangeant du poisson. Les effets du poison se produisaient par crises et dans cet état, il ne pouvait ni parler, ni se mouvoir, bien qu'il conservât sa parfaite connaissance. Une de ces crises le surprit dans l'une des rues du Cap; il était couché près d'un mur, lorsque vinrent à passer quelques femmes de couleur. L'une d'entre elles, se baissa jusqu'à son oreille et l'informa que Pétion était au haut du Cap, qu'une insurrection était décidée, qu'elles étaient venues faire des provisions en auxiliaires.

Pétion effectivement fit cette nuit même assembler sa division, annonça sa détermination de s'opposer au rétablissement de l'esclavage, et renvoya les troupes blanches qui servaient sous ses ordres. Aussitôt que la nouvelle de cette levée de boucliers parvint au Cap, l'ordre fut expédié de faire arrêter le général Dessalines, qui se trouvait à la Petite Rivière de l'Artibonite(1). Le messager porteur de cet ordre arriva au bourg au moment où Dessalines déjeunait avec les officiers de la garnison, à une table d'hôte dressée dans une des pièces du presbytère. Aussitôt se fit un mouvement

(1) Bourg situé à 30 lieues du Cap.

de troupes. Le général avait l'habitude d'entrer, après son repas, chez le curé, prendre une tasse de café que lui réservait Mme Pajeot, femme de couleur, gouvernante au presbytère. Cette dame qui partageait les inquiétudes de la population, après lui avoir remis sa tasse, porta vivement ses bras en arrière, simulant la position des membres d'une personne que l'on garrotte. Dessalines la regardait avec étonnement, lorsqu'au même instant Nicolas Saget qui du bureau de la place avait épié le mouvement et avait surpris l'ordre d'envelopper le presbytère, arriva à la course, criant à haute voix : *Aux armes, aux armes*, général Dessalines, on va vous arrêter. La tasse échappa de ses mains, il se précipita par une porte qui donnait sur la campagne, et, suivi de Saget, alla s'établir à Plassac où il fut rejoint par tous ceux qui avaient couru aux armes. L'insurrection suivit de près la prise d'armes du haut du Cap.

Cependant Pétion, après avoir rallié les gens qui étaient restés dans les bois, avait marché sur le Cap. L'ordre du jour enjoignait de se porter à la défense de la ville, et devait être fusillé sur le seuil de la porte, tout homme valide, s'il se trouvait dans sa maison après la générale battue. Il ne convenait ni à Bonnet ni à Geffrard d'aller combattre les leurs ; ils arrêtèrent entre eux que Castaing, en habit de musicien de la garde nationale, assisterait à l'action et leur en donnerait le détail. Deux femmes de couleur, deux sœurs qui vivaient seules et n'avaient jamais voulu accepter de mari, les reçurent chez elles. Bonnet, ayant ses armes à côté de lui, se mit sur un lit dans une chambre de la cour dont on laissa les portes ouvertes ; Greffard se coucha au milieu de la cour, son sabre entre les dents, son trabouc (1) et ses pistolets à la main, on le couvrit des débris d'une vieille paillasse. Les deux femmes, assises près d'une table dans la pièce de devant, étaient occupées à la couture. L'homme de police, en entrant, ne fit qu'un simulacre de visite. Vous autres, vous ne recevez pas d'hommes, dit-il, et il se retira.

Les insurgés s'étaient avancés jusqu'à la barrière Bouteille. Ces hommes qui avaient enduré de longues privations, trouvant au haut du Cap des magasins garnis, se livrèrent au pillage. Attaqués par le général Leclerc dans ce moment de confusion où chacun cherchait à mettre son butin en sûreté, ils furent repoussés. Cette attaque de nuit fut la cause occasionnelle de la fièvre jaune, à laquelle le capitaine général succomba huit jours après. Les officiers généraux réunis en conseil proposèrent de conférer le commandement au général Clausel qui le refusa. Les instructions du premier consul portaient qu'en cas de mort, Rochambeau remplacerait Leclerc.

Rochambeau, investi du pouvoir suprême, donna un libre cours à sa férocité. Il ordonna d'abord une enquête sur les causes qui entravaient le succès de l'expédition française. Colbert, préfet par intérim, en s'embarquant dans le but de se soustraire à sa vengeance, lui adressa un mémoire dans lequel il lui retraçait énergiquement son atroce conduite (2).

(1) On désigne à Haïti, sous le nom de trabouc, un tromblon, grosse espingole qui porte plusieurs balles à mousquet.

(2) Un autre genre de torture inventé par Rochambeau consistait à faire dévorer des hommes par des meutes de chiens affamés. A la nouvelle de sa mort,

Pétion tenta une nouvelle attaque contre le Cap. Bonnet, garde du génie, était près du bureau de ce corps. Les indigènes avaient surpris le fort Bel-Air, et entraient en ville. Christophe qui s'était rallié à Pétion à la tête d'une colonne, avait déjà atteint le Champ-de-Mars. La terreur était si grande, que les familles blanches faisaient des dispositions pour s'embarquer. Dans ce moment critique, une compagnie de garde nationale, toute composée de jeunes gens de couleur, se détacha, et chargeant avec intrépidité, repoussa la colonne. Rochambeau, dans un ordre du jour, combla ces jeunes gens d'éloges, et bientôt après les envoya presque tous à la potence.

Geffrard se voyait dans la nécessité de laisser le Cap dont le séjour lui devenait de jour en jour plus dangereux. Madame Sanz, bien qu'elle vécût avec un blanc, confectionna le linge dont il avait besoin. Geffrard, ancien chasseur *de cochon marron* (1), habitué à poursuivre la bête fauve sur les crics infranchissables, résolut, ne connaissant pas le pays, de se jeter dans les bois et de suivre une ligne droite dans la direction des insurgés, à travers rocs et précipices. Dans sa position, il ne lui parut pas prudent de se laisser accompagner de son ami qui, par ses habitudes citadines, pouvait devenir un obstacle à la réalisation de son projet; il partit seul. Bonnet, inquiet, prêtait l'oreille à toutes les nouvelles. Un jour, il entendit des soldats raconter que la nuit précédente un brigand était tombé au milieu d'un poste

---

le peuple manifestait sa joie par des chants qui évoquaient les mânes de ses victimes.

(1. Sanglier des Antilles.

occupé par les Français, qu'il avait fait feu de son trabouc, et qu'avec une vigueur et une présence d'esprit extraordinaires, il avait pu se dégager. Quel fameux brigand! répétaient-ils. Geffrard avait passé.

Bonnet, se défiant des hommes du Cap depuis la mort d'Ogé, ne voulut pas profiter d'une circonstance qui pouvait aussi favoriser son évasion. Rochambeau, dans le dessein de sacrifier à leur tour Fouquet, Carbonne et Chervin, demanda au préfet s'il n'avait pas dans la gendarmerie trois mulâtres qu'il désignait. Le préfet répondit, en faisant l'éloge de ces jeunes gens, qu'il était fort content de leurs services. Le général l'invita, néanmoins, à les renvoyer, ne voulant pas, disait-il, les faire arrêter tandis qu'ils étaient avec lui. Le préfet, indigné de cet acte d'iniquité, leur donna avis du danger qui les menaçait, et leur conseilla de s'évader. Chervin que Bonnet avait occasion de voir quelquefois, vint lui faire la confidence de leur projet de fuite, il se défia d'eux.

Bonnet avait retrouvé au Cap le consul M. Potier, son ancienne connaissance de Cuba. Il alla lui rendre une visite, au moment où celui-ci revenait d'une réunion composée en majeure partie d'anciens colons. Dans cette assemblée, présidée par Rochambeau, on avait délibéré sur les chances de rétablissement de l'esclavage. La discussion avait été vive, on ne s'était pas accordé sur les moyens les plus efficaces à employer à cet effet, et l'on avait renvoyé à une seconde réunion la décision à prendre. M. Potier l'invita à le venir voir le jour où la détermination serait prise, avec promesse de lui révéler ce qu'on aurait résolu. Lorsqu'il se présenta chez M. Potier, il le trouva seul, fort agité, parcourant son salon dans tous les sens. Aussitôt qu'il eut aperçu Bonnet, le saisissant par le bras, il l'entraîna vivement à une fenêtre de l'appartement qui donnait sur la campagne, et du doigt lui désignant les bois : *Voilà votre place*, lui dit-il, *ne restez pas ici*. On venait de décréter que noirs et jaunes seraient égorgés, qu'il n'y aurait d'épargné parmi les enfants que ceux qui, trop jeunes, ne pourraient pas conserver le souvenir des temps antérieurs. Un navire des États-Unis partait en destination de Cuba. Bonnet qui désirait vivement obtenir du capitaine un passage, lui proposa de travailler à la manœuvre en qualité de matelot. Le capitaine qui l'avait examiné avec attention, lui objecta qu'il n'était pas marin. Toutefois, prenant en considération le motif qui le portait à fuir, il l'embarqua.

Cependant Pétion, à la tête de son armée, s'était rabattu sur l'Artibonite, désirant faire sa jonction avec Dessalines. Dès sa première entrevue avec ce général, il lui donna le pas et le reconnut chef de l'insurrection.

Les bandes insoumises du Nord et de l'Ouest qui n'avaient cessé de combattre l'armée expéditionnaire, n'acceptaient pas ce choix. Dessalines et Christophe, au service des Français, avaient poursuivi les leurs avec acharnement, et dans ces premiers moments, Sans-Souci, Petit-Noël, Lamour-Dérance, les chefs de ces bandes, les avaient en haine. Ils rejetaient Dessalines et préféraient Pétion, qui employa toute son influence pour les amener à la soumission. Dessalines était le plus ancien général. Pétion entendait, surtout, par cette marque de déférence, mettre à néant les absurdes propos répandus lors de la guerre du Sud, qui tendaient à faire croire que les mulâtres ne voulaient pas être commandés par un nègre (1).

Saint-Marc ayant été livré aux indigènes, leur armée s'étendait jusqu'à l'Arcahaie. Pétion, à la tête d'un détachement, favorisa le passage de Geffrard dans le Sud où il devait, après avoir été promu à un grade supérieur, réunir les insurrections partielles, organiser une armée et attaquer les Français. Ce général ayant successivement rallié Héarne, Jean-Louis-François, Férou, Théodat Trichet, Gérin, etc., obtint des succès militaires d'une grande importance ; il s'empara d'Aquin, de l'Anse-à-Veau, de Jérémie et des Cayes.

Deux jours après le retour de Bonnet à Cuba, la nouvelle de la prise de Jérémie se répandit dans cette ville. Des négociants qui avaient eu connaissance de son intimité avec Geffrard lors de leur exil, vinrent lui offrir passage sur un navire chargé de provisions, qu'ils se proposaient de faire toucher à Jérémie, à condition qu'il servirait d'introducteur au capitaine et favoriserait ses opérations. Ces commerçants avaient l'espoir de trouver le café à bon marché, les provisions rares, et les gros bénéfices qu'ils s'imaginaient réaliser leur semblaient si assurés qu'ils crurent le décider à partir en lui proposant de lui faire une pacotille en rhum. Bonnet refusa la pacotille et accepta le passage, heureux de retrouver si promptement le moyen de rejoindre les siens.

(1) Sans-Souci et Petit-Noël qui s'étaient joints à Pétion au haut du Cap, cédèrent plus facilement. Lamour-Dérance résista longtemps à ses instances. Dessalines qui redoutait ce chef de bande, lui fit tendre un guet-apens. On l'appela en sa qualité de général à inspecter le 7ᵉ régiment commandé par Guerrier. En traversant le second rang du 1ᵉʳ bataillon, Lamour-Dérance fut enveloppé et tué. Cet assassinat fit une impression douloureuse sur Pétion.

De son côté, Geffrard fut très-satisfait de l'arrivée de Bonnet que, dans un intérêt particulier, il aurait voulu voir employé près de Dessalines.

Désirant entretenir la bonne harmonie entre le général en chef et lui, il conçut l'idée d'attacher à la personne de Dessalines un homme de mérite sur l'amitié duquel il pût compter. Il lui envoya Boisrond Tonnère, avec de pressantes recommandations. A peine ce dernier fut-il admis en qualité de secrétaire intime, que des symptômes de mésintelligence se manifestèrent dans la correspondance. Dessalines ne cessant de s'informer de Bonnet, Geffrard pensait que son ami, mieux que personne, par l'influence qu'il exercerait dans le camp, réussirait à rétablir de bons rapports entre lui et le général en chef.

De Jérémie Bonnet se rendit à Léogane, résidence de sa famille. Sa mère, en l'embrassant, lui dit aussi que Dessalines, à plusieurs reprises, lui avait fait demander si elle n'avait pas de ses nouvelles. Cette persistance du général en chef à s'enquérir de sa personne lui donna de l'inquiétude. Il craignait que le souvenir de l'affaire de Saint-Louis n'eût laissé dans le cœur de Dessalines des idées de vengeance. Ces considérations, toutefois, ne l'arrêtèrent pas ; il rejoignit l'armée qui campait à l'Arcahaie. La réception fut parfaite, le général en chef lui témoigna beaucoup de bienveillance et l'éleva au grade d'adjudant général : dès lors, il prit part aux opérations de la guerre.

Le sentiment de la liberté avait réveillé l'énergie des populations, qui ne voulaient plus subir le joug de l'esclavage. Ce joug odieux était partout en horreur et touchait à son terme. Toutes les campagnes étaient inondées d'hommes en armes qui, le mousquet au bras, défendaient leurs droits avec acharnement. L'armée française, décimée par la fièvre jaune, harcelée de toutes parts, était contrainte de se concentrer dans les villes. Le commandant en chef avait établi une ligne de redoutes à Sarthe, à Damiens, qui couvrait les approches de Port-au-Prince et facilitait ses communications avec la Croix-des-Bouquets. Les indigènes marchant sur Port-au-Prince, devaient enlever ces redoutes. Celle de Sarthe, environnée de toutes parts, ne pouvait plus échapper à nos coups. La garnison manifesta le désir de parlementer. Bonnet, qui se trouvait à côté de Dessalines, lui fit remarquer le drapeau blanc qui flottait sur le fort, et reçut ordre, puisqu'il avait vu le premier le signal, d'aller savoir ce qu'on demandait. La garnison consentait à mettre bas les armes et à se rendre prisonnière, à la seule condition qu'on lui garantirait la vie sauve. En rapportant ces propositions au général en chef, Bonnet réclama, au nom de la garnison, sa parole d'honneur de général qu'il ne lui serait fait aucun mal. Dans la suite, après la prise de Port-au-Prince, on vint le prévenir que ces malheureux étaient envoyés à la Croix-des-Bouquets, où ils devaient être sacrifiés. Désespéré de la part qu'il avait prise à cette affaire, il courut tenter un dernier effort en leur faveur, en rappelant au général en chef la parole donnée. *Oh! mouqué n'a pas blanc*, lui répondit-il, *parole d'honneur mouri*. Monsieur, ne sont-ce pas des blancs, la parole d'honneur est morte. Et ils furent exécutés.

Lorsque le général Lavalette fit demander à capituler (octobre 1803), Dessalines avait l'intention d'envoyer le général Bazelais régler les conditions de la remise de la place. Pétion craignant que Bazelais ne mît pas dans les négociations toute la prudence nécessaire, l'en dissuada, et sur sa demande, lui désigna Bonnet comme plus apte à remplir cette mission. Celui-ci mandé au milieu de l'état major, établit pour conditions : que le général en chef le ferait accompagner par deux officiers qui auraient des yeux pour voir, des oreilles pour entendre et une bouche pour se taire. Dessalines désigna Diaquois et Covin, leur fit observer qu'ils venaient d'entendre ce qu'avait dit le général, et les prévint que s'il avait à se plaindre d'eux, ils auraient, au retour, à régler avec lui personnellement.

Comme les commissaires de Dessalines entraient en ville, les habitants se tenaient par curiosité au-devant de leurs portes et répétaient de tous côtés : *Mais il n'est pas si affreux, le brigand.* Panis, commandant de la place, le reçut chez lui. Après avoir rétabli sa coiffure, mis ordre autant que possible à sa toilette (tout son bagage se composait du seul dolman qu'il portait depuis le commencement de la campagne), il se rendit dans cette tenue auprès du général Lavalette. Les conditions de la capitulation furent débattues et arrêtées. La garnison devait s'embarquer avec armes et bagages et en temps convenable. La place serait livrée dans l'état où elle se trouvait, les forts garnis de leurs artillerie, les magasins avec leurs approvisionnements, l'arsenal avec le matériel qu'on y tenait en dépôt, les poudres, les projectiles. Comme dernière condition, l'envoyé de Dessalines resterait dans la place et surveillerait la stricte exécution des conventions.

Quelques anciens amis s'étant présentés dans l'intention de lui rendre visite, Panis, contrarié, donna ordre à la garde de ne laisser entrer personne. Averti par les officiers à sa suite, qu'on refusait sa porte aux nombreux visiteurs qui demandaient à le voir, il somma Lavalette de lui faire savoir s'il était son prisonnier. Des explications eurent lieu, la consigne fut levée.

Par ses relations, Bonnet se mettait au courant de toutes les particularités qui pouvaient intéresser sa surveillance. On vint lui donner avis que les Français s'apprêtaient à noyer les poudres et à enclouer les pièces d'artillerie qui se trouvaient à l'arsenal. Il courut à Lavalette se plaindre que la capitulation fût violée. On dut faire rentrer les poudres déposées déjà en grande partie sur la plage ; il parvint ainsi à sauver l'artillerie et les munitions dont l'armée indigène avait grand besoin (1).

Ces détails, rapportés à Dessalines, le comblèrent de joie. Le jour où l'armée entra à Port-au-Prince, le général en chef, arrivé aux portes de la ville, se dirigea d'abord sur l'arsenal qu'il avait hâte de visiter. Bonnet était occupé, en ce moment, à échelonner, dans les postes sur la ligne des fortifications, les différents corps de troupes, à mesure qu'ils se présentaient. Dessalines s'arrêta, refusant de pénétrer dans l'intérieur en son absence. Bonnet ayant été averti de cette cir-

(1) L'arsenal de Port-au-Prince donne sur la mer.

constance, accourut au devant du général en chef qui eut la galanterie de lui dire : « C'est à vous à nous faire les honneurs ici ; nous ne pouvions pas entrer chez vous sans votre permission. »

DEUXIÈME PARTIE.

CHAPITRE PREMIER.

Dessalines. Projet d'incendie et de pillage de Port-au-Prince; Germain Frère veut faire passer par les verges les femmes de la rue des Fronts-Forts; acte de proclamation de l'indépendance d'Haïti; massacre des blancs; administration désordonnée; orgies; Christophe veut renverser l'empereur; projets de spoliation des propriétés anciennes; soulèvement au Port-Salut; Gérin est placé à la tête de la révolution. Mort de Dessalines.

Lorsque Dessalines procéda à l'organisation du pays, il le partagea en sections territoriales et en divisions militaires. Gabarre, appelé au commandement de Saint-Marc, demandait Bonnet pour son chef d'état-major. Cette combinaison ne souriant pas au général, il pria Pétion de le réclamer en cette même qualité; sa résidence fut ainsi fixée à Port-au-Prince.

Bonnet jouissait en ce moment d'une influence dont cette ville éprouva les heureux effets. Dans une visite au gouvernement, il trouva Dessalines, sous le péristyle, entouré d'un cercle de *coupe-jarrets*. C'étaient les *Jean Zépingle*, les *Jean Zombi* et toute cette bande féroce de *Jeans*, ne respirant que spoliation et carnage. Ils le tiraillaient de droite et de gauche : « Général en chef, ce n'est
» pas ce que vous nous aviez promis; général en chef,

» vous nous aviez dit qu'en prenant Port-au-Prince,
» nous pillerions et incendierions la ville, et pourrions
» ensuite nous retirer dans les bois; général en chef,
» vous avez manqué à votre parole, il faut tenir vos
» promesses. » Chacun l'interpellait, sans lui donner
le temps de répondre. Enfin, de guerre lasse, il finit par
leur dire d'aller préparer leurs torches et de faire tout
ce qu'ils voudraient.

Ce ne fut alors qu'un cri de joie. Cette tourbe se précipita du péristyle comme une mer en furie, se heurtant, s'entre-choquant, courant avec frénésie faire des dispositions de pillage et d'incendie.

Lorsque ce tourbillon fut dispersé, Bonnet prenant, Dessalines par le bras, l'emmena au salon; se plaça à côté de lui, sur un sofa, et se mit à lui parler raison. D'où venons-nous, lui disait-il, ne venons-nous pas des bois, où nous avons vécu dans les privations les plus grandes, exposés, sans abri, au soleil, à la pluie; couchant à la belle étoile, sur un sol souvent humide; mais, au moins, nous avions, dans ces pénibles circonstances, une pensée grande, un noble but, qui nous faisaient endurer toutes les souffrances sans nous plaindre, souvent même sans nous en apercevoir; l'ennemi était en présence, il nous fallait, sans trêve, sans repos, assurer nos droits à la liberté, en le rejetant de notre sol par tous les sacrifices. Aujourd'hui, nous avons triomphé, nous sommes les maîtres du pays. Voyez, vous habitez un palais magnifique; vous respirez à l'aise, à l'ombre du soleil, à l'abri de l'intempérie des saisons; vous couchez sur un bon lit, où vous réparez vos forces épuisées par la fatigue; vous allez posséder toutes les jouissances d'une vie paisible, et vous voulez abandonner tout cela, brûler la ville et recommencer, dans les bois, une vie de privations, de misère et de souffrances, sans cause, sans nécessité, cédant ainsi aux passions effrénées de quelques forcénés qui ne respirent que le désordre; mais où donc est l'ennemi que vous prétendez combattre?

Après avoir réfléchi quelques instants : *Mouqué ou raison, oui* (Monsieur, vous avez vraiment raison), lui dit Dessalines ; puis, se redressant, il s'écria avec énergie : Non, non, ils ne brûleront pas, ils ne pilleront pas ; et il retira l'autorisation qu'on lui avait arrachée.

Ce premier danger écarté, Bonnet eut à combattre un projet d'atroce vengeance, médité par Germain Frère contre les marchandes de la rue des Fronts-Forts. Pendant la campagne de Port-au-Prince, Germain Frère avait imaginé un mode d'espionnage qui lui permettait d'observer la situation de la place. Il entrait, toutes les après-midi, en ville, en mauvais habits de cultivateur, un paquet de bois de patate (1) sur la tête. Passant par la rue des Fronts-Forts, son accoutrement grotesque avait excité l'hilarité des femmes qui habitaient cette rue, et qui se le montraient du doigt avec force lazzis. L'outrage se bornait à des plaisanteries; mais il en avait conservé un vif ressentiment. Devenu commandant de la place, l'heure de la vengeance avait sonné pour lui. Un matin, il se présenta chez Bonnet, lui raconta ces particularités, et l'informa qu'il allait faire passer aux verges toutes les femmes de la rue des Fronts-Forts: déjà, en effet, il avait chargé deux compagnies de gre-

---

(1) Fourrage avec lequel on nourrit les animaux.

nadiers de cette cruelle exécution. Le général combattit d'abord sa résolution sans rien obtenir. Alors, s'attachant à ses pas et le suivant partout, il essaya par ses raisonnements de le ramener à des sentiments d'humanité. Il en appelait à sa dignité, à son cœur, à son honneur; lui faisant observer que ces rires mêmes étaient un hommage rendu à son habileté. Au bureau de la place il trouva, effectivement, toutes les dispositions prises. Il lui fallut redoubler d'efforts, de supplications, flatter son amour-propre et sa vanité, et, à la fin, il réussit à faire renvoyer les troupes. Grâce à Bonnet, les marchandes de la rue des Fronts-Forts venaient d'échapper à la ruine, à l'humiliation et à la torture.

Tout, autour de Dessalines, respirait le carnage et la dévastation. Les hommes sensés, dans leur impuissance d'arrêter ce débordement, gémissaient en silence. Souvent à la lecture d'un acte public qu'ils voyaient pour la première fois, des officiers étaient étonnés d'apprendre qu'ils y avaient apposé leurs signatures.

Dessalines voulant proclamer l'indépendance d'Haïti, chargea Charéron de rédiger un manifeste, imitant dans sa forme l'acte célèbre de Jefferson. Charéron avait mis tous ses soins à énumérer, avec dignité, les griefs que nous avions contre la France, et arrivait naturellement à établir les causes qui portaient le peuple haïtien à proclamer son indépendance.

Le travail de Charéron ayant été remis à Dessalines : Ce manifeste ne nous convient pas, dit Boisrond Tonnère, et, sur l'autorisation du général en chef, son secrétaire produisit, dans la nuit, l'acte qui fut publié le lendemain 1ᵉʳ janvier 1804.

Plus tard, critiquant l'œuvre de Charéron, auquel il reprochait trop de méthode et trop d'esprit, Boisrond Tonnère dit à Bonnet : « Ce n'était pas ce qu'il fallait à Dessalines; moi je me suis enfermé dans ma chambre, j'ai pris deux tasses de café et trois coups de rhum ; l'œuvre a coulé de source. — On s'en aperçoit bien, » lui répondit le général.

De ce moment on put prévoir les massacres qui eurent lieu quelques mois après. Le jour de ces affreuses saturnales, à Port-au-Prince, la maison de Pétion servit de refuge à un grand nombre de personnes. Bonnet, qui savait que Dessalines respecterait la maison de Pétion, pour qui il témoignait toujours une grande déférence, conduisait chez ce général tous ceux qui venaient lui demander asile (1).

Après le sac de la maison de Paveret (2), qui, lui-même, malgré son grand âge, ne fut pas épargné, Dessalines, à la tête de son état-major, traversa la rue Américaine, se rendant à la prison, où il allait présider aux massacres des détenus.

Bonnet était sur son balcon : « Vous me rendrez ce que vous avez caché dans le but d'enrayer le cours de ma vengeance, » lui dit-il malicieusement. Sur l'objection qu'il n'avait personne chez lui : « Vous me permettez de m'assurer que vous ne me trompez pas, » reprit l'empereur incrédule ; et il envoya Bazelais visiter la maison soupçonnée.

---

(1) Ils logeaient en face l'un de l'autre.
(2) Un centenaire! Sa barbe blanche retombait sur sa poitrine; ses yeux ternes ne percevaient plus la lumière; chaque jour on le plaçait sur un fauteuil où il restait immobile environné des soins de sa famille; la mort l'avait oublié au seuil de l'éternité.

Dans la première pièce de l'appartement, Bazelais trouva Bonnet, qui, sous l'impression de dégoût que lui causaient ces atrocités, lui demanda vivement s'il n'était pas honteux à un homme comme lui de s'employer à de pareilles horreurs. « Bah! il faut faire comme tout le monde, » reprit Bazelais, et, déconcerté de la réception qui venait de lui être faite, il retourna sur ses pas sans pénétrer plus avant.

La porte était à peine refermée sur Bazelais, qu'un homme tout bouleversé sortit la tête de dessous un sofa, en faisant un profond soupir. Ce malheureux, se voyant poursuivi, avait pénétré chez Bonnet, et, dans sa précipitation, s'était blotti en cet endroit sans lui en donner avis. Il s'était ainsi exposé à être livré sans que le général s'en doutât. Bonnet, le soir, réussit à le faire évader en l'embarquant dans un canot.

Jours néfastes, dont le douloureux souvenir pèsera éternellement sur la mémoire de Dessalines; et, cependant, le général Bonnet avait la conviction qu'avec un entourage meilleur ces massacres n'auraient pas eu lieu.

Dans la prison, tandis qu'on égorgeait les détenus, l'un d'entre eux s'écria : « Comment, empereur, je suis votre bottier et vous allez me tuer. — Voyez donc, Messieurs, comme ce blanc est hardi, reprit Dessalines dans son langage créole, laissez-le aller, laissez-le aller; » et il lui fit ouvrir les portes.

Les deux frères Thévenin conduisirent résolûment au palais leur père blanc, et déclarèrent à Dessalines que, si on devait tuer leur père, il fallait les faire mourir avec lui. L'empereur les combla d'éloges et couvrit le père de sa protection.

Dans ces premiers temps, tout était confusion. On eût dit le marteau de la démolition abattant ce qui restait de l'édifice colonial, sans qu'on se préoccupât de réorganisation. L'ignorance et la brutalité régnaient seules. Le pays ne formait qu'un camp, où l'on bivouaquait en attendant l'ennemi. Personne n'avait foi en l'avenir.

Le directeur des domaines, Inginac, avait un jour à dîner les aides de camp de Dessalines. Bonnet, vers les deux heures de l'après-midi, venant réclamer une pièce aux domaines, fut contraint, bien qu'il eût déjà dîné, de prendre place à leur table; nous causerons, lui dit-on, en le pressant d'accepter. Alors s'engagea entre eux une conversation très-animée sur les événements qui avaient eu lieu. Boisrond Tonnère émit l'opinion que la guerre ne pouvait être éternelle; que la France ferait la paix avec les nations de l'Europe; que, dégagée de ses embarras, elle porterait bientôt toutes ses forces sur son ancienne colonie, dans le but de s'en ressaisir; que ceux qui possédaient actuellement le pays ne pourraient résister à la France; que, quelle que fût leur énergie, ils seraient tous égorgés jusqu'au dernier. « Dans cette prévision, ajouta-t-il, n'ayant que peu de jours à vivre, il nous faut largement jouir de la vie. Ce n'est qu'avec de l'argent que nous obtiendrons des jouissances; eh bien! pour se le procurer, tous les moyens sont bons. » Ce discours, qui résumait les idées et les principes des aides de camp de Dessalines, fut vivement applaudi.

L'esprit de pillage dominait partout. Simon, administrateur à Saint-Marc, en entrant dans ses bureaux, trouva Laporte, son principal employé, très-préoccupé.

Laporte sortait à chaque instant sur la rue et promenait sa longue-vue sur toute l'étendue de la baie. Fatigué de cette manœuvre, Simon finit par lui demander s'il attendait un navire. « Non pas, répondit-il, je suis impatient de voir paraître une flotte française. » Mis en demeure de s'expliquer : « Parbleu, dit l'employé, si une flotte française paraissait, ce serait le signal de l'égorgement et du pillage des blancs. — Mais on a déjà égorgé et pillé les blancs, répliqua l'administrateur, où donc les retrouverait-on, eux et leurs propriétés? — Tous ceux qui possèdent sont des blancs, et vous aussi, monsieur Simon, vous en êtes un. — Assez, assez, » lui dit l'administrateur étonné, et il lui donna ordre de se remettre au travail. Inutile de dire que Simon était noir et Laporte quasi-blanc.

Tout dépendait de l'empereur; il n'y avait d'autre loi que sa volonté, et ses aides de camp, suivant leurs passions, gouvernaient en son nom. De là les mesures les plus contradictoires. Ainsi, à Port-au-Prince, les nationaux font une pétition pour demander le commerce exclusif. Les étrangers s'en émeuvent, gagnent des aides de camp, et tous les signataires de la pétition sont emprisonnés. La même demande renouvelée à Saint-Marc obtient un plein succès. Et, dès lors, on crée des consignataires à tour de rôle, chacun ayant son jour, et la direction de chaque navire entré, ce jour-là, dans le port lui revenant de droit.

Les grands fonctionnaires n'étaient que titulaires, ils restaient absolument étrangers aux affaires. Dans cet état de choses, tout homme était propre à tout emploi : ainsi le ministre des finances ne savait que signer. L'anecdote suivante met bien en évidence le danger de ces situations. L..., quartier-maître au 4ᵉ régiment, vient, après une revue, porter des états au ministre, le priant d'y mettre son visa de payement. V..., qui dirigeait les bureaux, s'aperçut, à la première inspection, que ces feuilles étaient fortement surchargées. Il se mit à faire les additions à haute voix, et, tout en posant zéro, retenant un chiffre quelconque, il écrivit en marge du papier sur lequel il paraissait vérifier les calculs : *La moitié ou je dénonce*, et déclara qu'il y avait erreur. L..., sans se déconcerter, objecta que le chef du cabinet se trompait, et, recommençant les additions de la même manière, il écrivit au bas : *J'accepte*. Alors V..., reconnaissant hautement la régularité des calculs, ordonnança la feuille, et le ministre présent apposa sa signature, sans se douter qu'il était dupe d'une manœuvre frauduleuse.

Lors de l'entrée de l'armée indigène à Port-au-Prince, Bonnet, de même que tous ses compagnons d'armes, se trouvait dans un état complet de dénûment ; mais il sut bientôt, par son intelligence et son industrie, se créer une position. Comprenant qu'il y avait, après la ruine des maisons de commerce françaises, un large champ ouvert à la spéculation, il établit des achats de denrées en participation avec M. Fresnel, qui lui expédiait, toutes les semaines, du Petit-Goave, un chargement de café qu'il vendait avantageusement. La facilité qu'il avait de procurer aux négociants étrangers un chargement de retour favorisa ses relations avec eux ; il achetait des parties de cargaisons de marchandises sèches. Quelques-unes des principales marchandes de la rue des Fronts-Forts faisaient, sur échantillons, le choix des articles et se les partageaient. Or, à cette époque, la concurrence étant fort restreinte, il réalisait facilement, en quelques semaines, le produit de ses ventes.

Le succès des spéculations de Bonnet, ayant amené chez lui l'aisance et le bien-être, ne pouvait manquer d'exciter l'envie et la haine de ceux qui, par leur incurie, étaient restés dans la gêne ou la médiocrité. Il se trouvait dans les salons de l'empereur, lorsque des officiers, attachés à l'état-major de Pétion, se présentèrent portant plainte contre lui. Ayant une fluxion à la joue, il tenait un mouchoir sur son visage; et ces officiers, dans leur empressement, ne l'avaient pas reconnu. Ils accusaient Bonnet d'être *un mauvais camarade*, et ils basaient cette accusation sur ce que, dans le logement qu'on lui avait donné, le général avait trouvé des sucres et en avait gardé tout le produit sans partager avec eux. Pétion seul avait à se justifier de cette accusation. Sur le rapport fait au commandant du département de l'existence de ces sucres dans une halle qui n'avait été ouverte que longtemps après la prise de possession de la maison, Pétion en avait ordonné la vente publique. Le produit de cette denrée avait été converti, par ses ordres, en articles d'habillement, qu'il avait fait distribuer à ces mêmes officiers, qui manquaient de tout et qui, dans ce moment, venaient accuser Bonnet d'égoïsme. Bonnet s'empressa d'aller chercher le commandant du département, afin qu'il pût confondre les calomniateurs. Dans son indignation, Pétion s'exprima, en entrant chez Dessalines, avec une vivacité qui ne lui était pas ordinaire Il méprisait, s'écriait-il, ces gens qui voulaient essayer de le ternir comme la boue de la semelle de ses souliers. Il fit connaître la manière dont il avait conduit l'opération, somma ces officiers de déclarer s'ils n'avaient pas reçu des chaussures, des habits et du linge, et de lui dire, à l'instant même, puisqu'ils se voyaient bien forcés d'en convenir, d'où provenaient les fonds avec lesquels ces achats avaient été faits.

Dessalines, en refusant d'autoriser le sac de Port-au-Prince, avait frappé la ville d'une contribution de guerre de *soixante mille* piastres. Bonnet, chargé de réaliser cet impôt, mit tous ses soins à répartir les charges aussi équitablement que possible, selon la position supposée de chacun. Ce travail fut couronné de succès: il éprouva peu de difficultés à recueillir la somme exigée. La contribution étant encaissée, les aides de camp vinrent lui en demander le partage. Il s'y refusa, leur exposant que l'absence des fonds le mettrait dans l'impossibilité de rendre ses comptes. « Mais, lui disaient ces messieurs, qui sera chargé de régler avec vous, n'est-ce pas nous? — Et s'il prenait fantaisie à l'empereur d'envoyer d'autres personnes! » Bonnet représentait à ces messieurs qu'ils faisaient signer à Dessalines ce qu'ils voulaient; qu'ils n'avaient qu'à se présenter munis d'un ordre, et qu'il leur délivrerait l'argent. Les aides de camp ne voyaient, dans ces objections, qu'une mauvaise disposition à leur égard de la part du général, qui savait fort bien qu'il n'aurait affaire qu'à eux; ils se retirèrent mécontents. Plus tard, ils revinrent avec l'ordre de vérifier les comptes. Ils compulsèrent minutieusement les rôles et firent transporter au trésor les *soixante mille* piastres de la contribution, se réservant leur vengeance.

Dessalines descendant dans le Sud, les propos des aides de camp, dès son passage à Léogane, donnèrent des inquiétudes à la famille de Bonnet. Au Petit-Goave, à Miragoane, c'était un débordement de passions violentes contre le général. *Les hommes d'esprit ont perdu la colonie*, s'écriaient-ils de tous côtés. Ils se montraient tellement animés dans les salons de l'empereur, que les amis de Bonnet durent lui donner avis de se tenir sur ses gardes. L'effet de ces manœuvres ne tarda pas à se produire, le général fut destitué. Dans sa disgrâce, il lui restait la conscience d'avoir fait son devoir; il se retira à Darbonne, habitation qu'il tenait à ferme de l'État, dans la plaine de Léogane.

Le règne de Dessalines était arrivé à son apogée; partout le désordre, la dilapidation, l'immoralité, la violence. Sa première entrée à Saint-Marc avait été marquée par un acte d'un cynisme révoltant. On avait, par ses ordres, traîné sur la place d'armes les femmes que l'on avait fait sortir nues de leurs demeures. Lorsque l'escorte de l'empereur parvint à la hauteur de la place, le général Bazelais, reconnaissant sa mère, placée la première sur la ligne, ne put que détourner la tête et lui jeter son mouchoir. Une femme plaisait-elle à Dessalines, il se la faisait conduire de gré ou de force. Dans toutes les villes il avait une maîtresse de prédilection. Celle-ci pouvait tirer du trésor les sommes qui lui convenaient, et le trésorier était tenu de souscrire à ses caprices. Ses adhérents, imitant son exemple, pressuraient le peuple, afin de se donner les moyens de satisfaire à leurs orgies.

Le désordre qui régnait dans l'administration des finances rendait impossible l'entretien de l'armée; le soldat, en lambeaux, voyait chaque jour sa position s'aggraver. Dessalines disait ironiquement que bientôt il verrait le soldat aller nu comme un ver. La danse était sa passion dominante. Il s'était donné un maître de danse qui, en son honneur, inventa le *carabinier*. Le premier de ces *carabiniers* qu'il composa fut une satire contre Dessalines : *l'empérer vini ouai coucou, dansé l'empérer;* le coucou était Dessalines lui-même qui dansait avec entrain au milieu du rire universel.

Christophe ne se contenait pas; l'empereur, disait-il, avait avili l'autorité (1), et il résolut de le renverser du pouvoir. Avant d'agir, il voulut avoir l'assentiment des généraux qui commandaient les départements, et recevoir l'assurance qu'aucun d'entre eux ne s'opposerait à sa prise d'armes. Il envoya le général Blanchet jeune à Port-au-Prince exposer à Pétion ses raisons et ses vues. Ne comprenant pas le caractère de Pétion, il s'en défiait; l'indifférence apparente de ce général en présence de ces actes qui, chez lui au contraire, excitaient le ressentiment et l'indignation, ne lui paraissait pas naturelle. Christophe ordonna en conséquence à son envoyé de s'ouvrir d'abord confidentiellement à Bonnet, qui lui dirait s'il pouvait, sans crainte, entrer en communication avec le commandant du départe-

---

(1) Parvenu à la royauté, Christophe fit tuer Manuel, le maître de danse.

ment. Bonnet rassura Blanchet et le conduisit à Pétion, qui, après avoir entendu les plaintes de Christophe, ses griefs et son désir de voir s'établir un gouvernement régulier, lui donna son adhésion (1).

Cette conspiration cependant n'aboutit pas ; d'autres causes entraînèrent la chute de Dessalines. Inginac avait imaginé un moyen de faire de l'argent. Tous les propriétaires étaient tenus de faire valider leurs titres de propriété par une apostille du bureau des domaines. Pour avoir son visa, il fallait *financer*. Ogé, l'administrateur, trouva le moyen ingénieux, et comme les domaines formaient une section de l'administration dont il était le chef supérieur, il jugea sa signature également nécessaire à l'opération; il fallut rapporter les titres dans ses bureaux, et de nouveau *financer*. Vatey fit comprendre au ministre Vernet que, si le directeur des domaines et l'administrateur avaient à confirmer les propriétaires dans la jouissance de leurs biens, à plus forte raison le visa du ministre devait-il couronner l'œuvre, et les malheureux propriétaires furent encore appelés à *financer*. Vint le tour des aides de camp de Dessalines. Le moyen était usé, ils en inventèrent un autre. Ils insinuèrent à leur chef que la propriété du sol ne pouvait appartenir dans le pays qu'à l'empereur seul ; que tous ceux qui en avaient joui jusqu'alors ne devaient plus être que ses fermiers. Inginac fut chargé d'aller aux Cayes mettre cette mesure à exécution.

Dès que la nouvelle de ce projet d'expropriation parvint au *Port-Salut*, Mezereau, assesseur du juge de

---

(1) Bruno Blanchet remplit la même mission près de Geffrard dans le Sud.

paix, qui se trouvait au tribunal, déclara qu'on ne pouvait admettre une prétention aussi inique, et s'emparant de la caisse du tambour, qui à cette époque était toujours à la justice de paix, il parcourut le bourg en battant la générale. Les citoyens s'étant rassemblés, il les harangua, leur communiqua son mécontentement et son ardeur, et l'on résolut de courir aux armes.

Wagnac, envoyé à la tête de la cavalerie contre le rassemblement, se rallia aux mécontents. La révolte prit de la consistance, les troupes, au lieu de combattre, venaient successivement augmenter le nombre des insurgés, qui bientôt furent maîtres de la ville des Cayes. Bien que Papaillier, qui commandait cette place, fût entièrement dévoué à Dessalines, il dut paraître se rallier aussi. Il parvint à soustraire Inginac, son ami, à la vengeance populaire en le faisant descendre dans un puits, où il le tint caché.

Cependant ce mouvement ne pouvait réussir qu'à la la condition d'avoir un chef qui, par sa position sociale, ses antécédents et son mérite personnel, pût amener des adhésions et faire triompher la révolution. Gérin, ministre de la guerre, se trouvait alors à l'Anse-à-Veau. On lui députa Castaing, avec la mission de lui proposer de se mettre à la tête de cette audacieuse entreprise. Ce général ayant accepté le commandement supérieur, il marcha sur l'Ouest.

Tandis que ces événements se déroulaient dans le Sud, Bonnet était sur son habitation. M. Péan, son beau-frère, étant allé lui en donner avis, il se rendit de suite à Léogane, près de Yayou, pour s'assurer des faits. Dès que Bonnet fut annoncé, il fut introduit dans une chambre où Yayou était en conférence avec Magloire Ambroise.

Yayou et Magloire avaient pris la résolution de soutenir la révolution. Ils désiraient avoir une entrevue avec Pétion, afin de l'amener à concourir au renversement de Dessalines, en unissant ses efforts aux leurs; ils étaient heureux de voir arriver l'homme qui pouvait le mieux, par son intimité avec Pétion, servir d'intermédiaire entre eux et ce général.

Yayou se rendait en hâte au Petit-Goave, dans l'intention de contenir Lamarre qui, dévoué à l'empereur, s'était porté à la tête de son régiment au pont de Miragoane. En occupant ce poste important, Lamarre prétendait barrer le passage aux troupes du Sud. Il fut convenu avec Bonnet que si Pétion acquiesçait aux désirs des deux généraux, il sortirait à la tête de sa division sous prétexte d'aller combattre l'insurrection, et rejoindrait Yayou. Le mouvement s'exécuta comme ils l'avaient demandé; l'Ouest fraternisa avec le Sud, et l'armée alla prendre position à Port-au-Prince. Pétion, en quittant cette ville, n'avait pas voulu y laisser seul Germain frère, qui était l'âme damnée de Dessalines, et il lui avait donné le commandement d'une colonne. Au retour, ce colonel fut placé au centre de l'armée, et, comme à plusieurs reprises il essaya de s'évader, dans le but d'aller à Port-au-Prince organiser la résistance, il fut arrêté.

Dessalines se trouvait à Marchand, ville qu'il avait fondée et à laquelle il avait donné son nom. A la première nouvelle de l'insurrection du Sud, sans se douter que la révolution eût fait de si grands progrès, il accourait cependant à Port-au-Prince, couvant un horrible projet de vengeance. De l'Arcahaie, il dépêcha Gédéon à la tête d'un bataillon, avec ordre de s'arrêter et de l'attendre au Pont-Rouge. S'adressant à Nazère, capitaine des grenadiers de ce bataillon, militaire hardi, entreprenant et d'une bravoure à toute épreuve : *Petit Griffe*, lui dit-il, *te sens-tu le courage de marcher dans le sang jusqu'aux genoux depuis Port-au-Prince jusqu'au fond du Sud ?* Gédéon et Nazère, épouvantés de l'atrocité de ces paroles, s'empressèrent, dès que le détachement eut fait halte au Pont-Rouge, d'entrer en ville et d'en donner avis.

Jusque-là rien n'avait été arrêté concernant la personne de l'empereur ; ces propos furent son arrêt de mort ; on résolut de se défaire d'un tyran qui ne respirait que sang et carnage. On fit relever par un autre bataillon la troupe venue de l'Arcahaie ; on plaça à la tête du détachement deux hommes de la corpulence de Gédéon et de Nazère, portant un uniforme identique, et l'on dissémina la garnison dans les bois qui bordent les deux côtés de la route. Dessalines était depuis longtemps tombé dans le piége sans s'en douter. Il était arrivé à la hauteur de la troupe qui stationnait au Pont-Rouge. Furieux de ne pas voir d'empressement à lui rendre les honneurs, il vociféra contre les soldats, et il s'apprêtait à s'élancer sur eux et à les frapper de sa canne, lorsqu'en cet instant Garat, jeune fourrier au 3e régiment, sortant d'un taillis et étonné de ce qu'on n'exécutait pas les ordres qu'on avait reçus, déchargea son fusil sur l'escorte. Ce signal entraîna le feu du bataillon ; Dessalines tomba en appelant Charlotin à son secours. L'état-major s'enfuit à toute bride ; seul Charlotin reçut la mort, en cherchant à couvrir de son corps celui de son chef et de son ami. Les aides de camp s'apercevant qu'ils n'étaient pas poursuivis, revinrent timidement sur leurs pas ; et Mentor s'étant assuré que Dessalines était bien mort, dégaîna son sabre sur le cadavre, en criant : *Le tyran n'est plus ! Vive la liberté !*

Charlotin Marcadieu, dont le dévouement dans cette circonstance avait excité l'admiration de tous, fut inhumé avec les honneurs militaires. Le corps mutilé de Dessalines fut transporté sur la place d'armes, où il resta abandonné.

De cet homme, dont le nom faisait naguère trembler le pays, devant qui les troupes s'agenouillaient en lui rendant les honneurs divins (1), il ne se trouva que deux misérables aliénés, vivant d'aumônes, Défilé et Dauphin, qui voulurent se charger d'inhumer son cadavre.

Bonnet avait été appelé à rédiger les principaux actes de cette époque, entre autres la résistance à l'oppression, la lettre de Pétion à Mme Dessalines. La position éminente à laquelle l'avaient élevé l'activité et la capacité qu'il avait déployées au service de la révolution, lui donna le pouvoir de s'opposer aux vengeances que Gérin voulait exercer sur ceux que l'on accusait d'avoir poussé Dessalines au mal par leurs conseils. Bonnet courut partout les chercher pour les mettre à couvert. Gérin, furieux, s'oublia jusqu'à le menacer de son sabre.

(1) On devait cet usage à Cangé. Lors du soulèvement contre les Français, Cangé avait organisé une troupe. Après avoir fait des promotions jusqu'au grade de colonel, « Mes amis, dit-il, je vous ai tous nommés; eh bien! qu'est-ce que je suis, moi? — Vous êtes général, » lui répondit-on. N'étant pas militaire, il ignorait le genre d'honneurs qu'il devait rendre à Dessalines, empereur; il ordonna de mettre le genou en terre, et cet usage devint obligatoire pour l'armée.

CHAPITRE II.

Conseil tenu à Port-au-Prince; on arrête en principe l'établissement d'une république. Bonnet, chargé d'offrir à Christophe la première magistrature, est envoyé au Cap. Exclamation de Christophe lorsqu'il apprend la mort de Mentor. La Constituante se forme, la Constitution est votée. Christophe marche contre l'assemblée. Combat de Sibert; attaque de Port-au-Prince. Christophe se retire. L'armée s'élance à sa poursuite. Conseil tenu à l'Arcahaie. Gérin désigné à la présidence: Opposition de Pétion. Opposition de Bonnet. Loi sur l'organisation administrative. Gérin veut renverser cette loi par une démonstration militaire. Élection de Pétion à la présidence. La commune du Port-de-Paix se prononce en faveur de la république. Bazelais, envoyé au secours des habitants du Port-de-Paix s'arrête aux Gonaïves; son retour à Port-au-Prince. Lamarre prend le commandement de l'expédition. Ajournement du Sénat.

La révolution avait triomphé. Les principaux officiers, ceux qui avaient dirigé le mouvement, assemblés en conseil, résolurent l'établissement d'un gouvernement républicain, basé sur une constitution librement délibérée. Christophe s'était le premier prononcé contre le système odieux de l'empire; on résolut de lui déférer le commandement. Bonnet, dans la discussion qui avait eu lieu, avait émis des idées claires et précises sur la forme du gouvernement, sur les garanties qu'il fallait consacrer dans l'acte constitutionnel, sur la composition de l'assemblée; on lui confia la mission d'aller au cap offrir la première magistrature à Christophe, et de lui exposer les vues des révolutionnaires. Il lui était aussi recommandé d'expliquer aux citoyens, dans tous les lieux où il passerait, les motifs de la révolution, les résultats qu'on en attendait, et d'inviter ceux qui étaient dépositaires de l'autorité, ceux surtout qui, par leurs connaissances, jouissaient de la plus grande considération, à briguer l'élection, afin que la Constituante se composât de l'élite de la société et acquît par là plus de force et d'indépendance.

Lorsque l'envoyé des généraux de l'Ouest débarqua au cap, la population de cette ville se pressa sur ses pas ; on lui répétait de tous côtés : *Vous autres, vous avez abattu Dessalines et vous avez laissé Christophe, que croyez-vous avoir fait ?* Richard, qui commandait la place, se présenta bientôt ; il venait donner avis à Bonnet qu'on lui avait ménagé à l'avance les moyens de se rendre immédiatement auprès du général en chef. Richard ne pouvait dissimuler sa mauvaise humeur en voyant Bonnet environné des hommes les plus marquants, auxquels il parlait de république, de constitution, d'assemblée, de garanties contre le retour du pouvoir arbitraire. Christophe, absent, avait ordonné au commandant de la place de ne le laisser communiquer avec personne. Richard, que les affaires du service tenaient momentanément éloigné, n'avait pu exécuter cet ordre; il en parut fort contrarié.

Arrivé à la citadelle, Bonnet se trouva tout à coup au milieu d'une atmosphère où l'on ne respirait que l'aristocratie la plus prononcée. On parlait autour de lui de *Monseigneur* avec un respect et une soumission qui témoignaient de la terreur que le général en chef inspirait à ses alentours. Papaillier lui proposa de visiter ces lieux, d'un aspect enchanteur. Christophe était en cet instant sur les remparts. Ils dirigèrent leurs pas vers le point où il se trouvait. En les voyant, il feignit de ne les avoir pas aperçus, leur tourna le dos, et parut absorbé dans l'examen des travaux qu'il faisait exécuter. Papaillier, qui connaissait les allures du général en chef, invita son ami à continuer leur promenade sans se préoccuper de lui, et le ramena au palais. Lorsque Christophe parut au salon, les courtisans se courbèrent jusqu'à terre sur le passage de *Monseigneur*. Celui-ci s'avança courtoisement vers Bonnet, feignant de ne l'avoir vu qu'en ce moment : il le prit par la main et le conduisit dans son cabinet, où ils restèrent en conférence. Après lui avoir fait part de sa mission, lui avoir, sur le désir qu'il en exprimait, fait la relation des événements qui avaient eu eu lieu : — *Qu'avez-vous fait de Mentor?* lui demanda Christophe. Sur sa réponse qu'il l'avait laissé à Port-au-Prince : *Mentor est un scélérat*, reprit-il ; *puisque vous autres vous l'avez épargné, je ne serai pas plus méchant que vous.* Le général dut aller l'attendre au Cap, où il se disposait à se rendre.

Lorsque Bonnet se présenta au palais du Cap en audience de congé, Christophe, qui venait d'apprendre que Mentor avait été tué dans la prison de Port-au-Prince, eut un moment de surexcitation extrême ; il lui adressa brusquement ces paroles : *Eh! général Bonnet, on a fait tuer Mentor! eh! je suis un vieux prévôt de salle ; eh! je sais manier l'épée. Lorsque vous montrez au macaque à jeter des roches, il ramasse une roche et vous casse la tête* (1). « Je n'ai reçu aucune dépêche qui

---

(1) Lorsque vous enseignez au singe à lancer des pierres, il prend une pierre et vous casse la tête.

annonce que Mentor ait été tué, lui répondit le général ; mais si Mentor a été tué, c'est bien certainement parce qu'il aura cherché à faire une contre-révolution. Du reste, je ne comprends pas vos paroles. Ne m'avez-vous pas dit vous-même que Mentor était un scélérat, que, puisqu'on l'avait épargné, vous ne seriez pas plus méchant que les autres ! Vous saviez donc ce dont il était capable ? d'où vient aujourd'hui l'intérêt que vous lui portez ? Nous étions au nombre de vingt mille hommes sous les murs de Port-au-Prince ; après avoir abattu Dessalines, rien ne s'opposait à nos progrès vers le Nord ; si nous nous sommes arrêtés et si nous vous offrons la première magistrature, c'est du plein gré des chefs qui nous dirigent. »

La stupeur était générale, l'inquiétude était peinte sur tous les visages, on redoutait un éclat ; Christophe garda le silence. Un instant après, il se retira dans son cabinet, manda successivement plusieurs personnes, et enfin fit appeler le général Bonnet. Celui-ci s'attendait à une explication violente. Quel ne fut pas son étonnement en entendant Christophe lui dire avec un calme parfait : *Il ne faut pas prendre pour vous ce que je viens de dire ; ces paroles sont à l'adresse de cette canaille qui nous environne ; si je ne leur parlais pas ainsi, ils se lèveraient bientôt, me couperaient le cou, et vous tueraient à votre tour.* Il se mit ensuite à causer familièrement avec Bonnet, l'invitant à le prévenir de l'heure de son départ ; il voulait, à ce qu'il prétendait, lui donner une escorte d'honneur.

Les officiers de la suite de Bonnet ayant appris qu'une embûche devait lui être tendue sur la route, avaient fait les apprêts de son départ. Dès son retour, ils le pressèrent d'en avancer l'heure, afin de prévenir les mauvais desseins du général en chef.

Dans la plaine des Gonaïves, au poste des *Poteaux*, la garde arrêta les voyageurs et les escorta jusqu'en ville. Le général Magny réprimanda vertement l'officier qui avait pris sur lui cette mesure. Lorsque Bonnet vint rendre visite à Magny, qui lui fit un très-bon accueil, il s'empressa de lui parler de la Constitution qu'on voulait donner au pays, du désir que l'on avait de voir siéger à la Constituante les généraux les plus influents; ainsi que Romain au Cap, Magny promit de se faire élire. Rentré chez Mme Dessalines, où il était descendu, Bonnet trouva attelée la voiture que cette dame avait mise à sa disposition ; ses officiers le pressaient de partir ; un messager qui venait du Cap annonçait que Christophe envoyait à sa poursuite.

A Saint-Marc, Pierre Toussaint fit à Bonnet une réception peu gracieuse, et même il n'offrit de rafraichissements ni au général ni à sa suite. Lorsque ses compagnons de voyage virent que décidément personne ne se disposait à leur faire la moindre politesse, après la longue route qu'ils avaient parcourue, ils demandèrent une table, sur laquelle ils déposèrent les provisions que Mme Dessalines avait fait mettre dans le coffre de la voiture ; puis ils invitèrent Pierre Toussaint à prendre part au déjeuner du général. Il s'y refusa. Le colonel Jean-Louis Longueval s'étant adjoint quelques officiers, cherchait à former une bande, dans le dessein d'aller attaquer Bonnet sur la route ; mais les jeunes gens de Port-au-Prince, qui faisaient partie du 4e régiment, vinrent renforcer son escorte, et il voyagea en sûreté.

La mission, néanmoins, avait porté ses fruits. Les élections se firent ainsi qu'on l'avait désiré. Romain au Cap, Magny aux Gonaïves, avaient été élus. Christophe s'opposa à ce que ces deux généraux se rendissent à l'assemblée. Les travaux de la Constituante se poursuivirent avec activité. Bonnet prit une large part à la confection du pacte social. Il comptait parmi ses collègues des hommes d'une plus grande érudition que la sienne, mais ses opinions acquéraient de l'importance par la connaissance qu'il avait puisée à Paris de la Constitution de l'an III et de l'administration sous le Directoire exécutif. Dans la rédaction du rapport qui devait précéder la Constitution, il avait introduit cette phrase remarquable : *En législation, on doit compter sur les principes, et jamais sur les hommes.* Pour donner plus d'autorité au rapport, Pétion fut chargé de le présenter à l'assemblée.

La défiance qu'inspirait la conduite despotique que Christophe commençait à tenir, fit restreindre les prérogatives du pouvoir exécutif. En combinant les attributions du président des États-Unis d'Amérique avec celles que la Constitution de l'an III attribuait au Directoire, on crut trouver les garanties qu'il convenait d'établir contre le pouvoir absolu. Hugonin s'empressa d'écrire à son maître de se hâter d'arriver, sans quoi la Constitution serait *sergent* et lui *caporal* (1. Christophe à cet avis forme de suite ses

(1 Hugonin était un agréable convive et un beau diseur. Par ses adulations il avait capté Christophe qui avait en lui une grande confiance. Bonnet étant à la table du général en chef, lors de sa mission, avait eu occasion de remarquer les petits soins qu'on prodiguait à Hugonin. Si Christophe lui offrait d'un plat, il ré-

colonnes et marche contre Port-au-Prince. On s'attendait si peu à cet acte d'hostilité que Gérin, s'était déjà retiré dans le Sud. L'armée du Nord était à Saint-Marc, qu'on ignorait encore son déplacement. Lenglade, le premier, accourut prévenir que Christophe était en marche. Bonnet le conduisit à Pétion, qui ne voulut pas ajouter foi à son rapport. « Christophe était appelé à
» gouverner la République, pourquoi, objectait Pétion,
» voulait-on qu'il entreprît d'attaquer la Constitution
» avant d'en avoir fait l'essai ? » Il se refusa formellement à prendre aucune mesure de précaution : « Non,
» ajoutait-il, ce serait témoigner de la défiance contre
» le général en chef, et faire naître des événements
» fâcheux. » Les nouvelles de la marche se succédaient continuellement. Pétion s'obstinait à ne pas y croire. Bonnet insistait de son côté, afin qu'il donnât avis aux généraux du Sud des rapports qui lui étaient faits ; sa femme elle-même, épouvantée, l'engageait à suivre les conseils de Bonnet ; ce fut en vain. Bazelais, arrivant enfin, au grand galop, vint dissiper ses doutes, en annonçant que Christophe avançait rapidement, et que ses premières colonnes étaient à l'Arcahaie ; alors il se décida à faire des dispositions de défense ; mais on avait perdu un temps précieux, la place était dégarnie (31 décembre 1806).

Pétion sortit à la tête du peu de troupes qu'il put réu-

pondait : *Pour vous faire plaisir, monsieur mon père*, et il acceptait. Si madame Christophe, à son tour, lui offrait d'un autre plat, même réponse : *Pour vous faire plaisir, madame ma mère*, et il acceptait, et il acceptait toujours. Au dessert, il s'était glissé sous la table jusqu'au fauteuil de Christophe et lui grattait les mollets en imitant le jappement d'un carlin. Christophe, dans un premier mouvement de surprise, avait fait un soubresaut : alors c'étaient des rires, une gaieté folle parmi les convives.

nir à la hâte et se porta à Sibert. Il fit occuper en avant-poste le batardeau de l'habitation Lerebours par un bataillon, qu'il mit sous les ordres de Louis Lerebours. Aucun feu d'avant-poste n'ayant signalé l'ennemi qui, d'après tous les rapports, aurait dû se trouver en présence sur ce point, le général en chef de l'armée de l'Ouest envoya Bonnet à la reconnaissance. Ce général longeait les haies de Lerebours, lorsque Saladin, qui l'accompagnait, lui fit remarquer, en lui montrant les chapeaux de paille, que les troupes de Christophe défilaient par les bois de cette habitation. Louis, ancien sujet de Lerebours, avait fait acte de trahison : connaissant les localités, il avait livré le passage à l'ennemi et l'avait dirigé par des chemins détournés, lui facilitant ainsi le moyen de tourner l'armée de Pétion. Jusqu'alors l'artillerie n'était pas arrivée sur le champ de bataille. Pétion ordonna à Bonnet de se porter vivement sur la route, et d'en accélérer la marche. Bonnet avait à peine atteint Drouillard, qu'il aperçut les premiers fuyards. Il modéra le pas de son cheval, ne voulant pas paraître fuir avec eux, et comme de tous côtés leur nombre augmentait, il tenta de rallier les soldats; sourds à son commandement, ils se précipitaient vers la ville. A ce moment, il vit arriver précipitamment le neveu de Pétion lui annonçant une déroute complète. Méronné, emporté dans le tourbillon, avait vainement cherché son oncle, il ne savait ce qu'il était devenu.

L'armée ne se rallia que dans la ville même de Port-au-Prince. Au moment où les officiers supérieurs réunis allaient entrer en conseil, on annonça que Pétion avait débarqué à Mariani; à cette nouvelle, Bonnet et Blanchet jeune furent invités à aller au-devant de lui et à le ramener en ville. Dans cet intervalle, la délibération eut lieu ; et, les moyens de résistance paraissant insuffisants, le conseil de guerre résolut l'évacuation de la place. Lys reçut, par écrit, l'ordre de faire exécuter cette mesure. Ce colonel, en montant au fort du portail de la porte *Saint-Joseph*, d'où il devait commencer à faire replier la ligne, se trouva en face de l'armée de Christophe qui avançait en colonnes serrées. Officier intelligent, militaire expérimenté, Lys, comprenant les désastres qui résulteraient d'une retraite précipitée en présence de l'ennemi, mit son ordre à néant et commanda d'ouvrir le feu des batteries. Le combat s'engagea alors. De tous côtés, on courut aux remparts. Tous se mirent à l'œuvre avec un entrain, un dévouement dont les officiers supérieurs donnaient, les premiers, l'exemple. Lamarre sollicitait, de la prison, l'honneur de contribuer à la défense de la ville ; rétabli à la tête de son régiment, il fit des prodiges de valeur. Yayou, rugissant comme un lion surpris dans sa tanière, accourait partout où le danger était le plus grand, communiquant son ardeur aux troupes. L'ennemi ayant pénétré sur le *Bel-Air*, on se battit corps à corps jusque dans l'intérieur des cours ; malgré la supériorité du nombre, l'armée de Christophe, repoussée sur toute la ligne, dut se replier.

Cependant la nouvelle de cette attaque imprévue se répandait dans les autres localités, où l'on trouvait la même ardeur à voler à la défense de la Constitution. La garnison de Jacmel avait franchi, dans une journée, les montagnes qui séparent cette ville de Port-au-Prince ; et

Gérin ne tarda pas, à la tête des troupes du Sud, à venir rétablir l'équilibre. Christophe fut alors contraint à la retraite; l'armée, lancée à sa poursuite, le ramena vigoureusement jusqu'à l'Arcahaie où elle fit sa première halte.

Gérin, qui commandait à l'avant-garde, alla camper avec sa division sur l'habitation Labarre; Pétion occupa le bourg de l'Arcahaie où un conseil fut tenu, conseil dans lequel Gérin émit l'avis de continuer la poursuite et de ne prendre position qu'à Marchand; Pétion, au contraire, était d'avis ds s'arrêter à l'Arcahaie et d'attendre jusqu'à ce qu'on connût les dispositions du Nord; une poursuite trop acharnée, selon lui, avait l'inconvénient d'inspirer des craintes aux populations, et la guerre civile pouvait s'organiser. Ce dernier avis prévalut. Gérin se retira, annonçant que Pétion se conduirait comme il l'entendrait; que, quant à lui, il allait continuer la lutte à la tête de sa division. Le caractère entier de ce général faisait craindre que l'action ne suivît de près les paroles. Il fallait donc essayer de le ramener par la persuasion; Bonnet fut chargé de cette mission délicate. Lorsque le général arriva au camp de Labarre, il trouva Gérin, qui s'était tranquillement mis au lit, après avoir donné ses ordres et fixé l'heure du départ. Bonnet s'assit sur le lit même et se mit à combattre sa résolution. La discussion se prolongea toute la nuit; à trois heures du matin, on battit l'assemblée dans le camp; les colonnes allaient s'ébranler, quand Gérin, vaincu à la fin, se décida à contremander la marche.

On ignorait alors entièrement ce qui s'était passé

dans le Nord ; ce n'est qu'après la chute de Christophe que, devenu commandant de l'arrondissement de Saint-Marc, le général Bonnet comprit tout l'avantage qu'on aurait eu à suivre l'avis de Gérin. La troupe qui se trouvait réunie à Marchand avait formellement refusé de marcher contre Port-au-Prince ; le ministre Vernet eut à négocier longtemps avec les soldats et ne parvint à vaincre leur résistance qu'en leur donnant une double paye. Il advint de cette mauvaise disposition de la part des troupes que Christophe, n'ayant pas confiance dans la population de l'Artibonite, avait couru précipitamment se concentrer dans le Nord, laissant, à son tour, Saint-Marc dégarni.

Henri Christophe, président élu, loin de prêter serment à la Constitution, s'étant mis en révolte ouverte contre elle, le sénat devait diriger ses vues sur un autre citoyen. La grande majorité de ce corps opinait en faveur de Gérin, qui s'était bravement jeté à la tête de la révolution contre Dessalines. Pétion, ayant peu d'aptitude au travail, loin d'ambitionner la première magistrature, voulait jouir du repos. D'un autre côté, il pensait qu'il était impolitique de mettre un homme de couleur à la tête du gouvernement. Il craignait, par ce seul fait, de voir se reproduire les propos machiavéliques lancés par la faction coloniale lors de la guerre entre Toussaint et Rigaud ; savoir : que les mulâtres ne voulaient pas être commandés par un nègre. D'après Pétion, il fallait opposer un noir à un noir, et il disait ouvertement qu'il voterait en faveur de Magloire Ambroise. Bien que le sénat eût en haute estime le général Magloire, ce choix n'était pas à sa convenance. On avait eu, sous Dessalines, l'ignorance à la tête du gouvernement, et on en avait subi les conséquences; on craignait que Magloire, n'ayant pas assez de lumières, ne comprit pas suffisamment le système qu'on inaugurait; que, par suite, il ne se laissât entraîner dans les mêmes errements, et qu'il ne fît perdre au pays le fruit de la révolution. Gérin se croyait si bien assuré du vote du sénat en sa faveur, que déjà il avait fait confectionner un costume de président. Une autre opposition tenait le sénat en échec. Bonnet, sur qui roulait tout le travail d'organisation et qui, par ce fait, jouissait d'une grande influence sur ses collègues, était opposé à Gérin, en raison de certaines opinions de ce général. Lors de la discussion du pacte social, Gérin aurait voulu qu'on créât dans la Constitution un cacique supérieur qui occuperait le pouvoir suprême, et des petits caciques sous ses ordres, qui commanderaient les départements. Outre le ridicule de cette proposition, il y avait clairement, au fond, la pensée d'un retour au pouvoir absolu, que la révolution venait de renverser. En second lieu, au camp de l'Arcahaie, dans une discussion, il avait dit à David Troy : « Votre Constitution » est mauvaise. Vous voulez que le fils du général » Gérin soit l'égal du fils d'un cultivateur (1)! » Devant la loi, certainement, répondit David Troy ; dans la société, le fils du général Gérin, par sa fortune, par l'éducation qu'il aura reçue, occupera un rang plus élevé que le fils d'un cultivateur: l'un et l'autre n'en seront pas moins égaux en droit. Gérin secouait la tête en signe d'improbation, et Bonnet restait convaincu

---

1) On désigne ainsi en Haïti l'homme de la campagne, celui qui bêche la terre.

que la Constitution ne pourrait fonctionner étant exécutée par l'homme qui avait émis de semblables idées. Les choses demeurèrent dans cet état de suspension jusqu'au mois de mars; à cette époque, une circonstance imprévue vint mettre un terme aux hésitations.

Une commission avait été chargée d'élaborer la loi sur l'organisation administrative. La besogne fut laissée à Bonnet, que la commission nomma son rapporteur. Le travail terminé, celui-ci, avant d'en donner connaissance à ses collègues, alla par déférence le communiquer à Gérin, qui semblait devoir réunir les suffrages du sénat et qui, lui aussi, était membre de la commission. Il voulut lui lire le projet; Gérin prétexta des occupations urgentes, et pria Bonnet de lui confier le manuscrit, afin qu'il pût l'examiner à loisir. En remettant le projet, Gérin parut y donner son entière approbation. Vint le jour de la discussion. Gérin se présenta au sénat traînant à sa suite un grand nombre d'officiers auxquels il avait donné un mot d'ordre; il voulait renverser la loi par une démonstration militaire.

A l'ouverture de la séance (25 février 1807), Bonnet présenta le rapport en ces termes :

« Sénateurs,

» Organe du comité des finances, je viens vous soumettre le résultat d'une partie de ses opérations, en attendant que nous puissions mettre sous vos yeux l'ensemble du travail que vous nous avez chargé de vous présenter.

» Avant de passer au mode de contribution qu'il convient d'établir, votre comité a cru devoir s'occuper de l'organisation de l'administration et de la trésorerie ; c'est donc sur ces deux objets importants, qui seuls peuvent nous retirer du chaos où nous sommes plongés, que vous allez maintenant prononcer. Si le plan que nous avons suivi se trouve conforme à vos vues, s'il remplit le but que vous vous êtes proposé, nous serons payés de nos travaux.

» L'absence de notre collègue Trichet nous a privé des lumières qu'il a acquises par une longue expérience dans cette partie ; mais nous avons tâché d'y suppléer, en prenant l'avis de nos collègues qui, comme lui, avaient parcouru la carrière administrative. Nous avons aussi consulté les différentes lois, ordonnances et règlements qui ont été faits pour ce pays ; et c'est d'après ces renseignements et des recherches pénibles que nous avons établi le travail qui va être soumis à votre examen.

» Le trésor public, sous le gouvernement précédent, était la propriété du chef et de ses favoris. Un ministre, un administrateur en faveur avait le droit d'y puiser à volonté. Il est résulté de ce désordre affreux que les revenus de l'État étaient dévorés par ces agents avides, tandis que les défenseurs de la patrie, privés de tout, languissaient dans la plus affreuse misère.

» En prenant les mesures qui nous ont paru convenables pour faire disparaître de pareils abus, nous avons senti qu'il était indispensable de rendre à l'autorité administrative son ancienne indépendance. C'est le vœu de la constitution que les pouvoirs soient divisés ; c'est le vœu de la raison ; c'est le vœu des gens instruits, ce sera aussi le vôtre, sénateurs ; et, loin de tolérer plus longtemps d'anciens préjugés, nous pensons qu'il est de votre dignité de les anéantir, surtout lorsqu'ils nuisent si évidemment à la restauration de nos finances.

» En rendant aux agents de l'administration la considération qui leur est due, vous relevez l'éclat de leur dignité, que l'ignorance avait frappée de mépris ; et, en leur laissant toute l'autorité qu'ils doivent avoir dans l'exercice de leurs fonctions, vous vous réservez aussi le droit d'exiger rigoureusement qu'ils les remplissent avec exactitude et probité.

» Les contrôleurs qui, sous le règne de Dessalines, n'étaient considérés que comme les commis des administrateurs, vont connaître maintenant toute l'importance de leur charge ; ils sauront que, placés auprès d'eux pour veiller aux intérêts de l'Etat, ils sont les hommes de la république, et non ceux des administrateurs.

» Après avoir réfléchi sur les moyens à employer pour dégager l'administration de tous ces rouages compliqués qui la gênaient dans sa marche, nous avons pensé que, pour simplifier, il convenait de réunir la guerre, la marine, les finances et les domaines sous un même chef, ainsi que la Constitution semblait l'avoir désigné en n'établissant qu'un seul secrétaire d'Etat.

» Ce système nous a paru le plus convenable à nos localités. Les bornes d'un petit Etat, qui permettent de tout surveiller, le peu de sujets propres aux emplois et la pénurie de nos finances, qui commande la plus sévère économie, sont les motifs puissants qui nous ont déterminés ; d'ailleurs, l'expérience a déjà prouvé qu'il était le plus avantageux à notre pays, puisqu'il a été suivi par tous ceux qui nous ont devancés.

» M. de Marbois, le plus grand administrateur que Saint-Domingue ait possédé dans son sein, était en même temps intendant des *guerres, marine, finances, justice, police*, etc. C'est par la réunion de toutes ces branches du service dans des mains aussi habiles, que cet homme éclairé a acquis une si grande réputation et a rendu Saint-Domingue la plus florissante des Antilles. Sous lui, cette île était parvenue à un degré de splendeur que de longtemps nous ne pourrons espérer d'atteindre.

» Les successeurs de M. de Marbois ont marché sur ses traces, et le général Toussaint Louverture, qui les a suivies, a obtenu le plus grand succès dans l'administration de ses finances. Sous le gouvernement du capitaine général Leclerc, on s'en était écarté dans le principe, mais l'expérience, bientôt après, y reconduisit les Français.

» C'est donc le système d'une seule administration qui a toujours paru le plus convenable à Haïti ; c'est aussi celui que nous avons cru devoir suivre. Les avantages qu'ont eus les administrateurs que nous venons de citer sont le présage heureux de ceux que nous devons aussi en attendre. Quant à l'administration des domaines, conservée dans les gouvernements précédents, ce service que l'affermage des biens réduit à si peu de chose, peut être, sans aucun inconvénient, réuni à l'administration générale.

» Les fonctions et les attributions des différents agents de l'administration une fois déterminées, nous avons pensé qu'il était de notre devoir d'arrêter nos regards sur la trésorerie nationale; nous avons réfléchi sur les abus énormes dont cette branche du service offre depuis trop longtemps le scandale, et nous avons reconnu que de sa mauvaise organisation naissaient tous les désordres qui l'ont accompagnée.

» Pour remédier donc à tant d'abus, votre comité a jugé qu'il était nécessaire d'expliquer clairement la manière dont l'argent devait sortir du trésor, et de rendre responsables les agents de la trésorerie qui s'en écarteraient. En établissant pour règle certaine et invariable qu'aucun payement ne pourra s'effectuer que sur une ordonnance de dépenses, appuyée de pièces en bonnes et dues formes, nous avons tranché la tête de l'hydre et conservé dans les caisses de l'État des sommes qui souvent en étaient distraites pour servir aux profusions d'une concubine ou pour alimenter quelques autres passions effrénées. Nous avons établi en principe que les revenus des domaines seront versés au trésor, c'est-à-dire que le produit de la vente des denrées devra y rentrer par une ordonnance de recette, afin de centraliser et de régulariser ce service. Par là, la retenue des 4 deniers pour livre que quelques administrateurs se sont appropriés jusqu'ici, cessera d'être pour eux un droit d'aubaine.

» La réunion de toutes les caisses particulières en une seule caisse générale offre cela d'avantageux, que les sommes en provenant, ayant toutes une destination fixe, ne seront plus considérées à l'avenir par quelques receveurs comme un patrimoine.

» Enfin, en exigeant des trésoreries et des receveurs

une caution en immeubles, nous nous sommes assurés qu'ils ne détourneraient plus, comme ci-devant, les deniers de l'Etat pour leur dépense personnelle.

» Tels sont, Sénateurs, les vices et les abus que nous croyons avoir extirpés par la loi que nous vous proposons. En simplifiant l'administration, nous avons tâché de rendre sa marche plus facile. Si ses agents sont indépendants de l'autorité militaire, ils ne le seront jamais du pouvoir des lois. Nous voulons qu'ils soient respectés dans l'exercice de leurs fonctions; mais nous voulons aussi qu'ils soient probes et zélés pour les intérêts de la république qui leur sont confiés. L'opinion publique doit être la sentinelle de leurs actions; l'œil vigilant du gouvernement, des magistrats et de tous les bons citoyens doit les observer sans cesse. Que la reconnaissance nationale soit la récompense de leurs vertus, que le gouvernement lui-même s'empresse de témoigner sa satisfaction à ceux qui s'en seront rendus dignes par une bonne conduite; mais, s'il en est qui, oubliant ce qu'ils doivent à la patrie et à l'honneur, osassent dilapider les revenus de l'Etat, Sénateurs, plus d'indulgence; ces hommes-là sont les ennemis secrets de la république, il faut les frapper d'anathème. »

Après la lecture du travail de la commission, Gérin déploya un ample manuscrit, et lut une diatribe furibonde, s'attachant à critiquer le rapport, sans rien dire de la loi. Daumec vint à son tour appuyer le projet avec son éloquence ordinaire, lorsque Gérin l'interrompit brusquement en lui adressant ces paroles injurieuses : « *Sénateur Daumec, ce que vous dites là est le comble de la déraison et de la stupidité.* — Mais non, mon collègue, répondait Daumec avec sa voix doucereuse, il n'y a ni déraison ni stupidité dans mes paroles. — *Je vous le répète, sénateur Daumec, ce que vous dites-là est le comble de la déraison et de la stupidité.* Alors Bonnet indigné, s'adressant au Sénat : « Messieurs les sénateurs, lorsque je suis assis sur ma chaise curule, je me crois l'égal de tous les sénateurs qui siégent en cette enceinte. » Puis il fit ressortir avec dignité l'inconvenance des paroles de Gérin. Ce général se leva furieux et se retira précipitamment en agitant son manuscrit au-dessus de sa tête et en criant : *Je n'y puis plus tenir, je n'y puis plus tenir.* C'était le signal qui devait amener la démonstration militaire, mais la sortie avait été si burlesque, que les officiers eux-mêmes se prirent à rire.

Les sénateurs stupéfaits se regardaient avec étonnement. « Eh bien, Messieurs, leur dit Bonnet, c'est là l'homme que vous voulez placer à la tête du gouvernement! » Ses collègues l'environnèrent; chacun voulut avoir son opinion. « Qui donc faut-il élire ? lui demandait-on de tous côtés. — Pétion, » dit-il. Il se prononçait pour la première fois, et l'élection eut lieu selon ses vues.

Pétion ne voulait pas de la présidence, nous en avons dit les raisons ; Bonnet au contraire s'attachait à ce choix, nous allons en déduire les motifs. Pétion ne pouvait donner aucun ombrage aux noirs; dans toutes les circonstances, il avait défendu leur cause. Lors de l'embarquement des *Suisses*, il s'était opposé de tous ses moyens, dans le conseil, à ce qu'on cédât aux exigences des colons. « Les blancs vous trompent, s'écriait-il, ils ne se déferont pas, comme ils le promettent, des *Africains* qu'ils ont enrôlés, et lorsque vous livrerez vos *Suisses*, à votre honte, ils les feront sacrifier. » En 1802, dès que le doute sur le but réel de l'expédition française fut dissipé, le premier il avait couru aux armes, décidé à s'opposer au rétablissement de l'esclavage; aussi, avons-nous vu les Sans-Souci, les Petit-Noël, les Lamour-Dérance, qui ne voulaient ni de Dessalines, ni de Christophe, ne se rallier au général en chef que par suite de son influence sur ces chefs de bandes. D'un autre côté, Pétion était d'une grande simplicité, sans faste, sans ostentation. Accessible à tout le monde, il vivait l'égal du dernier soldat. Doux et affable, son humanité bien connue, son désintéressement poussé à l'extrême, son mépris de la fortune, qui le portait à n'avoir rien en propre, toutes ces vertus privées qui formaient le fond de son caractère, et que Bonnet avait appréciées dans l'intimité, donnaient à ce général la conviction qu'on pourrait fonder avec lui un gouvernement ayant pour base la liberté, la modération et la justice. L'élection eut lieu le 9 mars 1807, et le 19 du même mois le Sénat, voulant récompenser les services rendus à la patrie, éleva Bazelais, Yayou, Magloire Ambroise, généraux de brigade, au grade de généraux de division, fit Bonnet général de brigade et Lamarre adjudant général.

Bientôt après la nouvelle du soulèvement de Port-de-Paix en faveur de la république parvint à Port-au-Prince. Timothée, membre de la constituante, opposé à l'acte constitutionnel, avait signé la protestation des députés du Nord, abandonné son siége au Sénat et s'était retiré dans sa province. Cœur noble, esprit droit, s'il voulait plus de latitude pour le pouvoir exécutif, il pensait du moins que la tyrannie avait été abattue avec Dessalines et que, dans le Nord aussi bien que dans l'Ouest, les principes démocratiques allaient triompher. Les allures despotiques de Christophe, l'oppression qu'il faisait déjà peser sur la population, le rétablissement du pouvoir absolu, toutes les garanties sociales annulées, la sûreté individuelle anéantie, excitèrent son indignation; et voyant ce peuple entier frémissant sous le joug, il lui fit arborer le drapeau de la république. Jean-Louis Rebecca, homme de courage et d'énergie, se plaça hardiment à la tête de la révolte ; une députation vint annoncer au président que la population du Port-de-Paix et celles des communes environnantes se rangeaient sous l'égide de la constitution.

Cette levée de boucliers pouvait rallier le Nord à l'Ouest et renverser Christophe. Il importait donc de soutenir immédiatement ce mouvement. Bazelais fut expédié avec une division sur une flottille au secours des insurgés ; et Pétion, à la tête de l'armée, se mit en marche sur Saint-Marc. Arrivé à la hauteur des Gonaïves, Bazelais ayant appris que cette place était dépourvue de troupes, changea de route, vint s'en emparer et livra la ville au pillage. Christophe marcha contre lui. Ne pouvant défendre une place ouverte dont il s'était aliéné les habitants, Bazelais réembarqua ses troupes et retourna à Port-au-Prince.

L'armée avait déjà pris ses positions devant Saint-Marc. Le retour de Bazelais engagea Pétion à replier ses colonnes. Après avoir réorganisé l'expédition, il en confia le commandement à Lamarre, qui débarqua le 2 juillet au Grand-Port, commune de Port-à-Piment.

Là commença cette série de faits d'armes glorieux qui ont immortalisé son nom dans nos fastes militaires.

Le Sénat, de son côté, voulant profiter des bonnes dispositions qui se manifestaient dans le Nord, et comprenant que des mesures promptes et vigoureuses pourraient seules étouffer la guerre civile; qu'il fallait en conséquence laisser au pouvoir exécutif la plus grande latitude dans la direction des opérations de la guerre, prononça son ajournement en investissant le président d'Haïti de tous les pouvoirs administratifs et militaires, sauf à lui soumettre, lors de sa session, les actes et règlements faits durant l'ajournement (1).

Ces faits s'accomplissaient le 1er juillet; le 22 on eut à combattre un nouvel ennemi; le général Yayou s'était mis à la tête d'une conspiration.

(1) Voyez ces arrêtés dans l'ouvrage de Linstant, *Recueil des actes du gouvernement d'Haïti*, vol. I, pages 358 et 362.

CHAPITRE III.

Conspiration de Yayou.

Yayou, mécontent de la nomination de Pétion à la présidence, considérait comme une mystification l'opinion émise par l'élu du Sénat en faveur de Magloire, qu'il voulait opposer à Christophe, en l'élevant à la première magistrature. Cette disposition d'esprit fut exploitée par ceux qui avaient été entraînés dans la chute de Dessalines, et qui poussaient Yayou à s'emparer du pouvoir. Il conspira. La prudence lui conseillait de se ménager un appui en cas de lutte. On le mit adroitement en communication avec Christophe. Leur correspondance s'échangeait vers le mont Rouis, dans un creux de rocher que les anciens de l'endroit montraient encore dernièrement aux voyageurs. Commandant les arrondissements de Port-au-Prince et de Léogane, Yayou se trouvait en position de tenter avec avantage un coup de main hardi; il s'attacha à gagner les chefs de corps. Sa trame avait été conduite avec tant d'habileté et de secret, que toutes les démarches étaient restées ignorées jusqu'au moment où la conspiration allait éclater.

Lorsqu'il se crut assez fort de sa position, il laissa soupçonner ses projets, en venant rompre en visière avec Bonnet. Il fit, avec affectation, dans la ville une promenade militaire, environné d'un nombreux état major; et, passant devant la maison qu'occupait le général, qui se trouvait sur le balcon avec son épouse, il le toisa sans le saluer et continua, même après avoir passé la maison, à fixer ses regards sur lui avec fierté, de manière à ne laisser aucun doute sur ses intentions. Or, ces deux généraux avaient toujours été dans les rapports les plus bienveillants; aucun fait particulier n'était venu troubler cet accord. Bonnet comprit qu'une trame s'ourdissait contre le gouvernement et que la nomination de Pétion étant son fait, on l'en rendait responsable. Bonnet alla immédiatement raconter au président ce qui venait d'avoir lieu. A son retour, traversant la rue qu'habitait Yayou, il le vit sous sa galerie, au milieu d'un cercle d'officiers, et lui rendit la pareille du mauvais procédé qu'il venait d'en recevoir.

A peine ces faits s'étaient-ils accomplis, que des avis touchant la conspiration arrivèrent de tous côtés. Clermont, frère de Lamarre, chef de bataillon au 24ᵉ d'infanterie, vint prévenir que le régiment était travaillé par Desmarattes, son colonel, entraîné par son beau-frère Chervain dans une conspiration dont Yayou était le chef. Isidor, chef de bataillon au 21ᵉ, vint aussi rendre compte des mauvaises dispositions de son corps, commandé par Sanglaou. Hiriard rapporta qu'on lui avait offert le grade de chef de bataillon; le général lui conseilla d'accepter, afin d'être mis dans la confidence des projets des conspirateurs.

Mais les choses étaient beaucoup plus avancées qu'on ne le supposait; toutes les dispositions étaient prises, la conspiration allait éclater. Yayou envoya l'adjudant général Chauvet à Léogane, chercher la poudre qu'il ne pouvait prendre à l'arsenal de Port-au-Prince. Chauvet, avant de partir, en donna avis au général Bonnet, et l'on convint qu'au retour il précéderait le convoi de quelques heures et viendrait prévenir de l'arrivée des munitions.

Pétion riait de tous ces rapports. « Le gouvernement, disait-il, n'avait donné aucun sujet de mécontentement au général Yayou, qu'il comblait de faveurs ; pourquoi chercherait-il à troubler la république, qu'il avait chaudement concouru à fonder et qu'il avait défendue avec une rare intrépidité ? c'était absurde. » Confiant dans ce raisonnement, Pétion ne prenait aucune disposition de défense. Il repoussait les avis de quelque part qu'ils lui vinssent ; il allait jusqu'à en plaisanter. Ainsi Pitre, l'administrateur, étant venu en toute hâte lui dire que Yayou conspirait et déclarait vouloir égorger tous les hommes éclairés, Pétion lui répondit ironiquement : « *Eh bien ! alors vous n'avez rien à craindre.* »

Cependant deux cabrouets attelés de bœufs et chargés de poudre cheminaient sur la route de Léogane. Chauvet, fidèle à sa promesse, les abandonna vers Truitier, et vint annoncer leur arrivée. Il était huit heures du soir. La poudre devait être rendue à dix heures ; à minuit le président devait être attaqué.

Pétion était plus incrédule que jamais ; il traitait de fable le rapport de Chauvet. Lors de la guerre contre les Français, il avait contracté, dans les bois, une éruption rentrée dont il souffrait : il s'était mis au lit, et plaisantait ses amis sur leurs fausses terreurs. Bonnet, à la fin, mécontent, piqué au vif, allait se retirer ; il était presque sorti de la chambre à coucher, lorsqu'on entendit battre la générale en ville. « Eh bien, s'écria-t-il en se retournant, est-ce par vos ordres qu'on bat la générale ? — Oh ! le coquin ! » fut la seule parole prononcée par Pétion. Il se leva avec peine, on l'enveloppa de flanelle ; ses membres étaient tellement endoloris, qu'on fut obligé de l'aider à monter à cheval.

Voici ce qui avait eu lieu : Yayou demeurait rue du Centre, dans une maison attenante au Sénat. Sa garde avait pris les armes, et il était en face de leurs rangs, lorsque vint à passer, sortant du Morne-à-Tuf, un petit fifre du 3ᵉ régiment. Le général, qui n'avait pas pu trouver Gédéon, colonel, et Nazère, chef de bataillon au 3ᵉ régiment, qu'il avait fait vivement chercher en ville, fit avancer ce militaire de leur corps, lui donna quatre piastres, et l'envoya à leur recherche dans les lieux que ces officiers fréquentaient habituellement, pour leur dire qu'il avait à leur parler immédiatement. Gédéon et Nazère étaient à jouer à quelques pas plus loin, chez le commandant Bastien. Le hasard voulut que Nazère, qui avait perdu tout son argent, sortît sous la galerie de Bastien. Le petit fifre, en avançant, reconnut son commandant, et courut lui annoncer que le général Yayou se disposait à attaquer le président, qu'il allait marcher sur le gouvernement et qu'il était, en ce moment même, occupé à distribuer des cartouches à sa garde. Nazère qui, de l'endroit où il se trouvait placé, voyait ce rassemblement de troupes au milieu de la nuit : « Vite, dit-il, au premier poste occupé par des soldats du 3ᵉ régiment, va faire battre la générale. » Le militaire courut au poste Saint-Joseph, et l'ordre s'exécuta. Ainsi, d'un côté Pétion croyait le mouvement opéré par Yayou, qui, lui, l'attribuait à Pétion.

Cette circonstance servit admirablement le président. Yayou lui ayant fait demander si la générale avait été battue par ses ordres, il répondit fièrement que dans un instant il allait le lui faire savoir. Ne voulant pas s'exposer à être enveloppé au milieu de la ville, Yayou battit en retraite et alla prendre position au fort de la porte de Léogane, où se trouvait le 21ᵉ régiment sous les ordres de Sanglaou. Jean Simon le rejoignit à la tête des dragons ; Desmarattes, qui occupait le fort du gouvernement, paralysé par Clermont, ne put faire avancer le 24ᵉ, qui aurait grossi les rangs des insurgés.

Gédéon ayant rassemblé son régiment, vint se placer sous les murs du gouvernement, aux ordres du président. Alors Lys, Bonnet et les officiers qui environnaient Pétion l'engagèrent à se montrer aux troupes, afin d'éviter les faux bruits qu'on pourrait faire courir sur la ligne. Partout sa présence excita l'enthousiasme. Au fort de l'Hôpital, aussitôt que, répondant au qui vive de la sentinelle, on eut annoncé le président d'Haïti, des vivats répétés éclatèrent. Le bruit de ces chaleureuses manifestations arriva jusqu'à Yayou, qui se décida à prendre la route de Léogane. A l'arsenal, Laborde, aide de camp de Bazelais, fit savoir que son général, pris de boisson, avait suivi Yayou. On l'engagea à suivre les traces de Bazelais et à le ramener en ville. Jean Simon lui-même ne tarda pas à abandonner ce parti. Aussi Yayou, arrivé au jour à Léogane, ne s'y arrêta pas longtemps. A peine sut-il que l'armée qui le poursuivait était rendue à *Lasalle*, qu'il alla prendre position à *Campan*, dans les montagnes ; mais les troupes lui firent défection ; il se trouva bientôt, à Campan, seul en face de son ambition déçue.

Chervain, Sanglaou, Charles Cadet, Avril et plusieurs autres officiers supérieurs qui l'accompagnaient furent arrêtés, et lui-même, trahi par un homme (1) chez lequel il s'était réfugié et qui, à Léogane, dénonça sa retraite à Marion, il fut enveloppé la nuit dans une case de cultivateur : mais, avec sa vigueur ordinaire, s'élançant par la fenêtre, il parvint à s'évader malgré le feu dirigé contre lui. Depuis lors, il disparut, sans qu'on ait jamais pu retrouver sa trace.

(1) Cet homme était le père d'une maîtresse de Yayou. Ce général voulant se ménager les moyens d'aller rejoindre Christophe, lui avait donné la commission d'aller déterrer de l'argent enfoui dans sa cour. Ce misérable le dénonça par cupidité. Dans la suite cet argent fut déterré par Sophie, sœur de Yayou, sur un ordre de Pétion délivré à Métellus.

CHAPITRE IV.

Affaire de Magloire Ambroise.

Yayou ayant disparu de la scène politique, le commandement de l'arrondissement de Port-au-Prince se trouvait vacant. Pétion appela Magloire Ambroise à occuper ce poste ; il tenait à lui donner une marque de considération en le rapprochant de sa personne ; ce général avait conservé jusque-là le commandement de Jacmel ; Pétion confia à Bonnet ce dernier arrondissement. Cette combinaison avait blessé bien des intérêts, sans qu'on s'en doutât.

La mauvaise administration des finances laissait subsister, au détriment de la chose publique, des abus dont bien des gens profitaient largement. Magloire, de concert avec les négociants de l'endroit, avait fait nommer administrateur à Jacmel un homme dévoué à leurs intérêts. Les complaisances de cet agent favorisaient les ventes faites au gouvernement, à un taux très-onéreux, de parties de cargaisons qui se soldaient avec les denrées prises dans les magasins de l'État ; la liste des articles était portée au général, qui faisait choisir par le gérant de sa maison de commerce ce qui était à sa convenance, autorisait les fournitures à faire à ses maîtresses et laissait dilapider le reste. Son déplacement vint contrarier ces opérations lucratives et créer une foule de mécontents, qui, se ralliant aux partisans de Yayou, montèrent l'esprit du général et l'entraînèrent à conspirer.

Une femme, Marie-Jeanne Brosse, au retour d'un voyage à Jacmel, vint confier à Bonnet que le général Magloire était mécontent de la mutation qui avait eu lieu, et qu'elle pensait qu'on ferait bien d'y prêter attention. Une circonstance particulière donnait à Bonnet le moyen de s'assurer du fait; il la saisit immédiatement.

Après la chute de Dessalines, Borno-Déléard avait été rayé des cadres de l'armée. Sa vie même avait été en danger, et Bonnet lui avait rendu, de la manière la plus désintéressée, des services dont il ne pouvait avoir perdu sitôt le souvenir. Un soir, allant au gouvernement avec son épouse, il rencontra Borno qui paraissait se trouver dans une position fâcheuse. Sur la demande du général s'il désirait qu'il s'intéressât à lui, Borno exprima, sans détour, combien il serait heureux d'être remis en position.

Ce soir-là même, Bonnet en parla à Pétion. Le président se montra fort peu disposé à rappeler Borno au service. Il énuméra tous les torts de cet ancien officier, et finit par déclarer qu'il ne ferait rien en sa faveur. Le général ayant fait observer que c'était un ancien compagnon d'armes ayant toujours combattu à leurs côtés; qu'il fallait pardonner à ses fautes, et lui tendre la main dans le malheur; qu'il en serait reconnaissant et qu'on pourrait ainsi placer près de Magloire, dont on s'occupait à former l'état-major, un homme qui l'aiderait à faire le bien par ses conseils : « Vous le voulez, lui dit Pétion ; eh bien ! soit ; mais rappelez-vous que vous vous en repentirez. »

On n'entendait pas imposer un officier à Magloire. Borno, assuré de sa nomination, fut prier ce général, avec lequel il avait de bonnes relations, de solliciter en sa faveur un emploi du président ; il put ainsi être nommé chef d'état-major de Magloire. Borno savait très-bien quelle était la personne dont l'influence l'avait fait rentrer au service ; Bonnet crut dès lors pouvoir compter sur sa sincérité. Il lui écrivit donc comme à un ami, le priant de lui dire franchement si son général était réellement mécontent de son déplacement, parce que, dans ce cas, il n'hésiterait pas à résilier son commandement en faveur de Magloire, à qui ni lui ni Pétion ne voulaient causer la moindre contrariété.

La réponse de Borno au général commençait par ces mots : *Mon cher général, je serais le dernier des hommes si j'oubliais que je vous dois la vie.* Puis, après ce préambule, il lui donna l'assurance formelle que les bruits répandus dans le public étaient faux, que le général Magloire n'avait aucun sujet de mécontentement et qu'il était même très-flatté d'avoir été appelé au commandement de Port-au-Prince. Cet incident n'eut pas de suite.

Plus tard, le président voulant entreprendre une nouvelle campagne devant Saint-Marc, donna à Bonnet l'ordre d'aller réunir et organiser les troupes de son arrondissement. Le général, qui devait passer quelque temps à Jacmel, s'y rendit avec toute sa famille, femme, enfants et madame Brisson, sa sœur, voulant faire à ces dames les honneurs de son nouveau commandement.

Les officiers de la garnison vinrent rendre visite à leur général. Tandis qu'ils étaient en cercle autour de lui, une petite fille, adossée à un poteau de la galerie extérieure, fixait sur celui-ci ses regards, exprimant ainsi le désir de lui parler. Quittant ces officiers, Bonnet s'approcha d'elle ; madame Rainette Alvarès le faisait prier de venir jusque chez elle, au dire de l'enfant. Cette dame, originaire de Léogane, était une amie d'enfance avec laquelle Bonnet avait eu d'intimes relations, et lorsque la brune commença à se faire s'enveloppant dans son manteau, il se rendit à cette invitation.

A peine fut-il entré qu'elle lui demanda, avec une émotion visible, ce qu'il était venu chercher en ce moment à Jacmel ; il ignorait donc qu'il se trouvait au centre d'une conspiration en faveur du général Magloire, conspiration qui allait éclater d'un moment à l'autre. Tout Jacmel en était complice, hommes, femmes, tout, à l'exception de Dougé qui devait être sacrifié ; puis elle lui rendit compte, dans les moindres détails, de la trame ourdie.

Bonnet, revenu à son hôtel, fit mander Dougé, le commandant de la place. Tout était tranquille, à en croire cet officier. Il lui témoigna son étonnement de ce qu'il lui fallait arriver de Port-au Prince, pour apprendre au commandant de la localité, habitée par ses amis et sa famille, qu'il y avait conspiration à Jacmel. Dougé ne savait réellement pas ce qui se tramait. Il demanda à se reconnaître, et revint bientôt muni de renseignements conformes, en tous points, au récit de Rainette Alvarès.

Il importait de se tenir prêt à combattre la révolte ; le général prit de suite ses dispositions. Au moment de partir de Port-au-Prince, il avait vendu les cafés qu'il recevait du Petit-Goave ; et, cédant à l'idée vague que des fonds pourraient lui être nécessaires, il avait emporté mille piastres. Cet argent servit à faire habilement explorer la place par des hommes que Dougé lui procura.

Le gouvernement ne pouvait compter que sur une faible partie du bataillon d'artillerie ; tout le reste de la garnison lui était opposé, et les bourgeois, complices du mouvement, excitaient à la révolte. C'était un samedi soir ; partout des danses avaient été organisées. Ces danses devaient se terminer par des rixes simulées, signal convenu de la levée de boucliers. Prévenu à temps, le général fit circuler des patrouilles, avec ordre de faire cesser les danses. Après avoir pris pour la nuit les mesures de sûreté que commandaient les circonstances, selon les moyens dont il pouvait disposer, il ordonna à son aide de camp, Mondesir Germain, de se tenir prêt à monter à cheval ; puis, se plaçant à son bureau, il commença un rapport circonstancié à Pétion sur l'état de Jacmel.

Le souper fut servi ; Bonnet écrivait toujours. Son épouse, jeune femme élégante, voulait paraître le dimanche à la messe, dans une tenue recherchée. N'ayant aucun soupçon de ce qui se passait, elle était entièrement occupée à préparer sa toilette du lendemain. Mme Bonnet attendit patiemment son mari, qui souvent travaillait assez tard; mais les heures s'écoulaient, le général ne venait pas. Elle se décida enfin à l'aller chercher elle-même. Elle parvint au fauteuil du général précisément au moment où il traçait le mot conspiration. « Qu'est-ce, dit-elle épouvantée, une conspiration, Bonnet! » Lui ayant demandé s'il y avait longtemps qu'elle était là, et sur sa réponse qu'elle arrivait à l'instant même, le général lui avoua qu'une conspiration s'ourdissait au profit de Magloire; que, du moment de leur entretien au lendemain, de graves événements auraient lieu; il la pria de se retirer et de le laisser terminer son rapport.

Après avoir écrit fort avant dans la soirée, le général expédia son aide de camp, et lui ordonna de passer par les *Citronniers* afin d'éviter la rencontre du général Magloire, qui devait arriver par le *Gros-Morne*. Ce calcul était fait dans la prévision que ce dernier, qui avait intérêt à ne pas éveiller les soupçons, sortirait du Port-au-Prince la nuit; c'est le contraire qui arriva. L'adjudant de place de cette ville, Gilles Bénèche, étant venu porter le mot d'ordre au commandant de l'arrondissement (5 décembre à 6 heures du soir), trouva sa cour encombrée de mulets déjà chargés et le général prêt à monter à cheval. Etonné de ce départ précipité dont on n'avait pas avis, et surtout de la suite nombreuse qui devait accompagner Magloire, l'adjudant de la place courut avertir Lys, qui en avait le commandement. Ce colonel alla trouver Pétion qui, lui aussi, ignorait ce départ; ils comprirent tous deux qu'il y avait conspiration à Jacmel, et Lys réclama du président l'ordre d'arrêter Magloire, se faisant fort de l'exécuter. Pétion refusa: *Laissez-le aller, comme le papillon il va se brûler à la chandelle*, répondit-il. Vainement Lys lui fit entendre que, surpris, Bonnet pouvait être exposé à perdre la vie ; Pétion persista dans son refus.

Il advint de là que Magloire, parti plus tôt qu'on n'eût dû le supposer, fit jonction avec Mondesir Germain, tout juste à l'endroit où le chemin se bifurque; en reconnaissant l'aide de camp, le général lui signifia d'avoir à lui remettre le paquet dont il était porteur. L'officier refuse; sur un signe, les hommes de l'escorte se jettent sur lui, et lui enlèvent ses papiers. Séance tenante, Michel, secrétaire du général, donna lecture du message à la lumière. Après avoir écouté jusqu'au bout : *Allons*, dit Magloire, *ce mulâtre est vraiment fin, ses espions n'ont pas volé son argent*, et il continua sa route.

Magloire devait trouver sur sa hatte située près de Jacmel, des chevaux tout prêts à sa disposition. Le hattier, qui avait servi sous Bonnet dans le Sud, vint en donner avis à son ancien chef, lui offrir ses services et lui proposer de lui faciliter les moyens de se retirer en guidant la marche. « Tous les chemins qui conduisent à Port-au-Prince sont occupés, lui dit-il ; vous n'avez plus qu'un sentier par où vous puissiez passer. Quant à rester à Jacmel, c'est impossible ; vous succomberez si vous persistez dans cette résolution ; vous n'y avez pas de partisans ; toute la ville est dévouée au général Magloire. »

Bonnet s'étonna de ce qu'un vieux militaire pût lui donner le conseil d'abandonner son poste au moment du danger. Il ne pouvait sortir de la place, dût-il succomber. Le général, puisque cet homme lui témoignait tant de dévouement, réclamait de lui un dernier service : il lui demandait, au moment de l'arrivée de Magloire, de se détacher sous prétexte de prendre des chevaux à la Savane, et de venir en toute hâte l'en prévenir. Celui-ci promit et tint parole.

Magloire, effectivement, s'arrêta sur sa hatte. Là on revint au rapport dont on avait pris connaissance en route; on tint conseil. Borno Déléart prit le premier la parole : « Général, dit-il, j'ai servi avec Bonnet, je con-
» nais sa manière d'agir. Du moment qu'il tient le fil
» de la conspiration et qu'il n'a pas quitté Jacmel, rappe-
» lez-vous qu'il est en mesure de résister et que vous
» aurez fort à faire avec lui. Croyez-moi, retirez-vous
» dans les mornes, faites donner aux troupes l'ordre de
» venir vous joindre. Alors, à la tête de la garnison,
» vous prendrez possession de la ville. »

« Non pas, repartit Michel ; général, vous êtes nègre,
» et pourtant vous ne connaissez pas les nègres comme
» moi. Si vous avez le malheur de vous retirer dans les
» mornes, tous les soldats vous abandonneront. Il
» faut avant tout envoyer tuer Bonnet sur la place
» d'Armes. Une fois le meurtre consommé, les soldats,
» se trouvant compromis, dominés par leur intérêt, se-
» ront obligés de vous défendre. »

Cet avis avait prévalu. Bonnet en fut prévenu au moment où il se disposait à se rendre à la parade. Il était en petit uniforme ; la détermination prise par le chef de la conspiration lui donna l'idée de faire rentrer les chevaux, de prendre son grand uniforme et de se rendre à pied sur la place d'Armes. David-Troy, colonel du 22ᵉ régiment, resta à ses côtés et partagea ses périls

Toute la population de Jacmel était accourue, curieuse de voir fusiller un officier général. Les femmes s'élevaient sur des chaises en arrière des rangs.

Loin de suivre le mode ordinaire d'inspection des troupes, le général, ayant à ses côtés un guide qui portait ses pistolets, se dirige droit sur un chef de bataillon au 22°, qui était l'âme du complot dans ce corps; cet officier troublé perd contenance. Alors se retournant vers le 23°, il marche ferme vers un capitaine de grenadiers, en fixant des regards impérieux sur cet officier, qui s'était mis à la tête du mouvement dans ce régiment; celui-ci tremblant fait la révérence au général au lieu du salut de l'épée. Revenant au centre, Bonnet ordonne de faire serrer les rangs, et commande le défilé avec injonction à chaque corps de s'acheminer vers ses quartiers. Le mouvement s'exécute, les troupes se retirent, et Bonnet rentre au gouvernement avec l'idée de gagner du temps en divisant les troupes, et par ce moyen de paralyser la révolte.

Le commandant Lafontant, adjudant de place, se présente à l'hôtel du général, qui veut avoir de lui quelques renseignements. Cet officier feint d'ignorer ce qui se passe. Si cependant, dit-il, le général veut le permettre, il lui apportera dans un moment la réponse à ses questions. Au même instant éclate un feu de bataillon. «Voici votre réponse,» dit le général qui, sautant sur ses pistolets, s'élance dans la rue avec tant de précipitation qu'il néglige de prendre son chapeau. Il voit les soldats se ruant, en armes, vers un fort qui domine la ville, et David-Troy courant après son chef de bataillon, qui avait enlevé ses drapeaux. C'était sur son propre colonel qu'un bataillon du régiment venait de tirer. Dans un premier mouvement, Bonnet commit la faute de suivre David-Troy à la poursuite de ses drapeaux; mais, tout à coup, se ravisant, il se met à courir avec les soldats, entre pêle-mêle avec eux au fort, monte sur le parapet et, le pistolet haut, ordonne au tambour-major le roulement. Celui-ci, étonné de se trouver en face du général, dont le commandement était impératif, lève sa canne, la batterie fait le roulement, les soldats prennent leur rang.

Alors, leur adressant la parole, Bonnet leur reproche avec vivacité la conduite qu'ils tenaient, leur fait le tableau des souffrances qu'ils avaient endurées sous le régime de l'empire, du bien-être dont ils jouissaient sous la république, et faisant allusion à Christophe dont on les bernait : « On vous a dit que les *chiens* ne mangeaient pas les *chiens*, eh bien ! je m'adresse aux anciens; que les jeunes, de leur côté, le demandent également aux anciens; au siége de Jacmel, les *chiens* n'ont-ils pas mangé les *chiens* (1)? » Un murmure sourd s'élève de tous côtés, et les cris de vive le général Bonnet, vive le président d'Haïti! retentissent. Inspectant à ce moment le régiment, il fait battre un ban et élève Sanon Sel, capitaine de grenadiers, au grade de chef de bataillon, en remplacement du titulaire qui avait fui. Après avoir fait d'autres promotions, et complété le cadre, il sort à la tête du régiment. Le 23ᵉ marchait au fort, drapeaux déployés. Bonnet fit faire halte au 22ᵉ et se

---

(1) Lors du siége de Jacmel, Christophe avait fait combler le puits Ogé, dans toute sa profondeur, d'hommes, de femmes et d'enfants indistinctement, puis plaçant au-dessus un monceau de fascines, il y avait fait mettre le feu.

portant de sa personne au 23ᵉ, il le harangua dans les mêmes termes et obtint le même résultat. Aux vivats réitérés de cette troupe, plusieurs officiers avaient pris la fuite ; le capitaine des grenadiers, le plus compromis d'entre eux, se fit sauter la cervelle d'un coup de pistolet. Le général remplaça, par de nouvelles promotions, les officiers qui manquaient à l'appel, et ramena les deux régiments prendre position sur la place d'Armes.

Cependant, la générale avait été battue ; le bataillon d'artillerie était resté fidèle au gouvernement. Le commandant de l'arrondissement se rendit à l'arsenal ; il voulait continuer à prendre des dispositions de sûreté, en s'appuyant sur l'artillerie. A peine s'était-il éloigné, que Magloire arrivant, vint se placer entre les deux régiments, qui l'accueillirent par de chaleureuses acclamations. Le moment était décisif ; l'action allait s'engager. Bonnet, après avoir fait sortir deux pièces de campagne, fit ouvrir les portes de la poudrière, plaça à l'entrée un quart de poudre défoncé, appela le commandant de la place en présence des bourgeois, que la curiosité seule avait amenés sur les lieux, et demanda à Dougé quel sort, s'il succombait, il pensait lui être réservé. Dougé ayant répondu qu'il savait fort bien qu'il devait à son tour être sacrifié, Bonnet remit à cet officier un tison enflammé, lui faisant observer que, quoiqu'il eût à Jacmel sa femme, ses enfants et toute sa famille, ces considérations ne pouvaient l'arrêter en face de l'ordre qu'il lui donnait de mettre le feu à la poudrière, aussitôt qu'il entendrait dire que le général Bonnet avait été tué ; que tout Jacmel sauterait avec eux. Puis, se retournant vers les bourgeois : « On bat la générale, Messieurs, et vous vous présentez la canne à la main ; je vous jure que vous allez me défendre ou que nous périrons tous ensemble. » Les Jacméliens ne se le firent pas répéter, ils coururent s'armer.

En ce moment même, Magloire ayant fait demander une entrevue au général, Bonnet lui fit répondre que dans un instant il arriverait à lui. Avançant avec l'artillerie mèche allumée, le général fit charger les pièces à mitraille, en face des régiments ; et, se plaçant devant le front du 22ᵉ, il le harangua de nouveau. Cette troupe venait à l'instant même de lui jurer fidélité, et déjà elle manquait à ses serments ; il demanda impérativement à ces soldats s'ils entendaient servir et défendre la république. Les soldats répondirent par les cris de vive le général Bonnet, vive le président d'Haïti. Le 23ᵉ mis également en demeure, les cris de fidélité redoublèrent.

Bonnet s'étant ensuite avancé vers Magloire, ils se trouvèrent face à face ; les têtes de leurs chevaux se touchaient, chacun avait le pistolet au poing, dirigé contre la poitrine de son adversaire. « Général, votre permis ? » dit Bonnet. Magloire balbutia quelques paroles ; Bonnet savait qu'il était de Jacmel. « Général, votre permis ? Commandant l'arrondissement de Port-au-Prince, vous ne pouvez pas vous être absenté sans un permis du président d'Haïti. » Magloire se montrant de plus en plus embarrassé, Bonnet lui déclare qu'il est son prisonnier, et ordonne au colonel David-Troy de le conduire au gouvernement, où il restera consigné. *Guides*, s'écria Michel, *laisserez-vous arrêter votre général ?* Un des guides, levant son pistolet, ajuste Bonnet ; Malet, son aide de camp, fond avec la rapidité de l'éclair sur le guide à coups de sabre ; l'escorte se disperse et laisse seul sur la place le prisonnier, que David-Troy conduit au gouvernement.

Magloire fut traité avec beaucoup d'égards : on lui donna un logement convenable ; sa famille put le visiter librement ; mais, ne voulant plus reparaître devant Pétion qu'il avait trahi, il s'empoisonna avec de l'arsenic. Dès que les accidents se manifestèrent, on fit venir un médecin ; au moment où celui-ci se présentait, le malade eut un vomissement et rendit, dans le vase que tenait Mme Magloire, le sachet qui avait contenu le poison et sur lequel on en voyait la trace : il expira.

Cette mort causa de profonds regrets à Bonnet : Magloire avait été plutôt entraîné que coupable. Deux hommes en qui il avait une confiance aveugle, Borno Déléart et Michel, avaient ourdi les trames de cette affaire. Si l'on joint à cette considération les services que Magloire avait rendus et qui étaient généralement appréciés, l'estime particulière dont Pétion l'honorait et les sentiments généreux du président, il est permis de penser qu'il aurait échappé au châtiment. D'un autre côté, Magloire était sénateur. Bonnet voyait dans le jugement de ce général par le Sénat un acte de haute politique, qui aurait servi à consolider ce corps en lui donnant de l'éclat. Cette circonstance lui fit surtout regretter sa mort.

Des arrestations furent faites parmi les conspirateurs les plus compromis ; mais les deux principaux auteurs de la révolte, Borno Déléart et Michel, avaient eu l'adresse d'échapper aux recherches.

Borno avait eu l'audace de pénétrer dans la maison

même de Bonnet et était allé se jeter aux genoux de Legendre jeune (Maître), cousin du général, le suppliant de lui sauver la vie. Legendre eut la générosité de le cacher dans la chambre qu'il occupait au gouvernement ; il se trouva ainsi en sûreté (1).

Quant à Michel, Marion qui commandait à Léogane, ayant appris les événements de Jacmel dans la même journée où ils avaient eu lieu, était accouru le lendemain dans la matinée, accompagné seulement de ses guides, sous le prétexte de savoir ce qui se passait dans cette ville, mais réellement dans le but de sauver son ami. A son retour, la nuit, il fit déguiser Michel en guide et le joignit à son escorte.

L'ordre était rétabli à Jacmel ; le calme régnait en ville. Cet état de choses était dû, dans l'arrondissement même, au dévouement de quelques hommes, à l'intrépidité de David-Troy et au courage de Dougé, sans aucun appui du dehors. Alors que le danger était passé, Pétion qui n'avait pas voulu prévenir le mal en faisant arrêter Magloire, qui n'avait même pas fait suivre immédiatement ce général, afin de prêter secours aux autorités de Jacmel, Pétion dépêcha contre cette ville Gédéon, à la tête du 3ᵉ régiment et d'un détachement d'artillerie. Trois jours après les événements, Gédéon arrivait précédé de propos sinistres, qui se répandaient de proche en proche. Averti de ses dispositions, le général se porta

---

(1) Le général, dans la suite, ayant à sa table quelques amis, racontait avec indignation la perfidie de Borno. — « Vous ne savez pas encore aujourd'hui où il s'était tenu caché ? » lui dit Legendre. « Il était venu à moi, je l'avais enfermé dans le cabinet attenant à ma chambre, je lui portais moi-même à manger de votre table. — Vous lui avez rendu un grand service, répondit le général, si je l'eusse pris dans ce moment-là, je l'eusse fait fusiller sur la place. »

au-devant de lui ; il le trouva à l'entrée de la ville, formé en colonne d'attaque, grenadiers en tête, tambours au centre, prêt à s'élancer sur Jacmel comme sur une place prise d'assaut. Bonnet devait naturellement penser que ce colonel venait se mettre à la disposition du commandant de l'arrondissement ; il n'en était rien, Gédéon était porteur d'ordres personnels, qui lui donnaient carte blanche, avec pouvoir de piller et saccager Jacmel. Il resta sourd à toutes les observations du général. Vainement celui-ci lui représenta que ces ordres avaient sans doute été donnés pour le cas où le général Bonnet aurait été tué et Jacmel en révolte, mais que le calme était parfait en ville et qu'il devait s'abstenir ; Gédéon entendait exécuter les ordres qu'il avait reçus. On dut négocier longtemps, et il ne consentit à les modifier qu'à la condition qu'on lui accorderait deux heures de pillage. A son grand regret, Bonnet dut y consentir; mais il parvint à restreindre le pillage à deux ou trois maisons, et sachant que celle de Mme Magloire ne pourrait être préservée, il invita cette dame à apporter chez lui ce qu'elle avait de plus précieux : c'est ainsi qu'elle put sauver quelques valeurs.

Les hommes arrêtés sous prévention d'avoir fomenté la révolte furent dans la suite expédiés à Port-au-Prince, sous l'escorte du détachement d'artillerie qui faisait partie de la colonne de Gédéon. Au Cabaret-Cadre, ces malheureux prisonniers furent cruellement assassinés. L'habileté que Bonnet avait déployée à Jacmel avait préservé la république d'une ruine immédiate. Lorsque, succombant sous les intrigues ourdies contre sa personne, le général fut récompensé de son honorable conduite par un exil aux Etats-Unis, on eut l'indignité, dans le but d'atténuer l'effet des services qu'il avait rendus au pays et d'exciter à la haine contre lui, non-seulement de défigurer les faits, mais encore de l'accuser du pillage fait à Jacmel et de l'assassinat des prisonniers, commis hors de son arrondissement par le détachement d'artillerie qui faisait partie des troupes venues de Port-au-Prince (1).

M. B. Ardouin, dans des études sur l'histoire d'Haïti, faites au point de vue d'un parti, s'est fait l'écho des calomnies lancées contre le général Bonnet, sans s'apercevoir que sa relation se réfute d'elle-même. Il dit que Gédéon n'est pas entré à Jacmel, qu'il resta sur l'habitation Pasquet (vol. VII, pag. 125). En conséquence, Gédéon ne peut, selon l'auteur, être accusé ni du pillage ni de l'assassinat des prisonniers; mais s'il ne fût pas entré à Jacmel, comment une enquête sur ces faits eût-elle pu compromettre Gédéon (vol. VII, pag. 127, 128)? M. Ardouin sait donc que Gédéon était entré à Jacmel et que sa troupe avait pillé. Gédéon a pu faire une halte sur l'habitation Pasquet; il fallait qu'il s'arrêtât quelque part; il avait mis trois grandes journées à parcourir la distance qui sépare Port-au-Prince de Jacmel; et l'on veut, tirant parti de cette circonstance, en conclure qu'il n'est pas entré en cette ville. Est-ce admissible? A qui M. Ardouin pense-t-il le faire croire?

---

(1) En 1838, lors de l'assassinat d'Inginac, Raimond et ses complices ayant été arrêtés dans l'arrondissement de Léogane, on fit insinuer à Lamarre de ne pas laisser arriver les prisonniers à Port-au-Prince, de s'en défaire en route. « Non pas, » répondit ce colonel, « je vais au contraire prendre des précautions en les expédiant; je ne veux pas qu'il leur arrive malheur en route, je n'ai pas oublié l'affaire de Jacmel et les accusations portées dans la suite contre le général Bonnet. »

M. B. Ardouin insinue que Bonnet avait *organisé* le pillage à son profit. Reproduisons d'abord les lignes écrites par M. Ardouin, afin que le lecteur, en les comparant à ce que nous allons dire, établisse lui-même son jugement (vol. VII, pag. 124, 125 et suivantes) :

« Quand ces officiers (Gédéon et Laverdure) y arrivèrent, Bonnet était maître du terrain : la conspiration était étouffée dans la ville, et les campagnes étaient restées paisibles. Gédéon n'entra même pas à Jacmel ; il resta sur l'habitation Pasquet, sur l'ordre du général Bonnet.

» Alors survint, de la part des autorités, une de ces mesures qu'on ne saurait trop déplorer et blâmer sévèrement. Des citoyens inoffensifs, des commerçants paisibles, furent accusés d'être *les complices* de Magloire, de lui avoir fourni de l'argent pour parvenir à ses fins ; et, peut-être sans preuves aucunes, *dix-sept* d'entre eux furent arrêtés, liés ensemble, livrés à un détachement de troupes commandé par Laverdure, pour être conduits, disait-on, à Port-au-Prince où ils seraient *jugés*. Les fonds qu'ils avaient dans leurs magasins de commerce, leurs marchandises, leurs effets mobiliers, furent saisis comme devant être *confisqués* au profit de l'État ; une partie de cet argent fut donnée aux troupes, l'autre passa aux mains on ne sait de qui ; les marchandises et effets furent également partagés de la même manière. Ce fut un *pillage organisé*, à l'imitation blâmable du *pillage désordonné* que les soldats et les campagnards avaient fait des chevaux et autres choses accessibles à leur avidité, appartenant à Magloire Ambroise............

» On conçoit encore ces mauvaises actions de la part de

la soldatesque et des gens du peuple, incapables de comprendre, dans tout pays, le respect dû à la propriété; mais de la part des autorités, des chefs dont plusieurs étaient sénateurs, législateurs du pays, *confisquer* ou même *séquestrer*, etc., etc. . . . .

» Et encore s'il n'y avait eu que cela à signaler à la postérité ! Mais ces malheureux accusés furent inhumainement assassinés par le détachement qui les conduisait, lorsqu'ils arrivèrent au Cabaret-Cadre, au pied des montagnes, à l'entrée de la plaine de Léogane. Qui donna cet ordre arbitraire, barbare, révoltant, à l'officier exécuteur commandant du détachement? C'est un mystère qui est resté dans les ténèbres et que l'histoire ne peut malheureusement dévoiler. . . . . »

Et plus loin :

« Une enquête à l'égard de ce fait et de la saisie des propriétés de ces victimes n'eût pu justifier d'abord le général Bonnet qui, en sa qualité de commandant d'arrondissement, avait l'autorité supérieure à Jacmel ; elle eût peut-être compromis également les colonels David-Troy et Gédéon; ces trois chefs étaient des soutiens intelligents, dévoués et influents de la république; les troupes placées sous leurs ordres avaient eu part aux irrégularités commises à Jacmel : conçoit-on ce qui eût pu en advenir? »

» Comment ! Bonnet triomphant de la révolte n'inflige pas immédiatement à la ville la punition du pillage ! Il attend l'arrivée de Gédéon, muni d'instructions du gouvernement, pour en donner le bénéfice aux troupes venues de Port-au-Prince, lesquelles n'avaient pris aucune part à l'action !

Rétablissons les faits. Le général Magloire avait fondé à Jacmel une maison de commerce sous la gestion de son frère, et nous avons déjà expliqué, en faisant connaître les causes de la conspiration, comment cette maison était alimentée. Si donc les marchandises qui formaient le fonds de commerce avaient été achetées pour compte du gouvernement, et payées avec les denrées prises dans les magasins de l'Etat, denrées provenant d'impôts établis sur les producteurs, il est évident que ces marchandises étaient une propriété de l'Etat. Or qu'ont fait les autorités de Jacmel, accusées par M. Ardouin? Elles ont fait transporter ces marchandises dans les magasins de l'Etat; une commission a compulsé les livres; on a ordonné le recouvrement des sommes dues; le versement s'opérait au trésor, et le trésorier donnait reçu de ces sommes. Voilà ce *pillage organisé*. M. Ambroise, fils d'une des malheureuses victimes du Cabaret-Cadre, me disait que dans la famille de son père, on conservait une lettre de Bonnet à Pétion, qui annonçait au président que la vérification des livres amènerait le recouvrement de fortes valeurs. Ainsi le commandant de l'arrondissement rendait compte des opérations au président de la république; les marchandises étaient transportées dans les magasins de la république, les valeurs dues étaient recouvrées par le trésorier de la république; tout passait par la filière administrative, et cependant on vient nous dire que tout *passa aux mains on ne sait de qui!*

Etrange aberration de l'esprit de parti! On justifie le *pillage désordonné*, action déplorable que nous n'avons malheureusement vue que trop souvent se reproduire dans notre pays. Après la révolte de Yayou, on a pillé sa maison à Port-au-Prince, sous les yeux du gouvernement. Gérin ayant été tué, on a pillé sa maison à l'Anse-à-Veau. Lorsque Bonnet se fut retiré dans le Sud, sa maison a été pillée ; en 1820, à la chute de Christophe, la maison de Jean Claude à St-Marc, le palais du roi au Cap, ont été pillés ; en 1842, lorsque le tremblement de terre renversa de fond en comble la ville du Cap, des hordes de scélérats se précipitèrent sur les décombres, pillant et égorgeant les victimes qui imploraient leur assistance. Cependant on a cherché à justifier, dans les journaux du temps, ces faits monstrueux ; et l'on ne rougit pas d'essayer de verser le venin de la calomnie sur l'homme qui, dans des circonstances difficiles, s'élevant avec énergie contre la corruption et les dilapidations, rétablit les finances de la république et laissa dans nos annales la preuve authentique de sa haute probité.

Arrivons aux prisonniers. M. B. Ardouin, ancien commissaire du gouvernement, ancien ministre de la justice, sait parfaitement, ainsi que tout citoyen loyal et de bonne foi : 1° qu'un commandant d'arrondissement ne peut convoquer le conseil de guerre que dans son arrondissement. Bonnet n'a donc pas pu ordonner d'envoyer juger à Port-au-Prince des prévenus arrêtés à Jacmel pour fait de conspiration, à Jacmel où il existait un conseil de guerre ; 2° qu'aucun déplacement ne peut s'opérer d'un arrondissement à un autre, sans l'ordre du chef du gouvernement. Bonnet n'a donc pas pu, de son autorité privée, faire partir les prisonniers. Mais Gédéon, envoyé à la tête d'une division pour soutenir le parti du gouvernement dans une ville en révolte, s'étant arrêté sur l'habitation Pasquet et n'étant pas entré à Jacmel, comment se fait-il que ce soit positivement le détachement d'artillerie venu de Port-au-Prince sous ses ordres qui ait escorté les prisonniers et exécuté cet infâme assassinat?

D'après une version accréditée à l'époque, et c'est la seule que M. Ardouin ait pris soin de ne pas rapporter, on prétendait que plusieurs négociants se trouvant parmi ces prisonniers, il vint à l'idée de l'officier qui commandait le détachement qu'ils étaient munis d'argent; qu'il les sacrifia par cupidité et qu'il prétexta en arrivant qu'ils avaient voulu se soulever contre l'escorte. Or, prenant en considération les mœurs de l'époque, l'insubordination qui régnait dans l'armée, l'impunité habituelle de toutes les actions mauvaises, Pétion a fort bien pu accepter et le fait accompli et la justification de Laverdure, et ne pas sévir; s'appuyant sur ce que *les autres étant morts déjà, il ne fallait pas faire une nouvelle victime*. Tolérance funeste, dont on pourrait citer plus d'un exemple et qui pourtant a provoqué les représentations du Sénat. M. B. Ardouin nous en offre la preuve lorsqu'il raconte (vol. VII, p. 145) que Desruisseau, poursuivi par les tribunaux des Cayes sous la prévention de crime d'assassinat, était venu se mettre sous la protection de Pétion, qui non-seulement arrêta l'action de la justice, mais encore récompensa le meurtrier en le plaçant comme officier dans sa garde. La malheureuse victime ne devait donc pas être vengée par les lois!

CHAPITRE V.

Le Sénat, ses actes. Lamarre, sa correspondance. Nouvelle campagne. Pétion donne à Bonnet le commandement de l'armée. Combat de Chardette. Le Président ordonne de ramener l'armée à l'Arcahaie, remontrances du Sénat. L'armée s'ébranle de nouveau, combat de Couilleau; Bonnet enlève la position de Veyrier, siége de Saint-Marc. Bonnet avec sa gauche enléve le fort libre; sa droite est attaquée par l'ennemi. Christophe veut évacuer la place. Pétion abandonne l'armée et se retire sur la flotte. Bonnet opère sa retraite et sauve l'armée. Détresse de Lamarre au Môle. Le Sénat fait un emprunt au commerce étranger et décrète une contribution extraordinaire. Inquiétude que cause au Sénat la position de l'armée devant Saint-Marc. Gérin appelé à reprendre le service. Retour de Pétion à Port-au-Prince, sa mésintelligence avec le Sénat. Bonnet se décide à accepter la secrétairerie d'État.

Le Sénat avait à cœur de consolider, par une sage organisation, le gouvernement constitutionnel. Ses actes sur les finances, la marine, l'armée, les tribunaux, en font foi.

Sous Dessalines, la cupidité, le vol, la dilapidation, avaient introduit partout le désordre et l'anarchie. Il importait de rétablir, par une direction forte et énergique, l'ordre qui seul pouvait être la sauvegarde des institutions. Mais le Sénat venait chaque jour se heurter contre l'apathie de Pétion. Des agents infidèles continuaient à montrer leur mauvais vouloir en ce qui était de rendre compte de leur gestion, et lorsque des citoyens honorables, des amis du président le pressaient de mettre un terme à ces abus, il leur répondait en haussant les épaules : « Tous les hommes sont voleurs, vous voulez donc que je fasse pendre tout le monde? »

La nomination, à la charge de secrétaire dE'tat de Bruno Blanchet, qui certes était un homme capable, n'avait produit aucun résultat. Administrateur dans le Sud, sous les commissaires civils, il ne pouvait être étranger aux règles de la comptabilité, et pourtant le Sénat, malgré ses instances, n'a pu obtenir même un simple aperçu des recettes. Les plaintes de ce corps décidèrent enfin le président à remplacer ce fonctionnaire; mais loin, d'improuver sa conduite, il l'appela, en qualité de secrétaire général, a contre-signer les actes du gouvernement.

Comment pouvait-on, dans les circonstances difficiles où l'on se trouvait, couvrir sans argent les services publics, entretenir l'armée, ravitailler l'expédition de Lamarre, qui, à la tête d'une poignée de braves, dénué de munitions de guerre et de bouche, ne cessait de faire des prodiges de valeur?

D'un autre côté, la conspiration de Magloire (6 décembre 1807) venait de donner la preuve manifeste des dangers dans lesquels la corruption pouvait entraîner le pays. Le Sénat se décida donc à combattre ouvertement ce système de corruption.

Le 1er janvier 1808, en reprenant ses séances, le Sénat s'empressa de donner à la conduite tenue par Bonnet, à Jacmel, un témoignage de haute satisfaction, en l'élevant par un vote unanime à la présidence du premier corps de l'Etat (1).

Les finances attirèrent d'abord la sollicitude du Sénat, et dès le 4 janvier il adressa un message au président

---

(1) Au renouvellement des bureaux, il donna le même témoignage de satisfaction à David-Troy, en l'appelant à la présidence du Sénat par un vote unanime.

d'Haïti concernant le service administratif. Le 11 du même mois, il régla les droits de patente, et le même jour, il rendit une loi sur l'affermage des maisons du domaine de l'Etat.

Le 16 janvier, le Sénat invite le président à ordonner au secrétaire d'Etat des finances de soumettre à son examen les comptes de sa gestion. Le 20, il demande au pouvoir exécutif d'enjoindre à tous les administrateurs de l'Ouest de se rendre à Port-au-Prince, munis des pièces justificatives de leur comptabilité.

Des comptes présentés par le trésorier général, il résultait un déficit, que celui-ci reconnaissait sans toutefois pouvoir l'expliquer. Le Sénat le décréta d'accusation (15 mars). La probité de Tonnelier était généralement reconnue; trois comptables furent chargés de faire la vérification de ses écritures.

Sous Dessalines, on accordait un crédit aux importateurs. Les bons donnés au trésor en règlement des droits de douane étaient sujets à des compensations, à des revirements, à des concussions qui absorbaient les ressources. Ce système avait continué jusque-là, et le trésorier s'était embrouillé dans ce dédale administratif. Il avait fait figurer comme espèces reçues, des bons qui n'avaient pas été réglés. Les experts trouvèrent l'erreur, qui ne provenait que de son impéritie, et le décret d'accusation fut rapporté (9 mai).

L'administrateur du département de l'Ouest, convaincu de malversation : « pour des sommes prises dans
» la caisse, des objets d'approvisionnements tirés des
» magasins de lE'tat et employés à son profit, des mar-
» chés frauduleux passés contre les intérêts de l'Etat »,

fut destitué, avec ordre de poursuivre la rentrée de sommes équivalentes à ces détournements (ce sont les termes mêmes du décret du 18 mars 1808) (1).

Les mesures de rigueur contre les agents infidèles, contre les détenteurs de biens nationaux qui ne payaient pas leurs redevances, excitaient les railleries dans les salons du gouvernement. L'entourage du président poursuivait de ses sarcasmes les *sages sénateurs* et leurs réformes.

Bruno Blanchet, profitant habilement de ces dispositions, engagea Pétion à s'opposer aux actes du Sénat. « Pitre étant nègre, lui dit-il, la poursuite qu'on en fera produira un mauvais effet. » Pétion, voulant consoler l'administrateur de sa disgrâce, arrêta les poursuites et le fit colonel de son état-major.

L'intérêt personnel avait seul dicté ce conseil. Bruno Blanchet, secrétaire d'Etat, avait fait livrer à Kane, négociant anglais, des magasins de l'État, cent milliers de café, desquels il se chargeait de rendre compte. Cette sortie ne figurait nulle part. Le garde-magasin général, M. Ardouin, père de l'auteur des *Études sur l'histoire d'Haïti*, redoutant les investigations du Sénat, avait communiqué à plusieurs sénateurs l'autorisation qui lui avait été donnée de délivrer ces cafés, afin de s'assurer si cette pièce mettait sa responsabilité à couvert. Bruno Blanchet avait bien prévu que, s'il n'arrêtait à temps le Sénat dans sa marche, il allait se trouver aussi sous le coup d'un décret d'accusation.

Le Sénat fut ainsi paralysé. A ce moment même, il

(1) Voir Linstant, *Recueil des Lois et Actes du gouvernement d'Haïti*.

donnait au pays un témoignage éclatant de son patriotisme. Le jour où il frappait l'administrateur, le Sénat épouvanté de la pénurie du trésor en face de la guerre civile, votait en faveur de l'armée (18 mars 1808) un acte de renonciation aux indemnités que la constitution accordait à ses membres. Cet acte était d'autant plus méritoire que la plupart d'entre eux étaient dans un état de gêne très-voisin de la pauvreté (1). Il n'en poursuivit pas moins ses travaux avec persévérance; mais, dès ce moment, il se trouva en dissentiment avec le pouvoir exécutif.

Cependant, par ses succès, Lamarre tenait en échec Christophe, qui avait porté toutes ses forces contre le Port-de-Paix. Dans une correspondance remarquable, il pressait le président de marcher pour terminer la guerre. « Il le conjurait de se rappeler les malheurs causés par
» les irrésolutions de Rigaud, lors de la guerre civile.
» Le président serait-il indifférent aux vœux de tous les
» cœurs? le nom de la patrie ne lui serait-il plus cher?
» Il n'avait donc pas une idée de leur position! Dénués
» de munitions, ils étaient sur le point de périr. Il n'y
» a donc plus à en douter, sécria-t-il, ce Port-au-Prince
» est une nouvelle Capoue, où les délices énervent le
» courage. »

Pétion restait dans l'inaction. Si les populations du Nord, fatiguées du joug de la tyrannie, se fussent levées contre l'oppresseur, il les eût volontiers aidées à s'affranchir en les ralliant à la république. Christophe étant

---

(1) Ceux du Nord n'avaient de revenus dans l'Ouest que leurs appointements. On citait des sénateurs qui étaient obligés pour vivre de faire le métier de copiste.

noir, il n'entrait dans ses vues ni de lui faire la guerre, ni de le renverser par la force.

En prononçant son ajournement au 1ᵉʳ juillet 1807, le Sénat avait fait preuve d'une entière confiance dans le pouvoir exécutif. Il s'effaçait temporairement, avec la conviction que le président, profitant de la diversion qui s'opérait au Môle, mettrait en action toutes les forces dont il pouvait disposer pour étouffer la guerre civile. Pétion se trouvait ainsi mis en demeure de répondre à la confiance du sénat. Après avoir déjoué la conspiration de Yayou, il entreprit de marcher contre Christophe; mais arrivé à la hauteur de l'Arcahaie, il s'arrêta de nouveau. Les troupes, déplacées de leurs cantonnements ordinaires, manifestaient ouvertement leur mécontentement, au sujet du repos dans lequel elles étaient tenues à Poix-la-Générale. Pétion calma l'effervescence soulevée dans le camp en envoyant Bonnet à la tête d'une armée attaquer Saint-Marc (novembre 1807).

En débouchant par les hauteurs de Charette, le général remarqua, à l'entrée de la plaine, une éminence qu'il crut prudent de faire occuper. Bazelais se trouvait avec lui. Homme du pays, cet officier convenait mieux que personne, par la connaissance qu'il avait des localités, pour exécuter cette manœuvre. Bonnet éprouvait cependant un embarras : ce général lui était supérieur en grade; comment lui donner un ordre? Il leva la difficulté en paraissant le consulter. Bazelais, ayant abondé dans son sens, prit avec lui quelques troupes; mais au lieu d'occuper la position, il s'arrêta au pied du morne. Pierre Toussaint s'apercevant, au premier coup d'œil, de la faute commise, s'empressa de faire occuper cette éminence. La première colonne descendue à la gorge de la montagne, vigoureusement attaquée par le général Pierre Toussaint, fut culbutée et ne se rallia qu'à l'Arcahaie.

Bonnet, loin de se laisser décourager par cet échec, résolut d'accepter la bataille et il déploya ses lignes à Charette. Après un combat aussi long qu'acharné, l'avantage resta aux troupes de la république, et Pierre Toussaint fut refoulé dans la place. La mêlée avait été telle, la fumée si intense, qu'au moment où le feu cessa, on arrêta dans nos rangs des soldats du Nord. Deux colonels, Barthélemy Mirault et Jean-Louis Longueval, s'étaient posé le défi d'aller au milieu de l'armée tuer Bonnet. Le premier reçut la mort dans les marécages de Charette; le second parvint jusqu'en face du général. Souffrant, aide de camp de Bonnet, engagea une lutte corps à corps avec Longueval, et saisissant le propre poignard de ce colonel, lui en porta un coup mortel. Cette victoire ne produisit aucun résultat; le président ayant donné l'ordre à l'armée de rentrer, Bonnet dut obéir à cette injonction et battre en retraite.

Lamarre ne cessait de presser le président de ne pas ralentir ses efforts; aussi lui écrivait-il : « Derenoncour,
» le 2 février (1), monté sur la *Constitution*, avait fait
» sauter le navire, ne voulant pas tomber au pouvoir de
» l'ennemi. L'armée du Môle perdait un puissant appui,
» la république un officier de haute distinction. Christo-
» phe employait ses derniers efforts contre l'armée expé-
» ditionnaire. Le temps des demi-mesures était passé,

---

(1) Lettres 31 août, 13 novembre, 23 novembre, 12 janvier, 22 janvier et 5 février 1808.

» il fallait ne rien ménager pour sauver la patrie. »

Le Sénat, désespéré par l'état des choses, mais toujours confiant dans le caractère de Pétion, résolut à la fin de tenter un dernier effort près de lui. Il se rendit en corps au gouvernement et lui présenta un exposé de la situation de la république, le conjurant de porter remède aux maux qui menaçaient la patrie (28 juillet 1808) (1).

Cette démarche, favorablement accueillie, eut pour résultat de décider la reprise des opérations. En conséquence, le Sénat, par un décret du 1er août, mobilisa la garde nationale et invita le président à réunir les troupes et à se mettre en campagne.

L'armée se met en marche le 7 septembre; l'ennemi rencontré à Couilleau par Pétion, est défait. L'avant-garde, sous les ordres de Bonnet, le rejoignit, par les routes de la montagne, à Veyrier, sur les hauteurs des Verrettes. Une colonne retranchée dans les masures de l'habitation travaillait à se fortifier. Ne voulant pas leur laisser le temps d'achever leurs travaux de défense, Bonnet donne ordre à Gédéon, colonel du 3° régiment, de s'avancer vivement contre le mur et de tenter de l'escalader. Mais, soit que Gédéon comprit mal cet ordre, soit qu'il ne voulut pas l'exécuter tel qu'il l'avait reçu, il déploya ses troupes au pied des glacis et ouvrit son feu, laissant l'ennemi, derrière ses créneaux, fusiller nos soldats. Le général fit alors avancer David-Troy, qui, avec le 22°, escalada les masures. La mêlée fut terrible à l'intérieur; un grand nombre d'hommes furent passés au fil de l'épée,

---

(1) Habitué de nos jours à la servilité des grands corps de l'État, on a voulu faire de *ces remontrances* l'objet d'une accusation contre le premi r Sénat.

et Bonnet, privé de cavalerie, dut charger les fuyards à la tête de ses guides.

Pierre Toussaint d'un côté, Jean-Philippe Daux de l'autre, ayant chacun un régiment sous ses ordres, avaient pris position sur les mornes opposés. Lys et Vancol, placés en face des deux colonels, les tinrent en échec et les forcèrent d'assister l'arme au bras à l'action, sans qu'ils pussent secourir la troupe enfermée à Veyrier.

En rendant compte à Pétion de ce succès, Bonnet demandait qu'on profitât de l'impression que ce combat avait produite sur l'ennemi. Il émettait l'avis qu'on se portât rapidement contre les régiments du Nord ; qu'on descendît par la grande route des Verrettes et qu'on allât occuper le gros morne et attaquer Saint-Marc. Par cette manœuvre, les communications de cette place avec l'Artibonite et le Nord se trouvaient interceptées.

Le combat de Veyrier avait excité du mécontentement au quartier général ; on s'y plaignait que Bonnet eût combattu sans ordre. Le président crut devoir arrêter le mouvement en reployant son armée en arrière. Puis enfin, reprenant lentement sa marche en avant, Pétion donna le commandement de l'armée à Bonnet et se tint à la tête de la garde du gouvernement, qui formait sa réserve.

Le 24 octobre 1808, l'armée déploya ses lignes devant Saint-Marc, la droite appuyée à l'éminence qui domine les usines de l'habitation Pivert, la gauche à l'Eau-de-Fressineau. Pétion avec la garde s'établit à Jeanton. La place, ainsi resserrée, n'était investie que d'un côté ; ses communications restaient libres avec le Nord. Christophe se hâta de renforcer la garnison.

Le président, au début de la campagne, n'avait pas voulu prendre un matériel de siége. Il disait que tirer du canon contre une place fortifiée, c'était *pisser dans un banza* (1). Lorsqu'il résolut de faire transporter par la flotte une artillerie de siége, le débarquement ne put s'en opérer devant Saint-Marc, dont la baie était occupée par la flotte de Christophe.

Bonnet, à la tête de la gauche de l'armée, enleva le *fort libre*. Il poursuivit la garnison jusqu'aux portes de la ville; déjà ses tirailleurs escaladaient les remparts, lorsqu'il fut ramené en arrière par l'insubordination qui régnait dans l'armée et qui arrêta nos succès. Au moment de l'attaque du fort libre, le général avait laissé la droite sous le commandement de Vancol, moins capable que David-Troy qui se trouvait à ses côtés, mais qui était le plus ancien colonel. Christophe, comprenant la nécessité de faire diversion à cette colonne de gauche, dont la vigueur l'inquiétait, avait lancé des troupes contre celles qui étaient flanquées sur l'habitation Pivert. Placé dans les jardins de cette habitation avec une pièce de campagne, Bergerac Trichet, ne voulant pas obéir aux ordres d'un colonel, son égal, assista au combat l'arme au bras. Vancol s'étant replié, Bonnet accourut sur ce point.

En traversant Fleurenceau, il se trouva au milieu de l'ennemi. Laruine Leroux attira son attention en lui faisant remarquer des chapeaux de paille; il dut longer leur ligne au trot sans en paraître préoccupé. Au mo-

---

(1) Banza, espèce de mandoline. Lors du siège de Port-au-Prince, en 1812, des soldats blessés qu'on transportait à l'hôpital, venant à passer devant Pétion, lui disaient : *Aye, président, Christophe a pé pissé nan banza la.*

ment même où il atteignait le régiment de Bergerac, la cavalerie de Saint-Marc se déployait à bout portant sur le front de cette troupe. Le général commanda le feu, la troupe restait indécise. Alors, saisissant par le collet le servant d'artillerie qui tenait la mèche, il le contraignit à exécuter ses ordres. La cavalerie fut mitraillée et le combat rétabli. L'ennemi, rejeté dans ses retranchements, laissait le grand chemin des hauts de Saint-Marc jonché de cadavres. Battue sur tous les points, la garnison etait démoralisée. Christophe voulait évacuer la ville; déjà l'on dirigeait les femmes sur la route de l'Artibonite; Pierre Toussaint seul persistait à rester dans la place.

Telle était la situation des belligérants, lorsque Pétion, sans avis préalable, abandonna l'armée. De grand matin, des soldats revenant du quartier général prévinrent Bonnet que le président se retirait. Il refusa d'abord d'ajouter foi à ce rapport; mais leurs affirmations étaient si précises, qu'il se décida à s'en assurer par lui-même. Grande fut sa surprise, lorsqu'en arrivant à Jeanton, il fut témoin non pas des dispositions de retraite, mais d'un sauve-qui-peut général. Les soldats ramassaient en toute hâte leurs effets et chacun fuyait de son côté sans ordre. Le général s'emportait contre les fuyards, cherchant à les arrêter, lorsque Pétion parut. Le président se retirant, laissait au général le soin de ramener l'armée; il lui promettait de protéger la retraite, en rassemblant sa flotte au Mont-Rouis, devant l'habitation Lanzac.

De retour à son camp, Bonnet, sans trop se presser, concentra ses troupes et fit ses dispositions de départ.

Cependant la fuite précipitée de la garde du président avait ranimé les bandes de la montagne, que dirigeait Jean-François Chibas. Elles se ruèrent en masse sur la grande route, où Christophe, de son côté, se portait en personne, se proposant d'intercepter la retraite.

Le général, désireux avant tout de conserver l'armée confiée à ses soins, conçut un premier projet qu'il ne put exécuter. Il voulait, remontant les hauts de Saint-Marc, enlever les Verrettes et rentrer à Port-au-Prince par le chemin du Mirebalais. Cette combinaison lui donnait l'avantage de dérober sa marche, pendant toute une nuit, à l'ennemi qui l'attendait sur un point opposé. Il ne connaissait pas le pays; le guide qu'on lui amena, épouvanté de la hardiesse du projet, ne voulut pas consentir à éclairer sa marche. Alors, après s'être assuré que chaque régiment avait pris son ordre de route et qu'aucun ne manquait à l'appel, il franchit la section du *Canot* et vint déboucher au grand chemin sur l'habitation Mary.

Une idée heureuse l'illumina en ce moment, et ce fut le salut de ses troupes. Christophe, par des dispositions habilement prises, se croyait assuré de forcer l'armée à mettre bas les armes. Campé à Boisneuf, il avait couronné de postes les hauteurs de Mary, et monté au morne *Tanga* une batterie, qui balayait la chaussée étroite qui traverse les marais de Boisneuf. Si Bonnet s'engageait sur la grande route, attaqué en tête, en flanc et en queue, il lui fallait, par des efforts surnaturels, renverser l'ennemi, enlever la batterie à la baïonnette et se frayer un passage, n'ayant aucune issue pour opérer sa retraite en cas d'insuccès. La nuit était profonde, le général pensa pouvoir dérober sa marche à l'ennemi et gagner le rivage avant le jour, en s'enfonçant dans la ravine de Mary, qui s'étendait en face de son armée. La flotte, d'après les promesses du président, devait se trouver dans ces parages, venir à son secours et protéger son passage.

Bonnet donna l'ordre à Vancol, qui était à l'avant-garde, au cas où il tomberait sur un poste et trouverait la sentinelle endormie, de tout passer à la baïonnette. Il lui recommanda surtout de ne pas se servir d'armes à feu, de crainte d'éveiller l'attention de l'ennemi. Vancol se trouva en face d'un poste endormi et se contenta de traverser silencieusement. Le pas redoublé des troupes réveilla la sentinelle, qui déchargea son arme en fuyant ; le feu s'ouvrit des deux côtés de la ravine. Le général s'arrêta, afin d'observer la direction du tir. Il s'aperçut bientôt que les balles se croisaient sur leurs têtes, sans les atteindre. Il fit passer de bouche en bouche l'ordre de se retirer, l'arme au bras, sans riposter au feu de l'ennemi. Deux fois des branches d'arbres enlevèrent son chapeau ; deux fois, malgré l'impatience du soldat, il ordonna de faire halte, ne voulant pas, disait-il, que Christophe fît inscrire dans ses bulletins que Bonnet s'était sauvé avec tant de précipitation, qu'il avait laissé son chapeau sur la route.

La retraite s'opérait dans un ordre parfait, sans qu'on eût perdu un seul homme, lorsque Bergerac Trichet, qui se trouvait à l'arrière-garde, étant arrivé au milieu du feu de l'ennemi, s'arrêta tout à coup et se mit à guerroyer. Il ne pouvait, disait-il, recevoir des coups sans les rendre. Cette manœuvre fit découvrir la position de l'armée ; l'ennemi plongea son feu sur nos troupes, le combat s'engagea ; la colonne fut coupée. Bonnet dut revenir sur ses pas, attaquer à son tour et dégager Bergerac. Cet acte d'insubordination amena une perte de près de trois cents hommes, qui manquèrent à l'appel (1).

Malgré le retard qui résulta de cette escarmouche, l'armée, à l'aube du jour, déboucha au rivage. La cavalerie sonnait le boute-selle à Boisneuf ; mais on eut bientôt atteint de Lanzac et tourné la position qu'occupait Christophe. Cependant la flotte faisait complétement défaut ; le général l'aperçut au loin louvoyant sous la Gonave.

Pétion s'était embarqué à Pierre-Payen avec ses principaux officiers, laissant à Bazelais le commandement de la garde. Ne voyant pas paraître les troupes dans la journée, il commençait à éprouver des inquiétudes. « Mon Dieu ! disait-il à Panoyoti, combien nous serons redevables à Bonnet, s'il nous sauve cette armée ! »

L'armée, dégagée, continue sa marche. Bazelais s'était arrêté au pont du Mont-Rouis. Bonnet invite ce général à prendre position. Sa troupe, ayant combattu toute la nuit, était fatiguée : c'était le devoir de Bazelais de protéger sa retraite. Puis, déployant son manteau, il se couche sous un arbre ; il avait ordonné de faire continuer la route à chaque corps qui se présenterait, et de ne le laisser revenir sur ses pas, quelque sérieux que fût l'engagement qu'il entendrait sur ses derrières, que dans le cas où il en donnerait lui-même

---

(1) Ces hommes, disséminés dans les bois, furent en grande partie arrêtés et conduits à Christophe, qui les fit passer par les armes.

l'ordre formel. Aussitôt que le dernier régiment eut défilé, Bonnet se retira avec la pensée que Christophe se porterait à leur poursuite ; il voulait laisser la garde s'engager à son tour ; mais la retraite ne fut pas inquiétée.

Pendant ce temps, que se passait-il à Port-au-Prince ? Les cris de détresse de Lamarre avaient donné l'alarme au Sénat. L'armée du Môle, sans vêtements, sans subsistance, sans argent, succombait à ce dénûment complet. Le trésor était vide. Le Sénat, dans sa sollicitude, demandait des fonds au commerce et décrétait une contribution extraordinaire. Robert Southerland, négociant anglais, offrit, au nom du commerce étranger, à titre de prêt, une somme de *quinze mille* gourdes, qui répondait aux besoins les plus pressants. Il était urgent en même temps d'activer la perception de l'impôt ; des commissaires furent expédiés à cet effet dans les chefs-lieux d'arrondissements.

Lamarre, à bout de ressources, s'était aussi adressé au patriotisme de Gérin, qui s'était empressé de lui expédier une embarcation chargée de vivres du pays. Cet acte valut à Gérin des remercîments du Sénat, lesquels furent votés dans la séance du 18 octobre. Gérin ayant été le compétiteur de Pétion à la présidence, le vote du Sénat déplut à quelques courtisans, qui, au lieu de prêter un concours loyal aux mesures que l'on s'efforçait de prendre afin de parvenir à secourir le brave Lamarre, réussirent, au contraire, par leurs intrigues, à exciter les ressentiments du président contre ce corps et provoquèrent le retour du chef de l'Etat.

La nouvelle de l'abandon de l'armée par Pétion arriva subitement au Sénat le 17 novembre. Caneaux vint communiquer deux lettres de Boyer, du 15, qui annonçaient que le président s'était réfugié sur la flotte et qu'on ignorait le sort de l'armée laissée devant Saint-Marc. La stupeur était générale. L'embargo fut mis sur les bâtiments indigènes se trouvant en rade ; on voulait par là éviter de répandre l'alarme sur les autres points de la république. Au milieu de l'anxiété générale, on courait au-devant des nouvelles ; les angoisses augmentaient d'heure en heure, et cependant aucune dépêche du président ne venait préciser la situation. Le Sénat, assemblé le 18, délibérant sous l'impression des inquiétudes qu'entretenait le défaut de nouvelles, considérant les malheurs qui menaçaient l'armée cernée par l'ennemi, arrêta que Gérin serait rappelé au service. Ce général devait être placé à la tête d'une division, chargée de rétablir la communication par terre et de dégager l'armée. Ce nouveau décret blessa encore plus profondément Pétion, qui, dès son retour, publia, le 26 novembre, un compte sommaire, infidèle et tronqué de la campagne, dont le but principal était de dénoncer *les agitateurs et les factieux qui avaient essayé, par des propos calomnieux, d'égarer l'opinion publique sur la conduite et les opérations du gouvernement.* Le Sénat, par son message du 28 novembre, requit le pouvoir exécutif de faire arrêter les conspirateurs.

La mésintelligence des grands pouvoirs de l'État, la pénurie du trésor, par suite de la mauvaise administration des finances ; la nécessité de réorganiser la marine et l'armée et de porter secours aux braves qui combattaient au Môle ; les sollicitations du Sénat, auxquelles venaient se joindre les invitations pressantes du président, triomphèrent, à la fin, des résistances de Bonnet et le décidèrent à accepter les fonctions de secrétaire d'Etat.

CHAPITRE VI.

Bonnet secrétaire d'État; ses premiers travaux. Sabourin et Inginac, chefs de division; antipathie de Pétion contre eux. L'entourage du président veut introduire le gaspillage dans les domaines, la désorganisation dans les finances. Le secrétaire d'État s'oppose à la loi agraire et à la falsification des monnaies. Entraves apportées à l'établissement d'un lycée. Les courtisans se prononcent contre Bonnet. Boyer se met à la tête de l'intrigue; on inspire des craintes à Pétion pour son pouvoir. Suppression de la charge de secrétaire d'État.

Le Sénat, dès ses premières difficultés avec Bruno Blanchet, avait engagé Bonnet à prendre la direction des finances; il s'y était refusé. Le jour de la mort de César Thélémaque, le général, revenant de Darbonne, s'était rendu au convoi en habit de voyage. Dès qu'il parut, les sénateurs l'environnèrent, manifestant de nouveau l'intention de lui confier les rênes de l'administration. Bonnet refusa encore formellement. Au milieu des embarras où l'on s'était trouvé durant la dernière campagne, le Sénat avait député vers Bonnet trois de ses membres, Daumec, Pélage Varin et Simon. Cette délégation avait rencontré le général avec la division campée à l'Eau-de-Fressineau. Daumec lui ayant retracé, avec sa parole insinuante et l'accent de la conviction, la situation critique où l'on se trouvait et les malheurs qui pouvaient en résulter, avait fini par ébranler sa résolution; Bonnet avait promis de réfléchir à son retour. Après la dernière tentative du Sénat, Pétion, de son côté, par une lettre écrite de la main de Boyer, le priait instamment d'accepter la position de haute confiance qui lui était offerte.

Toute l'ambition de Bonnet se bornait à voir la république se consolider par les soins et la sagesse d'une administration éclairée. Le président, qui vivait avec le général dans une intimité parfaite, connaissait ses vues et ses opinions. Du moment où le chef de l'Etat, reconnaissant enfin la nécessité des réformes, réclamait son assistance, le patriotisme de Bonnet s'opposait à ce qu'il persistât plus longtemps dans son refus. Pétion prit l'engagement de participer régulièrement au travail, de discuter toutes les mesures et, une fois arrêtées, de ne les jamais entraver. A ces conditions, Bonnet accepta la charge de secrétaire d'Etat, et le Sénat, dans sa séance du 30 novembre, décréta sa nomination.

Les embarras étaient immenses; toutes les branches de l'administration étaient en souffrance. Bonnet ne pouvait sortir de ce dédale, pour asseoir le calcul de ses opérations, que par sa grande aptitude aux affaires. Le secrétaire d'Etat sentit d'abord la nécessité d'établir son budget. Il était indispensable qu'il se rendît compte des ressources dont il pourrait disposer et du meilleur emploi à en faire. Il n'existait pas de comptabilité et, par conséquent, pas de documents qui pussent le guider dans ce travail. Bonnet eut recours aux états de M. de Marbois; la revue rétrospective qu'il en fit devint la base de ses calculs; en 1789, la production du pays était de............ Depuis cette époque, quarante mille blancs avaient disparu du sol; la guerre de la liberté, la guerre civile, la guerre de l'indépendance avaient fait de fortes brèches à la population. Il comprit qu'elle devait être diminuée de moitié, et que les produits avaient suivi la même proportion de décroissance. Les grandes usines avaient été détruites ; il ne pouvait guère compter sur la production du sucre. Les revenus ne devaient plus représenter qu'une somme de………. Or le pays était partagé en deux parties égales ; la moitié de cette somme seulement pouvait être supposée former le revenu de la république. D'après ce raisonnement, il posa les bases de son budget, qui répondit à peu de chose près à ses prévisions. Mais le résultat sur lequel il comptait ne pouvait s'obtenir qu'en réformant les vices qui s'étaient enracinés dans l'administration. Bonnet ne pouvait rétablir l'ordre dans les finances, ni ramener la confiance partout anéantie, sans provoquer une lutte qu'il était décidé à soutenir avec courage et persévérance.

Lorsque le général Bonnet prit les rênes de l'administration, la caisse publique contenait en effectif une somme de *treize piastres trente-sept centimes*. Dès l'installation du nouveau secrétaire d'État, le directeur de l'hôpital, se trouvant dans l'impossibilité de faire blanchir le linge servant au pansement des blessés qui encombraient l'hôpital, eut recours à son assistance ; le savon manquait. Par suite de la guerre à l'étranger, la caisse de savon valait *vingt piastres*, et les commerçants refusaient de vendre à crédit au gouvernement. Bonnet, qui ne croyait pas le discrédit arrivé à ce point, invita ce fonctionnaire à s'adresser à M. J..., lequel répondit que si le général, personnellement, avait besoin de quelques articles, son magasin était à sa disposition ; que quant au gouvernement de la république, il ne lui ferait pas un centime de crédit. Le secrétaire d'État, froissé de cette réponse, retira *vingt piastres* de sa commode, paya comptant la caisse de savon et fit dire à M. J... qu'il le remerciait de la bonne opinion qu'il avait de sa personne et ajouta que, sous son administration, la république, de son côté, payerait religieusement toutes ses acquisitions (1).

Telle était la situation lorsque le général Bonnet se mit à l'œuvre. Il détruisit le cahos de l'administration par la division du travail, qu'il répartit en quatre bureaux. Dans le nombre de ses principaux chefs de division, deux, Sabourin et Inginac étaient antipathiques au président.

Sabourin, qui se destinait d'abord à la prêtrise, avait fait de fortes études, et, par ses connaissances acquises, était devenu un homme de mérite. On ignore s'il avait déjà reçu les ordres lorsque, fuyant la révolution française, il s'était réfugié à Saint-Domingue. Adoptant le parti de la contre-révolution, il s'était lié d'intérêt avec les prêtres, les émigrés et la faction coloniale. Administrateur à l'Arcahaie, au service des Anglais, sous Lapointe ; réputé blanc, à cette époque, il avait professé

---

(1) L'anarchie qui régnait alors justifiait cette défiance du commerce. A ce moment même, une révolte se manifestait à l'hôpital. Les blessures de la dernière campagne avaient mis Mirambeau, chirurgien en chef, dans la nécessité de faire de nombreuses amputations. Un confrère qui couvoitait sa place, persuada aux malades que ces amputations n'étaient pas nécessaires. Un complot se forme, on s'arme ; les blessés se proposaient de se venger du chirurgien en chef en l'assassinant. Bijoux, infirmier, s'empressa d'en prévenir le général, qui fit demander à Mirambeau l'heure précise de la visite, puis se rendit à l'hôpital un peu à l'avance. La présence du secrétaire d'État dans les salles comprima le mouvement. Les intrigues ourdies contre le chirurgien en chef, dont le talent était reconnu, furent démasquées ; les malades, revenus de leur égarement, désignèrent E.... comme l'auteur des propos qui les avaient soulevés.

contre les hommes de couleur les préjugés les plus outrageants. Mal vu, par suite des principes qu'il avait manifestés antérieurement, il était resté depuis dans l'obscurité, complétement étranger aux affaires.

Inginac, outre sa conduite sous Dessalines, qui avait soulevé contre lui tant de haines, s'était récemment donné le tort grave de pousser Yayou à la révolte; il servait de secrétaire intime dans la correspondance de ce général avec Christophe. Pétion, indigné de cette conduite déloyale, s'était oublié jusqu'à dire dans un cercle que celui qui donnerait un coup de fusil à Inginac au travers d'une haie, rendrait service à la république. Bonnet avait fait observer au président que ces paroles, sans importance dans la bouche d'un particulier, pouvaient, sortant de la bouche du chef du gouvernement, être considérées comme une excitation à l'assassinat, ce qui certainement était loin de la pensée du président; et Pétion s'était empressé de rectifier ses paroles, de manière à ne laisser aucun doute sur ses sentiments d'humanité.

Il fallut donc que le secrétaire d'Etat vainquît la résistance du président. La marche de l'administration ne serait assurée, lui disait-il, que par l'emploi des hommes dont on connaissait la capacité. Ces hommes, occupés en sous-ordre au simple travail des bureaux, étaient réduits à l'impuissance de faire le mal que leurs antécédents pouvaient faire redouter. Le mieux était d'oublier le passé et d'utiliser leurs talents. Il put ainsi organiser ses bureaux, en plaçant les quatre sections qui formaient son cadre sous la direction de Sabourin, d'Inginac, de Frémont et de Boisrond Canal.

Le secrétaire d'Etat imprima au service une marche régulière, en exigeant des administrateurs qu'ils fissent parvenir à la secrétairerie d'Etat, le 5 de chaque mois au plus tard, les comptes de la gestion du mois précédent. Par un examen scrupuleux, un contrôle sévère des opérations, il rétablit l'honnêteté dans le maniement des deniers de la république, sans même avoir eu à sévir contre personne; l'ordre étant rétabli partout, il résolut une tournée aux chefs-lieux d'arrondissements, espérant imprimer, par sa présence, une impulsion qui assurerait la perception des revenus et particulièrement le recouvrement des fermages des biens nationaux, que les besoins urgents du pays rendaient indispensable. Mais il ne pouvait, pensait-il, obtenir un succès complet qu'en s'étayant de l'autorité d'un grand nom. Convaincu que Gérin n'hésiterait pas à lui prêter son appui, il se rendit à l'Anse-à-Veau. Ce général, effectivement, le reçut au milieu d'un dîner où se trouvaient de nombreux convives. On parla de la nécessité de payer les redevances au gouvernement. Gérin, prêchant d'exemple, fit apporter, à la fin du repas, le montant de ses fermes, en espèces, et le remit en présence de la compagnie au secrétaire d'Etat. Bonnet, fort de cet acte qu'il fit sonner bien haut, contraignit chacun à s'exécuter. Grâces à un ensemble de mesures efficaces, tous les services furent couverts, l'armée du Môle approvisionnée, la marine remise sur un bon pied, le crédit de la république rétabli.

Le secrétaire d'Etat déploya une activité extraordinaire dans le travail, et une volonté ferme dans l'exécution des résolutions prises. Il força le président à prendre connaissance de tous les documents, s'attachant à vaincre son insouciance et son éloignement pour l'application. Mais, au milieu de tous ces soins, que de difficultés n'eut-il pas à vaincre, que de tracasseries à combattre !

Dans un pays où la corruption a gagné toutes les branches de l'administration, où chacun veut vivre du trésor public et s'attribuer sans pudeur les revenus de l'Etat, les abus et les prévarications finissent par être considérés comme un droit; toute réforme qui met un terme aux bénéfices illicites de ceux qui profitent du désordre, excite leurs clameurs. Le général savait fort bien qu'en rétablissant l'ordre dans les finances, il allait soulever contre lui une foule de mécontents, dont les plaintes se répandraient dans le public. La faiblesse et l'irrésolution du caractère de Pétion ne permettaient pas d'attendre du pouvoir exécutif l'appui qu'exigeaient les mesures de rigueur qu'il fallait prendre pour assurer les revenus de l'Etat; cette considération était la cause du refus qu'il n'avait cessé d'opposer au Sénat, chaque fois que la secrétairerie d'Etat lui avait été offerte.

Pétion était un de ces philosophes de l'ancienne Grèce, de la secte des stoïciens. D'une probité sans tache, que tout le monde se plaisait à reconnaître, il ne croyait pas à la probité chez les autres. Il considérait comme inhérents à la nature humaine les vices qu'il avait trouvés dans la société coloniale et qui, pourtant, n'avaient été engendrés que par le régime de l'esclavage; de là lui vint la conviction qu'on ne pouvait en rien corriger les mœurs. La femme vertueuse était, d'après lui, un mythe introuvable; par cette raison, il ne voulut jamais consentir à se marier. Lorsqu'il fit la connaissance d'une jeune femme dont la beauté, les grâces, l'élégance, la majesté même, attirèrent son attention, il résolut d'en faire sa compagne; mais sa première idée fut de lui donner un logement hors de chez lui. Bonnet, contrariant ses idées sur l'appartement qu'il voulait lui choisir, le critiquait de son esprit pessimiste et eut grande peine à le décider à la prendre sous son toit.

La grande politique de Pétion, qu'on s'est plu dans la suite à proclamer bien haut, n'a jamais été que le résultat de son caractère et de ses opinions. Aucune combinaison n'a dirigé sa conduite; c'était la politique du laisser-faire; il a toujours été lui-même, et c'est pour cela qu'il demeurera éternellement inimitable. Lorsque des faits répréhensibles arrivaient à sa connaissance : Le coquin! s'écriait-il, et c'était tout le châtiment qu'il infligeait. Un instant après, il était porté à l'indulgence.

Le secrétaire d'Etat, cherchant à établir la régularité dans les douanes et poursuivant partout la contrebande, reçut, de Saint-Thomas, l'avis que madame Charteron, corsaire célèbre qui écumait les mers, se rendait aux Cayes avec un chargement de rhum; qu'elle devait d'abord se tenir au large, puis débarquer sa cargaison sans en payer les droits. Il s'empressa de transmettre des ordres au commissaire du gouvernement, lui recommandant de surveiller les manœuvres du navire, dont il lui envoyait le signalement, et de faire arrêter la contrebande au moment où l'on se disposerait à la faire entrer en magasin. Cet ordre fut ponctuellement exécuté, la confiscation prononcée. Madame Charteron furieuse accourut à Port-au-Prince. Pétion se montra très-bienveillant envers elle; il était disposé à lui faire remettre sa marchandise, disait-il, mais le secrétaire d'Etat ne le voulait pas; il invita cette dame à l'aller voir et à lui présenter sa requête. Bonnet objecta à madame Charteron qu'en faisant la contrebande, elle savait fort bien qu'elle s'exposait à la confiscation; qu'elle devait, en conséquence, s'en consoler et s'en abstenir à l'avenir. Elle ne s'en consola pas du tout. Ayant rencontré Théodat Trichet à Saint-Thomas, elle se répandit en invectives contre le secrétaire d'Etat, faisant les plus grands éloges du président. « Votre ami, le général Bonnet, est un gueux, disait-elle; si jamais je le rencontre en mer, je le ferai pendre à une de mes vergues. » Théodat ne put la convaincre qu'à demi, en lui faisant envisager que si Pétion, qui était le chef du gouvernement, eût voulu réellement lui faire la remise de son rhum, le secrétaire d'Etat eût été impuissant à l'en empêcher. Il en était ainsi de toutes les mesures qui contrariaient ceux qui avaient intérêt à faire le mal; on allait au président qui répondait : « Ce n'est pas moi, c'est le secrétaire d'Etat qui le veut. »

Une dame se présente au gouvernement les larmes aux yeux : elle se disait une *malheureuse femme noire sans instruction;* le juge de paix, ajoutait-elle, profitant de son *ignorance*, s'était entendu avec M. Linval, et la condamnait à payer des sommes qu'elle ne devait pas. Pétion commençait à s'apitoyer sur son sort, lorsque le général, le priant de ne pas se prononcer sans être éclairé, envoya un aide de camp inviter le juge de paix, par ordre du président, à se transporter de suite au gouvernement, avec le registre de ses jugements. Comme l'avait prévu Bonnet, les faits s'expliquèrent à la confusion de cette dame; le juge de paix n'avait pas rendu de jugement dans son affaire. Linval avait confié à cette femme des marchandises qu'elle vendait à commission. Elle avait disposé illicitement du produit des ventes, et, par un accord qui lui aissait le temps de se procurer des ressources, elle offrait de faire à une époque déterminée la restitution des sommes qu'elle avait détournées. Cette femme ne sachant pas écrire, Linval ne voulut accepter qu'un arrangement rédigé par un officier public, qui en constaterait les termes. Alors, d'elle-même, la dame s'était présentée chez le juge de paix qui avait dressé l'acte sur sa réquisition et conformément à sa déclaration. Ces faits étaient précis; elle fut contrainte d'avouer qu'en rentrant chez elle, son mari l'avait blâmée et l'avait engagée à aller trouver le président, l'assurant qu'il la dispenserait de payer (1). Pétion garda le silence; mais il fut à peine resté seul qu'il fit mander Linval, et finit à force d'instances par le faire consentir à perdre son argent.

On aurait tort de croire que Pétion avait conscience d'avoir causé le moindre préjudice à M. Linval; il ne faisait lui-même aucun cas de l'argent. Ainsi, il avait fait régler ses émoluments de manière à recevoir tous les samedis une certaine somme du trésor. Cet argent était déposé sur une table, au salon; chacun venait y

---

(1) Le mari était un mulâtre. Les sommes détournées l'avaient été à son profit. « Vous êtes une sotte, lui avait-il dit, n'êtes-vous pas *négresse ?* Allez trouver le président, vous n'aurez rien à restituer. »

prendre sa part; on a vu des aides de camp, arrivés trop tard à la curée, le bouder; et si sa compagne n'avait pas eu la précaution de prélever la somme nécessaire aux dépenses de la maison, elle se serait trouvée, le lendemain, dépourvue des moyens de s'approvisionner.

Les alentours de Pétion, spéculant sur le caractère du chef de l'État, voulurent introduire le gaspillage dans les domaines, la désorganisation dans les finances. Contrariés dans leurs projets, ils firent une opposition violente aux mesures proposées par le secrétaire d'Etat. Ils ont triomphé à la fin, et l'expérience qui, jusqu'à ce jour, a confirmé de plus en plus la justesse des vues du général Bonnet, n'a encore éclairé personne. Leurs apologistes répètent aujourd'hui les mêmes griefs qu'ils articulaient autrefois contre le général, exaltant, comme le résultat d'une haute combinaison politique, les fautes qui ont jeté dans le pays les germes de la décadence de la république, dès son origine, et qui menacent de l'entraîner, tôt ou tard, à sa ruine.

La distribution des terres fut le premier prétexte d'opposition. De nouveaux propriétaires devaient naturellement remplacer les anciens, qui avaient disparu. Ce n'était pas une question nouvelle; lorsqu'il s'était agi de proclamer la liberté générale, Polverel avait, le premier, émis l'opinion qu'il fallait, en brisant les chaînes de l'esclavage, rendre les noirs propriétaires, si l'on voulait assurer la liberté. Mais, en même temps, il prétendait qu'on devait leur inculquer des idées saines et justes de la propriété, en leur faisant comprendre qu'elle ne pouvait s'acquérir que par le travail. Le secrétaire d'État partageait ces opinions. Il était opposé à la loi agraire pure et simple, parce qu'il craignait qu'elle n'offrît pas une garantie suffisante de stabilité à la propriété. « Le principe de la loi agraire admis, disait-il, quelle assurance avez-vous que, plus tard, dans des troubles civils, on ne viendra pas vous demander un nouveau partage des terres (1) ? Ce n'est pas sur cette base que vous devez agir, objectait le général. Le gouvernement n'ayant que des revenus très-restreints, qui ne vous permettent pas d'accorder en espèces des pensions de retraite à ceux qui auront été un certain temps au service, soit dans les armées, soit dans l'administration, prenez dans chaque commune une quantité de terre dont vous ferez des lots, chaque lot portant un numéro d'ordre. Donnez à chacun de ceux qui laisseront le service, et qui auront droit à une pension de retraite, une propriété transmissible à ses héritiers et qui en tiendra lieu. Au congé vous ajouterez le numéro qui fixera la position de cette propriété, sans qu'aucune contestation puisse s'élever. A tous ceux qui désireront devenir propriétaires, vendez des terres, mais vendez-les à leur valeur réelle. On n'aura pas les moyens de vous payer sur-le-champ ; soit, accordez vingt-cinq, cinquante, cent ans, s'il le faut. Tous les ans, jusqu'à l'entière libération, les acquéreurs auront une annuité

---

(1) On citait en 1843, lors de la révolution contre Boyer, un trait qui, loin de faire réfléchir, ne fit que prêter à rire. Un illustre personnage passant sur les quais vit une fort belle maison qui lui parut à sa convenance. Il s'enquit du nom de son maître. On lui répondit que la maison appartenait à M. L... qui était en ce moment à Paris. « Bien, dit-il, il est émigré, je vais la prendre. » On eut toutes les peines du monde à lui faire comprendre que M. L... était parti avec un passe-port en ordre et n'avait pas émigré. Il se croyait déjà propriétaire de la maison.

à payer au trésor. La somme de ces redevances formera en partie la base de votre budget et ces ressources contribueront à relever vos finances. D'un autre côté, chacun aura intérêt à soigner la propriété qui devra se payer elle-même ; par là, vous maintiendrez dans les campagnes l'esprit du travail. » Bonnet considérait que morceler les sucreries, c'était sacrifier la production du sucre et se priver d'une denrée qui facilitait les échanges avec le commerce étranger.

Ses vues ne s'accordaient pas avec celles de ces messieurs. Par la retraite de Bonnet, les entraves furent écartées ; on distribua les terres gratis, sans ordre, sans méthode, chacun prenant et se plaçant comme il l'entendait ; l'agiotage s'empara de la vente des concessions, on s'en faisait adjuger sous différents noms. S'agissait-il de propriétés urbaines, les uns s'établissaient dans l'appartement de l'étage supérieur, les autres au rez-de-chaussée, sans se préoccuper des procès qui devaient résulter de ce désordre. Dans les ventes faites par l'Etat, on payait cinquante, cent, deux cents gourdes, des immeubles qui valaient dix, vingt, quarante mille gourdes et davantage ; on sacrifia les biens des villes, ceux des communes et même les édifices occupés, sous le régime colonial, par les administrations et dont la construction avait coûté des sommes considérables. Cette profusion, cette libéralité, si l'on veut bien qualifier ainsi cette générosité désordonnée, était un excellent moyen de se créer des admirateurs, des prôneurs, des partisans, mais, en réalité, n'était-ce pas sacrifier l'avenir du pays, en le privant de ressources qui, mieux employées, auraient permis, à une époque peu éloignée, de le relever dignement par des travaux d'utilité publique?

Ce qui est pis encore, on a vu des hommes occupant une position élevée, accaparer des biens qui ne faisaient pas partie du domaine de l'Etat, sans que le président, malgré les réclamations les plus vives et les mieux fondées, ait jamais eu la force de les faire restituer à leurs légitimes propriétaires.

M. P... avait dépensé dix mille piastres à construire une maison dans la grande rue. Après avoir traversé toutes les phases de nos révolutions sans avoir quitté le pays, voyant son commerce décliner et perdre sa valeur, il résolut, sous Pétion, d'aller s'établir et exercer son industrie aux États-Unis, espérant que, pendant son séjour à l'étranger, les choses prendraient plus de stabilité. P... avait affermé sa maison au général Lys. Lors de la scission, Lys s'étant retiré dans le département du Sud, C..., favori de Pétion, occupa la propriété et se la fit adjuger. Sur les avis qu'il en reçut, P... envoya sa femme adresser ses justes réclamations au président contre cet acte de spoliation. C... garda la maison : cette propriété était à sa convenance.

S... fit plus, il s'empara de la propriété d'Adélaïde Salagnac, en son absence. Or si P... était blanc, Adélaïde Salagnac était une femme de couleur, appartenant à une famille très-connue (1); il n'y avait pas le moindre prétexte à mettre le séquestre sur ses biens. Ni les réclamations, ni les démarches de cette dame, ne lui firent restituer sa maison. S... prétendait ne plus se déplacer :

---

(1) Elle était de la famille du général Beauvais.

> Cette auberge est à mon gré ;
> J'y suis bien, j'y resterai.

Le secrétaire d'Etat voulait que les dépenses fussent basées sur les recettes ; que, par l'ordre, l'économie, une sage prévoyance, on arrivât à développer les ressources du pays. Cette manière de procéder ne convenait pas aux alentours de Pétion. Se procurer de l'argent était facile ; à les entendre, il n'y avait qu'à falsifier la monnaie. Le secrétaire d'Etat s'opposa à cette mesure. Cependant, cédant aux obsessions dont on fatiguait le président, et ne voulant pas d'ailleurs paraître imposer toujours ses opinions, il porta la question devant les hommes les plus éclairés du pays, qui tous se prononcèrent énergiquement contre la falsification. Ces messieurs ne se tinrent pas pour battus. Plus tard, lorsque le secrétaire d'Etat fut renversé, on fit percer les gourdes fortes, on fabriqua les *d'Haïti*; l'épreuve fut malheureuse ; on y substitua la monnaie à serpent ; bref, on arriva, de chute en chute, à la création du papier-monnaie. La fortune publique décrut et l'on en est encore, de nos jours, à comprendre que par ces moyens on a paralysé le développement du pays et qu'on l'a grevé d'une dette énorme qui, allant toujours croissant, peut, à une époque plus ou moins reculée, entraîner les plus graves conséquences.

L'Assemblée constituante, reconnaissant qu'il importait de s'occuper immédiatement de l'instruction publique, avait inséré dans la constitution un article qui en rendait la fondation obligatoire. Ce n'était pas une phrase banale. Sous le régime colonial, les colons, qui considéraient comme un danger l'instruction chez les affranchis, s'étaient fait un principe d'y mettre des entraves. Ceux des libres qui avaient acquis quelques lumières faisaient exception. Les connaissances étaient concentrées chez les blancs, et encore les plus capables dans l'administration, la magistrature, les principales fonctions, venaient-ils d'Europe. Il était donc nécessaire, dès le principe, de propager l'instruction, afin de former les sujets que réclamaient les différentes branches du service public, et de répandre dans la population les connaissances indispensables à son amélioration.

Le secrétaire d'Etat proposait, en conséquence, d'établir un *athénée*, où l'on pourrait étudier la littérature, la comptabilité, le droit, les sciences exactes. Pétion avait goûté ce projet; et il fut convenu que Bonnet s'adresserait à un ancien secrétaire de Rigaud, réfugié aux États-Unis, homme d'une grande érudition, qui, bien que blanc et colon, avait toujours loyalement soutenu la cause de la liberté. Une correspondance fut échangée; ce monsieur acceptait aux conditions qu'on lui proposait; déjà il s'était entendu avec des professeurs, le personnel était prêt, il ne manquait plus à l'accomplissement du projet que les dernières instructions du gouvernement.

On avait affecté à ce lycée un carré de maisons hautes situé au centre de la ville. Les arrangements pris, les plans arrêtés, les alentours de Pétion, qui prétendaient ne pas reconnaître l'utilité de cet établissement, s'opposèrent à sa création. On n'a pas eu besoin de tant de mystère pour chasser les blancs, s'écriaient-ils. Faut-il un juge, un administrateur, un comptable, le premier officier venu peut convenir à ces fonctions; il se formera à l'usage des tribunaux, il se formera dans les bureaux de l'administration. Boyer finit par obtenir de Pétion l'abandon d'une des maisons hautes. Il la fit démolir et en fit transporter les matériaux à Drouillard (1). Le secrétaire d'État indigné, comprenant qu'il n'y aurait plus de garantie pour les personnes engagées, relégua ses plans dans un carton et le lycée ne fut pas créé.

Longtemps après, en décembre 1815, un monsieur Ballet, ancien maître d'école à Paris, arrive à Port-au-Prince, se donnant comme membre de l'Université de France; il fut autorisé à fonder une école, qu'il décora du titre pompeux de lycée. Dans la suite, sous la direction de Laprée, récemment revenu au pays, et auquel s'adjoignirent MM. Louvet et Cluny, professeurs qui ne manquaient pas de mérite, et que les événements

---

(1) Cette maison a été rétablie sur l'emplacement de la grande case de Drouillard, où elle existe encore.

On aurait pu supposer que l'opposition de Boyer à ce que l'on établît le lycée en 1809 ne provenait que d'un esprit de rivalité contre le secrétaire d'Etat. Une circonstance fortuite vint prouver dans la suite que, malgré son intelligence, c'était précisément parce qu'il partageait les aversions et les préjugés de son époque contre tout ce qui venait de l'étranger, qu'il ne voulait pas que cette institution fût fondée.

Lorsque le parti prêtre obtint, en France, la suppression de l'école normale, celui qui écrit ces lignes étudiait à la Sainte-Barbe-Nicole, aujourd'hui collège Rollin, et il logeait avec un répétiteur de rhétorique, qui recevait souvent d'autres jeunes professeurs. Ces messieurs étaient indignés de la violence qui leur avait été faite et parlaient de s'expatrier. Voyant une occasion unique de procurer à son pays un établissement de premier ordre, il accepta l'invitation d'écrire à son père et de l'engager à négocier avec le président Boyer la proposition qu'ils lui faisaient de se transporter en Haïti. Ils avaient organisé tout un lycée; professeurs de physique, de chimie, de mathématiques, de philosophie, d'histoire, de rhétorique, de toutes les classes jusqu'à la sixième: c'était un personnel complet. Lorsque le général communiqua ce plan au président, S. Exc. ne voulut consentir à aucun arrangement. Si ces messieurs viennent, répondit-il, on verra à s'entendre avec eux. La combinaison échoua, faute de garantie. Ces mêmes professeurs ont été plus tard des hommes d'un mérite éminent dans le corps enseignant. Il en est même, parmi eux, qui ont acquis une réputation hors ligne.

avaient aussi amenés en Haïti, cet établissement prit quelque essor. Les sujets qu'il produisit offrirent, par leurs succès, la preuve matérielle des résultats qu'on aurait obtenus par une organisation sérieuse de l'instruction publique.

Le secrétaire d'État avait ainsi pour adversaires les hommes qui approchaient de plus près le président; plus ses succès étaient grands, plus ils s'acharnaient contre lui. Sa sollicitude pour l'approvisionnement de l'armée du Môle était incessante. Un navire américain y avait déchargé sa cargaison. Le capitaine rapportait un règlement surchargé, sans se douter que dans les papiers qu'il remettait au général Bonnet, se trouvait une note portant le prix réel auquel la vente avait été consentie. Le préposé d'administration du Môle s'était empressé, dans une lettre particulière, de le mettre au courant des transactions qui avaient eu lieu. Lorsque le consignataire réclama le payement de sa facture, le secrétaire d'État ne voulut pas admettre les comptes qu'on lui présentait. Il indiquait les prix auxquels la transaction avait dû certainement être faite, et qui offraient une énorme différence avec la somme qu'on avait la prétention d'obtenir. Les démarches avaient été pressantes, le général ne cédait pas. Alors le capitaine proposa de déduire quatre mille piastres sur sa facture; c'était précisément la part qui lui revenait dans cette fraude. A cette condition, Bonnet consentit à ordonnancer la feuille; il tenait à punir le capitaine en le privant du gain qu'il avait cru faire par une signature de complaisance.

Immédiatement après l'accomplissement de ce fait,

C... annonça au gouvernement, devant une nombreuse réunion, que le secrétaire d'État venait de faire payer sa signature quatre mille gourdes. Il y eut une explosion de joie générale : le général Bonnet était enfin pris en flagrant délit de concussion. Un de ses amis qui assistait à cette scène, convaincu que ce rapport était une perfidie, se hâta de l'aller prévenir. Le secrétaire d'État se rendit de suite chez Pétion et le pria de faire vérifier les faits. « Vous êtes bien bon de vous occuper de ces propos, répondit le président, pensez-vous donc que j'accorde la moindre créance à ces calomnies? — On a accusé, repartit vivement Bonnet, le secrétaire d'État de concussion dans vos salons, en votre présence, vous n'avez pas imposé silence aux calomniateurs; quelle que fût votre opinion, comme chef du gouvernement, en face d'une accusation capitale, votre devoir est de chercher à connaître la vérité. » Bonnet envoya un aide de camp inviter le trésorier général, de la part du président, à apporter de suite l'ordonnance d'après laquelle il venait de payer la cargaison débarquée au Môle.

Nau arriva bientôt muni de cette pièce, au bas de laquelle se trouvait la déduction consentie, écrite et signée de la main même du capitaine américain, et l'ordre de payer la somme ainsi réduite. Le secrétaire d'État fit remarquer au président qu'il avait simplement arrêté, au profit du trésor, une soustraction de quatre mille piastres qu'on prétendait faire à l'État ; et il lui communiqua les avis reçus du Môle, ne voulant pas laisser supposer qu'il avait été déloyal vis-à-vis du capitaine américain.

Boyer s'était placé à la tête de la coterie qui faisait une opposition malveillante au général Bonnet; voici en quelle circonstance : secrétaire de Renaud Déruisseau, chef supérieur de la légion de l'Ouest, puis de Pétion qui commandait la division de l'Ouest, il n'avait jamais servi que dans la partie administrative de l'armée; ce qui lui valait cependant une assimilation à un grade militaire. Il avait d'autant moins de prétentions lors de la fondation de la république, qu'il partageait l'opinion de Papaillier, son ami, sur le sort de la constitution qui, à les en croire, allait s'évanouir au premier souffle de Christophe. Boyer, membre de la Constituante, répétait publiquement et avec emphase, en parlant des délibérations de l'assemblée : « *Le général en chef saura tout, et c'est moi qui l'en instruirai.* » Mais, voyant Christophe repoussé en janvier 1807, le Port-de-Paix se soulever, Yayou et Magloire se briser en essayant d'attaquer la république, Boyer commença à reprendre confiance et à se ranger du côté de ceux que la fortune semblait favoriser. Lors de la formation de la garde du président, il était question de placer Paris Poisson à la tête de ce corps. Boyer, par l'influence de Mme Joute Lachenais, obtint de Pétion le commandement de cette garde; il arriva ainsi à une position militaire importante.

Après la dernière campagne devant Saint-Marc, Pétion qui voulait récompenser les services rendus par l'armée et consolider la position de Bonnet, nommé secrétaire d'État, en l'élevant au grade de général de division, résolut de faire en même temps une grande promotion dans laquelle il serait compris. Les colonels Lys, Gédéon, Métellus, obtenaient le brevet de général de brigade; il n'était nullement question de Boyer, qui tout récemment avait été fait colonel. La liste, dressée le matin par le secrétaire d'État, était restée secrète ; on ménageait une surprise à ces officiers supérieurs.

Dans la soirée, Lys trouva Bonnet au gouvernement. « Qu'a donc Jean-Pierre (1), lui dit-il; je viens de le rencontrer, je lui ai demandé s'il allait au palais : Pour ce qu'on y gagne, non, a-t-il répondu; il était furieux ? » Le général sourit, il avait compris. Ces messieurs étaient encore en cercle avec Pétion, lorsque Boyer passa fièrement près d'eux sans les saluer, et alla un peu plus loin tenir compagnie à Mme Joute qui, assise sous la galerie à la porte d'un salon privé, respirait la brise du soir. Le lendemain, les brevets ayant été rédigés en conformité de la liste, le secrétaire d'État vint prendre la signature du président. Pétion, après avoir longtemps hésité, finit par demander à Bonnet si Boyer étant l'ami de tous ces colonels, on ne pourrait pas profiter de la circonstance pour le faire passer avec eux. « Faut-il le porter sur la liste? répliqua Bonnet sans répondre à sa question? — Mais si vous croyez qu'il n'y ait aucun inconvénient, cela me sera agréable. » Le général inscrivit le nom. Pendant la nuit, la compagne de Pétion avait obtenu cette nomination. A cette époque, on dressait un état de services en marge des brevets. Le secrétaire d'État, ne sachant comment établir celui de Boyer, lui fit demander des notes qu'il refusa de donner. La pièce fut délivrée sans cette formalité, qui, si elle a été ajoutée, ne l'a été qu'après coup (2). Dès ce moment,

---

(1) Les amis de Boyer l'appelaient ainsi lorsqu'ils voulaient le contrarier; aussi furent-ils fort étonnés de le voir, lorsqu'il fut parvenu à la présidence, mettre en tête de ses actes : Jean-Pierre Boyer, président d'Haïti.

(2) Dans les publications qui se produisent de nos jours, nous voyons Boyer porté à différentes reprises à des positions militaires effectives. Nous croyons qu'il

comprenant tout le parti qu'il pouvait tirer de l'oreiller de Pétion, il aspira à lui succéder au pouvoir, et il dut, par d'habiles manœuvres, écarter tous ceux qui pouvaient lui faire obstacle.

Les salons de Pétion étaient devenus un foyer d'intrigues de toutes sortes. Les cancans de la ville, en s'y reproduisant, apportaient souvent le trouble dans les familles. Un duel funeste en fut la conséquence. Lys était à dîner chez Bonnet, lorsque Lespinasse se présenta, demandant à lui parler (1) ; il lui portait un cartel de la part de Moreau. Une intrigue de femme, racontée au siége du gouvernement, donnait lieu à cette rencontre. Pétion avait lancé, à ce sujet, quelques plaisanteries mordantes. D.... répéta les propos, et, n'osant pas citer le nom du président, il les attribua à Lys. Moreau, indigné, provoqua ce général, sans vouloir d'explication. Arrivés sur le terrain et les adversaires étant placés à une faible distance, le sort fut favorable à Lys. Il hésitait à tirer sur un homme contre lequel il n'avait aucun grief. Moreau, à des paroles outrageantes, ajouta la menace de lui donner de sa canne sur le visage. « Ah! vous le voulez, » répondit le général, et, dans un mouvement de vivacité, il l'atteignit d'un coup de pistolet. En voyant son adversaire se débattre dans les angoisses de la mort, Lys désespéré fut saisi d'une violente agitation. A ce moment parut D...; Lys exaspéré courut au-devant de

---

a déployé assez d'intelligence et d'habileté pour faire servir les circonstances à son élévation, et pour se maintenir vingt-cinq ans au pouvoir, sans qu'on ait besoin de fausser l'histoire en sa faveur.

(1) Ils étaient treize à table et en ce moment l'on faisait des plaisanteries sur ce nombre fatal, l'un des préjugés du pays. Si le général Lys avait pu connaître la crainte, son courage en eût été ébranlé.

lui : « Venez voir la position où vous avez mis un malheureux père de famille, » lui cria-t-il. D... rebroussa chemin et s'enfuit au galop.

Bonnet voyait avec peine la marche du gouvernement ; ramener Pétion dans la bonne voie, était le but de tous ses soins, de tous ses efforts. Enfermés dans la chambre à coucher du président, ils restèrent un jour pendant plusieurs heures en conférence intime. Boyer inquiet, ne pouvant comprendre le motif d'un entretien aussi long, contraignit Mme Joute à pénétrer trois fois dans cette chambre; Pétion, à chaque fois, allant au-devant d'elle, la reconduisit en la priant de les laisser seuls. Bonnet lui faisait comprendre toutes les fautes de son administration; il allait même jusqu'à lui reprocher sa conduite et les conséquences qui en résultaient. La partialité marquée qu'il affectait envers les noirs, loin de mener au but qu'il se proposait, d'éteindre les rivalités de castes, ne faisait que les entretenir. Si un officier général noir se présentait au palais, le président se dérangeait de son siége et allait au-devant de lui. Le secrétaire d'État arrivait-il ensuite, le président restait à sa place. « Mais vous êtes mon ami, vous, disait Pétion. — En particulier, oui certainement ; mais lorsque je me présente officiellement au palais, je suis le secrétaire d'État. Ces différences se remarquent et sont d'un mauvais effet. Pourquoi entraver l'action des tribunaux et protéger par là des actes répréhensibles ? La justice impartialement administrée, la vigueur dans le gouvernement afin d'établir l'ordre avec équité, l'égalité maintenue entre tous, n'excluent ni la prudence, ni la modération. Fondateur de la république, vous devez ambitionner la gloire de Washington ! Que ne saisissez-vous hardiment ce rôle ? » Pétion fit plusieurs fois et à pas lents le tour de la chambre; puis, se retournant vers le général, il lui dit avec un sentiment de profonde conviction : « Allons, je ne suis pas fait pour gouverner les hommes. »

L'envie, la jalousie, l'ambition, toutes les passions haineuses formaient cercle autour de Pétion. Le secrétaire d'État luttait contre cette camarilla devenue souveraine. Le Sénat, lorsque l'armée abandonnée devant Saint-Marc, paraissait en danger, avait appelé Gérin, qu'il voulait envoyer rétablir les communications. L'armée étant retournée à Port-au-Prince, le Sénat, sans prendre en considération l'ombrage que ce général portait à Pétion, crut devoir, en récompense de son patriotisme, agir vis-à-vis de lui comme il l'avait fait à l'égard de Timothée; il l'invita à reprendre ses fonctions de sénateur. Cette mesure mit le comble à l'exaspération; un conseil privé fut convoqué au gouvernement. L'opinion d'un négociant appelé à ce conseil prévalut. Le président, à ce qu'il prétendait, devait se réconcilier avec Gérin et dissoudre le Sénat. Pétion offrit à Gérin un grand dîner et le Sénat fut ajourné. Ce coup d'État avait lieu vers le milieu de décembre, au moment où Bonnet procédait à son organisation administrative; il resta donc exposé aux intrigues du palais, sans avoir la ressource d'une assemblée qui discutât ses projets et leur donnât l'appui d'une sanction législative. Ses actes n'en resteront pas moins un témoignage éclatant de la droiture de son caractère et de la justesse de ses vues. La gloire d'avoir su fixer les bases de l'administration du pays lui est pour toujours acquise.

Les ressources de 1809 avaient suffi à couvrir les dépenses, et le budget de 1810 se présentait en équilibre. Ces résultats satisfaisaient Pétion, qui voyait avec peine les intrigues dirigées contre Bonnet, sans oser ouvertement imposer silence à ses détracteurs. Le président eut la bonhomie de dire à Boyer, qui se montrait le plus ardent à la tête de cette cabale, qu'il ne comprenait pas sa conduite : « Mais ne voyez-vous donc pas, ajoutait-il, que c'est là l'homme qui est appelé à me succéder? » C'était mettre le feu aux étoupes. Cette parole détermina l'incendie : de perfides manœuvres furent mises en jeu.

Quoique Pétion n'eût accepté la présidence que contre son gré, depuis qu'il s'était accoutumé au pouvoir, il y tenait. Ses craintes d'être renversé avaient amené la dissolution du Sénat. Gérin, plus tard, avait conspiré contre lui et venait d'être tué. En mettant adroitement ces circonstances à profit, on réussit à faire naître dans son esprit des défiances contre Bonnet. On lui exposa l'influence militaire que le général avait acquise par sa retraite devant Saint-Marc, les talents qu'il déployait dans l'administration. On représenta au président que s'il continuait à le laisser agir, il acquerrait une position assez forte pour renverser le chef de l'État et lui succéder.

Le président finit par prêter l'oreille à ces odieuses imputations. On voulait se défaire de Bonnet ; il gênait tout le monde par sa manière de conduire les affaires de la république ; mais on éprouvait un embarras : on ne pouvait, en présence des résultats obtenus, congédier le secrétaire d'État, sans motifs en apparence raisonnables. On chercha à le trouver en faute; on intéressa, par de larges promesses, les chefs de bureaux à découvrir, dans la conduite de leur supérieur, des actes qui permissent de porter atteinte à sa situation. Seul Boisrond-Canal resta incorruptible. Un jour, après avoir travaillé avec le général comme d'ordinaire, Boisrond lui dit qu'il croirait manquer à ses devoirs et trahir l'amitié que le général lui avait toujours témoignée, s'il lui laissait ignorer ce qui se passait dans ses bureaux. Alors il lui rendit compte des trames qui s'ourdissaient contre lui et lui fit savoir qu'Inginac et Sabourin, brouillés à mort sous les Anglais, avaient fini par se rapprocher en se ralliant à la cabale. Inginac vint à son tour au travail; après avoir réglé le service et donné les ordres nécessaires à l'expédition des affaires, le général lui demanda quelle était la nature des difficultés qu'il avait eues à l'Arcahaie avec Sabourin. Inginac rapporta les faits exactement comme Boisrond-Canal venait de les exposer. Ayant eu besoin d'une signature à l'administration, il s'était présenté à Sabourin, qui se trouvait avec des officiers anglais et qui, considéré comme blanc à cette époque, le reçut en raison de son épiderme, avec un mépris affecté, qui alla jusqu'à ne pas lui offrir une chaise. Il avait été obligé d'attendre assez longtemps, debout dans un coin, avant d'être expédié. « Mais depuis, lui dit le général, vous vous êtes réconciliés. » Inginac répondit que, se trouvant tous deux appelés au service dans les bureaux de la secrétairerie d'État, Sabourin était venu au-devant de lui, le priant d'oublier le passé, et qu'alors ils s'étaient remis en bons termes.

Bonnet reçut ainsi la confirmation des faits qu'on lui avait dénoncés. Sa conduite dans les affaires publiques ne laissant aucune prise à la malveillance, il se contenta d'observer en silence. Ces menées n'ayant produit aucune découverte qui pût être l'occasion d'un blâme, on se décida, en dehors de la Constitution, à la convocation d'un second conseil privé. Rigaud, qui venait d'arriver, fut appelé à cette réunion.

Pétion, en ouvrant la séance, annonça qu'il avait désiré consulter l'assemblée sur la question de savoir si, par *mesure d'économie*, il ne convenait pas de supprimer la charge de secrétaire d'État, et d'y substituer un simple contrôleur des finances. Après le président, le général prit la parole et déclara d'abord que, quelle que fût la décision du conseil, dès ce moment il avait cessé ses fonctions. Puis il fit envisager à l'assemblée que, dans aucune circonstance, une fonction publique ne pouvait être la propriété d'un individu ; que si le général Bonnet ne convenait pas à la charge de secrétaire d'État, il fallait purement et simplement l'en remercier et appeler un autre citoyen à cet emploi ; qu'on devait bien se garder de violer la Constitution en quelque cas que ce fût, mais surtout lorsqu'il ne s'agissait que d'un seul homme. Rigaud appuya ce raisonnement et opina en faveur du respect des institutions. L'assemblée vota la suppression.

A peine cette décision avait-elle été prise, que Pitre se rendit haletant au quartier du commerce et annonça à quelques négociants étrangers, qu'il trouva réunis, la *bonne nouvelle* : le général Bonnet n'était plus secrétaire d'État. « Et vous appelez cela une bonne nouvelle, répondit Southerland, c'est au contraire un grand malheur pour votre pays. »

Imbert, nommé administrateur général des finances, ne pouvant faire marcher le service tel que le général l'avait organisé, vint dire ses embarras au président, qui pria Bonnet de simplifier les rouages de l'administration : le général consentit à remanier son travail. Le nouveau plan qu'il produisit sert encore de nos jours de base à l'administration des finances de la république. On récompensa Inginac et Sabourin, en les plaçant dans les bureaux du gouvernement ; Frémont, en le créant commissaire des guerres; Boisrond-Canal seul fut écarté.

L'esprit de parti peut essayer de justifier les persécutions qu'il suscite contre ceux qu'il a intérêt à attaquer ; mais l'histoire impartiale démêle tôt ou tard la vérité, malgré les mensonges et les perfidies, quelque soin que l'on prenne à dénaturer les faits. Rigaud arrive à Port-au-Prince le 19 du mois d'avril 1810, et l'on attribue la chute du secrétaire d'État, dans les derniers jours de ce même mois d'avril, aux sentiments qu'il avait manifestés en faveur de son ancien général. Ainsi, dès l'apparition de Rigaud, les défiances de Pétion contre *cet émissaire de Bonaparte* avaient surexcité son esprit au point qu'il n'avait pas hésité à sacrifier l'ami qui lui avait rendu les plus éminents services, et dans les armées et dans l'administration. Mais alors comment admettre que pendant un mois entier il fît appeler toutes les *nations de la Guinée*, qui forment la population des campagnes, à venir successivement, de différents points, fêter par leurs danses et leurs réjouissances, qui eurent lieu dans la cour du gouvernement, le héros qui, le premier, avait versé son sang pour la cause de la liberté générale? Se borne-t-il à ces témoignages publics de haute estime? Non, il investit Rigaud, en juin, du commandement de l'armée du Sud; le 6 juillet, par un arrêté qui met en réquisition les troupes soldées et les gardes nationales de toutes les communes de ce département, il lui crée une armée destinée à combattre Goman. Quel est donc le rôle qu'on prétend faire jouer à Pétion? De deux choses l'une : ou il avait conçu ces défiances dès le principe, et alors sa conduite devient inexplicable, ou il ne les conçut qu'à une époque ultérieure, circonstance qui justifie l'empressement qu'il mit à utiliser à son avantage les talents militaires de Rigaud, dont il connaissait la valeur, et qu'il désirait employer à étouffer la révolte de la Grand'Anse. Ce ne sont donc pas les sentiments manifestés par le secrétaire d'État en faveur de son ancien général qui ont été la cause de sa chute.

CHAPITRE VII.

Scission du Sud, ses causes. Lys et Bonnet se retirent aux Cayes. Lettre d Pétion à Rigaud; réponse de Lys et de Bonnet à cette lettre. Entrevue du pont de Miragoane. Affaire du 17e régiment. Assassinat de Quenez; mort de Rigaud. Bigot et Prou; intrigues au conseil; élection de Borgella. Une frégate de Christophe vient se rendre au département du Sud. Un commandant anglais attaque la frégate; mort de Bigot; Prou veut venger son ami. Dangers que courent les Anglais aux Cayes. Henry se prononce contre Borgella; fin de la scission du Sud. Pétion aux Cayes. Exil de Bonnet aux États-Unis.

Rigaud, par le fait de la scission du Sud, avait été, d'après Bonnet, le Don-Quichotte des siens dans cette circonstance. Dessalines étant abattu, dans l'Ouest et le Sud, on avait généralement en horreur le pouvoir absolu ; on voulait un gouvernement établi sur des bases qui offrissent des garanties réelles. Nous n'avions ni aristocratie ancienne, ni droit divin; tous ceux qui se trouvaient placés à la tête de la population étaient les fils de leurs œuvres. La liberté avait été conquise par les efforts de tous les citoyens; il fallait donc maintenir l'égalité entre tous, consacrer la souveraineté du peuple en lui laissant le droit, dans une assemblée formée par l'élection, de voter librement l'impôt, de discuter et voter les lois. L'exécution de ces lois devait être assurée par l'équité des jugements, par l'indépendance des tribunaux. La dilapidation sans bornes à laquelle on se livrait, dans un pays déjà épuisé par des guerres, mettait le gouvernement, qui ne pouvait administrer sans argent, dans la nécessité de recourir à des impôts et même à des emprunts forcés. Cet état de choses devait entretenir les inquiétudes, arrêter la circulation et augmenter la gêne et la misère. Christophe voulait le pouvoir absolu ; on s'était opposé à ses tendances. Depuis, la Constitution avait été foulée aux pieds, annulée, les pouvoirs publics détruits, les tribunaux paralysés ; l'anarchie régnait partout. Qu'est-ce qui caractérise le pouvoir absolu, si ce n'est précisément cet état de choses? Et ceux qui réclamaient contre ces faits étaient réputés des factieux! On devait, disaient ceux qui profitaient du désordre général, s'abandonner à Pétion, dont on connaissait la bonté, l'humanité, le désintéressement ; à les en croire, il fallait désormais *compter sur les hommes, à l'exclusion des principes!* Bonnet, lui aussi, blâmait la scission du Sud, non pas qu'il la trouvât sans raison d'être, mais uniquement parce qu'il la croyait intempestive. Suivant lui, la présidence ayant été limitée à quatre années, il était bon d'attendre l'élection nouvelle, qui devait avoir lieu au mois de mars. On était en novembre ; quatre mois plus tard la majorité était acquise à Rigaud ; le Sud s'appuyait alors sur le droit et la raison.

Ce n'est que sept mois après le retour de Rigaud, alors qu'il avait eu tout le temps d'apprécier les griefs du Sud, que la scission eut lieu. Bruno Blanchet en fut le principal promoteur ; il avait la prétention de gouverner les finances du département. Il n'eût pas été assez imprévoyant pour appeler à la participation de son œuvre l'administrateur qui était venu rétablir, à Port-au-Prince, les finances qu'il avait laissé péricliter sous sa gestion. Un pareil compétiteur ne pouvait certainement lui convenir.

Lorsque les événements furent connus à Port-au-Prince, Bonnet, revenant de Léogane, rencontra dans les rues Lys conversant avec quelques personnes. « Allons ! au moins vous avez été appelé, vous, dit son ami. — Comment, appelé ? répondit le général. Lys raconta qu'il se trouvait dans la plaine avec Pétion, quand on vint annoncer la scission. Ils étaient revenus à deux dans la voiture du président, en parfaite harmonie. Depuis on avait convoqué au gouvernement tous les généraux noirs, à l'exclusion des généraux de couleur. Voyant arriver Bonnet, il avait dû croire qu'il avait été mandé ; s'il n'en était rien, il était évident qu'ils étaient désignés au poignard. Le général, absent lors de la convocation, ne pouvait, tout d'abord, en apprécier la portée : il n'attacha pas une grande importance aux paroles de son ami. Les observations de Lys étaient pourtant fort judicieuses. Bonnet ne tarda pas à savoir qu'il était lui-même le point de mire d'un projet d'assassinat conçu par un parti qui se formait dans la garde du président. On excitait contre lui les officiers qui se plaignaient de ne pas recevoir leur solde, en leur disant que tout l'or de la république était entassé dans des caisses, au grenier du général.

Madame Théodore, tante de madame Joute, avait été au palais prévenir Pétion des trames parvenues à sa connaissance. Le président étant absent, elle en avait donné communication à sa nièce, avec prière d'en instruire son mari. Le soir, madame Joute voyant le général, auquel elle portait intérêt, arriver seul au gouvernement, lui demanda pourquoi il sortait ainsi, sans un guide et sans armes. « C'est bien assez, lui répondit-il, d'être obligés, en campagne, de suspendre un grand sabre à notre côté, sans être encore astreints à le traîner en ville. » Aurore Renouard, le lendemain, vint rendre compte à Bonnet du complot qui s'ourdissait contre sa personne; elle en avait instruit le président, et lui donnait avis que madame Théodore, la veille, en avait averti madame Joute. Bonnet se rendit immédiatement près de Pétion, qui traita la dame Aurore Renouard d'extravagante. Madame Joute, interpellée, avoua que sa tante était venue lui en parler et qu'elle avait raconté cette démarche à Boyer, qui lui avait conseillé de ne pas fatiguer le président de ces absurdités. Tandis que ces explications avaient lieu, Toutebon venait hors d'haleine annoncer à Pétion qu'un parti s'était formé dans la garde, qu'on devait assassiner le général Bonnet, que cette nuit même le projet serait mis à exécution. Ces avis réitérés n'ébranlèrent pas le président; le général, en se retirant, le prévint qu'il se voyait forcé de pourvoir à sa sûreté personnelle.

Bonnet fit mander Nazère, chef de bataillon au 3ᵉ régiment, qui consentit à se rendre le soir chez lui, à la tête de son bataillon (1). Le rassemblement se forma vers les dix heures de la nuit, devant la trésorerie générale. On avança jusqu'à la grille de l'intendance; mais, en face des dispositions de défense, on n'osa pas attaquer.

L'expérience était faite, Bonnet n'était plus en sûreté

---

(1) Nazère, disgracié, ne fut rétabli à la tête de son bataillon qu'en mars 1812, au moment où le régiment sortait pour aller combattre Christophe. Il fut fait colonel sur le champ de bataille à Santo.

à Port-au-Prince. Le pouvoir averti ne s'était pas ému des dangers qu'il courait ; il ne pouvait, lui, de son côté, continuer à entretenir une troupe armée dans sa maison, sans s'exposer à être accusé de s'être mis en rébellion contre l'autorité. Attaqué à force ouverte, il eût succombé comme Gérin. Sa détermination fut prise. Au milieu de la nuit, Lys et Bonnet quittèrent Port-au-Prince et se retirèrent dans le département du Sud. La maison du général fut livrée au pillage et son épouse dépouillée de tous ses effets. Le président donna à Métellus l'habitation que Bonnet tenait à ferme dans la plaine de Léogane ; et cet officier supérieur, sans bourse délier, eut à recueillir le produit de plus de cent milliers de sirop.

Pétion écrivit à Rigaud pour se plaindre des généraux Lys et Bonnet, qui avaient abandonné leur poste et s'étaient rendus aux Cayes. Rigaud communiqua la lettre à ces deux officiers, les invitant à répondre eux-mêmes au président. Lys, toujours blessé de la conduite tenue à son égard, ne voulut entrer dans aucune explication. Il répondit à Pétion, laconiquement, qu'il s'était retiré dans le Sud parce que cela lui avait convenu. Bonnet, de son côté, objecta que le président savait fort bien qu'il n'avait pas quitté Port-au-Prince de son plein gré, qu'il n'en était parti que pour éviter d'y être assassiné.

Les auteurs de la scission du Sud ne prétendaient faire qu'une opposition de principes et un appel à l'exécution des lois ; il fut décidé de ne pas blesser la susceptibilité de Pétion, en donnant une position militaire aux deux officiers généraux réfugiés. Ils avaient de droit leur siége au conseil ; on les laissa en disponibilité.

Sur ces entrefaites, eut lieu l'entrevue du pont de Miragoane. Tandis que Pétion et Rigaud arrêtaient les bases d'une convention, le général Delva interrompit brusquement ce dernier par quelques bravades. « Delva, tu me connais, répondit Rigaud, tu sais avec qui tu as affaire; » et, dans un mouvement de vivacité frappant de son sabre, à coups réitérés le bout de sa botte, il se fit une blessure au gros orteil du pied droit. Alors, s'adressant à Pétion, il lui prédit qu'il ne tarderait pas à recueillir le fruit de sa politique; qu'il aurait bientôt à compter avec Delva. La conférence amena une convention pacifique entre les deux partis : l'Ouest et le Sud devaient se gouverner séparément, chacun d'après ses lois; en cas d'attaque de la part de Christophe, les troupes du Sud se porteraient à la défense de Port-au-Prince.

Cependant l'Ouest ne cessa d'envoyer des émissaires dans le Sud pour fomenter une réaction. Rigaud étant malade, les partisans de Pétion soulevèrent le 17e régiment. Cette troupe, occupée dans la Grand'Anse à combattre Goman, abandonna tout à coup son cantonnement, vint assaillir la ville des Cayes, s'empara de l'arsenal, et marcha sur le gouvernement. Bonnet, à la tête de la garde nationale, occupa le gouvernement et soutint l'attaque. Rigaud ne voulant pas rester dans son lit tandis qu'on se battait à sa porte, se fit porter dans un fauteuil sur son balcon, placé sous le réverbère, et, l'épée à la main, il assista à l'action. Lys, ayant rejoint son ami, se mit à la tête d'une colonne et alla reprendre l'arsenal. La troupe repoussée céda à la pression de la garde nationale, qui rétablit l'ordre. Les pertes avaient été sensibles dans cette nuit de désastre; la désolation était dans toute la ville. La réaction se montra inexorable ; les exécutions furent faites sans la participation de l'autorité supérieure.

Bonnet se trouvait dans la maison qu'habitait Quenez, lorsque ce colonel, en robe de chambre, fut arrêté, traîné sur le rivage et fusillé. Indigné de cet acte odieux, il alla trouver Lys, et tous deux résolurent de se rendre chez Rigaud, qu'ils supposaient être l'auteur de cet assassinat, dans l'intention de lui déclarer que, de ce moment, ils ne voulaient plus participer aux affaires du Sud. Tandis qu'ils avançaient vers le gouvernement, Bigot vint précipitamment au-devant d'eux. « Vous allez là-haut, leur dit-il, le vieux doit être furieux de ce qu'on a fait fusiller Quenez ; vous lui direz que c'est la volonté du peuple. » Fort étonnés Lys et Bonnet se regardèrent ; d'après ce qu'ils venaient d'entendre, Rigaud n'était donc pas l'auteur de l'assassinat. Arrivés chez Rigaud, ils le trouvèrent couché sur une bergère, dévorant un mouchoir. « Mon Dieu, mes amis, leur dit-il en les voyant paraître, à qui pourrais-je jamais persuader que je n'ai pas fait assassiner Quenez ? — A nous ! » lui répondit Bonnet, qui lui raconta les dispositions dans lesquelles il se rendait avec Lys au gouvernement, la rencontre de Bigot et les paroles que ce dernier leur avait adressées.

Après les événements de la nuit, un conciliabule avait été tenu au point du jour chez Ciril Rigaud, et la mort de Quenez avait été résolue dans cette réunion. Ces faits avaient porté un coup mortel à Rigaud. Sentant son état s'aggraver, il fit assembler le conseil dans sa chambre, et déclara qu'il se trouvait dans l'impossibilité de donner ses soins au gouvernement ; en conséquence, il priait les membres présents de s'entendre et de nommer quelqu'un qui le remplacerait à la présidence durant sa maladie. On déclara unanimement que cette nomination devait être laissée à son choix, et il désigna le général Bonnet.

Rigaud ne tarda pas à succomber (18 septembre 1811). Le conseil eut à procéder à l'élection d'un nouveau chef pour le département du Sud. Bruno Blanchet, qui conservait toujours l'espoir d'arriver à diriger les finances, se mit en campagne. Désirant obtenir une nomination à son gré, il proposait Francisque. Dans le cours de ses démarches, il apprit qu'une combinaison se formait en faveur de Borgella; il se rendit près de ce dernier et lui avoua qu'il n'avait pas d'abord porté ses vues sur lui, le voyant nouvellement appelé au généralat, mais qu'ayant appris qu'un parti voulait l'élever à la tête du gouvernement, il s'empressait de venir lui dire qu'il se ralliait à ses amis.

Deux colonels, Bigot et Prou, s'étaient entendus et favorisaient cette nomination. Par la convention arrêtée entre eux et Borgella, ces deux officiers supérieurs devaient obtenir, l'un le commandement des Cayes, l'autre celui d'Aquin, tous deux au grade de général de brigade. D'abord on demanda à compléter le conseil avant l'élection et on y fit entrer Glésil père. Cependant la majorité n'était pas assurée; on agit par intimidation sur les amis de Bonnet; on réussit à les convaincre que si le général était élu, on l'assassinerait lorsqu'il sortirait du conseil. Wagnac, Simon et Daumec cédèrent à cette pression par l'intérêt qu'ils portaient au général. Le fils de Vaval avait une grande influence sur son père, on obtint la voix de ce général en promettant au fils, simple particulier, un brevet de chef de bataillon (1). Le général Bruny Leblanc, dans une lettre à Bonnet, lui avait adressé un vote en sa faveur, comme au *seul homme capable d'administrer le département du Sud*. Bonnet, qui présidait le conseil, supprima ce vote. « Ceci m'est personnel, dit-il, et devient inutile. » Ce vote lui parut injurieux pour les amis de Borgella ; il ne voulut pas le produire, étant bien décidé à n'être l'occasion d'aucun événement fâcheux dans le département. L'élection eut lieu ; Borgella obtint la majorité.

Les soldats accueillirent cette nomination en grognant. Le piquet qui montait la garde au-devant de la maison de Bonnet répétait de manière à se faire entendre : *Ou janmain ouai caporal coumandé sergent?* avez vous jamais vu le caporal commander au sergent ? Lys avait consulté Borgella lui-même sur le choix qu'il y avait à faire, et Borgella lui avait positivement répondu qu'on ne pouvait élire que le général Bonnet. Lys, à son tour, fut indigné des manœuvres qu'on avait mises en jeu et prit la résolution, s'appuyant sur le mécontentement que les troupes manifestaient ouvertement, de renverser cette élection par les armes. Bonnet s'y opposa. Lys très-animé persistait dans sa manière de voir et voulait agir. « Reprenez donc votre sang-froid, lui dit son ami. Réfléchissez un moment. La cause du Sud est perdue ; cette dernière intrigue lui a porté le coup de la mort. Si vous avez le malheur de faire naître le

---

(1) Ce brevet lui fut délivré après le succès de Borgella ; ni Pétion ni Boyer ne lui donnèrent de l'avancement ; il resta avec ce grade jusqu'à la révolution de 1843.

moindre mouvement, la désorganisation sera complète. Pétion prendra immédiatement possession du département, et l'on criera bien haut que l'ambition du général Bonnet a fait perdre le fruit de la scission du Sud. Ce parti ne peut se maintenir ; une chute prochaine est inévitable ; je préfère qu'elle ait lieu sous un autre que moi. »

La désunion ne tarda pas à se mettre dans le camp. Wagnac et Vaval avaient donné leurs voix à Borgella, qui ne pouvait pas, le lendemain de l'élection, les remplacer dans leurs commandements par Bigot et Prou ; ces deux colonels, de leur côté, n'ayant pas été faits généraux et pressés de jouir, lui reprochaient son manque de foi. Une discussion très-animée eut lieu chez Glésil, en présence de Simon. Borgella, fatigué, finit par leur dire qu'il était inutile qu'ils l'eussent fait élire, s'ils devaient chercher à l'avilir le lendemain de son élection ; et Prou lui répondait familièrement : « Allons, petit mulâtre, ne faites pas de mauvais sang ; buvez votre vin et dormez tranquille. »

Borgella n'avait que peu d'autorité dans le gouvernement. Une circonstance fortuite, qui pouvait relever son pouvoir, vint ranimer ses espérances. L'équipage soulevé d'une frégate de Christophe avait forcé les officiers à entrer à Miragoane et à faire leur soumission. Borgella s'empressa de se rendre sur ce point. La nouvelle de cet incident répandit l'alarme à Port-au-Prince ; l'Ouest allait être mis en danger : on s'exagérait la puissance du département du Sud, appuyé d'une force navale ; et dès le principe on chercha, par une **manœuvre** insidieuse, à faire détruire le bâtiment qui inspirait ces craintes. Une corvette anglaise était à l'ancre dans le port; on voulait que le commandant attaquât la frégate. Des ouvertures furent faites à Southerland, dont on demandait le concours. Ce négociant réunit ses compatriotes dans un dîner ; à la suite de fortes libations, il porta un défi au commandant anglais de s'emparer de la frégate haïtienne. Le pari fut tenu, et au milieu de cette excitation, le commandant se rendit à son bord et appareilla.

La frégate du Sud était mouillée au large, devant Mirogoane. Gaspard, qui en avait pris le commandement, voyant venir un navire de guerre, ordonna, à toute éventualité, de la faire éventer. Bigot était monté à bord avec son régiment; il déclara la précaution inutile « C'est un pavillon ami, » dit-il en reconnaissant les couleurs anglaises. Le commandant anglais, parvenu à la hauteur du navire, le héla, demandant quel était le pavillon qu'il portait. Il le somma, sur la réponse du commandant de la frégate, de se rendre, déclarant que l'Angleterre ne reconnaissait pas les couleurs du département du Sud. Immédiatement, il fit ouvrir le feu de ses batteries. Placé à distance sur l'arrière du navire, il enfilait avec sa mitraille le pont encombré de soldats. Gaspard courut à la manœuvre, mais lorsqu'il parvint à lever son ancre, il était trop tard. Une énorme boucherie avait eu lieu ; Bigot était tué, Gaspard lui-même grièvement blessé. La fusillade nourrie qu'entretenait la troupe n'atteignait pas le vaisseau anglais ; la frégate fut capturée. L'Anglais fit débarquer les blessés et ceux qui avaient échappé au massacre. Lorsqu'il se rendit à bord, il fut épouvanté de son œuvre et refusa de livrer les morts qu'on demandait à faire enterrer ; la frégate fut conduite à la Jamaïque (1).

L'indignation était à son comble, Prou jura de venger

(1) Copie d'une lettre de Daumec à J. Giraud, à Jérémie.

Miragoane, 14 février 1812 (an 9).

J'ai eu connaissance, mon cher Giraud, de la lettre que tu écrivis à Ploton, touchant l'événement survenu à la frégate du département du Sud, l'*Heureuse Réunion*. Je suis fort sensible à la marque d'intérêt que tu me donnes dans cette circonstance : oui, mon ami, j'étais effectivement dans cette affaire à jamais mémorable, et que l'infernale main du *Nabad* nous a suscitée. Voici en deux mots la relation de l'affaire qui eut lieu entre notre frégate et la frégate anglaise le *Southampton*, commandée par sir *James Lucas Yeo*, le 3 de ce mois, vers 5 heures et demie du matin devant ce port.

Nous avions déjà capturé la corvette de Christophe, *la Princesse Athénaïs*; nous venions aussi de prendre le brick *le Jason*, par le travers de la pointe d'ouest de la Gonave. La corvette avait été prise entre le Grand et le Petit Goave, dans la nuit du 30 au 31 du mois dernier, et le brick tomba en notre possession le 2 de ce mois, sur les 11 heures du matin.

Maître de ces deux bâtiments, ayant en notre pouvoir trois agents de *J.-B. Lagarde*, entre autres un certain *Hippolyte Gélin*, nous nous rendîmes à Miragoane, pour rendre au général en chef compte de notre dernière opération ; mais il est écrit en quelque part qu'il doit toujours exister entre Christophe et nous une fatale balance qui est toujours en faveur du crime : l'Ouest, jaloux de la nouvelle prospérité du Sud, a suscité l'orage contre nous.

Enfin le 3, à 4 heures du matin, nous découvrons une voile au vent à nous : c'est la frégate anglaise *le Southampton*, la même, il y a quelque temps, qui était allée au Corail pour prendre la goëlette de *Boutain*. Rendue à la portée de la voix, cette frégate nous crie, nous y répondîmes. Soudain son canot est à l'eau. Ce canot nous aborde, et un officier de cette frégate somme le commandant *Gaspard* d'avoir à lui remettre notre frégate. Celui-ci croit éviter tout événement fâcheux en m'envoyant à bord de l'Anglais, pour m'expliquer de sa part avec le capitaine *James Lucas Yeo*. Je me rendis de suite à bord de la frégate anglaise, où je m'aperçus des dispositions hostiles. Le branle-bas était fait, la mèche allumée, et les troupes formant la garnison étaient en bataille à bord de la frégate anglaise.

Introduit dans la chambre du capitaine, je lui demandai si nous étions en guerre, si les Anglais étaient les alliés de *Christophe*, si enfin nos querelles domestiques regardaient en rien les puissances qui commerçaient avec nous. Ce capitaine me répondit que non ; mais il persistait à prendre possession de notre frégate pour la conduire, disait-il, à son amiral. Je lui demandai s'il avait ordre de son gouvernement pour nous troubler jusque dans la juridiction de notre pays ; s'il ignorait que le roi d'Angleterre, par son bill de 1808, avait reconnu la neutralité de l'île d'Haïti, et que c'était en faveur de cette neutralité et pour soutenir notre indépendance que nous nous étions rendus maîtres de la marine de

Bigot, et Borgella écrivit à Bonnet de faire arrêter et déposer dans les prisons des Cayes les Anglais qui se trouvaient en cette ville ; le général n'exécuta pas cet ordre. Il comprit que les Anglais, une fois en prison, seraient égorgés et que la responsabilité de cet acte rejaillirait sur lui. Il les fit inviter à se rendre dans une maison attenante à la sienne, où, placés sous sa garde, ils se trouvaient en sûreté.

Prou arriva bientôt, à la tête d'un régiment, et vint le sommer d'avoir à lui livrer les Anglais : les mânes de Bigot criaient vengeance. Le général refusa de mettre les prisonniers à sa merci. Alors ce colonel rappela au général qu'il y avait deux régiments en ville, qu'il l'invitait à en prendre un, tandis que lui, Prou, se mettrait à la tête de l'autre et qu'on verrait lequel des deux aurait le dessus. Bonnet manda de suite Léveillé, colonel du 13°. Déjà l'on avait travaillé cet officier supérieur, en

---

Christophe, et que mon gouvernement n'avait nullement l'intention de faire servir cette marine, comme *Christophe*, pour molester les bâtiments étrangers contre le droit des gens. A toutes ces raisons, le capitaine anglais n'opppsa que des raisons évasives. Il finit par me dire, en dernière analyse, que si, cinq minutes après mon retour à notre bord, la frégate ne lui était point remise, il allait commencer le feu. En effet, ce temps écoulé, la frégate anglaise nous lâcha toute sa bordée. Ce premier feu nous enleva 50 hommes. Nous ripostons, le combat s'engagea avec chaleur ; il dura 3 heures et demie. Dans ce choc violent, nous perdîmes 200 hommes tant tués que blessés. Parmi les morts, se trouvent l'infortuné *Bigot*, *Lebœuf*, *Thibaud*, officier de marine, *Augustin* de Saint-Marc.

Après le combat, je fus encore envoyé à bord de l'Anglais pour traiter de notre débarquement à Miragoane. J'y ai réussi en usant de stratagème. Notre frégate, totalement démâtée, a été amenée de suite à Port-au-Prince, où quelques barbares de cette ville se sont réjouis d'un malheur qu'ils regardent sans doute comme étranger à leurs intérêts.

Adieu ; fais mes amitiés à nos amis, et notamment à *Segretier*, *Auger* et *Linstant*, sans oublier *Rocher*. Je pars après-demain pour les Cayes ; peut-être avant longtemps je serai à Jérémie : trouverai-je pied à terre chez toi ? »

Ton ami,
Signé : L.-A. DAUMEC.

lui insinuant que le général lui-même était d'accord sur la vengeance à exercer. Bonnet finit, au contraire, par convaincre ce colonel que laisser consommer un tel acte serait une honte pour la nation ; Léveillé lui conduisit son régiment. La troupe s'étant déployée au-devant de la maison qu'occupaient les Anglais, Bonnet en prit le commandement et attendit les suites des menaces qui lui avaient été faites.

Prou avançait au pas de charge ; les habitants de la ville, hommes et femmes, effrayés, s'interposèrent entre les deux partis. Arrêté dans sa marche par la foule qui se pressait au-devant de lui, Prou céda aux instances des habitants et abandonna ses projets. Conduit par Faubert, il se présente au général, reconnaissant avoir manqué à son supérieur et demandant un ordre d'arrêt. Le résultat était obtenu, les Anglais étaient sauvés, cela suffisait ; Bonnet refusa d'infliger une punition. Borgella, en laissant Prou se diriger sur les Cayes, à la tête de son régiment, après avoir donné l'ordre d'emprisonner les Anglais, connaissait fort bien ses projets. Dans son impuissance de maîtriser ce colonel, il avait sans doute cédé à la pression exercée sur sa volonté. Bonnet de son côté s'était contenté de faire ce que lui dictaient sa conscience et l'honneur (1).

Le commandant du département du Sud n'avait de l'autorité que le nom. Ceux-là mêmes qui l'avaient porté au pouvoir ne tardèrent pas à conspirer son renversement. Vachon, un peu pris de vin, entra chez Castaing

---

(1) Les journaux de la Jamaïque, en rendant compte des événements, firent de pompeux éloges de Borgella, qui avait préservé les Anglais d'un massacre aux Cayes. Il ne fut pas même question de Bonnet.

et, dans la conversation, s'oublia jusqu'à dire que, dans une réunion d'où il venait, on avait vivement regretté de n'avoir pas élu le général Bonnet. Madame Castaing, femme intelligente, comprit de suite qu'une trame nouvelle s'ourdissait; elle fit un signe à son mari et offrit de préparer un punch à la compagnie. En les servant, tandis que son époux entretenait la conversation avec Vachon, elle avait soin de charger adroitement de rhum le verre de ce dernier. Excité à parler, il leur apprit qu'il avait assisté à un conciliabule où l'on pressait Prou de se mettre à la tête d'un parti qui avait décidé de renverser Borgella. Ce colonel avait demandé le temps de la réflexion, et avait remis à rendre sa réponse dans une assemblée qui devait se tenir sur son habitation, dans la plaine.

Le jour qu'on avait assigné à cette réunion, Bonnet devait rejoindre Borgella au Platon. Il fut convenu que Castaing assisterait à l'assemblée et lui ferait connaître les décisions qu'on prendrait. Prou ne voulait pas s'engager avant d'avoir assuré quelques ressources à sa femme, en cas de malheur. Il demandait à n'opérer le mouvement qu'au mois de mars. A cette époque, objectait-il, il aurait roulé ses cannes, en aurait donné le produit à son épouse et se mettrait entièrement à la disposition des conjurés.

Pendant le repas qui eut lieu au Platon, où de nombreux convives fêtaient la venue du chef du département du Sud, Borgella, soucieux, pressa les genoux de Bonnet assis à ses côtés, et sortit. Le général le suivit; ils s'arrêtèrent sur les remparts, et Borgella fit à son compagnon la confidence qu'il se tramait aux Cayes une conspiration dont Prou était le chef. « Si vous ne m'en eussiez pas parlé, lui répondit Bonnet, je ne vous en eusse rien dit de mon côté, parce que j'aurais craint de paraître vouloir vous indisposer contre vos amis. Eh bien ! vous ne connaissez qu'une partie de la trame, je vais vous en donner le complément ; » et il lui rendit compte de la décision prise dans la journée même, et que Castaing venait de lui communiquer. « Dans cette position, lui dit-il, abandonné par les vôtres, qui eux-mêmes se soulèvent contre vous, si je puis me permettre de vous donner un conseil, c'est de faire de suite votre soumission à Pétion. » Borgella ne suivit pas ce conseil. Or, il arriva qu'en ce même temps un mouvement plus décisif s'opérait contre son pouvoir dans la Grand'Anse. Il faut remonter à des temps antérieurs, si l'on veut en comprendre l'origine.

Tandis que l'armée de l'Ouest était occupée devant Saint-Marc, Borgella restait cantonné avec son régiment à Jérémie, faisant partie d'une division qu'on opposait aux excursions de Goman. Sous le prétexte d'aller combattre l'ennemi, il sortait au moment de la récolte, allait s'établir dans la montagne et employait sa troupe à cueillir les cafés sur les habitations abandonnées. La récolte faite, il rentrait en ville, et le produit de la vente lui servait à faire des largesses aux soldats et aux officiers de son corps. Ce procédé lui valut la bienveillance des principales autorités, qui y trouvaient aussi leur compte ; et lorsque le gouvernement ordonnait des distributions soit de rations, soit d'habillements, on envoyait chez lui, sur sa recommandation, tout ce qui revenait à son régiment. Il opérait lui-même la répartition et paraissait ainsi faire fréquemment des libéralités aux soldats. Henry, colonel du 18ᵉ, ne jouissait pas des mêmes avantages : il était obligé d'envoyer prendre aux magasins de l'Etat les effets de son régiment, ce qui lui aliénait ses propres soldats, qui ne tarissaient pas d'éloges sur la générosité de son collègue. Indigné de ces manœuvres, Henry s'en était aigrement plaint à Bonnet, secrétaire d'Etat, qui lui avait donné satisfaction ; mais la rancune n'en demeura pas moins enracinée dans son cœur. Dès qu'il apprit la nomination de Borgella, il résolut de se rallier à Pétion. Ses mesures prises, il chassa le général Francisque et s'empara de l'autorité dans la Grand'Anse.

Lorsque la nouvelle de cette levée de boucliers parvint à Aquin, où se trouvait Borgella, son ancien régiment environna sa maison et le constitua prisonnier. Malgré les avis qu'il avait reçus des conspirations ourdies contre sa personne, le commandant en chef du département du Sud tomba comme un enfant, pour n'avoir pas su, par ses mesures, conjurer les événements. N'ayant pas voulu suivre les conseils de Bonnet, il ne put négocier aucune stipulation en garantie des droits du Sud, et fut forcé de se livrer à discrétion. Borgella n'eut pas même la prévoyance de faire prévenir aux Cayes des faits qui s'accomplissaient à Aquin. Léveillé eut le temps de se porter contre cette ville, à la tête du 13ᵉ. Duceste, adjudant de place, initié au complot, vint annoncer au général que Borgella entrait aux Cayes ; la troupe qui l'accompagnait était déjà rendue aux quatre chemins ; il venait inviter Bonnet à aller au-devant du commandant du département. Le général s'empressa de se rendre à cette invitation ; mais à peine se trouva-t-il en face du 13°, qu'un bataillon fit feu contre lui. Dans l'empressement que mirent les soldats à tirer, pas une balle ne l'atteignit. Alors, fuyant ce guet-apens, il rebroussa chemin. En franchissant un fossé, il fut désarçonné, on l'arrêta. En ville, il parvint à s'échapper des mains de ceux qui voulaient attenter à ses jours et put se réfugier dans la salle du théâtre. Arrêté de nouveau, Wagnac vint le prendre et le conduisit prisonnier chez lui. Bientôt après, un rassemblement se fit à la porte de ce général. Les sapeurs du 13° aiguisaient leurs haches sur les grisons de la galerie, réclamant la tête du prisonnier. Vendre cher sa vie, fut sa première idée ; il lui fallait des armes. Il força la porte de sa chambre, qui communiquait avec celle de Wagnac, et là il entendit, dans une pièce voisine, une conférence très-animée entre Léveillé et ce général. Des émissaires de l'Ouest avaient persuadé au colonel que, s'il voulait être agréable à Pétion, il n'avait qu'à lui envoyer la tête de Bonnet. Léveillé, poussé par son intérêt personnel, demandait qu'on lui livrât le prisonnier. Wagnac refusait ; la discussion dura longtemps ; Léveillé, ne pouvant vaincre la résistance de ce général, se retira furieux et déconcerté.

Lorsque Pétion fit son entrée aux Cayes, Bonnet était toujours chez Wagnac. Inginac, le premier, vint lui rendre visite. Dans le cours de la conversation, il annonça qu'on avait fait percer les gourdes, et que cette mesure, qui n'avait pas l'approbation du général, avait cependant produit les plus heureux résultats : comme preuve, des hommes qui n'avaient pas de culottes, roulaient voiture. « Et la banqueroute? objecta le général. — Vos craintes sont vaines, reprit Inginac, la banqueroute n'aura pas lieu (1). »

Sabourin vint ensuite et dit à Bonnet que le président avait décidé de proclamer l'amnistie; que seul il en était excepté. Bonnet incontinent, voulant avoir l'explication de ce qu'il venait d'apprendre, se rendit chez Pétion. A peine avait-il pénétré dans la première pièce de l'appartement, que les aides de camp et les officiers de service, lui barrant le chemin, s'opposèrent à ce qu'il arrivât jusqu'au chef de l'Etat. Une discussion violente s'engagea. Pétion, ayant entendu sa voix, parut à la porte opposée et ordonna de le laisser entrer. Bonnet lui dit qu'étant avisé que seul il était exclu de l'amnistie, il venait savoir de la bouche même du président si le fait était vrai. Pétion garda le silence. A trois fois il renouvela sa question, Pétion resta muet. « S'il en est ainsi, reprit le général, vous n'avez qu'à m'envoyer mes passe-ports; je me retirerai à l'étranger. » Les choses en étaient là, lorsque Lerebours apporta la nouvelle que Christophe marchait contre Port-au-Prince. Bonnet revint dire au

---

(1) La contrefaçon se faisait sur une grande échelle; on comptait des faux monnayeurs dans toutes les classes de la société. Tous les orfèvres fabriquaient les *d'Haïti*. On citait un officier général, dont la maison avait été envahie par la police, tandis que son atelier de fabrication était en pleine activité. « Au nom de la loi, dit l'officier de police, général, vous êtes mon prisonnier. — Guides! aux armes, s'écria le général, jetez à la porte ce petit nègre à pied cassé. » L'officier boitait à la suite de blessures reçues dans nos guerres; il dut se retirer bien vite; il alla incontinent se plaindre au président. Pétion manda le général et lui fit des reproches. « Bah! répondit-il, *ventre affamé n'a pas d'oreilles*, je fabriquais quelques petites pièces pour envoyer à la provision. » Cette justification fut admise.

Les différents coins se reconnaissaient au marché. Les revendeuses vous disaient : « Celui-ci est un Diobelle, il est bon; celui-là est un Denis, il ne vaut rien. » Elles acceptaient les unes, refusaient les autres; puis, un beau jour, elles déclarèrent formellement ne plus vouloir de cette monnaie.

président qu'en face de l'ennemi un militaire n'abandonnait pas son poste ; qu'il venait, en conséquence, retirer la demande de passe-ports qu'il lui avait faite. Pétion ne se prononça pas davantage; mais, partant pour l'Ouest, au moment de monter à cheval, il envoya un aide de camp lui porter des passe-ports. Le président avait invité madame Bonnet à ne pas accompagner son époux dans l'exil, où elle éprouverait des souffrances, s'engageant à lui prodiguer ses soins et à pourvoir à ses besoins. Elle refusa de se séparer de son mari, qu'elle devait suivre dans la bonne comme dans la mauvaise fortune. Il fallut partir. Daublas s'occupa de procurer au général et à sa famille un passage sur un navire des États-Unis.

En s'embarquant, Bonnet fut l'objet d'un acte de fidélité qui l'émut profondément. Un jeune noir, nommé Louis, qui était à son service, ne voulut pas l'abandonner dans sa détresse. Allant au continent américain, pays où régnait l'esclavage, Bonnet refusait de l'emmener; ce serait un motif de calomnie de plus, disait-il. Tandis que le canot qui le portait s'éloignait de la plage, Louis le suivit à la nage, et le général fut ainsi contraint d'accepter ce témoignage de dévouement (1).

La maison du général aux Cayes avait aussi été pillée : il perdit là ce qu'il avait pu sauver du naufrage de Port-

(1) Tout le temps que dura l'exil, Louis resta avec le général, et il fut traité comme un fils de la maison. Après le retour à Port-au-Prince, ce garçon ne pouvant plus se faire aux mœurs du pays, résolut de s'en retourner à l'étranger. Il ne voulut pas faire part de son projet au général, dans la crainte d'en être détourné. Il avait à payer des effets qu'il avait fait confectionner; il vint lui demander de l'argent. Bonnet lui donna la clef de son coffre, et bien qu'il dût avoir besoin d'argent pour son voyage, il ne prit exactement que la somme qu'il avait demandée. Ce n'est que peu de temps avant la mort du général, qu'il apprit, par une lettre, que Louis était à Londres, employé dans une manufacture de tabac.

au-Prince. Madame Bonnet avait pu conserver ses diamants ; la vente des bijoux servit à subvenir aux premiers besoins des deux époux. Les débris de sa fortune consistaient en un chargement de poudre, qu'il avait fait acheter aux Etats-Unis et qui arrivait heureusement aux Cayes au moment des événements. La république, l'ennemi à sa porte, manquait de munitions. Pétion fit prendre et transporter cette poudre à Port-au-Prince. Daublas en réalisa le produit et le lui expédia. Se trouvant dans les rues de Baltimore, Bonnet vit M. Lewis s'avancer précipitamment à sa rencontre. Tandis qu'il était secrétaire d'Etat, il avait écarté, dans un règlement de compte, des réclamations mal fondées que ce monsieur faisait au gouvernement, et celui-ci s'en était montré fort mécontent. Bonnet crut à une attaque, dans un pays où dominait le préjugé de couleur ; il s'arrêta et le laissa venir. M. Lewis, au contraire, se montra très-affectueux ; il venait lui faire des offres de service. Le général avait à bord d'un navire qui était adressé à M. Lewis vingt-cinq milliers de cafés ; ce négociant lui proposa d'expédier ces cafés avec les siens ; il était convaincu que le navire traverserait les croisières et réaliserait sur le continent européen d'énormes bénéfices. Bonnet, ne pouvant confier à l'incertain ses précieuses ressources, refusa l'offre en le remerciant de son obligeance (1).

Après un séjour de quelques mois à Baltimore, le général se rendit à Philadelphie. En fixant sa résidence en cette ville, il se rapprochait de ses enfants, qui fai-

---

(1) Le navire traversa la ligne des croisières et l'opération fut aussi lucrative pour M. Lewis qu'il l'avait annoncé.

saient leurs études dans la pension de M. Rouanez. Dans la traversée, à bord d'un navire à vapeur, l'heure du dîner ayant sonné, et Mme Bonnet ne se décidant pas à descendre, dans la crainte d'avoir à subir quelque offense, il alla, lui, résolûment se mettre à table. Un des convives, contre l'usage des Américains, s'empressa d'offrir à **M. le général** une aile de poulet. Il ne connaissait pas ce monsieur ; mais, comprenant dans quelle intention cette politesse lui était faite, il accepta. Il s'était retiré avant le dessert : il lui suffisait d'avoir dîné. Des explications eurent lieu sans doute après qu'il fut sorti. Un *steward* vint lui dire qu'un *gentleman* l'invitait à prendre un verre de champagne. Il se rendit à l'invitation ; le champagne pétilla, et tous les convives lui firent les plus grandes politesses. Le hasard avait amené parmi les passagers le chef d'une maison de commerce qui poursuivait un de ses agents en reddition de compte au sujet de transactions faites avec le gouvernement d'Haïti. Le règlement de cette affaire avait eu lieu alors que le général était secrétaire d'Etat ; il en connaissait tous les détails, sa déposition était d'un grand poids et devait infailliblement amener la condamnation de cet agent infidèle. Le négociant lui offrit une somme de vingt mille piastres, qui l'indemniserait de ses frais de déplacement, s'il consentait à se présenter devant le tribunal. Il refusa résolûment. Les pièces étaient déposées à la trésorerie générale à Port-au-Prince, disait-il ; on pouvait facilement se les procurer. Quant à lui, venant chercher asile en pays étranger, il ne voulait en aucune façon se produire en public.

Bonnet, avec des ressources fort restreintes, ne pouvait

se procurer les moyens d'entretenir sa famille qu'en se livrant à une industrie. Il se fit marchand de cigares. Il écoulait ses produits en se transportant activement sur différents points. Lors de la guerre entre les Américains et les Anglais, il avait poussé avec sa marchandise jusqu'au camp des Américains. Le général commandant en chef l'armée apprit, on ne sait comment, que ce marchand de cigares était un ancien général, qui avait aussi commandé les armées et administré les finances dans son pays. Il ne voulut pas croire que cet homme, après avoir occupé les plus hautes fonctions, pût être réduit à vendre des cigares; il supposa au contraire que Bonnet était venu au camp épier les mouvements dans l'intention d'en rendre compte aux Anglais. Un aide de camp fit connaître les défiances de son général à notre marchand, qui fut obligé de s'éloigner avant d'avoir effectué ses ventes.

Quelle que fût l'activité de Bonnet, son petit capital s'épuisait, et il se voyait à la veille de manquer. Lorsqu'il avait pris les rênes de l'administration, la caisse publique était obérée. Ne pouvant recourir à un emprunt, en face du discrédit dans lequel était tombé le gouvernement, il avait versé ses épargnes au trésor, et cette somme lui était due. Il finit par se décider à envoyer son épouse à Port-au-Prince en réclamer la restitution.

Pétion reçut Mme Bonnet avec les mêmes témoignages d'amitié que par le passé. « Emilie, lui dit-il, que fait Bonnet aux Etats-Unis? Pourquoi se condamne-t-il à vivre de privations? Que ne revient-il dans son pays; il *boude* donc toujours? » Mme Bonnet, après être revenue d'un premier moment de surprise, demanda au président s'il l'autorisait à écrire ces paroles à son mari. « Mais certainement, répondit Pétion ; qui est-ce qui s'oppose à son retour? » Mme Bonnet s'empressa d'inviter le général à revenir dans sa patrie. Elle avait en partant laissé sa vieille mère aux Cayes. Décidée à se fixer à Port-au-Prince, elle désirait l'aller recueillir. Pétion, pour ce voyage, mit sa voiture et ses gens à sa disposition.

CHAPITRE VIII.

Retour de Bonnet à Port-au-Prince. Conduite de Pétion à son égard. Assassinat de Delva. Relation du siége de Port-au-Prince; Borgella arrête les progrès de l'ennemi au morne de l'Hôpital; Lys, sa belle défense du fort national. Simon, Daumec, Lespinasse élus au Sénat. On ranime les passions contre les hommes qui se sont ralliés à la scission du Sud. Révision de la constitution. Présidence à vie. Les idées de Pétion lui donnent un profond dégoût de la vie. Sa mort. Temoignages d'amour et de regrets du peuple entier. Boyer lui succède, ses premiers actes; il écarte les anciens amis de Pétion; ses défiances contre Sabourin, Inginac. Il révoque le directeur de la monnaie. Projet d'appliquer le Code Napoléon au pays.

Après trois années d'exil, Bonnet revenait paisiblement s'asseoir au foyer domestique, au sein de sa famille et de ses amis. Pétion le reçut cordialement, ne laissant échapper aucune occasion de lui témoigner de la considération. A ce moment, il faisait bâtir sa résidence de l'habitation Letor; il voulut avoir l'avis du général sur les travaux qu'il faisait exécuter et le prit un jour dans sa voiture. Au grand salon, il avait établi sur chaque panneau un cartouche dédié aux hommes qui s'étaient illustrés dans la réclamation et la défense de nos droits. Ogé et Chavannes, Rigaud, Beauvais, Toussaint Louverture, Grégoire, Wilberforce recevaient les honneurs de la dédicace; le souvenir d'un seul semblait effacé. « Hé bien! dit le général, nous avons donc entièrement oublié Pinchinat et les éminents services qu'il a rendus à la cause de la liberté! » Le président, s'excusant, s'empressa de faire donner à Pinchinat les honneurs du *pour*.

Décidé à se tenir étranger à la politique, Bonnet pensa qu'il lui serait avantageux de fonder une maison de commerce. Le gouvernement lui avait restitué ses avances en bons du trésor. Sur ces bons il avait perdu 25 pour 100, ce qui diminuait considérablement son capital. Un ami vint généreusement à son secours ; Nau lui prêta les premiers fonds nécessaires à son établissement. Quelle que fût la sagesse de sa conduite, les petites haines, les petites animosités se réveillèrent contre lui, d'autant plus vivaces que Pétion semblait lui témoigner plus d'affection. Lors du baptême de la résidence de Letor, le président avait conduit dans sa voiture le général à cette fête, dont la joie fut troublée, au milieu de la nuit, par la stupeur que causa un événement funeste et déplorable.

Comme l'avait prédit Rigaud au pont de Miragoane, peu après la scission du Sud, une conspiration s'organisait à Port-au-Prince. Cette conspiration comptait de nombreux adhérents parmi les officiers supérieurs noirs et même parmi des hommes de la classe civile, qui s'étaient adjugé les principales fonctions administratives. Delva était à la tête du complot, tout le public en avait connaissance, l'inquiétude était partout. Le président restait dans l'inaction ; aucune mesure n'annonçait qu'il prît des dispositions pour garantir l'existence des hommes de couleur, qu'on menaçait. On citait un colonel qui, dans son langage africain, répétait ouvertement *anique inum na quité* (un seul que nous épargnerons), et ce seul qu'on devait épargner n'était autre que Pétion lui-même (1). Les choses restèrent ainsi jusqu'au jour assigné pour l'exécution du projet. Le danger était imminent, il fallut prendre une détermination. Pétion ne trouva rien de mieux que d'appeler à sa défense un des chefs de cette conjuration. Il fit mander Métellus, qui refusa de se rendre au gouvernement, se disant malade. Sur les instances réitérées du président, il finit par se présenter avec un bras en écharpe. Dès qu'il eut monté les premiers degrés qui conduisent au péristyle du palais, Pétion, allant au-devant de lui, lui présenta un brevet qu'il accompagna de ces simples paroles : « Voici ce que je vous ai réservé ; je crois pouvoir compter sur vous. » Métellus, s'éloignant de quelques pas, se fit lire le brevet par un aide de camp qui l'accompagnait : il était élevé au grade de général de division ; il promit son concours. A la grille du palais, au moment où il se retirait, l'officier de garde, qui avait reçu le mot d'ordre, ordonna aux tambours de battre au champ. Métellus se redressa, il recevait les honneurs de général de division : il était reconnu à ce grade, le seul auquel il pût prétendre dans le parti opposé ; son ambition était satisfaite. Son régiment était déjà réuni devant sa demeure ; il en fit arrêter le colonel et l'envoya au président comme un conspirateur.

Cette défection de l'officier supérieur sur lequel s'appuyaient principalement les conjurés, amena la désorganisation dans le parti : la conspiration avait échoué (2). Delva, isolé, abandonné, se rendit au gouver-

---

(1) Pétion racontait ce fait au général, qui lui demanda ce qu'il eût fait si le complot eût réussi. « Je me serais placé au milieu des miens, répondit Pétion, et je me serais fait tuer avec eux.—Mais alors pourquoi attendre ces extrémités ? » répliqua Bonnet.

(2) M. B. Ardouin représente Métellus comme ayant dénoncé la conspiration

nement, armé de pied en cap ; il voulait avoir une explication avec le président, qui refusa de le recevoir. Il arriva jusqu'à la porte de la chambre où Pétion s'était enfermé, et voulait pénétrer à l'intérieur. La violence qu'il avait montrée, les armes dont il était couvert, excitèrent la défiance ; le bruit se répandit incontinent qu'il était allé au palais dans le but d'assassiner le président. Lorsque, de guerre lasse, il se retira chez lui, le général Lamothe Aigron vint à la tête d'un détachement pour l'arrêter ; Delva déclara qu'il tuerait le premier qui franchirait sa porte. Lamothe alla réclamer de Pétion l'ordre d'arrêter ce général mort ou vif ; le président refusa de donner cet ordre, et le détachement, après avoir attendu le bon vouloir du général, n'étant pas autorisé à user de violence, se retira. Delva, à cheval, sortit de la ville. Plus tard, se ravisant, il vint se livrer à Métellus, fut conduit en prison, jugé et condamné à cinq années d'emprisonnement. Ces faits se passaient en 1811 ; en 1816, Delva touchait au terme de sa détention ; mais, d'un caractère violent, il ne cessait de se vanter, dans son cachot, des projets d'atroce vengeance qu'il se proposait de mettre à exécution dès le jour de sa délivrance. Ses passions surexcitées lui avaient fait commettre antérieurement des actes de violence extrême, qui faisaient

---

à Pétion, sous l'influence de madame Métellus. M. Ardouin, homme de Port-au-Prince, ignorait donc que Métellus avait, depuis longtemps, entièrement abandonné madame Métellus, négresse africaine, et qu'il vivait avec Jeanne, charmante négresse créole, qui avait toute son affection. Jeanne, couverte de bijoux, les pieds chaussés dans le satin, ne portant que des robes de soie, se faisait cependant remarquer à cette époque. Après la mort de Métellus, elle devint la femme d'Eveillard, colonel de la garde, et ne termina sa carrière à Saint-Marc qu'en septembre 1856.

croire qu'il agirait conformément à ses menaces : il fut tué dans la prison.

Ce meurtre fut consommé dans la nuit même où se donnait, à la campagne, la fête du baptême de la vaste maison construite à Letor. Pétion n'avait pas eu la force de s'y opposer. Après avoir paru dans les salons, il s'était retiré dans sa chambre, en proie à la plus vive émotion. Mme Bonnet était entrée à plusieurs reprises dans cette chambre avec Mme Joute Lachenais; la première de ces dames avait fait part de ses remarques à son mari; ce n'est que le lendemain, lorsque l'événement devint public, qu'elles comprirent le motif de cette préoccupation. Bonnet ne pouvait en rien être mêlé à cette affaire. Cependant Déruisseau, officier de la garde, voulant exciter à une émeute qui lui fournît l'occasion de venger la mort de Delva, et ne pouvant tout d'abord s'attaquer à Boyer, qui avait le commandement de Port-au-Prince, cherchait à persuader aux siens qu'on devait assassiner Bonnet, qui, lui aussi, avait conspiré contre Pétion (1).

Nous avons vu le président, pendant qu'il prenait possession du départemment du Sud, ramené précipitamment en arrière par Christophe, qui marchait sur Port-au-Prince. Boyer, qui s'était porté au-devant de l'ennemi, le rencontra à Santo. Ce général, qui n'avait pas l'habitude du champ de bataille, eut le tort de disséminer sa troupe, déjà trop inférieure aux masses que Christophe entraî-

---

(1) Boyer, depuis cette époque, n'eut pas confiance en Déruisseau. A la mort de Heurtoulou, colonel de la garde, Déruisseau se trouvant le plus ancien chef de bataillon de ce corps, il hésita longtemps à lui en donner le commandement. Il finit par scinder le corps en deux. Il fit Denis colonel du bataillon des grenadiers et Déruisseau colonel du bataillon des chasseurs.

naît avec lui ; son artillerie, mal disposée, avait mitraillé ses propres soldats. Vainement cette poignée d'hommes avait déployé la plus grande énergie dans le combat; vainement le bataillon de la garde, laissé par le président à Port-au-Prince, avait mis son point d'honneur à ne pas ployer devant l'ennemi ; Tircy Rey, Rinchère, David, Remy s'étaient fait tuer à la tête de leurs compagnies. La déroute fut complète. Boyer lui-même, resté jusqu'au dernier moment sur le champ de bataille, ne dut son salut qu'à la vitesse de son cheval (1).

Pétion accourut avec les troupes du Sud, afin de préserver sa capitale des atteintes de l'ennemi; et ces mêmes officiers qui naguère lui étaient opposés devinrent l'appui le plus ferme de sa défense. Marion, battu au morne de l'Hôpital, ayant abandonné les positions qui couvraient la ville dans la partie du Sud, Borgella, à la tête de quelques compagnies, s'était hardiment avancé contre l'ennemi et avait arrêté ses progrès (2). Le point capital de la défense était le fort National. Cette position, qui domine la ville, la mettait à la merci du despote du Nord, s'il parvenait à s'en rendre maître. Christophe avait longuement mûri son plan d'attaque. Comprenant, d'après la première expérience qu'il avait faite, qu'il

(1) Il avait été vivement poursuivi par un officier de la cavalerie du Nord, Léocand, colosse d'une force herculéenne, qui l'atteignit au moment où il allait franchir une haie. Déjà, le sabre haut, il s'apprêtait à lui porter un coup terrible. Boyer tourna la tête et le regarda. Le cavalier, étonné de la jeunesse de cet officier général, sentit son bras désarmé, et s'arrêta. En 1820, Boyer alors président, étant entré à Saint-Marc, Léocand vint avec le corps d'officiers de la cavalerie lui rendre visite; il reconnut dans le chef de l'État l'officier général de Santo et se glissa derrière le rang, dans la crainte d'en être reconnu à son tour.

(2) Guerrier resta jusqu'à la fin du siége maître de la redoute qu'il avait enlevée à Marion.

ne pourrait s'emparer de la place que par un siége régulier, il avait organisé son artillerie et en avait donné la direction à un officier anglais. Tous ses efforts se concentraient sur le fort National. Il attaquait cette position par la sape et la mine. La contre-mine avait éventé ses projets; on s'était battu dans les souterrains. Ses batteries vomissaient des milliers de projectiles contre le fort ; la rampe qui conduit à cette éminence était tellement balayée par les boulets, que les officiers d'ordonnance ne pouvaient s'y rendre qu'en affrontant les plus grands dangers.

Lys avait sollicité l'honneur de tenir cette position; et, par son infatigable intrépidité, il avait paralysé les efforts de l'ennemi. Au fort de l'attaque, un boulet lui coupe la respiration ; il tombe en syncope, on le croit mort. Ses artilleurs découragés abandonnent leurs pièces; l'ennemi marchait déjà sur le fort, croyant s'y établir, lorsque, se réveillant en sursaut, Lys passe la main sur son visage, aperçoit tout à coup le danger, s'élance d'un bond sur le parapet, et crie avec vigueur *canonniers, à vos pièces !* Le feu se ranime, et l'ennemi est repoussé (1).

Le siége avait duré trois mois; la défense avait été

---

(1) Pendant longtemps, ce cri de *canonniers, à vos pièces*, excita l'admiration à Port-au-Prince. Les souvenirs s'évanouissent avec le temps, et M. Ardouin qui, de parti pris, attaque la mémoire du général Lys, cherche à atténuer ces faits de haute bravoure qui, en deux occasions, ont empêché la ville de tomber au pouvoir de Christophe. Il justifie ses attaques contre ce général, en annonçant qu'étant son parent, il en peut lui être opposé; c'est justement là la cause de son animosité contre lui. Lys avait épousé la tante de M. Ardouin. Il avait négligé son épouse, femme très-respectable, pour une maîtress qu'il avait disputée à Dessalines. La famille en avait été indignée, et M. Ardouin, historien, n'a pas su s'affranchir de cette haine de famille.

aussi vive que l'attaque ; Christophe n'avait fait aucun progrès. Une circonstance imprévue vint mettre un terme à l'effusion du sang. La division Magny, placée le plus en avant vers le fort Saint-Joseph, travaillée par Marc Servant, Zacharie, Benjamin Danache, Gilles Gonave, Dalzon, Jacques Louis, passa sous les bannières de la république(1). Magny lui-même, retenu prisonnier, entra avec elle à Port-au-Prince. Abandonné par cette division, formée des troupes qui composaient en majeure partie les garnisons de Saint-Marc et des Gonaïves, Christophe leva le siége. En se retirant, il donna cours à sa férocité naturelle, et fit brûler vifs ses prisonniers.

Les éminents services rendus par les officiers du Sud avaient ainsi scellé la réconciliation de cette partie avec l'Ouest. Lys avait été appelé à reprendre son siége au Sénat, et dans ces premiers moments d'enthousiasme, personne n'avait osé s'y opposer. Mais, en 1815, Bonnet étant revenu des Etats-Unis, les marques de déférence ; que lui donnait Pétion réveillèrent la crainte de le voir rétabli dans de hautes fonctions ; on comprima les intentions du président en ranimant les vieilles animosités contre les hommes qui s'étaient ralliés à la scission du Sud.

Pétion, voulant définitivement manifester son oubli du passé, avait fait élire au Sénat Simon, Daumec et Lespinasse. Une cabale se forma dans la garde ; Eveillard, qui en était le colonel, vint signifier au président qu'on ne permettrait pas à ces hommes de prendre siége dans

---

(1) Madame Zacharie et madame Gonave étaient l'âme de ce complot. Aussi ces deux dames et madame Dalzon, qui avait rejoint son mari, furent-elles l'objet constant des soins et des attentions du président

ce corps. Bonnet se trouvait avec Pétion lorsqu'Eveillard vint faire cette notification. On exceptait cependant Simon, qui répétait ironiquement à ses amis : *vous comprenez, je suis noir, il faut user de ménagements vis-à-vis de moi* (1). Et comme le même épiderme ne recouvrait pas Daumec et Lespinasse, on se disposait à les assommer sur place.

Daumec leva la difficulté en ce qui le concernait. Avocat d'un grand mérite, ayant une belle clientèle, il se décida, à cause de l'incompatibilité existant entre cette profession et la charge de sénateur, à opter pour le barreau (2). Lespinasse n'avait aucune raison d'abstention à donner ; il voulait résolûment se présenter au Sénat ; Pétion n'eut pas la force de faire respecter son autorité. Pour ne pas se trouver en ville au moment où la scène devait avoir lieu, le jour où Lespinasse devait aller prendre siége, il monta en voiture de grand matin et se retira à la campagne. Les amis de Lespinasse finirent par vaincre la résolution où il était d'aller se faire tuer à la porte du Sénat ; on l'avait convaincu que ce sacrifice était sans utilité.

Ces faits se passaient en janvier 1816. A cette époque, on avait résolu de reviser la constitution. Pétion, en

---

(1) La franchise de Simon, la droiture de ses opinions, ses idées saines, et sa loyauté, lui donnaient beaucoup de considération parmi ses contemporains. Dans un âge avancé, il entreprit tout à coup un voyage à l'Artibonite. Lorsqu'il fut à Saint-Marc, Bonnet, malgré ses instances, ne put le retenir : il avait hâte d'arriver à Jumelle, où il n'avait rien à faire : ce n'était qu'une manie de vieillard. A peine fut-il rendu sur l'habitation où il était né, qu'il mourut. La nouvelle de cette mort inattendue ayant été transmise à Saint-Marc, la réunion des Francs-maçons qui formaient la loge *La vraie Gloire*, précédée de son catafalque décoré alla à la Petite-Rivière rendre les derniers honneurs à un vétéran de la révolution, et Bonnet vint en personne présider aux funérailles de son ami.

(2) *Linstant*, Recueil des actes, vol. 2, pag. 336-344.

1815, avait obtenu une troisième réélection ; on voulait, en créant la présidence à vie, lui assurer le pouvoir sans qu'il fût astreint à recourir périodiquement au suffrage du Sénat. D'un autre côté, Boyer, qui aspirait à lui succéder, ayant déjà le commandement de la garde, de l'état-major du président et de l'arrondissement de Port-au-Prince, tenait à se trouver placé sur les marches du fauteuil présidentiel, de manière à s'y asseoir sans secousse, sans opposition, sans avoir à redouter des concurrents. Il voulait, en conséquence, qu'on créât, dans le pacte social, une vice-présidence en sa faveur.

Sabourin, chargé du travail de révision, devant présider l'assemblée, et Inginac, placé à la direction des bureaux du gouvernement en qualité de secrétaire général, s'engagèrent à réaliser ce vœu. Pétion, malgré toutes les obsessions de ces hauts fonctionnaires, ne voulut jamais consentir à cette création. L'assemblée tint ses séances au Grand-Goave. Chaque jour, Sabourin expédiait au président un messager qui lui transmettait le vote qui avait eu lieu, l'ordre du jour de la séance du lendemain, et qui rapportait les observations du président. Pétion maintenait fortement son opposition à la vice-présidence, et cet article fut supprimé. La constitution votée le 10 octobre, tandis qu'on entonnait à l'église le *Te Deum* en action de grâce, Nicolas Saget, montant sur une chaise en face de Pétion, lui cria : *Ce n'est pas pour cela que nous avons abandonné nos femmes et nos enfants* (1) ! De retour au palais, les courtisans

---

(1) M. Ardouin a antidaté ce fait, afin d'y trouver la matière d'une accusation contre le premier Sénat.

furieux proposaient contre ce *fou* les mesures les plus rigoureuses. *Messieurs, c'est un homme qui a faim*, leur dit Pétion, *il faut lui donner un os à ronger*, et il le fit préposé d'administration à Léogane.

Nicolas Saget, membre de la Constituante en 1806, était du nombre de ces députés du Nord qui, fidèles à leurs principes, étaient restés à Port-au-Prince. Ils avaient tout abandonné, voulant que la première magistrature fût soumise à l'élection temporaire, luttant ainsi avec vigueur contre les prétentions de Christophe, qui voulait le pouvoir absolu et à vie. Or, la nouvelle Constitution établissait la présidence à vie, véritable monarchie déguisée. Ce replâtrage du gouvernement de la Pologne lui parut aller contre le but pour lequel tant de sang avait été répandu.

Dès ce moment Pétion, de plus en plus dominé, ne pouvait faire prévaloir ses vues. N'ayant pas une force de volonté assez puissante, il ne put renverser les obstacles qu'on opposait à ses intentions; il laissait aller les choses, le cœur navré. Boyer, mécontent de l'échec qu'il avait éprouvé, ne lui épargnait pas le persiflage. Il avait été jusqu'à fredonner au gouvernement, en présence de Cerisier, l'un des intimes de Pétion : *Voilà ce législateur que nous a promis l'oracle, voilà ce législateur qui n'est qu'une f. b.* Une désunion sourde s'établissait entre eux. Alors revinrent à l'esprit du président toutes les observations qui lui avaient été faites, les reproches qu'on lui avait adressés, sa désunion avec le Sénat, qui avait écarté de sa personne les hommes les plus éminents par leur mérite. Le Sénat avait voulu, en poursuivant rigoureusement les administrateurs infidèles, assurer les revenus de l'État; Pétion, par sa tolérance, avait mis obstacle aux sages mesures qu'on voulait prendre, et l'anéantissement des finances avait amené la république au bord du précipice. Pressé par les circonstances, il avait appelé à la secrétairerie d'État un homme probe, qui avait rétabli l'ordre dans l'administration, restauré ses finances, mis son budget en équilibre. Les mesures prises contrariaient ses alentours, et il avait apaisé ce mécontentement en supprimant la charge de secrétaire d'État, quoiqu'il n'eût pu justifier par aucun motif le congé donné à ce fonctionnaire. Depuis il était retombé dans les mêmes difficultés. Il lui fallut augmenter les impôts (1), recourir à l'emprunt forcé (2), falsifier la monnaie (3); la banqueroute s'en était suivie (4); le budget était supprimé, on vivait au jour le jour, les comptes même ne purent être apurés (5). Le Sénat voulait poursuivre vigoureusement la guerre et dégager le Môle; par ses hésitations, le Môle avait succombé, et ceux des habitants de cette ville qui n'avaient pu l'évacuer avaient été victimes des fureurs de Christophe. Le 9ᵉ régiment, après le siége de Port-au-Prince, désarmé à Saint-Marc, avait été massacré jusqu'au dernier homme; le sang avait coulé en telle abondance qu'il se déversa dans la mer. En 1818, les divisions de l'Artibonite s'étaient rendues, dans la pensée que, profitant de leur coopération, le président

---

(1) *Linstant*, Recueil des actes, vol. 2, p. 63.
(2) *Ibid.*, vol. 2, p. 98.
(3) *Ibid.*, vol. 2, p. 102.
(4) *Ibid.*, vol. 2, p. 162.
(5) Ce n'est que le 27 juin 1848 que la chambre des représentants donna décharge au secrétaire d'État pour les comptes de 1844 à 1847. (*Linstant*, Recueil des actes, vol. 3, p. 63.)

se porterait en avant, refoulerait le despote dans le Nord et que leur défection assurerait à leur province le bénéfice d'un gouvernement paternel. Pétion s'était encore arrêté, et Christophe, dans sa fureur, pour rendre irréconciliables l'Ouest et le Nord, avait fait massacrer hommes, femmes et enfants de couleur, sans même épargner les malheureux qui gémissaient dans les hôpitaux des suites de blessures reçues à son service. A l'Artibonite surtout cette vengeance avait été atroce, impitoyable. Les hommes les plus dévoués à la personne du président contrariaient ses vues et servaient souvent, sans qu'ils s'en doutassent, d'instruments aux intrigues dans lesquelles on l'enlaçait. Possédant à un haut degré l'affection du peuple et de l'armée, il pouvait réprimer ces intrigues; mais, au lieu de secouer son apathie et d'agir avec vigueur, Pétion prit un profond dégoût de la vie. Or il arriva qu'au milieu de ses préoccupations d'esprit et à la suite de quelques contrariétés survenues dans son intérieur et dont il fut profondément impressionné, il fut atteint d'une fièvre légère qui n'offrait aucun caractère inquiétant; il prit le lit, refusant les soins qu'on cherchait à lui prodiguer, n'acceptant ni remèdes ni nourriture, pas même de l'eau pure. Père tendre, il adorait sa fille Célie, il allait au-devant de tous ses désirs, et n'avait jamais su, un seul instant, résister même à ses caprices. Sa famille désolée employa cette influence auprès de lui; pour la première fois, il résista aux marques d'affection de Célie; il refusa de recevoir à boire de sa main, et se laissa ainsi éteindre sans plainte, sans récrimination, sans proférer une seule parole.

La mort de Pétion avait répandu partout le deuil et

la désolation. La stupeur était générale. Les dissidences de parti s'étaient tues devant cet événement. A Port-au-Prince, toutes les portes étaient fermées, et le peuple en larmes encombrait le palais et ses avenues. Les témoignages de regrets étaient spontanés et universels. Pendant trois jours, le corps embaumé resta exposé sur un lit de parade; chacun, indistinctement, venait lui jeter l'eau bénite; les mères menaient leurs enfants en bas âge voir ce visage vénéré, afin que le souvenir en restât gravé dans leur cœur.

Le Sénat s'était immédiatement assemblé; on avait à procéder à l'élection d'un nouveau président. On témoigna d'abord, dans le sein de ce corps, le regret que le général Bonnet ne fût pas en position d'être élu. Alors un membre proposa Bazelais, le plus ancien des généraux. Les opinions se heurtaient. Panayoti, président du Sénat, qui soutenait la candidature de Boyer, profita de ces divergences. Bazelais avait la malheureuse passion des liqueurs fortes. Panayoti objecta que ce défaut s'opposait à ce qu'on lui confiât les rênes de l'État. Ce concurrent étant écarté, Larose proposa le général Magny. La discussion fut vive; on ne parvenait pas à s'entendre. Panayoti fit observer au Sénat que Magny ne s'était pas rallié à la république de son plein gré; que, prisonnier, il avait été introduit dans nos murs par ses soldats révoltés; que, s'il arrivait au pouvoir, on aurait à craindre de voir se réveiller ses sympathies en faveur de Christophe, et qu'il serait en position de mettre l'Ouest à la merci du tyran du Nord.

Sur ces entrefaites, Boyer parcourait les postes de la ligne, le mouchoir à la main, pleurant le chef qui venait de succomber, promettant aux troupes; s'il était élu à sa place, de continuer à gouverner d'après ses principes. En même temps, il envoya Coquière, son beau-frère, dire à Panayoti de se hâter, que la garde, fatiguée de ces lenteurs, allait le proclamer; qu'il ne fallait pas donner au pays l'exemple d'un tel précédent. Cette communication faite au Sénat décida l'élection : la lutte avait été longue. Laruine Leroux, aide de camp de Gédéon, espérait que son général serait appelé à la présidence, et il spéculait déjà sur l'influence qu'il allait acquérir dans le nouveau gouvernement. Contrarié par le choix du Sénat, il insinua avec humeur à Gédéon, au sortir de la séance, que c'était lui qu'on aurait dû élire. Gédéon, furieux, jura qu'après ce mulâtre aucun autre ne le commanderait. Immédiatement averti de ce propos, Boyer fit adroitement circuler dans le public le bruit que le Sénat avait offert la présidence à Gédéon, lequel avait refusé, en prétextant qu'il ne se sentait pas les connaissances requises pour gouverner l'État, et que c'était à sa recommandation qu'il devait son élection.

A peine Boyer avait-il pris les rênes du gouvernement, que, cherchant à se concilier l'opinion publique, il déploya dans ses actes et sa correspondance la plus grande habileté. Si, d'un côté, il se proposait de pratiquer les vertus qui avaient assuré à son illustre prédécesseur l'amour du peuple, d'un autre côté il annonçait vouloir écarter les nuages qui, en d'autres temps, avaient obscurci sa présidence. Il rendait hommage à la souveraineté du peuple, promettait de respecter les lois et de les faire exécuter; aux cultivateurs, il assurait la garantie du droit sacré de propriété, en confirmant les concessions faites par Pétion ; au commerce, il promettait sa protection ; l'ordre et l'économie allaient désormais régner partout ; il était résolu à empêcher la dilapidation, à faire servir les deniers de l'État à l'avantage de tous, à faire honorer les magistrats et les hommes de bien (1).

En notifiant son élection à Bazelais, son compétiteur le plus sérieux par la position qu'il avait comme commandant les divisions de la Grand'Anse, il se complut à entrer avec lui dans tous les détails de l'administration, donnant ainsi à ce général un témoignage de sa confiance (2). Il écrivit à Bonnet une lettre autographe des plus flatteuses, par laquelle il reconnaissait les éminents services que celui-ci avait rendus au pays, et lui donnait l'assurance qu'il saisirait l'occasion d'utiliser « *sa science et ses talents.* » Il écrivit également à Borgella et à Lys. Borgella, se faisant illusion sur ces lettres, crut y voir que Bonnet serait appelé à diriger les finances, et que lui-même aurait le commandement de l'arrondissement de Port-au-Prince. Lys appréciait mieux la situation et ne partageait pas cette opinion ; il voulut avoir l'avis de Bonnet, qui répondit que Imbert conserverait son portefeuille, et que l'arrondissement de Port-au-Prince serait réservé à Lerebours ; prévisions qui furent complétement justifiées.

Plus initié que qui que ce soit aux manœuvres par lesquelles on avait réussi à dominer les volontés de Pétion, Boyer débuta par déclarer hautement que, quant

---

(1) *Linstant*, Recueil des actes, vol. III, p. 15-16.
(2) *Linstant*, Recueil des actes, vol. III, p. 18-19-20.

à lui, il ne se laisserait pas influencer. Se défiant de tous ceux qui l'environnaient, il prit soin d'écarter de sa personne tous ces courtisans qui d'ordinaire formaient le cercle de son prédécesseur. Les moindres ordres, les décisions les plus insignifiantes, tout émanait de lui. Il tranchait, sans recevoir d'avis, toutes les questions soit administratives, soit judiciaires. La nomination d'un simple commis, voire même du hoqueton qui balaye le bureau, tout ressortait de lui : c'était la centralisation absolue dans toute sa puissance.

Dans ces premiers moments, Sabourin, grand juge, Inginac, secrétaire général, excitaient plus particulièrement sa défiance. Les difficultés qu'il avait éprouvées à l'occasion de sa nomination avaient excité son animadversion contre eux. Ces deux fonctionnaires avaient manqué à l'engagement qu'ils avaient pris envers lui de créer, dans la constitution, une vice-présidence en sa faveur, et il s'était vu sur le point d'être écarté du pouvoir. Boyer ne laissait échapper aucune occasion de leur témoigner son mécontentement. Etant encore dans sa maison de la rue du Centre, et la compagnie étant nombreuse, un soir que l'on dînait chez lui, sur quelques plaintes portées contre le grand juge : « Voilà, répondit le président très-animé, *grand juge, grand coquin, grand pendard, grand voleur, grand scélérat.* » Au moment où ces propos sortaient de la bouche du président, Sabourin arrivait à la porte de la salle à manger. Il n'avait pas été vu des convives, il pouvait se retirer. Il entra au contraire, fut se placer derrière le fauteuil du président, et lui dit en gros créol et d'une voix flûtée : *Ou a pé chargé moin, papa, hé bien chargé* (vous me chargez, continuez à me charger). On se mit à rire, et Boyer essaya en vain de le consoler. Sabourin ne survécut pas longtemps à ces scènes ; le chagrin qu'il en ressentit le conduisit bien vite au tombeau (1).

Quant à Inginac, il supporta toutes les humiliations avec un courage stoïque. Il recevait les bourrades avec une soumission et une résignation qui surprenaient tout le monde. Homme habile, il ne se laissa pas abattre. Examinant froidement la position, il se mit à étudier son sujet. Il eut bientôt découvert le défaut de la cuirasse, et, attaquant hardiment de ce côté, il ressaisit toute l'influence qu'il pouvait désirer dans le gouvernement. Boyer, dans sa défiance, rapportait tout à sa personne; Inginac imagina de le submerger sous la paperasse. Il flattait son amour-propre, et abondait dans son sens : c'était, à l'entendre, le seul homme juste que possédât le pays; il encourageait sa résolution d'entrer dans les moindres détails, l'engageait dans des relations avec les subalternes. Les lettres, les rapports pleuvaient de tous côtés ; un triplicata des feuilles de la solde était fait en destination du président; il devait aussi examiner tous les comptes des différentes administrations. Le secrétaire général arrivait avec cette masse de documents qu'il plaçait devant Boyer. Fatigué bientôt, écrasé, étouffé sous ce flot de papiers qui allait toujours croissant, le président finit par donner à Inginac l'ordre de décacheter les paquets, de tout classer et de lui en faire

---

(1) Sabourin, en mourant, émit le vœu d'être enterré dans l'église. Cette demande contraria Boyer, qui cependant l'accorda. Dans la suite, il fit rendre une loi qui s'opposait aux inhumations dans les églises : il ne voulait pas voir se renouveler pareille disposition.

le rapport ; c'était précisément ce que voulait le secrétaire général. Grand travailleur, ne se rebutant pas à la peine, Inginac obtenait, par ce moyen, la faculté de faire rendre les décisions qui lui convenaient, en excitant, par d'adroites insinuations, les passions du président.

Un des griefs de Boyer contre l'administration précédente, grief qui lui avait valu des difficultés avec Pétion, c'était la direction de l'hôtel des monnaies confiée à Pigny. Boyer, qui avait vu Pigny, après être arrivé au pays dans un état complet de dénûment, afficher tout à coup le luxe d'une grande fortune, ne pouvait maîtriser sa mauvaise humeur ; il attribuait cette fortune au vol des matières livrées par le gouvernement. Il n'avait pas compris la manœuvre : avec une piastre forte, on fabriquait sept gourdes d'Haïti ; cette petite monnaie courante, servant à faciliter les échanges, circulait au taux de la monnaie de bon aloi. Les courtisans obtenaient de Pétion la faculté d'en faire frapper à leur profit. Ce principe admis, Pigny, alléché par les grands bénéfices qui en résultaient, comprit qu'il pouvait aussi fabriquer pour son compte. La progression effrayante de sept fois la valeur obtenue à chaque revirement, accrut à tel point la fortune du directeur de la monnaie, qu'il ne la connaissait pas lui-même ; il n'avait eu nullement besoin de soustraire les matières qui lui étaient confiées ; il n'avait eu qu'à faire pour lui-même ce qu'il faisait pour le compte du gouvernement. Pétion, qui attribuait à la jalousie la persistance de Boyer à poursuivre le remplacement de Pigny, lui disait : « Que n'envoyez-vous des pièces à l'hôtel des monnaies ? on fabriquera aussi pour vous; » et Boyer s'indignait encore davantage. Chef du gouvernement, il nomma une commission chargée de vérifier les comptes à la monnaie, toujours avec la pensée qu'il obtiendrait la preuve des concussions du directeur. Pigny présenta des registres parfaitement en ordre, où étaient inscrites les valeurs reçues, les valeurs livrées; en fin de compte, il se trouvait en avance avec le trésor de *trente mille* gourdes. «*Quant à cette somme*, dit-il en se posant avec arrogance, *j'en fais présent à la république* (1). »

Le dédale des anciennes lois et des coutumes diverses apportait la confusion dans les tribunaux. Boyer voulut, en adoptant les dispositions du Code Napoléon, assurer à la société les garanties d'une bonne administration de la justice. Il forma, sous la présidence de Bonnet, une commission composée d'hommes d'élite qui s'occupèrent du Code civil (2). La loi sur le mariage donna lieu à une vive discussion. Sous l'ancien régime, on n'admettait pas comme légitime l'alliance des gens de couleur avec les blancs. L'esclavage existant dans les îles voisines, cette exclusion était partout maintenue; quelques membres voulurent aussi, par opposition, la consacrer dans nos lois. Le général combattit ces théories. Pour lui, l'homme était libre de choisir sa compagne à son gré; la loi civile ne devait régler que les rapports civils, et devait rester étrangère aux préjugés de castes. Il avait pour adver-

(1) Pigny avait débarqué aux Cayes. La première politesse qu'il eût reçue, lui avait été faite par le général Bonnet: il était dans un dénûment absolu. Il s'oublia depuis, jusqu'à dire en face du général en parlant de sa fortune : *La république d'Haïti peut s'écrouler ; quant à moi, je me tiendrai debout sur ses ruines*.

(2) Ce travail fut continué dans la suite par M. Blanchet, avocat de Paris, un des fils du général Blanchet.

saires, dans le sein de la commission, deux hommes récemment arrivés d'Europe; la grande majorité, cependant, appuyait les opinions de Bonnet. On finit par s'en référer au président, qui abonda dans le sens de la majorité : cette exclusion fut écartée. Or il arriva, vers cette époque, qu'un vieux blanc, jardinier, nommé Pierre, voulut épouser sa ménagère, une vieille négresse dont il avait eu des enfants. Ces deux messieurs qui avaient fait opposition à cette alliance dans le sein de la commission profitèrent de la circonstance; ils reproduisirent leurs objections dans le public. Le peuple, qui ne voyait dans un blanc que le représentant du système de l'esclavage, les appuya. Une émeute se forme ; on se porte chez l'officier de l'état civil pour s'opposer à l'acte civil; on menace d'aller à l'église empêcher la consécration religieuse; et Boyer, cédant à cette pression, écrit à l'officier de l'état civil pour lui enjoindre de ne pas dresser l'acte de mariage. Ainsi une simple lettre établit l'exclusion que la loi n'avait pas admise; il fut dès lors consacré qu'un blanc ne pouvait épouser une native du pays.

CHAPITRE IX.

Christophe, sa tyrannie ; terreur qu'il inspire à ses administrés. Révolte de la garnison de Saint-Marc, qui appelle Boyer à son aide. Le roi frappé de paralysie à l'église de Limonade : sa mort. Le président marche sur le Cap, ouverture du Nord. Sage conduite de Boyer ; il protège ouvertement madame Christophe et les deux princesses ses filles ; il donne le commandement des provinces à des hommes de choix. Conspiration du général Romain. Bonnet va sur les lieux déjouer la conspiration, moyen qu'il emploie ; arrestation des conjurés. Le président se rend dans le Nord ; sa clémence. Commandement très-étendu confié à Bonnet, qui s'attache à ramener le calme et la confiance.

Cependant Christophe faisait peser son joug de fer sur les populations du Nord. Le moindre signe de désapprobation, une parole mal interprétée, la faute la plus légère, conduisaient le général comme le soldat à la citadelle Henry ; les cachots de Laférière ne rendaient jamais leur proie.

Les services les plus éminents étaient oubliés dès que Christophe concevait le moindre soupçon. Pierre Toussaint, qui, dès le principe, s'était dévoué à la cause du monarque du Nord. Pierre Toussaint qui l'avait défendu avec intelligence et fidélité, qui, par son influence et ses talents militaires, lui avait conservé l'Artibonite ; Pierre Toussaint mourut d'inanition au fond d'un cachot, véritable tombeau, où, resserré entre les murs, il ne pouvait se mouvoir.

Le ministre Vernet, à la mort de Dessalines, était allé à Marchand vaincre la résistance des troupes qui refusaient de marcher contre Port-au-Prince ; Christophe le força à prendre du poison en sa présence, après avoir réglé avec sa victime les funérailles (1) dont elle devait être honorée après sa mort. Il avait fait tuer Vilton, le parrain d'un de ses enfants, l'ami intime de sa famille, qui, même avant son avénement aux honneurs, vivait dans la maison comme un parent. Vilton, dans la liberté d'un festin, avait dit qu'il préférait la reine au roi, parce que la reine avait plus d'humanité (2). Lors du combat de Sibert, Papaillier avait franchi nos lignes, s'écriant, son chapeau en l'air, *Je suis pour le général en chef.* Depuis, il avait montré le plus grand zèle pour le service de Sa Majesté. Christophe fit tuer Papaillier, parce qu'il l'avait vu causer dans les rues du

---

(1) Le canon de deuil s'était fait entendre sur toutes les forteresses du royaume. Après la cérémonie, Christophe fit présenter à madame Vernet le compte des dépenses des funérailles; elle dut en acquitter le montant et fut ruinée du coup.

(2) Pendant un séjour que fit l'auteur de ces mémoires dans la famille Granier, il y acquit la conviction d'un fait historique encore controversé de nos jours et qu'il se plaît à rapporter ici. Granier avait épousé au Cap, malgré les préjugés, une demoiselle Vilton. Granier était parrain du premier enfant de Christophe; madame Granier et Vilton, son frère, avaient aussi tenu sur les fonts baptismaux des enfants de Christophe: ils vivaient tous en famille. A l'apparition de la flotte française, Toussaint voulait faire main basse sur les blancs du Cap. Christophe donna l'ordre d'arrêter Granier. Vilton surprit cet ordre et s'empressa d'aller à l'habitation, sauver son beau-frère. Granier malade ne pouvait sortir de son lit. Vilton le prit sur ses épaules et fut le cacher dans les mangles. Un détachement se présenta bientôt après. Madame Granier, qui n'avait pas ajouté foi au rapport de son frère, ne voulut pas admettre, même alors, que l'ordre émanât de son compère. Elle fit atteler sa voiture et se rendit au Cap. Hôte de la maison, elle entra sans difficulté, alla au cabinet de travail de Christophe, selon l'habitude créole d'entrer sans se faire annoncer; elle ouvrit la porte et fut tout étonnée de trouver Toussaint Louverture et Christophe en conférence. Christophe était debout, appuyé sur le bureau devant lequel le gouverneur était assis; Christophe étant allé rapidement au-devant d'elle, il la reconduisit à la pièce voisine et ferma la porte. « Dès ce moment, disait madame Granier, j'aurais dû comprendre la scélératesse de Christophe ; et Christophe a fait tuer Vilton! » s'écriait-elle. Ce fait surpassait son imagination.

Cap avec le capitaine d'un navire américain relevant de Port-au-Prince. Le roi supposa que cet officier général, regrettant sa famille qui résidait en cette ville, demandait de ses nouvelles. Pour la faute la plus légère, pour la moindre infraction à la discipline, Christophe, sur la place d'armes, faisait dépouiller le soldat de ses habits, et ordonnait aux chevau-légers de le *battre en brèche;* et là, à coups de sabre, on démolissait le patient, membre par membre, jusqu'à ce que mort s'ensuivît. Tous tremblaient autour de lui; ses ordres ne s'exécutaient qu'à la course. Chacun sentait que son existence était à tout instant en danger; et cependant Christophe avait su inspirer à tout ce peuple une telle défiance, que personne n'osait communiquer sa pensée même à ses parents et à ses amis les plus intimes (1). Dans une telle situation, une étincelle pouvait produire une explosion qui devait causer la chute du tyran; la garnison de Saint-Marc donna le signal de la révolte, en octobre 1820.

Les germes de cette défection avaient commencé à se manifester peu de temps auparavant. Le roi avait ordonné de faire transporter des matériaux au Cap, par une corvée de la garnison de Saint-Marc. Officiers et

---

(1) Sir H. Popham, amiral anglais, revenant de Port-au-Prince, était allé rendre visite à Christophe. Frappé du système de terreur qu'entretenait le roi, il lui conseilla de faire placer des fonds à la banque d'Angleterre. Il venait de voir, disait-il, chez Pétion la liberté poussée jusqu'à la licence; la différence des deux régimes, ajoutat l'amiral, devait indubitablement amener la perte de Christophe. Le roi déclara qu'un amiral anglais pouvait seul lui tenir un tel langage, sans éprouver immédiatement les effets de sa colère, et se retira indigné, interrompant brusquement l'audience. Le lendemain, cependant, se ravisant, il fit mander l'amiral et revint sur la conversation de la veille. Sir H. Popham lui répéta exactement la même chose. Cédant alors à ce sage conseil, Christophe fit déposer en Angleterre un million que madame Christophe recueillit après les événements qui amenèrent la chute de la royauté dans le Nord.

soldats avaient été contraints de parcourir à travers les montagnes les trente-trois lieues qui séparent ces deux villes, ayant chacun une planche sur la tête. Ces malheureux arrivèrent au haut du Cap exténués de fatigue. Les femmes sur leur passage, faisant mine de pousser des pourceaux devant elles, leur criaient : *Chou chou, zotes qui content; chou, chou, zotes pas bouqué; chou chou, zotes qui vlé ça* (1). Ces paroles firent une vive impression et portèrent leur fruit dans le cœur ulcéré du soldat.

Dans la suite, Christophe, sur une plainte du général Jean Claude qui commandait à Saint-Marc, contre Paulin, colonel au 8e régiment, fit mander ces deux officiers supérieurs au Cap. *Diviser pour régner*, tel était le système du roi. Il excitait les plaintes du subalterne contre son supérieur, en insinuant au subalterne que le supérieur cherchait à le perdre dans son esprit, mais qu'au contraire il avait pleine confiance en lui, malgré l'infériorité de sa position. En renvoyant celui auquel il faisait cette confidence, il avait soin de lui mettre le doigt sur la bouche, lui imposant ainsi le secret. Toutefois il n'admettait pas l'insubordination. Paulin, se croyant fort des discours de Sa Majesté, avait commis un acte d'insubordination. Le roi, dans un accès d'humeur, ordonna de dégrader le colonel. Paulin, indigné, portant les mains à ses épaulettes, répondit fièrement : « Ces insignes, je les ai gagnés par mes services, ce n'est pas votre

---

(1) Dans nos populations, un nom donné à un animal couvre une pensée; cela s'appelle un *toria*. Ainsi il faut traduire ici : vous autres, vous êtes satisfaits de ce traitement ; mais vous n'êtes donc pas fatigués de cette tyrannie; c'est vous autres qui voulez de ce régime.

propriété. » Puis, arrachant sa croix de Saint-Henry et la rejetant loin de lui: « Ceci me vient de vous, s'écria-t-il ; les nègres et les mulâtres n'ont pas besoin de porter de croix. » Christophe, surpris d'un acte de témérité auquel il n'était pas accoutumé, considéra le colonel attentivement, et après un moment d'indécision, comme se ravisant d'une première pensée, il ordonna de le conduire à Laférière (1).

Trois mois s'étaient écoulés et Paulin gémissait toujours dans les cachots de la citadelle, lorsque les soldats mécontents résolurent de se soustraire à la tyrannie et de venger leur colonel en se soulevant.

De même qu'au festin de Balthasar, Dieu avait marqué du doigt l'époque où devait s'écrouler tout cet échafaudage de puissance arrosé de sang humain et sapé à sa base par la cruauté du roi. Christophe aimait à étaler sa grandeur aux yeux des populations, par des fêtes brillantes. Le 15 d'août, bien que ce fût la fête patronale de la paroisse du Cap, la cour alla célébrer en grand gala la Notre-Dame au bourg de Limonade. Les chevau-légers, en tenue, ouvraient la marche ; puis venaient les équipages en livrées, des duchesses, des comtesses, des baronnes. Le corps des amazones chevauchait autour des carrosses de la reine et des princesses. La voiture du roi était environnée des grands officiers de la couronne. La maison militaire du roi, la maison militaire de la reine, les fonctionnaires civils et militaires, tous étaient

---

(1) Une sœur de Paulin, fort jolie femme, était à Saint-Marc la maîtresse de Christophe qui lui témoignait beaucoup d'affection. On attribue à cette circonstance l'hésitation qu'il mit à ordonner de le faire tuer.

réunis et concouraient à rehausser la pompe du cortége. Une sorte de fatalité sembla présider à cette fête : Leurs Majestés avaient été reçues à l'entrée du temple par le R. P. Jean de Dieu, qui officiait. On entonna une messe à grand orchestre. A l'offertoire, le curé se disposant à monter à l'autel, s'arrête devant la première marche, recule d'épouvante et fixe le roi. Christophe, dans un mouvement d'impatience, frappe le parquet du bout de sa canne, interpelle le prêtre et lui ordonne d'avancer. Le curé avance, puis recule encore; ses regards anxieux, qui se promènent de l'autel au roi, indiquent quelque chose de surnaturel. Puis, au milieu d'une agitation toujours croissante, le prêtre s'affaisse sur lui-même, et Christophe, qu'une vision semble terrifier, tombe frappé de paralysie. L'épouvante et la consternation se répandent dans toute cette assemblée ; Jean de Dieu est emporté dans la sacristie, et le roi ramené dans son palais de Sans-Souci (1).

Le bruit de cette catastrophe s'était sourdement répandu au loin ; on chuchotait à voix basse sur les circonstances de ce double coup de foudre. Ces nouvelles enhardirent les soldats du 8ᵉ régiment dans leur résolu-

(1) Massicot, le médecin particulier de Christophe, alla porter ses soins au curé, qui mourut, demandant avec anxiété à ceux qui l'environnaient, si eux aussi n'avaient pas vu sur l'autel le Père Breille (que Christophe avait fait tuer sur une dénonciation de Jean de Dieu) officiant, et la face retournée vers les fidèles, prononçant le *Dominus vobiscum*. Massicot rapportait ces faits avec une conviction d'autant plus profonde que Christophe, disait-il, avait assuré avoir aussi vu le prêtre sur l'autel.

Le souvenir de son infamie revint sans doute à Jean de Dieu, tandis qu'il officiait à la place de Breille, sa victime, et bourrelé par le remords, son imagination lui aura créé un fantôme. La persistance du prêtre à regarder Christophe en lui désignant l'autel aura rappelé le crime à son complice, et en voyant Jean de Dieu s'affaisser, le roi, troublé à son tour, aura été frappé de paralysie.

tion de se soulever contre le monarque ; mais tel était encore l'empire de la terreur que leur inspirait le roi, que plusieurs d'entre eux crurent devoir prendre des mesures de précaution en cas de non-réussite.

Le mouvement devait éclater dans la matinée du lendemain. Constant Paul, chef de bataillon au 8e, chef de la conspiration, envoya la nuit son épouse en avertir Bazin, comte de Mont-Rouis, qui se trouvait à Payen, dans la commune des Verrettes. Mme Constant passant par les hauts de Saint-Marc, avait neuf lieues à parcourir à pied. Constant savait bien que son avis arriverait trop tard et ne nuirait en rien au succès de l'entreprise ; mais cet empressement apparent pouvait au besoin servir à sa justification.

Une circonstance nouvelle vint précipiter les événements. Le lendemain au jour, le général prince Romain, entra en ville à la tête d'un nombreux état-major. Un officier du 8e était allé furtivement la veille, à la Petite-Rivière, lui donner connaissance des signes d'agitation qui se manifestaient dans la garnison de Saint-Marc. Ceux qui dirigeaient le mouvement comprirent que le succès dépendrait de l'activité et de l'énergie qu'ils mettraient dans l'action. Au moment même on s'empara de la poudrière. Le général Jean Claude, aux premières rumeurs, monte à cheval et accourt vers l'attroupement. Comme il passait devant un poste, la troupe fait feu et l'abat.

Les insurgés occupaient tous les points importants. Romain, jugeant sa présence inutile, et ne voulant pas s'exposer à la vengeance de Christophe en restant dans la place, fit demander à Bigaille, chef d'escadron de la cavalerie, de le mettre hors des remparts.

Bigaille était un officier d'honneur, qui avait toujours su, par sa conduite, commander le respect. Jamais il n'avait failli à son devoir. Sachant allier ce qu'il devait au service militaire avec les obligations que lui imposait son caractère d'homme de bien et de chrétien, il avait traversé intact et pur toutes les phases de la révolution. Guide de Toussaint-Louverture, il était devenu l'homme de sa confiance intime. Le général Romain était convaincu qu'il pouvait compter sur la parole d'un tel homme (1).

Bigaille, à la tête de son escadron, escortait le général qui effectuait la sortie à la porte de Dussolier. L'officier qui commandait le poste essaya de s'opposer au départ du prince, en lui donnant l'assurance qu'on respecterait sa personne. Romain impatient renouvela avec instance sa demande; et Bigaille, qui avait pris deux pièces de campagne, ordonna de faire feu. Au bruit de l'artillerie, le poste se disperse et le passage se trouve libre; mais les canons ayant été chargés à poudre, il n'y eut en conséquence aucune victime à déplorer.

Le départ du général prince Romain laissait les insurgés livrés à eux-mêmes; dans la crainte d'avoir à soutenir le choc de toutes les troupes du Nord, ils résolurent de solliciter l'appui du président de la république.

---

(1) Bigaille était très-religieux. Dans les temps de proscription, on l'avait vu successivement donner asile aux blancs et aux hommes de couleur. Une circonstance servit encore à affermir sa foi. Toussaint Louverture, en faisant ses adieux sur la plage à Bigaille et à Denis (mort général commandant des Gonaïves), leur disait que s'il n'avait pas, sur l'instigation des colons, fait sacrifier les hommes de couleur, ses frères, il ne se serait pas trouvé à ce moment prisonnier.

Trois officiers, députés près de Boyer, lui portèrent pour preuve des progrès de l'insurrection, la tête de Jean Claude. Le président, saisi d'horreur, fit enlever ce trophée sanglant. Par des mesures promptes et énergiques, il sut profiter des heureuses dispositions de la garnison de Saint-Marc. Il fit immédiatement partir sur une barge de l'Etat trois officiers supérieurs, chargés d'aller soutenir le moral des troupes ; et après avoir réuni son armée, il se mit en campagne.

L'occasion se présentait de rappeler le général Bonnet au service. Boyer en fit le chef de son état-major général : le président fut l'objet à Saint-Marc des démonstrations les plus enthousiastes de respect et de soumission.

En ce même temps, les événements se déroulaient au Cap avec la rapidité de l'éclair. A la nouvelle de la révolte, Christophe avait ordonné de marcher contre Saint-Marc. Les troupes rassemblées au haut du Cap avaient formellement refusé d'obéir. Le roi, voulant imposer aux soldats par sa présence, essaya de vaincre la la nature elle-même. Il se fit donner un bain de piment. La surexcitation du sang, jointe à cette volonté forte sous laquelle tout pliait, le ranima un instant ; mais au moment de monter à cheval, ses jarrets fléchirent de nouveau et il fut obligé de se faire transporter dans sa chambre. Comprenant alors que l'heure de la chute avait sonné, il se tua d'un coup de pistolet.

Laisser à un parti le temps de se former dans le Nord, c'était s'exposer à voir la guerre civile se prolonger ; Boyer accéléra sa marche. Les divisions avaient été formées dès Saint-Marc. Magny, resté en arrière, ne rejoignit l'armée que dans la plaine des Gonaïves. Bonnet trouvait qu'il serait d'une bonne politique de donner à cet officier général le prestige d'une position honorable à son entrée dans cette province, où il jouissait d'une réputation méritée. Il en donna le conseil au président, consentant à s'effacer et à céder le commandement de la 1re division à Magny. Boyer sut bon gré à Bonnet de cet acte d'abnégation, et s'empressa d'en tirer parti. Le président devait s'attacher à inspirer de la confiance à ces populations, que les officiers du Nord, qui voulaient rétablir la royauté à leur profit, cherchaient déjà à égarer.

Un officier de cavalerie qui commandait un poste à la coupe à Pintarde, avait signifié à notre avant-garde qu'elle ne franchirait pas les limites du département. On s'apprêtait à combattre; mais les généraux du Nord n'avaient pas eu le temps de s'entendre et l'armée avançant à la fois avec prudence et rapidité, se présenta sous les murs du Cap, dont les portes furent ouvertes au président.

A l'entrée de l'armée, la population comprenant que le règne de la terreur venait de finir, se précipita au-devant de Boyer et le salua de ses vives acclamations; les troupes dans un ordre parfait étaient rangées en bataille à la Fossette. Bonnet en passant devant ces lignes, admira la tenue des soldats, leur bonne discipline et se félicitait des circonstances favorables qui nous avaient menés au Cap sans coup férir. Ce n'est pas sans beaucoup de temps, de peine et de sang répandu que, d'après lui, on aurait pu soumettre une armée si bien exercée.

La Providence venait de combler le gouffre de nos guerres civiles. La république, heureuse de pouvoir couvrir de l'égide de ses lois protectrices ces populations qui avaient tant souffert de la tyrannie, s'empressait, en les admettant à participer aux bienfaits de son régime, de leur donner des gages de son ardent désir de conciliation et de paix.

Le président prit Mme Christophe et sa famille sous sa protection (1), et calma l'effervescence des passions. Des meurtres et des désordres regrettables avaient été commis. On avait tué les fils du roi, saccagé et pillé les palais royaux ; le trésor même était entamé. Boyer voulut sauver ce qui en restait. Désirant faire constater et recueillir ces valeurs, il annonça, en plein cercle d'officiers supérieurs, au général Bonnet, qu'il le chargerait de présider à ce travail. Le lendemain la commission était formée, mais il n'était plus question du général. A peine Bonnet s'était-il retiré, que les intimes qui voulaient, dans leur intérêt personnel, faire partie de la commission, circonvinrent le président, qui, disaient-ils, oubliait quel était le secrétaire d'Etat de 1809. Contraints à de grands sacrifices pour se mettre à l'improviste en campagne, ils allaient se trouver sous la gestion du général Bonnet, dans l'impossibilité d'obtenir une

---

(1) Madame Christophe s'expatria. Une noble amitié vint au-devant d'elle à Londres, lui rendre d'honorables services. M. de Vincent qui, sous Toussaint, avait vécu dans l'intimité avec cette famille, vint prendre connaissance de sa position financière, la fit mettre en possession des fonds déposés à la banque de Londres, et la conduisit en Italie près de sa fille mariée à Pise. M. de Vincent fit faire à la reine exilée l'acquisition d'un château dans les environs de cette ville et ne revint à Paris qu'après avoir établi convenablement madame Christophe et sa famille.

indemnité qui couvrirait leurs dépenses (1), tandis que les officiers du Nord s'étaient approprié de fortes sommes à la faveur des événements.

Boyer, dans le but de concilier au gouvernement la confiance des populations, donna le commandement de la plupart des arrondissements à des hommes dont la loyauté et le caractère lui étaient connus. Il plaça Magny au Cap, Louis Nicolas au Port-de-Paix, Obas à à Limbé, Marc Servant à Saint-Marc. Tous officiers qui, bien que revenant de l'Ouest, appartenaient à ces localités et avaient, en d'autres temps, glorieusement servi en leurs rangs, étaient appelés à les initier à ce gouvernement nouveau. Néanmoins d'autres épreuves nous étaient réservées, avant qu'on pût assurer dans cette partie le triomphe de la république.

Dans les premiers jours de janvier 1821, Bonnet reçut le commandement supérieur des arrondissements de Saint-Marc et de la Petite-Rivière, que dirigeaient Marc Servant et Victor Thoby. Au moment où la réunion venait d'avoir lieu, il était de l'intérêt du président d'avoir à l'Artibonite, dont il comprenait toute l'impor-

---

(1) Bonnet, en racontant ce fait, disait que ces messieurs avaient fort bien compris la position. Son plan était tout formé : il aurait fait constater la nature des espèces renfermées dans chaque caisse, or et argent, qu'il aurait fait classer, numéroter, sceller et peser. Après avoir fait mettre le poids sur toutes les caisses, il les aurait expédiées sans en avoir fait compter le contenu. Il pensait, en simplifiant l'opération, parvenir à conserver toutes les valeurs appartenant à la république. La commission, au contraire, voulut compter, et dans ce travail fort long, chacun eut le loisir de faire ses affaires. Un seul des membres n'étant pas encore initié à ce qu'il pouvait prétendre, ne voulut pas par un scrupule honnête s'attribuer de l'argent sans y être autorisé. Il fut demander à Boyer s'il pouvait faire un emprunt à la caisse. Avec l'approbation du président, il s'adjugea un sac de mille gourdes qui était en réalité de mille doublons. Il périt en emportant en France la part d'indemnité qui lui avait été allouée et n'eut pas ainsi la jouissance de cet argent.

tance, un officier intelligent et actif. Le général Marc était malade, et Thoby était un officier de fortune. Boyer l'ayant trouvé en possession du grade de général de brigade, avait dû le considérer comme chef de l'insurrection, et avait cru, en le plaçant au commandement de la Petite-Rivière, sanctionner le suffrage des siens. Il n'en était rien cependant. Le colonel Constant Paul avait été le chef réel de cette levée de boucliers. Mais, après le triomphe, les insurgés s'étaient livrés au pillage de la maison de Jean Claude. Thoby, lieutenant d'artillerie, s'était emparé des insignes de ce général. Il avait trouvé plaisant d'endosser l'habit galonné et de se coiffer du chapeau bordé. Étant venu à passer devant un poste, affublé ainsi en général, la garde prit les armes, le tambour rappela; on lui rendit les honneurs : de ce moment Thoby se crut général et ne quitta plus son costume. Ces faits avaient été révélés, pendant la campagne, par des officiers de Saint-Marc, admis à la table du président. Boyer consola Constant en lui donnant le commandement de la place Saint-Marc, au grade d'adjudant général.

Vers le milieu de février, Bonnet, après avoir fait sa tournée d'inspection dans les deux arrondissements, revint à Port-au-Prince. Aucun symptôme de mécontentement ne s'était manifesté ; partout, au contraire, il avait reçu les plus grands témoignages de soumission ; rien ne lui laissait soupçonner qu'une conspiration s'ourdissait dans le Nord et l'Artibonite, en faveur du général Romain.

De retour, dans le cours de la semaine, Bonnet se rendit le dimanche à la réception au palais. Boyer, après être resté un moment dans le cercle de ses auditeurs, adressant affectueusement la parole aux uns et aux autres, se retira dans la salle des généraux, et, se plaçant de manière à rencontrer les regards du général, il lui fit signe de venir à lui. Le président avait reçu, le matin même, un rapport de Saint-Marc qui lui annonçait la révolte. Son embarras était manifeste; il ne savait qui envoyer dans cette partie. « Si vous avez confiance en moi, je retournerai de suite, » répondit le général; et le président qui hésitait à le charger de cette mission, lui déclara franchement que, par son départ immédiat, il lui rendrait un grand service.

Le temps pressait; on lui donna une escorte de douze chasseurs à cheval commandés par un officier. Ces hommes, pris à l'improviste le dimanche, sur la place, se trouvaient fort mal montés; ils ne purent suivre le général dans sa marche précipitée. Bonnet parut devant Saint-Marc, le lundi à sept heures du matin, presque seul, n'ayant à sa suite que son domestique, et ce domestique était un *blanc*, un Anglais. Ne voulant pas, vu les circonstances, entrer dans la place en si mince équipage, il s'arrêta à l'Eau-de-Fressineau, et il envoya l'officier qui l'accompagnait inviter le général Marc à venir à sa rencontre, à la tête de son état-major.

Voici les faits qui avaient eu lieu en son absence. A peine Bonnet avait-il quitté l'Artibonite, que des confidences furent faites au général Marc sur la conspiration. Les avis qu'il avait reçus étaient d'une telle importance, que ce général crut prudent de faire occuper l'arsenal par un détachement du 1er régiment d'artillerie, en relevant celui du 3ᵉ régiment de cette arme, qui occupait le poste. Le 3ᵉ d'artillerie appartenait à la localité; l'état-major du corps, Colin son colonel en tête, se refusa formellement à remettre le poste. Par suite de cette insubordination, la générale avait été battue et l'adjudant général Constant, à la tête de l'artillerie de Port-au-Prince et des citoyens de la ville, avait marché sur l'arsenal, et en avait pris possession. Ces faits se passaient le vendredi; le samedi, dans une réunion d'officiers supérieurs convoqués chez l'adjudant général Constant, le colonel Paulin, qui avait été rétabli à la tête du 8ᵉ et qui, entraîné par le général Romain, s'était chargé de diriger le mouvement à l'Artibonite, apostropha rudement le commandant de la place pour ne l'avoir pas avisé du mouvement de la veille. Le général Marc, présent à la réunion, arrêta court le colonel, le rappelant au respect qu'il devait à son supérieur. Paulin, exaspéré, dégaîna le sabre sur le général; celui-ci, saisissant à son tour ses pistolets, tira sur le colonel sans l'atteindre. Paulin courut réunir son régiment et se tint, chez lui, en rébellion contre l'autorité. Constant, qui avait aussi commandé ce corps, se mit adroitement en relation avec les officiers, et, de concert avec Guillaume Vaillant, un des chefs de bataillon, il parvint à les rallier au parti du gouvernement. Marc, profitant de ces dispositions, fit environner la maison de Paulin par ce même régiment, qui tint ainsi son colonel aux arrêts forcés.

Les choses étaient en cet état, lorsque Bonnet entra dans la place. Il parcourut les postes de la ligne, et, arrivé au gouvernement, sur la demande du général

Marc, il ordonna de faire déposer Paulin dans la prison. Ce colonel, décidé à ne pas se laisser arrêter, déchargea ses pistolets sur le détachement qui venait lui notifier cet ordre ; la troupe fit feu à son tour. Un jeune homme de couleur d'une belle espérance, Eugène, le beau-fils de Paulin, en voulant le couvrir de son corps, fut tué à son côté. La soldatesque envahit la maison, et le colonel, mortellement atteint, fut emporté dans la prison, où il succomba des suites de ses blessures.

Bonnet adressa à Thoby, frère de Paulin, une lettre dans laquelle il déplorait cet événement. Le commandant de la Petite-Rivière répondit en se plaignant amèrement du pillage de la maison de son frère. Le général lui répliqua que le premier il regrettait ce fait, mais que Thoby devait savoir que, en révolution, les chefs n'étaient pas toujours maîtres d'arrêter l'élan du soldat ; qu'il était époux et père ; que la famille de Paulin trouverait en lui un protecteur. En même temps, le général écrivit des lettres au colonel et aux officiers du 20ᵉ des Ver-rettes, aux sous-officiers et aux soldats de ce corps, ainsi qu'à ceux du 7ᵉ, nᵒ 2, en garnison à la Petite-Rivière. Ces corps étaient en insurrection. Les sous-officiers et soldats du 20ᵉ répondirent seuls à ces avances. Tout le Nord était aussi en effervescence ; Bonnet, arrivé seul au milieu de ce peuple, qui n'avait pas pu encore apprécier le régime nouveau sous lequel il venait de se ranger, n'étant pas appuyé par une force militaire qui pût faire respecter son autorité (1), comprit qu'il fallait

(1) A son retour de la campagne du Nord, le président avait laissé en garnison à Saint-Marc deux régiments, le 45ᵉ commandé par Solages, le 23ᵉ par Desmarattes. Moissonnés par le *sarampion* (sorte de scarlatine) on a dut les relever. Le 1ᵉʳ régiment d'artillerie les remplaça.

par une correspondance adroite réprimer les partis s'il voulait rester maître de la position. Il écrivit aux généraux Obas, Magny et Romain : les deux premiers commandaient les arrondissements du Limbé et du Cap, le troisième était le chef de l'insurrection. A Obas et à Magny, il annonçait pompeusement son entrée à Saint-Marc avec une forte colonne, l'arrestation de Paulin, l'arrivée prochaine du président d'Haïti à la tête de l'armée. Obas, désespérant de pouvoir se maintenir dans son commandement, avait fait ses malles; déjà les mulets étaient sellés; il se disposait à évacuer sur le Mirebalais. La dépêche de Bonnet le rassura à tel point qu'il changea de disposition, la fit publier au son du tambour, et resta hardiment à son poste. Le général Magny, qui s'attendait à être arrêté d'un instant à l'autre par l'ordre de Romain, vit tout à coup les choses changer de face. Tandis qu'il faisait valoir bien haut les nouvelles données par Bonnet, Romain avait la maladresse de produire aussi la lettre de ce général, qui lui mandait que des malveillants le proclamaient chef de la conspiration qui avait éclaté aux Gonaïves, mais que ni lui ni le président d'Haïti ne pouvaient croire qu'un vétéran de la liberté, s'éloignant du chemin de l'honneur, consentît inconsidérément à se mettre à la tête d'une conspiration. « Vous le voyez, le général Bonnet me rend justice, » répétait Romain à ses complices qui, surpris de cette conduite inexplicable, désertèrent sa maison, que le général Magny fit aussitôt investir.

Sur ces entrefaites, Thoby manda à Bonnet que le général Romain, à la tête de neuf bataillons d'infanterie et de cinq escadrons de cavalerie, marchait sur la Petite-

Rivière. Le général répondit que ces bruits étaient mensongers ; toutefois il lui ordonna, dans le cas où un corps de troupe viendrait à marcher sur la Petite-Rivière, de s'enfermer dans le fort de la Crête-à-Pierrot ; et, dans cette prévision, il l'invitait à envoyer des cabrouets à Saint-Marc prendre des provisions (1).

Thoby expédia des cabrouets et les fit suivre du préposé d'administration, porteur d'une lettre par laquelle il demandait cinquante gargousses et des cartouches. Bonnet donna l'ordre de délivrer la poudre. Le directeur de l'arsenal épouvanté courut au commandant de la place et au général Marc, qui déclara qu'il fallait positivement refuser d'obéir. Ils se rendirent tous ensemble près du général, auquel ils firent observer avec chaleur que Thoby était un des chefs de l'insurrection. Le général le savait comme eux ; mais, objectait-il à Constant qui l'avait accompagné dans sa tournée d'inspection de l'Artibonite, n'avait-il pas trouvé, lors des inventaires, une forte quantité de poudre à la Petite-Rivière ? N'y en a-t-il pas aux Gonaïves, centre du mouvement ? Thoby peut agir sans la poudre qu'il demande, il se la procurerait, au besoin, de tous ces lieux. « Mais ne voyez-vous donc pas qu'il sonde vos dispositions ? s'écriait Bonnet ; refusez-lui les munitions, il se jettera dans les bois ; comment aller le combattre à la Petite-Montagne ; avez-vous des forces suffisantes ? » Peu rassurés, ils se rendirent cependant à ce raisonnement. Thoby, qui ne s'attendait pas à recevoir les munitions, demeura convaincu que le général était sa dupe, et voulant le main-

---

(1) Le général venait de recevoir des provisions par les garde-côtes de l'Etat.

tenir dans cette erreur, il fit arrêter quelques insurgés qu'il envoya à Saint-Marc.

Dans la soirée du 25 février, la révolte avait éclaté aux Gonaïves. Le général Joseph Gérome embarqua le général Francisque et prit le commandement. Les troupes s'étaient livrées au pillage, le désordre était à son comble. Bonnet, qui venait de recevoir de Port-au-Prince les 4° et 14° régiments, marcha contre cette ville, foyer de l'insurrection. L'avant-garde, sous les ordres de l'adjudant général Constant, avait ordre de ne laisser passer aucune troupe en avant de lui. Thoby devait suivre et appuyer cette colonne. Le général avait enjoint à tous deux de s'arrêter et de l'attendre sur l'habitation Grammont. Plaçant ainsi Thoby entre Constant et lui, le général croyait par cette mesure lui enlever toute communication avec les insurgés. Pendant la nuit, Thoby changeant son itinéraire, accéléra sa marche, devança la colonne qu'il devait suivre, entra aux Gonaïves et favorisa l'évasion de tous les conjurés. Bonnet ne trouva plus dans la place qu'une vingtaine d'hommes des deux demi-brigades qui en composaient la garnison. Il les fit venir, leur parla avec douceur, rejetant ce qui avait eu lieu sur le défaut de connaissance des lois de la république, les fit rationner et les dépêcha vers leurs camarades, afin qu'ils les lui ramenassent par la persuasion. En moins d'une semaine les deux régiments étaient réunis au complet. Les officiers supérieurs se présentèrent aussi, à l'exception du général Gérome et du colonel Casimir Noël. Des arrestations avaient eu lieu; dans l'instruction qui les avait suivies, plusieurs dépositions désignaient Thoby comme un des principaux chefs de l'insurrection. Ces charges ne parurent pas suffisantes au général, qui ne crut pas le moment encore venu de le faire arrêter. Bonnet tenait à agir avec une pleine conviction et sans passion; en voici les motifs.

La levée de boucliers contre Christophe s'était opérée par ces soldats, sur qui retombait tout le poids de la tyrannie. Les généraux, dans ces premiers instants, incertains de l'influence qu'ils pouvaient exercer, s'étaient effacés. Boyer avait pu dès lors étendre son autorité sur tout le Nord, sans éprouver de résistance. Mais ces hommes qui depuis longtemps étaient en possession de l'autorité, et auxquels le soldat était dans l'habitude d'obéir, ne tardèrent pas à reprendre leur ascendant. Ce serait une grave erreur de croire que tous étaient mécontents du régime d'oppression sous lequel ils avaient vécu : ils en obtenaient au contraire des avantages qu'ils ne pouvaient consentir volontiers à perdre. S'ils tremblaient sous le roi, toutes les populations tremblaient sous eux. Les hauts dignitaires, les fonctionnaires avaient en fief, ou pour traitement de table, des habitations sur lesquelles on réunissait un nombreux atelier qui travaillait à leur profit; leurs ordres s'exécutaient sans observations. Avait-on besoin de recourir à un chef supérieur, il fallait s'arrêter dans la rue, à quelque distance de son hôtel, chapeau bas, fixe, la tête exposée à ce soleil brûlant des tropiques, et attendre qu'il vous eût aperçu et qu'il fût disposé à vous permettre d'avancer. Le régime de l'égalité leur faisait perdre leurs priviléges et les avantages qu'ils en retiraient ; ils résolurent donc de rétablir la royauté dans le Nord et d'appeler le général Romain à gouverner le nouvel État (1).

Dans cette disposition des esprits, s'il se trouvait des hommes dangereux qu'il fallait frapper avec vigueur pour écarter ces désunions funestes dont on avait eu à déplorer les tristes suites, il y en avait aussi beaucoup qui étaient entraînés soit par la peur, soit par l'ignorance, soit par le défaut de conviction. L'Ouest et le Nord ayant toujours été divisés et d'opinions et de système, les habitants de cette dernière partie ne croyaient pas à la possibilité de la réunion sous l'autorité du pré-

(1) Le général se trouvant à la Petite-Rivière, des officiers supérieurs, dans un moment d'hilarité, racontèrent le fait suivant : Christophe venait d'arriver dans ce même gouvernement où l'on était réuni. Les cultivateurs de l'habitation Deschapelles (habitation donnée en fief au général Basin) vinrent se plaindre des affreux traitements dont ils étaient victimes. Le roi qui donnait audience, les ayant aperçus rangés sur la place, s'enquit de ce qu'ils voulaient. Alors tous de s'écrier : *Sa Majesté ça pas fouette encore qui roulé la case Deschapelles, çé cache assez qui parlé.* Christophe fit lier contre un arbre le gérant de l'habitation, et feignant une grande colère, demanda le comte de Mont-Rouis. Basin parcourait le bourg et s'assurait que tout était en ordre. Les officiers qui entouraient le roi se précipitèrent sur tous les points à sa recherche. On s'empressa d'avertir le comte de ce qui se passait. Basin, troublé de prime abord, chercha à remettre ses esprits. Tantôt la tête courbée il regardait la terre; tantôt il se redressait et fixait le ciel; ayant à la fin arrêté sa combinaison, il lance son cheval au galop, accourt devant le palais, saute à terre avec agilité et montre le plus grand empressement à se présenter devant le roi, qui, feignant toujours la la même indignation, l'apostropha rudement en ces termes : *Eh, comte de Mont Rouis, je vous ai donné des cultivateurs, je ne vous ai pas donné des esclaves; écoutez les plaintes de l'atelier de Deschapelles.* Les cultivateurs qui commençaient à prendre confiance dans le roi, répétèrent avec entrain : *Oui, Sa Majesté, ça pas fouette enco cé cache assez qui parl' la case Deschapelles.* « Mais ces gens-là, sire, répondit Basin avec un aplomb parfait, ne vous disent pas la cause de ces rigueurs de la part du gérant. Ils ne font que voyager clandestinement à Port-au-Prince auprès de Pétion. Le gérant pour arrêter cet espionnage est obligé d'agir avec la plus grande sévérité.» L'exaspération du roi se retourna alors contre les cultivateurs, d'autant plus vive que d'abord il leur avait été favorable. Il fit relaxer le gérant et le renvoya en lui disant : *Tu traiteras cette canaille comme elle le mérite, c'est moi qui t'en donne l'ordre aujourd'hui.* Et le fouet résonnait à Deschapelles bien plus cruellement que sous le régime de l'esclavage.

sident de la république. Il fallait donc, d'après le général, agir avec prudence, recueillir les dépositions avec soin, peser avec impartialité les actions individuelles et ne sévir qu'avec réserve.

Cette manière d'agir provoqua contre Bonnet, dans le gouvernement de Boyer, une opposition qui eût certainement entravé ses mesures s'il n'avait eu la conscience de la droiture et de la loyauté de sa conduite. Covin, envoyé en mission près de lui, avait répandu à son retour des doutes sur la conduite du général qu'il n'avait pu comprendre. Il avait vu, disait-il, tous les conjurés, en pleine liberté, entrer et sortir de la ville sans être inquiétés. Tout était perdu, répétait-on autour du président, le général Bonnet se met à la tête de la conspiration et agit dans ses propres intérêts afin de se former un parti. Boyer, dans un premier mouvement d'humeur, envoya Viau en hâte porter au général une dépêche dans laquelle il lui disait : *Ce que j'appréhendais est arrivé, les conspirateurs ont sauvé leur tête du glaive de la loi.* Toute la correspondance se ressentait de cette disposition ; le président pressait les exécutions ; qu'attendait donc le général pour agir ? Il fallait frapper avec célérité.

Deslandes, que ses affaires avaient mené à Saint-Marc dès l'ouverture du Nord, et qui avait partout suivi le général, arriva à Port-au-Prince au fort de ces propos absurdes. Au gouvernement, on l'environne, les accusations pleuvent de tous côtés, le président lui-même se répand en plaintes amères. «Président, répondit Deslandes, je n'ai pas quitté un seul instant le général Bonnet dans le cours de cette campagne ; je l'ai vu agir de près, ne prenant de repos ni jour ni nuit; se plaçant sur son lit, botté et éperonné; toujours prêt à donner audience, à quelque heure de la nuit que ce fût, à ceux qui viennent à lui ou qu'on lui amène : permettez-moi de vous dire que je doute que V. Exc., présente sur les lieux, eût pu tirer un meilleur parti des circonstances qu'il ne l'a fait. » Ces paroles calmèrent Boyer, qui déjà avait eu de Dufresne, officier d'artillerie de Port-au-Prince, un rapport analogue.

Sourd à toutes les criailleries, Bonnet continuait de marcher dans le sens de ses convictions. A peine maître des Gonaïves, il vit le général Guerrier, commandant de l'arrondissement de la Marmelade, accourir, escorté d'une centaine d'officiers qui envahirent le gouvernement. Guerrier venait savoir, disait-il, ce qui se passait en cette place. Le général le renvoya, après l'avoir convaincu que l'insurrection était partout comprimée, que le président se trouvait déjà, avec une puissante armée, aux portes de Saint-Marc, et qu'il allait châtier sévèrement les traîtres qui avaient cherché à compromettre la chose publique. Bientôt Magny se présentait à son tour; il venait dans l'intention de s'entendre avec le général sur les mesures à prendre dans l'arrondissement du Cap. Bonnet crut devoir dire à Magny, qui, après avoir voyagé avec Romain, avait laissé ce général s'arrêter à Plaisance sous prétexte de maladie, qu'il avait commis une grande imprudence. Il l'invita à retourner sans débrider. « Si Romain s'est décidé à se prononcer, lui dit-il, il doit être en possession de la ville du Cap; vous n'êtes pas certain d'y pouvoir rentrer. »

Guerrier, de retour à Saint-Michel, avait fait arrêter le colonel Saint-Louis Alexandre, de la cavalerie de l'Artibonite, qui était allé se mettre sous sa protection, et l'envoya sous escorte à Bonnet. Fatigué du travail de la journée, le général, sentant le besoin de respirer au grand air, sortait au moment où arrivait, devant son hôtel, un détachement conduisant un prisonnier à moitié nu, sans souliers, sans chapeau et fortement garrotté. Il ne voulut pas reconnaître le colonel Saint-Louis dans ce misérable état, ordonna à l'officier de garde au gouvernement de tenir sous une consigne sévère le prisonnier et le détachement; signifiant au chef de l'escorte que si, à son retour, il ne trouvait pas le colonel dans l'état où il devait lui être présenté, il aurait affaire à lui. Cette menace porta son fruit : on remit au prisonnier tout ce dont il avait été dépouillé. Le général Guerrier lui dénonçait Saint-Louis comme un homme extrêmement dangereux. Thoby d'une part, le général Prophète d'autre part, pressaient Bonnet de faire passer par les armes ce colonel qui, à ce qu'ils prétendaient, était un bandit. Le traitement qu'on avait fait subir au prisonnier, l'acharnement qu'on mettait à presser son exécution sans jugement, suggérèrent au général l'idée que cet homme pourrait lui fournir de précieux renseignements. Il le fit déposer et garder à vue dans une chambre du gouvernement, lui envoya ses repas de sa table, et lorsqu'il le crut tout à fait rassuré, il procéda à son interrogatoire. Les prévisions du général se réalisèrent : la déposition de Saint-Louis ayant pour base ses relations avec les principaux chefs de l'insurrection, ne laissait aucun doute sur leur culpabilité. Ce colonel, d'un caractère doux et faible, avait été entraîné par l'influence et la crainte de ses supérieurs. Le général se garda bien de le mettre en cause et le fit au contraire figurer au procès comme témoin à charge.

Bonnet, continuant ses investigations, se fit amener le fils de Casimir Noël. Ce jeune homme reconnaissait son père coupable, mais il le justifiait de ses erreurs par la confiance aveugle qu'il avait dans le général Romain. Ses explications valurent à Bonnet des détails précis sur la part que chacun avait prise dans l'action. Mais la déposition vraiment convaincante fut celle de Daux. Secrétaire du général Gérôme, Daux connaissait toutes les ramifications de cette trame ; son exposé en fit découvrir les parties les plus secrètes ; il précisa la conduite de chacun, appuyant son récit sur des preuves irrécusables. Cette déposition était foudroyante pour Thoby.

Armé de ces documents, le général n'avait plus à hésiter. Il donna l'ordre au commandant d'un garde-côte de l'État, au mouillage dans le port, de se tenir prêt à appareiller, puis il fit venir à son hôtel les officiers de la garnison. Tous les conjurés étaient présents. Bonnet, au milieu de l'assemblée, signifiait à chaque conjuré les charges qui s'élevaient contre lui, le prévenant qu'il devait aller à Saint-Marc se justifier devant le conseil militaire, et successivement un officier de service arrêtait et conduisait chacun d'eux au centre d'un détachement placé au bas de l'escalier. Ainsi, d'un seul coup de filet, il avait enlacé les chefs de la conspiration, qu'il fit transporter à Saint-Marc, où ils furent jugés.

La république avait triomphé, partout on se soumettait avec empressement. Le président put alors sortir de Port-au-Prince et parcourir le Nord en sécurité et par une amnistie rassurer ceux qui, ayant participé à la révolte, avaient à craindre d'être recherchés. Boyer usa noblement du droit de faire grâce envers ceux qui n'avaient pas encore subi leur arrêt de condamnation. Si leur culpabilité leur faisait perdre leur position dans l'armée, ils recouvraient du moins leur liberté, grâce à la clémence du président. Maintenir l'influence de Bonnet sur cette population qu'il avait si habilement su ramener au devoir, c'était assurer le crédit de la république. Le président n'hésita pas à lui donner, outre la surveillance des arrondissements de Saint-Marc et de la Petite Rivière, le commandement de celui des Gonaïves. Le chef de l'État, en étendant ainsi l'autorité du général, lui donnait un témoignage public de sa confiance.

L'administration de Bonnet tendait surtout à concilier à la république l'affection des habitants de la vaste partie du territoire qu'il avait à gouverner. Il avait compris que c'était là le plus important des devoirs que lui imposât son éminente position. Il rendait l'autorité accessible à tous, se montrait toujours affable et conciliant. Il calmait les inquiétudes, fermait l'oreille aux préventions qu'on cherchait à faire naître dans son esprit. Les dénonciations pleuvaient de tous côtés, le général les examinait avec soin et lorsqu'il reconnaissait que la haine ou la perfidie en était le mobile, il faisait punir le dénonciateur. Un fils vint accuser son père, il fit immédiatement arrêter ce fils sans cœur, ne voulant pas tolérer l'immoralité. Sanon Lebrun, officier du 4e, qui, arrivé après le pillage des Gonaïves, n'en avait pas eu sa part, avait forcé, sous l'empire de menaces violentes, les malheureuses femmes des officiers arrêtés à lui livrer leur or; il avait déjà un coffret plein de doublons. Sanon Lebrun, pour donner plus d'autorité à ces actes de pillage, avait voulu associer à ses vols Montfleury, officier adjoint au général Constant, qui s'empressa d'en donner avis. Ce brigandage fut immédiatement réprimé. Le général contraignit Lebrun à lui apporter le coffre, et il fit la remise à ces dames des sommes dont elles avaient été dépossédées. Ces mesures rétablirent la confiance; et cette manière d'agir, qui contrastait avec les procédés employés sous Christophe, contribua puissamment à asseoir la république sur une base solide.

Le général Marc qui commandait à Saint-Marc étant mort, Boyer plaça Beauvoir au commandement des Gonaïves, et par la réunion de la Petite-Rivière à Saint-Marc, formant l'Artibonite en un seul arrondissement, il confia au général Bonnet le commandement de cette partie qu'on considère avec raison comme la clef du Nord. Agissant toujours sur les esprits bien plus par la persuasion que par des mesures de rigueur, le général, placé au milieu d'une population remuante, processive, mit toute sa sollicitude à faire respecter le droit et la justice.

La république avait procédé au partage des terres dans l'Ouest et dans le Sud. Boyer, lors de la réunion, fit jouir les habitants du Nord des mêmes avantages et ordonna également de procéder à la vente des biens nationaux. J. M..., officier de gendarmerie, convoitait l'habitation Bellaguet. Le général s'opposa à l'estimation de cet immeuble. J. M... alla trouver le président. Boyer, qui tenait à être agréable à cet officier, ordonna directement à la commission d'estimer. Le général s'y opposa de nouveau, déclarant qu'il n'accepterait qu'une décision rendue en connaissance de cause. Désance, blanc créole, propriétaire de l'habitation, avait, dès l'origine de la révolution, pris parti dans les rangs de ceux qui soutenaient la liberté générale. Officier sous Toussaint Louverture, puis sous Dessalines, il était mort sous Christophe, quartier maître de son régiment. Bonnet exposa ces faits dans un rapport circonstancié et posa la question de savoir : si, considérant seulement Désance comme blanc, il fallait chasser sa famille de la propriété sur laquelle elle avait été respectée par tous les gouvernements précédents. Quelles que fussent les bonnes dispositions du président en faveur de J. M..., il dut respecter le droit. Il fit lire le rapport en séance publique et engagea cet officier à choisir une autre propriété.

Les trois fils Poulet, lors de la guerre civile, avaient servi dans l'armée de Toussaint. Ce général, après son triomphe, n'épargnant pas même ceux qui avaient combattu pour sa cause, fit conduire ces trois jeunes gens au supplice. Le père blanc, désespéré, se jeta dans les bras de ses fils et se fit tuer avec eux. Sous Toussaint, sous Dessalines, sous Christophe, les parents de ces infortunés restèrent sans contestation en possession de la propriété de famille. Un particulier se l'était fait adjuger. Le général s'opposa à cette spoliation et fit restituer le bien à ses légitimes possesseurs.

Bonnet portait à la culture une attention particulière.

Aux époques de plantation, ses agents parcouraient les campagnes, engageant les cultivateurs à soigner leurs ensemencements. Il s'occupait des travaux de la récolte, réprimait le vagabondage. Convaincu que la facilité de communications favorisait le développement de l'agriculture, le général mettait tous ses soins à la reparation et à l'entretien des grandes routes. Il faisait rouvrir les chemins vicinaux dans toute la plaine, entretenir les digues de l'Artibonite et rétablir autant que possible les anciens canaux d'irrigation. Par ces mesures il prétendait amener l'aisance dans la population. Exciter les hommes au travail était, selon lui, le vrai moyen d'assurer la tranquillité publique. Sous Christophe, tous les hommes valides étaient soldats, et les troupes casernées. Les femmes s'occupaient des travaux des champs et devaient subvenir aux besoins de leurs maris. Bonnet s'attachait à relever la dignité de la femme qui, associée à l'homme dans ses travaux, méritait ses soins et ses égards. Etant parvenu à attirer à lui les *Sambas*, qui dans leurs danses, lancent la chanson par laquelle on s'anime, le général les invitait à composer des paroles en faveur de la république, et dès lors on chanta par toute la plaine : *Libe président Boyer, libe là li gou* (la liberté que nous a apporté le président Boyer, cette liberté est douce).

Bonnet cherchait à corriger les mœurs en les adoucissant. Un vieux ménétrier, *Maître Charles*, son violon sous le bras, parcourait la plaine, et, souvent s'installant en plein champ, sous un arbre, donnait en musique des leçons aux cultivateurs. On vit bientôt dans *le calinda* la danse au violon s'installer à côté de la danse au tambour, et les grâces que déployaient les habitants de la campagne ne le cédaient en rien à celles des habitants de la ville.

En vue de cimenter l'union et de rapprocher les esprits, il appelait à sa table les principales autorités, les officiers, l'élite des citoyens. Il trouvait toujours l'occasion dans ces réunions d'exposer des principes d'ordre, d'égalité, de justice; de combattre les passions mauvaises qui nous avaient valu nos désunions. Aussi ce peuple, même après sa mort, lui a-t-il conservé son affection. La mémoire du général Bonnet est restée en grande vénération à l'Artibonite.

CHAPITRE X.

Réunion à la république de la partie de l'est d'Haïti. Boyer envoie Béchet prendre les avis de Bonnet. Lettre de Bonnet au président. Un corps d'armée, sous les ordres de ce général, envahit le pays par le nord-est, tandis que le président marche sur Santo-Domingo par le sud-est. La jonction des deux corps d'armée s'opère à San-Carlos. Boyer se présente aux portes de Santo-Domingo ; Nunès de Carcères lui remet les clefs de la ville.

Un événement d'une haute importance marqua l'année 1822 ; l'Est avait secoué le joug de l'Espagne. La dissidence des partis amena l'un d'entre eux à appeler Boyer à son aide. Le président, dès les premières communications qui lui furent faites, dépêcha Béchet, son aide de camp et l'homme de sa confiance intime, près de Bonnet, dont il désirait avoir l'avis sur la décision qu'il devait prendre.

La réunion de l'île entière sous un même gouvernement offrait à Boyer le précieux avantage de compléter le territoire de la république, et de lui donner ses limites naturelles. Mais entre deux populations de mœurs et de langage différents, il y avait des intérêts essentiels à ménager ; l'union ne pouvait être sincère et indissoluble qu'à ce prix.

Bonnet avait tout d'abord pénétré la pensée du président. D'après lui, ce que voulait Boyer était précisément ce qu'il fallait éviter. Dans une dépêche, il lui exposa franchement ses vues ; les considérations qu'il ne voulait pas confier au papier, il les déduisit de vive voix à Béchet. Le général était opposé à la prise immédiate de possession de l'Est; il conseillait au président de se présenter en médiateur et non en conquérant.

La chute de Christophe avait légué à la république un grand nombre d'officiers supérieurs. Ces officiers sans emploi et mécontents d'avoir perdu leur prestige, étaient une menace permanente de conspiration, qui tenait le gouvernement en éveil. En s'emparant d'un vaste territoire, Boyer allait avoir à créer de nouveaux commandements, et pourrait ainsi reverser sur l'Est cet excédant d'officiers qui le gênait. C'était momentanément s'affranchir de quelques embarras; mais l'Est avait une population nomade, de mœurs simples, émninemment religieuse, habituée au gouvernement civil. Nous allions y importer notre esprit d'insubordination et de désordre, notre despotisme militaire, nos principes anti-religieux. Nos officiers entraîneraient à leur suite leurs concubines, qu'ils voudraient faire accepter dans les familles espagnoles habituées au mariage. Nous allions donc blesser ce peuple dans ses mœurs, dans ses usages, dans ses croyances et nous le rendre irréconciliable. Il résulterait de là qu'à la première occasion qui leur serait offerte, ils se sépareraient sans retour de la république.

Le président, au contraire, se concilierait l'affection de tous si, se présentant en médiateur, il venait reconcilier les partis, les aider de ses conseils, les porter à organiser un gouvernement avec lequel il formerait une alliance intime. Ce peuple, par la médiocrité de ses revenus, n'avait jamais pu suffire aux dépenses de son administration intérieure. Si, à bout de ressources, il se trouvait dans la nécessité de se placer sous la direction du chef de la république haïtienne, dans ce cas ce serait la population entière qui, par la confiance que lui aurait inspirée le président, viendrait à lui.

D'un autre côté, la révolution de l'Est s'était opérée dans des circonstances bien différentes de celles qui avaient provoqué la nôtre. On n'avait pas eu à soutenir ces luttes gigantesques, terribles, enfantées par les préjugés qui avaient eu pour but l'abolition de l'esclavage et qui avaient laissé chez nous des défiances naturelles et une haine invétérée contre les blancs. La population de l'Est était restée intacte. Du moment que la liberté générale était assurée, nous devions tenir à la conserver tout entière. Cette population, très-faible, se trouvait disséminée sur une grande étendue de terres; il fallait la diriger dans son organisation de telle sorte qu'elle pût s'augmenter par l'immigration. Ce qui n'était pas possible chez nous pouvait s'exécuter facilement dans l'Est. Les Espagnols comptent leurs propriétés par cavalerie de terre, leurs bornes sont nominales. En les obligeant à se resserrer dans les limites d'une propriété définie, il restait à l'État, en dehors des biens des particuliers, de vastes domaines où l'on aurait appelé une population étrangère, à la faveur des distributions de terres. L'exploitation du sol aurait amené le développement de la richesse publique. Cette population étrangère, en vue de ses intérêts matériels, se serait identifiée bien vite à celle du pays. L'union des couleurs entre elles sur ce même sol, le mélange par les communications avec l'Ouest, auraient combattu nos idées d'exclusion et auraient été une garantie contre les tristes dissensions que nous avons eu à déplorer. L'augmentation de la population aurait encore eu l'avantage d'accroître nos forces pour la défense du territoire.

La lettre de Bonnet au président était conçue en ces termes :

27 décembre 1821.

« Citoyen président,

» J'ai reçu, par le commandant Béchet, la lettre de V. Exc., en date du 23 courant; elle me confirme ce que verbalement j'avais appris des événements qui ont eu lieu dans la partie de l'est d'Haïti; événements d'une si haute importance, qu'ils doivent fixer sérieusement l'attention du gouvernement de la république.

» Appelé par les ordres de V. Exc. à lui donner mes avis sur les mesures qu'il conviendrait de prendre dans les circonstances présentes, je vais essayer de le faire avec la franchise qui me caractérise, le zèle dont je suis animé et tout mon dévouement au bien public.

» En réfléchissant mûrement sur les conséquences qui peuvent résulter des changements politiques qui viennent de s'opérer sur les bords de l'Ozama, deux questions se présentent tout naturellement à l'esprit. Quels sont les avantages qu'offrirait la réunion de cette partie à la république et quels en seraient les inconvénients? Je vais examiner séparément ces deux questions, les résumer et ensuite tirer mes conclusions de la nature même des choses.

» On ne peut révoquer en doute que le gouvernement d'Haïti, *paisible possesseur* de tout le territoire de l'Isle, n'en retire un très-grand avantage, non-seulement en ce qui concerne la sécurité, mais encore pour sa prospérité, future. Des terres incultes en quantité, arrosées par un grand nombre de rivières considérables; des forêts immenses couvertes de bois de constrution; une côte garnie de baies magnifiques; celle de Samana, remarquable par son étendue et par sa situation au vent et à l'ouverture du golfe du Mexique; la mer bornant notre territoire; une population de cent mille âmes, dont les neuf dixièmes de notre épiderme, sont autant d'avantages d'une sérieuse considération.

» Mais s'il faut obtenir tous ces avantages par la force des armes, quoique l'entreprise soit facile et le succès assuré, je pense que le résultat serait nuisible et peut-être même funeste aux vrais intérêts et à la sécurité future de la république d'Haïti.

» Si l'on considère que la superficie de la partie espagnole, quoique doublant la nôtre en étendue, ne renferme, tout au plus, que le quart de notre population, on se convaincra que la possession de ce pays, sans la *volonté unanime* de ses habitants, loin d'accroître notre puissance, l'affaiblirait nécessairement par les sacrifices en tout genre qu'il nous faudrait faire pour nous y maintenir. L'épuisement des finances, les progrès de la culture arrêtés, la propagation des lumières retardée, seront les funestes résultats d'une telle entreprise.

» On ne peut se le dissimuler, la colonie de Santo-Domingo, comme toutes les autres colonies, a toujours coûté à sa métropole beaucoup plus qu'elle n'en retirait. Cette partie, ne produisant que très-peu de denrées exportables, ne peut alimenter qu'un commerce très-médiocre. En conséquence, le produit des douanes et les autres revenus du pays étant insuffisants à ses dépenses, il serait tout à fait à la charge de la république, de même qu'il a toujours été à la charge de l'Espagne. Comme il faudrait placer dans cette contrée une armée assez forte pour faire triompher le parti qu'on irait soutenir, on aurait encore là un surcroît de dépenses. Nos troupes, cantonnées dans leurs quartiers respectifs, trouvent dans leurs familles des ressources qu'elles n'auraient point chez un peuple indolent et peu industrieux, qui ne cultive que selon ses besoins, sans aller au delà. On serait donc dans la nécessité d'accorder à cette armée, pour la faire subsister, un traitement différent, de lui créer des magasins et une caisse militaire.

» Une autre considération qui ne doit point nous échapper, et qui mérite de fixer l'attention, c'est le maintien du bon ordre sans lequel point de succès. Nos soldats sont-ils disciplinés de manière à occuper un territoire *ami*, sans commettre du désordre ? Je n'oserais résoudre affirmativement cette question. Qu'en résulterait-il si, entraînés par l'habitude qui est une seconde nature, ces hommes, trompant la vigilance du chef, allaient dans les campagnes marauder les vivres et enlever les bestiaux des habitants? Il n'y a pas de doute que nous aurions bientôt pour ennemis ceux-là mêmes que nous serions allés défendre; et la bonne intelligence une fois rompue, il est facile d'en calculer les conséquences.

» On doit craindre, avec raison, les vues ambitieuses et cupides de ceux qui tiennent maintenant le pouvoir et les maximes dangereuses des étrangers que le nouvel ordre de choses peut attirer dans cette partie; mais cette crainte, si puissante qu'elle puisse être et toute fondée qu'elle est, ne peut balancer celle que doit nécessairement inspirer le pacte de famille qui lie ensemble tous les princes de la maison de Bourbon. Quelles que soient les mesures qu'adopteront définitivement les Haïtiens de l'Est, le voisinage de leur gouvernement naissant offrira toujours moins de dangers à notre sûreté que le voisinage du roi d'Espagne. Au surplus, les habitants de l'Est ont plus besoin de notre assistance que nous de la leur. Il sera donc de leur politique de nous ménager, et de leur prudence de ne pas trop s'isoler de notre cause. Car qui peut leur garantir que l'Espagne les laissera jouir paisiblement du nouvel ordre de choses qui vient de s'établir, lorsque nous voyons le gouvernement de ce pays, quoique épuisé dans ses finances, et menacé des autres puissances par rapport à ses institutions politiques, lutter avec tant d'opiniâtreté et depuis si longtemps contre les insurgés de toutes ses possessions d'Amérique pour les ramener à l'obéissance? N'est-il pas probable que l'Espagne cherchera, par quelques efforts, à rétablir son autorité sur la plus faible de ces possessions? Que pourrait alors la république de Colombie en faveur de Santo Domingo, lorsqu'elle suffit à peine à sa propre défense? N'en doutons pas, de nouvelles réflexions amèneront de nouvelles combinaisons ; et les choses, tôt ou tard, arriveront au but que prescrit notre commun intérêt.

» Il eût été sans doute à désirer que le peuple de cette partie eût pris d'abord la résolution de s'allier à nous, ou qu'il eût formé un gouvernement entièrement indépendant, avec lequel nous aurions pu faire *un traité secret* de défense respective. Mais s'il ne juge pas à propos de le faire, nous devons, par des *négociations* suivies, essayer de l'y amener, en lui faisant pressentir que nous ne pourrions lui donner des secours, en cas de besoin, qu'à ces conditions. Si, comme l'observe fort judicieusement V. Exc., et je partage cette opinion, la masse du peuple désire cette réunion, nous avons tout lieu de croire qu'elle s'accomplira; rien ne doit nous porter à précipiter cette mesure, laissons marcher les événements, et préparons-nous à en profiter.

» Pourquoi n'imiterions-nous pas la prudente circonspection de l'Angleterre qui, d'un seul mot, peut décider du sort des insurgés de l'Amérique, et garde cependant le plus profond silence à leur égard? Nous devons faire des vœux bien sincères, sans doute, pour l'émancipation de tous les peuples qui comme nous étaient courbés sous le joug du despotisme, et sous celui plus humiliant encore des préjugés de couleur; mais la raison, la prudence, la saine politique et *peut-être même la nécessité* nous commandent de ne nous mêler que de nos affaires. Quand nous aurons le bonheur de terminer nos différends avec la cour de France, et d'être placés, par un traité, au rang des nations indépendantes, il sera temps alors de nous occuper de ce qui pourra convenir à notre agrandissement. Jusque-là je voudrais qu'on se bornât à cultiver l'*amitié* de nos voisins sans nous immiscer dans leurs affaires, à moins que nous soyons appelés, comme je l'ai dit plus haut, par leur *consentement unanime*, exprimé en un acte de leur libre volonté.

» Dans la situation présente de la république, nous

avons besoin de la paix et d'une longue paix pour cicatriser les plaies de notre corps social, consolider nos institutions, restaurer notre culture, rétablir la discipline de nos armées et favoriser, par tous les moyens en notre pouvoir, l'accroissement de notre population épuisée. Un petit territoire avec une nombreuse population, sera toujours plus facile à défendre qu'un immense désert. L'Espagne elle-même nous en fournit la preuve. Avant la conquête de l'Amérique, elle était puissante et redoutable à ses voisins, parce que toute sa population était concentrée dans la péninsule. Depuis qu'elle a eu la maladresse d'éparpiller cette population en l'envoyant remplacer les habitants des contrées que la féroce cupidité de ses guerriers avait dépeuplées, l'Espagne est tombée dans une décadence qui en a fait le mépris de ces mêmes voisins ; et probablement elle ne reprendra son ancien rang parmi ces nations que lorsque les progrès de nouvelles institutions effaceront les erreurs des anciennes.

» Voilà, citoyen président, les réflexions que m'ont suggérées mes faibles lumières et mon peu d'expérience sur l'importante question qui nous occupe en ce moment. Vous les peserez dans votre sagesse, et si vous et les hommes éclairés que vous pourrez appeler à les méditer en jugeaient différemment, je souscrirai volontiers à cette décision, et vous me trouverez disposé à seconder les mesures que vous ordonnerez et à marcher vers le but que vous vous proposerez.

» Pour disposer les troupes, comme le prescrit Votre Excellence, je passerai, le premier jour de l'an prochain, une revue générale d'habillement, d'armement et d'équipement, et je vous en ferai parvenir l'état exact. »

En réponse à cette longue et judicieuse lettre, Boyer envoya l'ordre au général de réunir les divisions du Nord en un corps d'armée, d'en prendre le commandement et d'envahir la partie du Nord-Est, tandis que, de sa personne, il s'acheminerait à la tête des troupes de l'Ouest et du Sud, par Azua ; la jonction devait s'opérer à San Carlos, village au-dessus de Santo Domingo.

Dans la campagne de 1805, sous Dessalines, le général Bonnet, chef d'état-major de Pétion, avait parcouru la route qu'allait suivre le président. Entrant par le Nord-Est, cette fois, il lui importait de recueillir des renseignements qui compléteraient sa connaissance de cette partie de l'Isle : il ouvrit son journal. A chaque halte il appelait les habitants, les questionnait sur les bourgs et les principaux établissements de l'endroit, leur position, leur distance et le chiffre de la population. il s'enquérait de la nature et de la conformation du sol du pays qu'il allait traverser, du chemin qu'il allait parcourir, comparant à chaque pas les rapports qu'il avait obtenus avec ceux qu'il recevait. Ce travail, conduit avec une minutieuse attention, lui laissa la conviction que la partie espagnole tout entière n'avait pas une population bien au-dessus de soixante mille âmes.

A San Yago de las Cavalieros, il se disposait à faire treposer son armée, lorsque les soldats du Nord, convoitant le riche butin qu'ils pouvaient faire dans la ville la plus importante de cette contrée, manifestèrent l'intention de la mettre au pillage. Averti de ces dispositions, le général donne de suite l'ordre de marcher ; les troupes refusent d'obéir. Se plaçant à la tête de l'artillerie, Bonnet vient se poser en face de la première division, fait charger ses canons à mitraille et commande le défilé. Les colonnes s'ébranlent et la ville est préservée (1).

Bonnet, selon ses instructions, s'arrêta à San Carlos ; les deux corps d'armée ayant fait leur jonction, le président se présenta aux portes de Santo Domingo. Nunès de Carcères, en lui remettant les clefs de la ville, déclara dans son allocution que la révolution n'avait pas été faite en sa faveur, et qu'ils se soumettaient à la force. Cette protestation, qui était d'un mauvais augure, confirma dans ses opinions le général Bonnet, qui se trouvait auprès du président.

Boyer, cependant, tenant à se concilier les habitants, mettait toute sa sollicitude à garantir leurs biens. Il déclara, par un ordre du jour, que quiconque toucherait à la propriété des Espagnols serait fusillé. Le président allait mettre cet arrêté à exécution contre quelques pillards, lorsque l'archevêque vint implorer leur grâce.

Le drapeau de la république flottait sur Santo Domingo ; mais la classe la plus élevée de la population nous restait opposée. Une forte émigration s'opéra dans ses rangs ; l'archevêque lui-même ne tarda pas à se réfugier à l'île de Cuba.

La brutalité de notre système militaire mécontenta bientôt les Espagnols. De tous les officiers appelés au commandement dans l'Est, Jacques Simon seul sut s'attirer l'affection des habitants en se conformant à

(1) Les principaux habitants de San Yago, impressionnés par cette noble conduite voulurent, dans la suite, le faire consentir à solliciter du président le commandement de leur ville. Ils offraient de lui allouer une large indemnité pour ses frais de déplacement.

leurs mœurs. Partout nous n'avons su que détruire, pas une institution utile n'a été épargnée. L'université de Santo Domingo offrait à la jeunesse une instruction convenable, nous l'avons dissoute. Les prêtres nous avaient été opposés dans le cours de notre révolution, et, par là, avaient mérité notre défiance. On parlait de la nécessité d'un clergé national pour Haïti; celui de Santo Domingo était composé de natifs et pouvait, avec une direction prudente, nous en donner les éléments; nous n'avons pas su en tirer parti. Nos fautes nous valurent une résistance sourde, qui ne laissait pas que d'inquiéter Boyer lui-même. Après 1830 dans une conversation intime, le président énumérait au général les difficultés qu'il éprouvait dans l'Est. Il était sans cesse contrarié dans les mesures qu'il voulait prendre; dans les tribunaux on refusait de plaider en français. Cette opposition systématique offrait une analogie frappante avec ce qui s'était passé entre la Belgique et la Hollande et faisait prévoir au président lui-même une solution analogue dans l'Est.

CHAPITRE XI.

Négociations avec la France. Reconnaissance de l'indépendance d'Haïti; embarras que cet acte suscite. Projet de révision de la Constitution. Le Code rural. Causes qui arrêtent les progrès de l'agriculture; conseil donnés pour y obvier. Action des tribunaux. Echauffourée du Cap haïtien.

Au retour de la campagne de l'Est, Boyer reçut au Cap haïtien des communications sérieuses, au sujet de la reconnaissance de l'indépendance d'Haïti, par le gouvernement français.

Cette question préoccupait depuis longtemps le gouvernement de la république. Nous devions prévoir qu'à la conclusion de la paix avec les puissances européennes, la France s'occuperait de son ancienne colonie. La prévoyance commandait de s'assurer du bon vouloir de celle de ces puissances que ses intérêts matériels pouvaient porter à nous être favorable. L'Angleterre par suite de la guerre, avait le monopole du commerce d'Haïti; les avantages qu'elle en tirait nous donnaient l'espoir d'obtenir son appui. Pétion avait envoyé Théodat Trichet à Londres, afin de sonder les dispositions du gouvernement de Sa Majesté Britannique. Lord Castelreagh, lors de son entrevue avec le délégué du gouvernement haïtien, répondit en ces termes : *Comme homme, je fais des vœux pour le triomphe de votre cause; mais comme ministre du roi d'Angleterre, je ne puis rien faire qui puisse gêner les négociations de la paix avec la France.* Cette réponse nous laissait notre isolement.

Les Bourbons, remontés sur le trône en 1814, avaient reporté leurs vues sur Saint-Domingue. Encore sous l'influence des idées surannées de l'ancien régime, ils crurent, en annonçant à la colonie l'avénement du roi au trône de ses aïeux, que les chefs des noirs révoltés s'empresseraient de courber la tête sous le joug de la domination française. M. Dauxion Laveysse vint, en conséquence, réclamer du chef du nouvel Etat la soumission à la mère patrie, sur des bases qui n'étaient rien moins que le rétablissement de l'esclavage. Pétion mit un terme aux négociations en posant comme condition *sine quâ non* la reconnaissance de l'indépendance, et offrait une indemnité aux colons, en compensation de la perte de leurs domaines.

Après les cent jours, désavouant la mission de Dauxion Laveysse, Louis XVIII envoyait officiellement MM. de Fontanges et Esmangart traiter de la soumission ; Pétion s'en tint toujours aux conditions qu'il avait imposées. La courtoisie des rapports du président avec les envoyés du roi inspira de la confiance au commerce français, qui, avec l'autorisation de Pétion et la promesse de sa haute protection, ne tarda pas à se présenter, à Port-au-Prince, sous pavillon masqué. Des agents secrets, sous les apparences de pacotilleurs, s'insinuèrent adroitement près du président et traitèrent officieusement des bases sur lesquelles la France pourrait établir des rapports de bonne amitié et de commerce avec la république. M. de Laujeon fit dans ce but plusieurs voyages, et ses relations avec Pétion d'abord, puis avec Boyer, préparèrent les voies à une entente.

En 1822, le général Boyé, le même que nous avons vu, lors de l'expédition française, employé à l'état-major du capitaine général Leclerc, et qui depuis la paix, avait pris du service en Russie, vint rendre visite à ses anciens amis. Le président, d'après les communications qu'il avait reçues, le chargea d'une mission secrète près du cabinet des Tuileries; mission restée sans résultat et qui détermina l'envoi en France de négociateurs haïtiens. Voulant sonder l'opinion des hommes éclairés sur le choix des agents qu'il se proposait d'employer pour traiter ces questions délicates, Boyer avait feint de consulter Panayoti, qui lui désigna franchement les généraux Bonnet et Magny. Le président approuva la combinaison et parut si bien disposé à confier cette mission à ces deux généraux, que la nouvelle de leur prochaine arrivée avait été transmise au gouvernement français (1); mais en réalité il avait seulement voulu savoir quel effet ces noms produiraient dans le public ; son choix était déjà fixé sur MM. Larose, sénateur, et Rouanez, notaire du gouvernement.

Dès leur arrivée, les députés haïtiens furent conduits à Strasbourg, où ils devaient retrouver M. Esmangart, chargé de recevoir leurs communications. Le préfet du Haut-Rhin, au moment où les délégués descendaient de voiture, ne put s'empêcher de leur témoigner son étonnement de ne pas voir le général Bonnet. Ramenés

---

(1) L'auteur de ces mémoires devait aller passer ses vacances à Bordeaux ; le général Vincent s'opposait à ce départ: « Votre père doit incessamment arriver, lui disait-il, ce n'est pas le moment de vous absenter. »

à Paris, les conférences s'ouvrirent, et, dès la première séance, M. Larose s'empressa de prendre la parole, voulant avant toutes choses signifier l'ultimatum qu'ils avaient reçu du président Boyer. M Rouanez, qui ne s'attendait pas à ce début, lui fit observer qu'ils n'en étaient pas encore là; le sénateur Larose lui répondit avec amertume : *Je vous devine, parce que je suis nègre, vous voulez faire entendre à ces messieurs que je suis un imbécile.* Les négociateurs français eux-mêmes furent obligés de le calmer. Le seul résultat de cette première mission fut de révéler à la France la preuve de nos malheureuses dissensions intestines, et décida le gouvernement français à mettre fin aux négociations, et plus tard à trancher la question, en posant pour bases à peu près les idées de Boyer.

Le président avait demandé que la reconnaissance eût lieu par ordonnance du roi; au lieu d'un traité, on lui octroya une ordonnance. M. de Laujeon, dans une conversation privée, avait dit au président qu'il pensait que, moyennant *soixante-quinze* millions et *un chocolat*, on pourrait arriver à un accommodement. *Si ce n'est que ça*, avait répondu Boyer inconsidérément, *j'en donne cent;* on lui en imposa *cent cinquante.* Cette parole imprudente, prononcée avec tant d'assurance, persuada que le président avait en caisse des valeurs considérables, qu'on croyait provenir du trésor de Christophe, dont on s'exagérait l'importance ; on en vint à exiger le payement de la somme en *cinq* années.

Quelles que fussent les fautes commises dans ces premières négociations, par l'inexpérience des formes diplomatiques, nous n'en avions pas moins obtenu un véritable triomphe pour la cause que nous défendions. La reconnaissance officielle d'une république noire au milieu de l'archipel des Antilles, c'était le soleil de la liberté se levant radieux à l'horizon ; ses rayons lumineux perçant les ombres obscures que l'esclavage répandait dans ces contrées allaient porter l'espérance au cœur des ilotes qui gémissaient en d'autres lieux sous le fouet du commandeur. Les conventions pouvaient s'amender par des conventions nouvelles ; la réalité devait se faire jour dans une question d'argent ; il était du devoir de tout citoyen, vraiment animé de l'amour de la patrie, d'appuyer le gouvernement dans ses efforts pour consolider notre existence politique.

Boyer n'avait pas voulu agir sans consulter les dépositaires de l'autorité. Il fit, en novembre 1824, une première convocation des officiers généraux, leur exposa la situation, sollicita leurs avis. Ils se divisèrent en deux camps. Borgella, à la tête d'un parti qui ne voulait pas d'accommodement avec la France, répondait au président : « *Ce que vous ferez sera bien fait.* » Bonnet, au contraire, se prononça ouvertement, encourageant Boyer à traiter ; les généraux qui approuvaient les motifs sur lesquels il s'appuyait, rédigèrent avec lui un mémoire en ce sens, et y apposèrent tous leur signature.

Lorsque M. de Mackau, porteur de l'ordonnance de Charles X, se présenta à Port-au-Prince, Bonnet étant au Montrouis à Boisneuf, des hommes de la montagne vinrent en hâte le prévenir qu'une flotte française se montrait au large. De la butte de Delanzac, s'étant convaincu du fait, il écrivit, sur ses genoux, une lettre au président, dans laquelle il lui annonçait qu'il allait se rendre immédiatement à Saint-Marc, afin de prendre ses dispositions de défense, et que la patrie pouvait compter sur lui. Cette dépêche fut remise au président, alors que les négociations étaient à peu près rompues. Boyer, toujours jaloux d'attacher son nom à l'acte de la reconnaissance de la république, et qui cependant ne voulait pas paraître céder à la force, communiqua la lettre de Bonnet à M. de Mackau, qui se trouvait au palais au moment même où elle y arriva. Il espérait lui prouver par là qu'on était prêt à la résistance; et l'honneur lui paraissant sauf, il se montra disposé à écouter favorablement les explications du négociateur français, et accepta l'ordonnance du roi.

Le fait de la reconnaissance accompli, une seconde convocation réunit les généraux à Port-au-Prince, en novembre 1826. Le parti opposé au traité, dans une assemblée tenue chez M. Ardouin où Borgella était descendu, exhala son mécontentement. Quayé Larivière déclara qu'il se proposait, au moment où le président se présenterait au milieu du cercle des généraux, de lui trancher la tête et de proclamer Borgella. Quayé Larivière, dans le transport de sa répulsion anti-française, ne réfléchissait pas aux funestes conséquences qu'eût entraînées cet acte de révoltante sauvagerie. Borgella, plus calme, s'opposa à cette atrocité. Toutefois ce fut là l'origine des conspirations de cette époque contre Boyer. On eut la mauvaise foi d'essayer de soulever les passions du peuple, en lui insinuant qu'on *vendait le pays aux blancs*. Dans ce parti, s'il se trouvait des hommes aveuglés par une haine invétérée contre la France, d'autres étaient mûs par des motifs différents, et pouvaient certainement juger sainement la position.

Quayé Larivière, homme d'une énergie extraordinaire, ayant été persécuté par les colons, à l'époque des assassinats juridiques d'Ogé et de Chavanne, s'était mis à la tête d'une bande dans le Nord, et s'était montré inexorable envers ses ennemis. Déporté par les Français, il avait enduré de grandes souffrances à l'étranger. Rentré vers 1810, le cœur ulcéré, il ne respirait que haine et vengeance. Bien que Borgella se fût levé, dès l'origine de la révolution, avec les siens, pour revendiquer leurs droits à l'égalité ; bien qu'il eût été officier dans l'armée de Rigaud, lors de la guerre civile ; couvert de la protection de Bernard Borgella, son père, qui dirigeait la politique de Toussaint Louverture, il n'avait pas eu à endurer les atroces persécutions de ce général, suscitées par la haine coloniale contre les hommes de couleur. Resté ensuite paisiblement aux Cayes avec les Français, dans le cours de l'expédition du capitaine général Leclerc, il n'avait pas pris part à la guerre de l'indépendance, et ne s'était retrouvé avec les siens qu'après que Geffrard se fut emparé de cette ville. Quelles raisons pouvaient donc le porter à avoir tellement en horreur le nom français, qu'il dût préférer les menaces perpétuelles de guerre, qui entravaient le développement du pays, à la conclusion de la paix, qui consolidait la république ? Il se plaçait cependant à la tête de ceux qui ne voulaient pas de traité avec la France, et poussait à la conspiration, dont le général Binjamin était le chef apparent (1).

---

(1) « Vous savez qui a perverti Binjamin ? » disait Boyer à Bonnet : « *l'homme de Sant oDomingo*. Il a passé dans ce but plusieurs jours au Mirebalais, à son retour dans l'Est. » (Borgella commandait l'arrondissement de Santo-Domingo.)

Boyer, par suite des tracasseries qu'on lui suscitait, se trouvait jeté dans des embarras inextricables. Les charges qu'on lui avait imposées étaient au-dessus de ses forces. Les interminables négociations au moyen desquelles il cherchait à les faire diminuer, entretenaient les menaces incessantes de l'intérieur. A l'étranger, on ne pouvait apprécier ces faits ; on suspectait la bonne foi du président, à ce point, qu'après la révolution de 1830, dans un conseil des ministres, tenu aux Tuileries, la majorité du cabinet opinait à lui faire la guerre. Louis-Philippe avait, dit-on, arrêté l'élan de ses conseillers, en déclarant qu'il lui répugnerait d'inaugurer son règne par l'attaque d'une si faible république. Les inquiétudes provenant de l'état des esprits à l'intérieur, les accusations au dehors, aigrissaient le caractère du président. Dans une conférence qu'il eut à cette époque avec M. Mollien, consul général de France, Boyer, contrarié et très-animé, gesticulait vivement et avec une volubilité de paroles qui ne laissait pas au consul le temps de placer une objection. M. Mollien, assis sur un sofa à côté du président, voulant l'engager à se modérer, se rejeta tout à coup en arrière, se couvrant le visage avec ses mains : « *Oh! oh! oh! président*, lui dit-il, *est-ce que vous voulez faire comme le dey d'Alger* (1) ? » Ces paroles ramenèrent le calme dans la discussion. Ce n'est qu'en 1838 que Boyer parvint à signer un traité définitif.

La Providence avait comblé Boyer de ses faveurs. Les circonstances les plus heureuses étaient venues succes-

---

(1) J'ai été surpris de voir M. Ardouin, dans ses *Etudes sur l'histoire d'Haïti*, donner à ce fait une signification toute autre. M. Ardouin, qui a pris part à ces négociations, était cependant plus à même que personne d'être bien renseigné.

sivement consolider son gouvernement. La pacification de la Grand-Anse, la chute de Christophe avaient mis fin à la guerre civile. La réunion de l'Est nous donnait nos limites naturelles. La reconnaissance de l'indépendance, en enlevant cette menace continuelle de guerre avec la France, objet des préoccupations du pays, venait enfin couronner l'œuvre, et nous convier au partage de la civilisation. Il restait maintenant au président à déployer ses talents administratifs; l'histoire impartiale, alors que les passions contemporaines seront éteintes, dira quel parti il a su tirer de ces avantages.

Il était d'abord question de la Constitution. L'époque assignée à la révision du pacte social était arrivée; Boyer eut un moment la pensée de réunir à Saint-Marc, sous la direction de Bonnet, une assemblée de révision; mais il tenait auparavant à s'assurer des vues du général : à cet effet, il l'invita à formuler ses idées. Bonnet, ainsi qu'on l'a vu, avait été un des principaux auteurs de la Constitution de 1806 ; membre lui-même de la première assemblée constituante, Boyer connaissait les principes du général; il était donc naturel de penser qu'il voulait, dans les circonstances présentes, réorganiser le pays. Bonnet n'hésita pas à lui présenter loyalement un projet qui établissait les bases du gouvernement civil.

En 1806 le pays était en armes; en présence de la lutte tout citoyen était soldat ; le pouvoir militaire prédominait, il fallait avant tout assurer le triomphe de la liberté. La Constituante avait dû nécessairement céder devant ces considérations; mais elle consacrait le remaniement périodique du pacte social, afin de laisser la latitude d'arriver successivement à doter la république d'institutions plus favorables à son développement. Depuis, la position avait changé. La reconnaissance de l'indépendance était obtenue, la paix régnait dans toute l'étendue du territoire, le pouvoir militaire avait noblement accompli sa tâche; il restait à organiser le gouvernement civil, seul moyen de consolider nos institutions, d'assurer les garanties sociales, de donner satisfaction aux intérêts généraux. Bonnet voulait que la commune, base de l'édifice, pût choisir librement, par l'élection, les membres du conseil des notables, appelés à l'administrer. Suivant ses idées, les citoyens se seraient initiés à la vie politique; en travaillant au bien-être de la commune, ils auraient pris de plus en plus intérêt à la prospérité du pays; et tout en écartant l'indifférence en matière politique, on aurait assuré la stabilité des institutions. Si Bonnet demandait l'indépendance des tribunaux et l'inamovibilité des juges, il soumettait le juge de paix à l'élection de la commune dont il faisait partie. Le juge de paix, principalement chargé d'assurer l'ordre par l'exécution des ordonnances de simple police, de protéger les intérêts des familles, de maintenir la concorde par la conciliation, devait, d'après lui, être placé sous le contrôle des citoyens. Il effaçait du pacte social les expressions de haine contre les blancs, et maintenait cependant aux nationaux le droit exclusif à la propriété du sol. Dans l'état actuel du pays, avec le peu de lumières qui s'y trouvaient répandues, une industrie routinière sans développement, une société ruinée qui, au milieu des guerres et des dissensions, n'avait pas pu accumuler des capitaux et offrir à la fortune publique les ressources que lui procurerait le développement de son industrie, on ne pouvait sans danger renoncer encore à cette exclusion : mais il désirait en même temps que les lois offrissent des garanties réelles aux étrangers qui viendraient fonder des établissements, soit dans les villes, soit dans les campagnes, sur le fonds d'autrui. Bonnet voulait que le pouvoir législatif jouît de cette force morale qui donne la considération; que des traitements convenables missent au-dessus du besoin les sénateurs et les membres de la chambre des communes. Quant au pouvoir exécutif, il revenait en partie aux principes de la Constitution de 1806. Dans une république, le pouvoir exécutif devait être électif et temporaire. Boyer ayant été élu à vie, cette disposition était maintenue en sa faveur; mais, après lui, la présidénce revenait à la période de quatre années; une première réélection était possible, jamais une seconde, à moins d'un intervalle de quatre ans. Le général proposait de créer le département de la trésorerie. Dans ses idées le trésorier général devait être entièrement indépendant. Chargé de la répartition des fonds aux différents services, selon le vote des chambres, le trésorier général devenait responsable de toute somme délivrée en dehors des allocations. Ce projet, n'ayant pas obtenu l'assentissement du président, fut mis de côté, et, depuis lors, il n'a plus été question de révision.

Il fut ensuite question du Code rural. Le volumineux travail élaboré sous la direction d'Inginac, n'obtenait pas le résultat qu'on en attendait. Bonnet était d'opinion qu'on devait s'attacher à inculquer à la population le respect de la propriété. Il fallait, selon lui, rédiger un règlement de culture à la portée de tout le monde; établir dans des articles simples, clairs et précis, les rapports des cultivateurs avec les propriétaires, soit comme journaliers, soit comme fermiers ou métayers ; régler les droits et les devoirs de chacun. Toute personne résidant à la campagne était tenue d'avoir un emploi sur la propriété qu'elle habitait. Il n'y avait d'exception qu'en faveur des vieillards et des infirmes qu'on devait maintenir et même secourir sur les habitations auxquelles ils avaient antérieurement été attachés. Pour la police des campagnes : spécifier les délits ruraux, fixer avec précision les peines ou les amendes auxquelles ils donnaient lieu ; assurer ainsi à chacun ses revenus et le fruit de son travail. Il remplaçait par des prix en numéraire cette comédie de couronnes civiques distribuées à la fête de l'Agriculture. Un concours annuel servirait à exciter l'émulation ; il créait, en conséquence, dans chaque arrondissement, un conseil d'agriculture. Des commissaires chargés d'inspecter les cultures devaient, dès le mois de janvier, parcourir les campagnes, et produire au 15 avril au plus tard, un rapport circonstancié, avec la valeur approximative du revenu. Un premier, un deuxième et un troisième prix d'encouragement récompenseraient les meilleurs modes de culture. Il affectait un premier et un deuxième prix à la fabrication du sucre ; aux éleveurs, il accordait deux prix égaux pour poulain d'une part, pour mule ou mulet d'autre part, de l'âge de trois ans au moins, qui obtiendraient la prééminence à l'exposition qui aurait lieu du 25 au 30 avril : ces récompenses se décerneraient au 1er de mai, jour de la fête de l'Agriculture. Tout ce règlement, qui consistait en 70 articles, n'obtint pas l'approbation du gouvernement.

Une des causes qui nuisaient au progrès de l'agriculture était sans contredit le droit de hache, que le gouvernement accordait à tout individu auquel il prenait fantaisie de s'enfoncer dans les forêts. La faible population des campagnes, trop disséminée, offrait des difficultés à l'action de la police. Or ceux qui voulaient tout à fait s'affranchir de la surveillance abandonnaient des terrains en culture, et allaient vivre au fond des bois, où leur existence demeurait longtemps ignorée. Bonnet conseillait au président de s'arrêter sur cette voie. « Dans un pays, où, par la force des choses, lui disait-il, la moitié des terres au moins est condamnée à rester sans culture, il vaut bien mieux que ce soit la terre appartenant au domaine public qui demeure en friche. On considérait au contraire que *l'intérêt de l'Etat* était dans ces ventes sans avantages, dans ces fermages sans profit, qui, déplaçant sans cesse les cultivateurs, leur faisaient abandonner successivement les établissement faits pour en créer de nouveaux. Sans fixité pas d'amélioration possible ; la dépréciation entraînait l'abandon des propriétés.

D'un autre côté, l'agriculture étant l'unique industrie du pays, la sollicitude du gouvernement devait tendre à en augmenter les produits. Ce résultat ne pouvait s'obtenir qu'en adoptant des méthodes nouvelles, qui remplaceraient ce mode de culture à force de bras, que nous avait légué le système colonial. L'introduction de la charrue, l'emploi des machines, étaient le vrai moyen de suppléer au défaut de population. Bonnet pensait que la création de fermes modèles, qui propageraient les connaissances agricoles, combattrait efficacement les préjugés de la routine. Cherchant à donner plus de force à ses opinions et à faire apprécier ses vues, il conçut l'idée de placer sous les yeux du président l'état réel du travail dans les campagnes, et entreprit, à cet effet, une statistique agricole de l'arrondissement de Saint-Marc. Une direction habile de ce travail lui permit de connaître et de détailler, dans chaque commune, dans chaque section, les différents genres de culture qui s'y produisaient et le nombre de cultivateurs qu'ils occupaient. Il fit dresser un tableau synoptique, mettant en regard cette situation, dont le résultat établissait, en somme, à un demi-carreau de terre le travail par individu. Boyer, à l'inspection de cette feuille, sous l'impression d'un premier mouvement de satisfaction, écrivit au général, lui demandant de l'autoriser à publier ce tableau. Bonnet commençait à augurer favorablement du résultat des peines qu'il s'était données ; mais les mois s'écoulèrent, il n'en était plus question. Une volumineuse brochure parut, à la fin, contenant les rapports de tous les commandants d'arrondissements, au beau milieu desquels on avait glissé le travail du général, en le tronquant, en le défigurant. C'était l'œuvre d'Inginac, qui avait réussi à faire entendre qu'il était impolitique de livrer ces résultats à la connaissance de l'étranger. M. Villevaleix, le notaire, fut chargé de cette mutilation et dut opérer les rognures indiquées, malgré la répugnance qu'il en éprouvait. Cependant l'impression produite avait été telle, qu'on chercha à se rendre compte de la manière dont l'opération avait été conduite. On manda à Port-au-Prince le commandant de la gendarmerie, l'un des inspecteurs désignés au tableau. N'ayant agi que sous la direction qui lui avait été donnée, Jean-Marie, employé individuellement à réunir des matériaux, ne pouvait rendre un compte exact du travail; on aima mieux se passer de renseignements que d'en demander au général. Après avoir essayé durant deux ou trois années consécutives de réveiller l'attention du gouvernement, Bonnet finit par renoncer à ce travail, convaincu qu'il perdait inutilement et son temps et ses veilles.

Dans le but de se créer des châteaux royaux, Christophe avait commencé à faire bâtir deux palais à l'Artibonite; l'un au-dessus du bourg de la Petite-Rivière, l'autre aux portes de Saint-Marc; des deux côtés, le rez-de-chaussée en maçonnerie était complet. Bonnet, qui voyait avec les vieux ouvriers de l'ancien régime, s'éteindre les connaissances pratiques dans différents corps de métiers, avait demandé au gouvernement d'obvier à cet inconvénient, en affectant un de ces palais à la création d'une école d'arts et métiers. Le président approuva cette proposition, mais sans donner suite au projet (1). Cependant le temps marchait, et la décadence se faisait de plus en plus sentir. Le général renouvela ses conseils

(1) Dans une administration qui vivait au jour le jour, Boyer n'affectait pas aux travaux publics des prévisions de fonds. On aima mieux laisser à Saint-Marc la vaste maison du gouvernement s'écrouler plutôt que d'employer quelques sommes minimes à sa réparation. A Port-au-Prince, on avait réservé dans la grande rue un emplacement destiné à une école de génie; l'école n'a pas été fondée, faute de bâtiments. A la mort de Pétion, ses restes avaient été déposés provisoirement dans un caveau fait à la hâte sur la place du gouvernement. On se proposait de les recueillir dans une chapelle commémorative, témoignage de la reconnaissance du peuple envers le fondateur de la république. L'emplacement sur lequel Pétion était né appartenait à Méronné, son neveu, atteint d'aliénation mentale; la famille l'offrit à cet effet; les chambres acceptèrent la donation; M. Rouanez dressa même le plan d'une chapelle dans le style du temple de Pœstum; on en est encore de nos jours à attendre l'édifice.

en les rattachant à une combinaison qui pouvait offrir plus de chance de succès. Le gouvernement avait établi dans chaque arrondissement des directions d'arsenaux ; le travail qu'on obtenait des corps d'ouvriers était à peu près nul. Un simple garde du génie aurait suffi, comme sous l'administration française, à la surveillance du matériel en dépôt. Si le président eût réuni toutes ces dépenses coûteuses en un seul service, il eût pu organiser à Port-au-Prince un arsenal complet où se seraient concentrés tous les genres de métiers. Les jeunes apprentis, qu'on eût pris dans les différents points de la république, y eussent acquis des connaissances théoriques et pratiques, qu'ils eussent rapportées ensuite dans leurs communes respectives. Ces idées étaient fort belles, disait-on ; pour le pays c'étaient des utopies. En attendant, les ouvriers n'ayant plus la simple notion du trait, les sucreries chômaient, faute de mécaniciens capables de réparer les engins ; le charronnage s'exécutant sans méthode, les cabrouets sur les exploitations rurales étaient défectueux et les charrois devenaient pénibles et onéreux. L'agriculture ressentait ainsi le premier contre-coup de cette décadence. La charpente n'avait plus ce degré de solidité et de durée qu'on remarquait dans les constructions anciennes ; l'ébénisterie, la carrosserie, que nos ouvriers confectionnaient si bien autrefois, n'étaient plus à Port-au-Prince que la spécialité de quelques étrangers, qui n'avaient pas intérêt à enseigner le trait à leurs apprentis : dans toutes nos confections, nous devenions tributaires de l'étranger.

Doué d'une intelligence supérieure, Boyer s'était perfectionné par la lecture, qu'il aimait passionnément.

Avec des formes gracieuses, une élocution facile, il cherchait toujours, dans ses audiences du dimanche, à capter son auditoire. Aux tièdes, à ceux qu'il savait animés d'une certaine ambition, il adressait des paroles affectueuses en leur donnant congé. *Ménagez-vous pour la patrie; la patrie a besoin de vos services; la patrie compte sur vous;* et chacun se retirait le cœur plein de joie ; le président avait pensé à lui ; il se voyait déjà, d'après sa convoitise, sénateur, grand fonctionnaire, etc. Alors c'était un concours de flatteries, de protestations de dévouement qui étourdissaient le chef lui-même. Homme personnel, rapportant tout à lui, le président se posait comme le seul homme, dans le pays, ayant des principes de justice et d'équité. Il en donnait en apparence la preuve, en s'immisçant dans l'action des tribunaux, dont il ordonnait les jugements. S'imaginant pouvoir tout faire, il paralysait l'action administrative, et détruisait la discipline dans l'armée.

Un notaire, à Saint-Marc, avec l'aide de son confrère, avait fait dresser en sa faveur un acte de donation des biens d'une cousine, dont il avait la gestion. Le hasard porta le fait à la connaissance de cette dame, qui, repoussée par les notaires auxquels elle s'adressa d'abord, vint implorer l'appui du général. Bonnet crut le rapport de la dame exagéré ; il chercha à calmer les vives inquiétudes qu'elle manifestait, et fit mander le notaire qu'elle disait avoir instrumenté, persuadé que des explications précises détruiraient les préventions qu'on lui avait insinuées. Les faits étaient vrais ; le notaire, sur un canevas remis par son confrère, en faveur duquel l'acte était dressé, avait rédigé la donation. Il convenait n'avoir pas vu la dame, et ne pas la connaître; la minute confiée à son confrère lui était revenue, revêtue de la signature des témoins désignés dans l'acte. Le second notaire se présenta tout aussitôt, soutenant énergiquement n'avoir agi que par les ordres de sa cousine, qui, sans doute par d'autres considérations, cherchait aujourd'hui à se rétracter; il maintenait ses droits et la validité de la donation. Ces faits, dès lors, n'appartenaient pas à la juridiction du commandant de l'arrondissement, les tribunaux seuls pouvaient en connaître; le général déclina sa compétence. Le tribunal civil des Gonaïves, saisi de la question, condamna les notaires. Les amis du faussaire circonvinrent le président; on ne pouvait, s'écriaient-ils, condamner à la chaîne un homme appartenant à la société; c'était monstrueux, à les entendre ; le général Bonnet aurait dû arranger cette affaire, et comme cet homme en d'autres temps lui avait manqué, on prétendit que c'était par esprit de vengeance qu'il l'avait laissé poursuivre : ainsi le fait matériel disparaissait, le prévenu n'était plus qu'une malheureuse victime de la haine. Le tribunal de cassation cassa l'arrêt de condamnation ; le tribunal civil de Port-au-Prince eut à prononcer.

Les hommes qui approchaient de plus près le président formaient cercle autour du prévenu dans la prison. Cependant l'acquitter, c'était valider la donation. Comment spolier cette dame? L'acte portait qu'elle ne savait pas signer, lorsqu'au contraire elle fournissait la preuve qu'elle signait ordinairement ses actes publics ! On imagina un moyen de tout concilier : il consistait à désintéresser la partie civile en portant le prévenu, avant que la cause fût appelée à l'audience, à faire un acte de remise des propriétés.

Pourquoi cet acte de remise? Si le notaire était innocent, quels que fussent les regrets de la dame, elle devait subir les conséquences de sa légèreté; n'était-ce pas, au contraire, la preuve palpable qu'on reconnaissait la culpabilité du notaire? Mais la partie civile désintéressée, cela suffisait à la morale publique; toutes les garanties que les lois donnent aux citoyens étaient assurées; alors le tribunal pouvait acquitter et le gouvernement donner un témoignage de haute confiance au notaire, en le réintégrant dans ses fonctions. Seulement, comme l'odieux de cette poursuite devait être attribué au général Bonnet, dont l'injustice était notoire, pour soustraire le notaire à la tyrannie du général, on transféra le siége de son étude aux Gonaïves, en face de ce même tribunal où il avait subi un premier verdict de culpabilité.

La partie civile désintéressée, c'est fort bien, dira-t-on, et la vindicte publique? Elle était annulée. Le commissaire du gouvernement, par une fausse interprétation de la loi, ne se considère que comme l'homme du gouvernement, chargé d'intimer aux tribunaux les ordres du pouvoir exécutif. Dans toute cause, il faut une partie civile qui produise la preuve sous sa responsabilité personnelle. Le particulier n'ayant pas les moyens d'action suffisants, et ne pouvant par conséquent diriger les investigations, il s'ensuit que la loi demeure une lettre morte et le crime impuni.

Ainsi, un citoyen meurt à M...., la famille y envoie un neveu pour connaître de la succession. On s'était empressé de faire lever les scellés, qui n'avaient été posés que pour la forme. D'un premier tiroir, sur l'indication de la femme de M....., on avait retiré un testament olographe très-ancien, et sans autres investigations, la succession lui avait été remise. Le notaire dépositaire de cette pièce en éluda la production, et ne voulant pas en donner communication, il finit par se retirer à la campagne. Cependant, tout autour du jeune homme couraient des bruits d'empoisonnement : voici les faits qui parvinrent à sa connaissance. M....., se trouvant en désaccord avec sa femme, qui avait proféré contre lui de violentes menaces, se tenait, d'ordinaire, à sa maison de campagne. Légèrement indisposé, sa femme était venue de la ville lui porter une médecine ; après l'avoir prise, elle lui donna une tasse de café ; à peine eut-il bu ce café, qu'il se trouva dans les râles de la mort. Alors on avait couru de la campagne à la ville, de la ville à la campagne, et ce n'est qu'après avoir mis tout en ordre qu'on avait fait de l'éclat. Le médecin, appelé près du moribond, avait hautement signalé un fait d'empoisonnement ; le bruit qu'il en faisait avait été étouffé, aucune investigation n'avait eu lieu. M...., à une époque antérieure de vingt années, au moment d'un duel, avait fait un testament olographe, où il instituait sa femme sa légataire, laissant une partie de ses biens à sa vieille mère, qui existait alors. Sa désunion intérieure l'avait porté à faire, après la mort de sa mère, un second testament olographe, qu'il avait mis, avec ses papiers les plus précieux, dans une cassette, dont une dame de ses amies avait reçu le dépôt à Port-au-Prince. Des difficultés étant survenues entre le gouvernement d'Haïti et le gouvernement français à la suite de la révolution de juillet, M....., craignant une rupture qui devait, d'après les appréhensions générales, amener des hostilités, était venu reprendre sa cassette, et, de retour chez lui, l'avait emportée à sa campagne; ces faits étaient à la connaissance de la famille. La femme de charge, qui résidait à la campagne avec son patron, déclarait que la cassette avait été enlevée avant qu'on eût laissé connaître la position du moribond. Le médecin, que le jeune homme alla voir sur l'indication de la femme de charge, n'hésita pas à lui confirmer sa conviction que cette mort était la suite d'un empoisonnement. Le jeune homme qui revenait de France, où il avait pu apprécier en pareille circonstance l'activité du parquet (1), fut de suite à Port-au-Prince porter les faits à la connaissance du commissaire du gouvernement. Ce magistrat lui témoigna le doute que la partie civile pût en produire la preuve matérielle, et l'engagea à ne pas entreprendre de poursuites. Ainsi, la justice n'y avait que faire, et la famille dut se résigner à déplorer la mort de ce parent (2).

Du moment que les tribunaux n'offraient plus de garanties, du moment que les jugements n'inspiraient plus de confiance, les citoyens qui se croyaient lésés dans leurs intérêts, et dont les passions étaient surexcitées, pouvaient chercher à fomenter des troubles civils. Telles ont été l'origine et les causes de l'échauffourée du Cap haïtien.

(1) Il avait suivi avec intérêt la procédure dans l'affaire de Castaing.
(2) La dame elle-même mourut peu d'années après d'une mort surnaturelle. Dans la suite, un de ces *papas renommés* s'accusa publiquement, dit-on, à son lit de mort, d'avoir commis ce double empoisonnement. Quels motifs l'ont porté à agir contre M..... qui lui était étranger; quels motifs l'ont porté dans la suite à empoisonner également la dame? Ces faits sont restés parfaitement inconnus.

Les époux Isidor avaient marié leur fils aîné à une jeune et jolie personne du Cap. Des différends de famille, dès la lune de miel, avaient porté le trouble chez ce couple qui s'aimait réellement. Isidor avait une haute position sociale dans la ville. Colonel des carabiniers de la garde (l'ancienne garde de Christophe), il jouissait d'une très-grande influence dans le Nord. Un procès s'entama; il obtint facilement un jugement contre la jeune femme, qui vint à Port-au-Prince solliciter l'appui de Boyer. Isidor, furieux de ce que le président avait pu s'immiscer dans ses affaires de famille, résolut d'agir dans le Nord contre le chef de l'État. Boyer recherchait la popularité en accueillant favorablement toutes les plaintes des inférieurs contre leurs supérieurs et celles des particuliers contre les autorités. La partialité de ses décisions, rendues souvent sans examen, produisait un mécontentement sourd. C'est dans le Nord surtout, où la subordination avait été strictement maintenue sous Christophe, que ce mécontentement se faisait le plus sentir. Isidor s'empara de ces griefs et travailla à exciter un soulèvement. Ses émissaires parcoururent différents quartiers. Gervais, homme qui ne manquait pas de mérite, entreprit, dans de fréquents voyages à Saint-Michel et à la Petite-Rivière de l'Artibonite, de préparer les esprits à un changement de gouvernement. Se présentant comme un marchand d'articles confectionnés, il sut habilement se mettre en rapport avec tous les chefs de corps et tous les hommes en position. Dans ses causeries, il déplorait la tendance du gouvernement à tout désorganiser; il représentait l'autorité paralysée, la licence alimentant le désordre. Sans se prononcer ouvertement contre

Boyer, il critiquait toutes les parties de son administration. A ces plaintes se mêlaient de grandes vérités ; à l'entendre, il n'était pas un ennemi du président, il se posait plutôt en homme ami de l'ordre. Il sut, en cette qualité, se faire présenter à Bonnet lui-même, qui, se défiant de ses allures, se mit à le surveiller. En se voyant favorablement écouté à l'Artibonite, Gervais demeura convaincu qu'un mouvement au Cap retentirait dans ce quartier, et qu'alors le succès de l'entreprise était assuré; dans ce cas, le Nord se séparerait de l'Ouest, rêve éternel de quelques hommes des mieux placés, qui, excités par la jalousie qu'engendre l'esprit de localité, ne voulaient pas comprendre que dans l'unité de la république résidaient la force et la stabilité.

Le 28 janvier 1837, à neuf heures du soir, l'insurrection éclata au Cap haïtien. Les carabiniers soulevés, Isidor à leur tête, s'emparèrent de l'arsenal. La garde nationale de cette ville, qui conservait le souvenir du règne tyrannique de Christophe, appuyée de quelques jeunes officiers du 30°, attaqua vivement les révoltés et reprit la position. Dès le lendemain, un messager, bride abattue, transmit à Saint-Marc la nouvelle de cette échauffourée. Le général Bonnet fit immédiatement réunir la garde nationale, les troupes de la garnison, et se tint l'arme au pied, prêt à diriger ses colonnes là où besoin serait. Cette attitude imposante, que des officiers expédiés sur différents points, avec mission de s'assurer de l'état des choses, firent connaître au loin, rassura bien des incertitudes et paralysa la révolte.

Isidor, chassé de la ville du Cap, s'était, avec Gervais, réfugié dans la plaine, attendant les résultats du mouvement qu'il croyait devoir s'opérer à Saint-Michel et à la Petite-Rivière, Son espérance étant déçue, abandonné des siens, il s'enfuit dans les bois. Le général Muscardi, à la tête de quelques gardes nationaux de la Grande-Rivière suivit ses traces. Après de longues recherches, on rencontra dans la forêt ce malheureux exténué de fatigue et de faim, qui portait dans ses bras ce fils, cause première de la catastrophe. Muscardi eut l'indignité, au lieu de les arrêter, de faire tirer sur ce groupe, incapable de résistance, comme sur des bêtes fauves, et traîna jusqu'au Cap leurs cadavres ensanglantés, qu'il vint exposer à la Fossette aux insultes de la populace.

CHAPITRE XII.

Terrible ouragan dans le département du Sud ; danger que court le président. Agitation à la Petite-Rivière. Bonnet calme l'effervescence ; commission d'enquête. Inginac va recueillir des renseignements sur les lieux. Voyage de Boyer à l'Artibonite. Intrigues ourdies contre Bonnet dont le président veut détruire l'influence ; conséquences de cette conduite. Conspiration de Jean Denis.

L'influence du général Bonnet à l'Artibonite avait maintenu jusque-là la paix et garanti la sécurité. L'ombrageux Boyer crut qu'il était de son intérêt de la détruire, sans s'inquiéter des conséquences qui pourraient en résulter.

En 1831, dans le cours d'une tournée que fit le président dans le Sud, un terrible ouragan ravagea ce département ; la ville des Cayes offrait le spectacle navrant d'une cité en décombres. La mer soulevée et les rivières débordées inondèrent les maisons et les rues, qui ne formaient plus qu'un vaste lac sur lequel on naviguait en canot. La campagne était bouleversée, tous ses produits anéantis, les arbres violemment arrachés du sol obstruaient les routes. Boyer n'était parvenu à se frayer un passage à travers les plus grands dangers, qu'à l'aide des sapeurs de sa garde. On n'a jamais pu comprendre comment la nouvelle de ce désastre était parvenue immédiatement à la connaissance du commandant de la commune de la Petite-Rivière.

Dès qu'Édouard Michaud en eut l'avis, il conçut la possibilité d'une commotion politique, et se préparant à toute éventualité, il s'empressa d'annoncer que le président avait péri, que des bandes armées, de la montagne des Cahos, allaient s'abattre sur le bourg, le livrer au pillage et massacrer tous les gens de couleur ; ses alentours répandaient les bruits les plus sinistres, semaient partout l'épouvante et l'alarme. Cette agitation, propagée de proche en proche, parvint à Saint-Marc. Le général, qui jusque-là ignorait la catastrophe du Sud, ne pouvait en concevoir la cause. Guillaume Vaillant, colonel au 6ᵉ régiment, dont la propriété avoisinait le bourg, ne voulant pas croire aux bruits qu'on répandait au sujet des mouvements dont la Petite-Rivière était le théâtre, s'y était rendu. Il avait trouvé le bourg désert et les portes fermées ; la majeure partie de la population, les femmes surtout, abandonnaient leurs demeures la nuit, dans la crainte d'une surprise, et se cachaient dans les bois. Guillaume Vaillant vint, le samedi matin, prévenir le commandant de l'arrondissement de ces faits. Jean-Charles Barthélemy, colonel au 5ᵉ régiment, avait aussi entendu dans la plaine circuler des bruits sinistres, et en faisait le rapport. Malgré les avis réitérés qu'il recevait, Bonnet hésitait, il voulait attendre un commencement d'exécution avant de rien entreprendre ; vainement on le suppliait d'arrêter le mal à son origine, en lui représentant que son inaction pourrait amener l'effusion du sang, et que des gens inoffensifs seraient sacrifiés ; il objectait l'absence du président et n'entendait agir que lorsque des faits matériels seraient parvenus à sa connaissance (1). Obsédé jusqu'au milieu de la nuit de cris de détresse, de demandes de secours, il se décida enfin à aller en personne à la Petite-Rivière, s'assurer de ce qui s'y passait. Cependant, ne voulant pas accroître l'agitation en paraissant y accorder trop d'importance, il donna ordre, le dimanche à la parade, de renvoyer les troupes, et invita les colonels des 5ᵉ et 6ᵉ régiments à prendre chacun une compagnie de grenadiers et à l'accompagner dans sa tournée. Le lundi matin au point du jour, la trompette de ses guides révéla sa présence au pont du bourg. La Petite-Rivière était exactement dans l'état qu'on lui avait décrit; une grande partie des habitants était encore à cette heure dans les bois, et malgré la présence du général, ils ne revenaient que lentement et ne rentraient qu'avec hésitation dans leurs demeures. Bonnet témoigna sa surprise au colonel Édouard, commandant de la commune ; cet officier ne pouvait, à ce qu'il disait lui-même, se rendre compte de cette panique répandue depuis plusieurs jours. Mais le juge de paix, le préposé d'administration, Nicolas Saget (2), notaire, Adam, directeur du conseil des notables et les principaux citoyens assemblés, dénoncèrent hautement et en face le colonel

---

(1) La veuve d'un frère de Boyer sacrifié par Christophe était devenue la femme d'Edouard. C'était là la cause réelle de l'hésitation du général. S'il arrêtait le mal avant une prise d'armes incontestable, on ne manquerait pas, disait-il, de l'accuser d'avoir voulu perdre un ami du gouvernement.

(2) Le même qui, sous les Français entraîna Dessalines à Plassac en le prévenant que les ordres étaient donnés de l'arrêter et qui plus tard interpella Pétion à l'église, au Te Deum qui suivit la proclamation de la constitution de 1816.

comme l'auteur de l'agitation. Les dépositions recueillies avec soin, les confrontations, les témoignages sur la conduite inconsidérée du colonel, de ses atroces propos, de ses menaces d'égorgement, sans dénégation possible, ayant permis de constater les faits graves dont la clameur publique l'accusait, Bonnet expédia toutes les pièces au gouvernement, invitant Édouard à aller à Port-au-Prince attendre le retour du président, auprès duquel il aurait à se justifier.

Le colonel Édouard Michaud était rompu à l'intrigue. Sous Christophe, il avait été la terreur des autorités de l'Artibonite. A cette époque, il parcourait la province avec le titre officiel de colonel des espions ; chacun était obligé d'acheter sa bienveillance. Il ne se déconcerta pas, alla descendre chez Duton Inginac, et se posa en victime de ses sentiments d'affection et de son dévouement au général Inginac.

Dès son retour, Boyer institua une commission d'enquête, chargée de la vérification des faits. Cette commission tint ses séances chez Panayoty ; après avoir compulsé les pièces, ouï les dépositions provoqué des discussions contradictoires entre Édouard et tous ceux qui avaient déposé contre lui, la commission constata dans un rapport la vérité des faits imputés à ce colonel.

Deux rivaux, Inginac et Lerebours, se disputaient la prééminence dans la faveur de Boyer ; Inginac, qui avait pris à cœur la défense d'Édouard, avait vivement sollicité de faire partie de la commission ; le président envoya Lerebours présider l'enquête. Inginac en fut contrarié, et tandis que la lumière se faisait devant la commission, il parvint à donner aux faits une signification différente dans l'esprit de Boyer. Il représentait ces dépositions comme le résultat de la haute influence dont jouissait le général Bonnet à l'Artibonite, où il gouvernait souverainement. Suivant lui le président n'était pas, connu de ces populations, *son nom même y était ignoré*. Alors le rapport de la commission fut écarté, et Inginac reçut la mission d'aller à la Petite-Rivière, sur les lieux mêmes, recueillir de nouveaux renseignements.

Quel était le mobile de la conduite d'Inginac? L'ambition. En 1827, le président avait fait une forte maladie; on désespéra un moment de le sauver. Inginac s'empressa d'expédier à Bonnet un messager, porteur d'une lettre où il l'instruisait de la position critique du chef de l'État, et lui promettait de le tenir au courant des choses. N'ayant pas une position officielle dans l'armée, malgré l'assimilation de grade que lui valait son titre de secrétaire général, il ne pouvait, à ce moment, dans un gouvernement tout militaire, convoiter avec quelque chance de succès la succession de Boyer. Mais depuis, de même que Lerebours qui avait, par cette position militaire, obtenu le commandement de l'arrondissement de Port-au-Prince, il avait su se faire donner le commandement de l'arrondissement de Léogane; ses prétentions s'étaient accrues et il aspirait à gouverner l'État. Inginac, placé à a tête des bureaux du gouvernement, avait en mains la correspondance; avantage qui lui fournissait le moyen de se créer des partisans. L'occasion lui était offerte en protégeant Édouard, non-seulement d'avoir un homme dévoué à ses intérêts dans l'Artibonite, mais encore de pouvoir contre-balancer l'influence du général Bonnet, en lui opposant un adversaire dans la personne du commandant de la principale commune de l'arrondissement de Saint-Marc ; il s'en saisit sans scrupule. A Saint-Marc, le secrétaire général trouva Bonnet qui, alors malade, dut lui donner audience en robe de chambre. Après avoir annoncé l'objet de sa mission : *Ah général*, s'écria Inginac sans raison aucune, *je n'oublierai jamais que je vous dois la vie.* A peine le secrétaire général s'était-il retiré que Bonnet, saisissant le bras de celui qui écrit ces mémoires, lui dit vivement : « Mon fils, Inginac me trahit ; voilà plus de trente ans que le fait s'est passé, et il ne s'en est jamais ressouvenu ; à quel propos vient-il aujourd'hui me le rappeler ? » Le général n'avait pas fini de parler que Legendre, son aide de camp, vint le prévenir de se défier d'Inginac.

Le secrétaire général avait oublié sur la route à Mont-Rouis que les murs ont des oreilles. Il dressait avec Duton un plan d'attaque contre Bonnet ; un second fils qui l'accompagnait, impressionné et contrarié du machiavélisme du projet qui s'élaborait, ne put s'empêcher de dire : *Mais vous ne ferez pas cela à ce brave homme.* Un cultivateur, sans qu'on s'en doutât, avait écouté tout le colloque ; il suivit de près les voyageurs, entra en même temps qu'eux en ville, et courut en donner avis à Legendre. La vérité ne tarda pas à se produire. Inginac, à peine installé dans son logement, adressa au général une longue liste de questions, le mettant ainsi sur la sellette ; c'était contre lui que l'instruction s'ouvrait. Bonnet, indigné, répondit immédiatement qu'il ne s'attendait pas à ce que le président envoyât son secrétaire général faire à ses cheveux blancs, dans la province même qu'il lui avait conservée aux dépens de sa fortune et de sa santé, l'insulte qu'il venait de recevoir.

L'officier porteur de cette lettre trouva le secrétaire général entouré d'officiers noirs, auxquels il contait, en défigurant les faits, l'affaire de Yayou, qu'il représentait comme une malheureuse victime (1).

Inginac, qui ne s'attendait pas à cette réponse, ne s'était pas pressé de décacheter le pli ; lorsqu'il en eut pris connaissance, il rougit et manifesta un embarras extrême. Tenant à se justifier, il se rendit de suite près du général ; il avait été, disait-il, mal compris ou il s'était mal expliqué ; il se confondait en excuses et suppliait Bonnet de considérer son écrit comme non avenu ; il lui rapportait sa lettre, qu'il le priait de reprendre ; enfin, à force d'instances, Inginac parvint à obtenir que Bonnet lui remît son questionnaire. Cet acte n'émanait donc pas de Boyer ; le secrétaire général aurait-il pu se permettre de le supprimer, si le chef de l'État en eût été l'auteur?

Inginac eut, à la Petite-Rivière, des scènes violentes avec Adam, Saget et Robert préposé d'administration, sans réussir à arracher d'eux une rétractation, ni par intimidation, ni par prières. Cependant Édouard fut réintégré dans son commandement et comblé de faveurs ; mais, comme il fallait que quelqu'un portât le fardeau du

(1) Après la chute de Dessalines, Inginac, retiré à Léogane, avait par esprit de vengeance, poussé Yayou à la révolte. Ce général ayant succombé dans la lutte, Inginac ne fut préservé de l'animosité des habitants de la ville qu'en se réfugiant chez madame Brisson, la sœur de Bonnet, où Toulmé l'avait introduit par une porte dérobée. Alors il prenait la défense d'Édouard qui était aussi un noir ; en insinuant ces faits aux officiers noirs de la garnison, leur relatant les dangers qu'il avait courus en défendant la cause des noirs, il cherchait à s'en faire un appui contre Bonnet.

mal, Robert, le préposé d'administration, le seul sur qui le gouvernement pût frapper, fut destitué malgré sa probité et la régularité de son service, et ignominieusement chassé de son emploi.

Le président dont, suivant Inginac, le nom même n'était pas connu à l'Artibonite, désirant s'y faire connaître et y établir son nom et son pouvoir, en détruisant l'influence du général Bonnet, qui *seul avait l'affection de ces populations*, conçut en 1832 l'idée d'entreprendre une tournée dans l'arrondissement de Saint-Marc. Alors toutes les batteries furent dressées ; on s'attacha par de basses intrigues à susciter des plaintes contre le général, afin de donner au président l'occasion de rendre des décisions opposées aux siennes et de signaler ainsi le commandant de l'arrondissement, à ses administrés, comme un homme injuste, cupide et passionné.

Triste erreur pour un chef d'État que de croire tromper tout le monde, tandis qu'il est lui-même la dupe de ceux qui, voulant obtenir les faveurs dont il est le dispensateur, ne cherchent à atteindre ce but qu'en flattant ses passions ! L'homme qui commet une action mauvaise porte en lui-même un juge infaillible ; ce juge c'est sa conscience. Et si, pour satisfaire aux besoins de votre politique, vous obscurcissez à son profit la raison, la vérité, le droit et la justice, celui à qui vous vous adressez pourra fort bien vous applaudir tout haut ; mais quelle que soit son ignorance, il vous aura jugé. Vous serez pour lui ou une dupe ou un fourbe. Et si l'homme de bien, le citoyen honnête qui vous aura vu sacrifier tous les principes à une politique machiavélique, cédant à la nécessité, se croit dans l'obligation de vous gratifier de son sourire, vous n'en aurez pas moins perdu certainement et sa confiance et son estime.

Boyer n'avait pas pu vaincre ses préventions contre le général, quels que fussent les loyaux services que celui-ci avait rendus au pays et à son administration. Il avait toujours cherché à lui créer parmi ses subalternes des adversaires dont il se faisait des espions. Le président s'était d'abord adressé à Lagarenne, directeur de l'arsenal de Saint-Marc. Lagarenne, fier de la confiance que Boyer paraissait lui accorder, obéissait mal aux ordres du commandant de l'arrondissement; le service de l'arsenal était désorganisé. A une époque où le gouvernement pouvait avoir à craindre des démêlés avec l'Espagne au sujet de l'Est (1830), le président, qui se doutait, d'après les avis qu'il recevait, de la situation de l'arsenal, envoya Dufresne, officier d'artillerie, en faire l'inspection. Le hasard voulut que dans ce moment un navire de guerre, suspect par ses allures, donnât dans le port, refusant d'accepter le pilote. Ordre au directeur de l'arsenal d'envoyer des munitions à un fort qui protège la rade ; pas une gargousse de faite, pas un sachet de prêt. Le président, fort irrité en recevant ce rapport, fit remplacer Lagarenne. A qui imputer ce désordre ?

Après la mort de l'adjudant général Constant Paul, Bigaille, colonel de la cavalerie de l'Artibonite, obtint, sur la recommandation de Lerebours, le commandement de la place de Saint-Marc. L'intimité qui existait entre ces deux officiers faisait croire qu'on pourrait secrètement diriger Bigaille, et le mettre en opposition avec le général. Ce colonel n'avait eu jusque-là que peu de rapports avec Bonnet, et le connaissait superficiellement.

Se trouvant en relations continuelles avec son chef supérieur, il fut étonné de rencontrer un homme dont le caractère, les opinions, les principes étaient tout l'opposé de ce qu'on lui avait annoncé. Il fut frappé de son impartialité dans ses jugements, de sa sollicitude pour toutes les branches du service, de sa persistance à maintenir partout l'ordre, la paix et la concorde. De ce moment, méprisant de basses intrigues qui n'allaient pas à son caractère, Bigaille témoigna au général la plus haute déférence et lui voua une amitié à l'épreuve de toute suggestion. On avait fait fausse route en s'adressant à un honnête homme ; il fallut chercher ailleurs un sujet plus souple à l'intrigue ; on s'adressa à un quartier-maître du 5ᵉ régiment, qu'on fit administrateur, malgré son incapacité à administrer les finances d'un arrondissement (1).

Le président entreprit donc une tournée dans l'arrondissement de Saint-Marc. L'ancien palais de Christophe, auquel on n'avait jamais fait de réparations, était

---

(1) Dans un intérim, pendant lequel Nau tenait le portefeuille de secrétaire d'Etat, les comptes de l'administration de Saint-Marc offrirent un déficit de *vingt mille* gourdes. L'administrateur ajoutait au tort de ne pas vouloir obéir aux ordres qu'il recevait, celui de se refuser à donner les explications qu'on lui demandait sur cette différence. Nau, qui ignorait ses relations secrètes avec Boyer, ne comprenant rien à cette conduite, vint soumettre les pièces au président, et le prier de remplacer cet agent. Boyer essaya de calmer le secrétaire d'Etat, qui soutenait qu'avec de tels principes, il n'y avait pas d'administration possible. « Il faut passer l'éponge pour cette fois, disait le président; il se conduira mieux à l'avenir; nous devons le ménager, c'est un vieux militaire. — Fort bien, président, répondit Nau piqué au vif, je ne suis pas un vieux militaire, moi (il avait été quartier-maître de la légion de l'ouest), je ne puis en conséquence diriger le service; vous me ferez le plaisir d'envoyer une autre personne tenir la secrétairerie d'État. » Et il se retira sans attendre de réponse. « Voyez donc comme Nau se fâche! dit le président au colonel Viau; allez essayer de me le ramener. » Nau était au milieu de la cour lorsque Viau le rejoignit, et ce ne fut qu'à force d'instances qu'il parvint à le faire revenir.

dans un état complet de délabrement ; sur plusieurs points l'édifice menaçait ruine. Bonnet avait mis cette situation sous les yeux du gouvernement et conseillé des travaux de restauration. En descendant de voiture, Inginac appela l'attention du président sur cet édifice, qu'on lui avait représenté comme étant dans un état déplorable : « On veut vous entraîner à de fortes dépenses, » lui disait-il. Cependant, sur une face de la cour, la détérioration était par trop apparente. L'administrateur présenta une femme accusant le général d'avoir fait enlever les plombs qui recouvraient la noue, ce qui avait occasionné la pourriture des bois de ce côté. On débutait par une bonne aubaine. Boyer fit mander le commandant de la place, dont il voulut savoir ce qu'on avait fait de ces plombs. Si la question avait été posée au général, il aurait été fort embarrassé pour la résoudre. Lorsque Bonnet était venu en 1808 mettre le siége devant Saint-Marc, ces plombs avaient été retirés de la noue et Christophe en avait fait fabriquer des balles. Bigaille rétablit les faits dans leur vérité, et témoigna hautement son mépris pour cette femme qui, servante au palais, savait aussi bien que lui ce que ces plombs étaient devenus.

Au moment des roulaisons, on s'était aperçu, sur une propriété que le général possédait aux portes de la ville, que l'intérieur des pièces de cannes était ravagé ; la surveillance devint plus active, et le gérant, en plein midi, saisit dans les jardins un âne chargé de cannes à sucre. Le conducteur de la bête ayant pris la fuite sans avoir été reconnu, l'animal fut conduit au juge de paix qui constata le vol. L'âne n'étant pas réclamé fut envoyé aux épaves. Sur ces entrefaites arriva le président ; un guide du général, introduit sous les auspices de l'administrateur, vint solliciter du chef de l'État la restitution de son âne. Cette bête était sa propriété, disait-il, elle avait été enlevée chez lui, tandis qu'il faisait son service près du général. Cette déclaration éclairait toute la question ; le guide de service tenait son cheval à l'alonge dans le jardin avec celui du général, et tous les jours à midi allait faire boire les animaux ; il se trouvait ainsi sur les lieux à l'heure précise du vol. Le président s'appitoya sur ce malheureux, auquel on voulait arracher son âne, et ordonna au juge de paix de remettre l'animal à son maître. Ces faits se passaient à l'insu même du général.

Dans la plaine les cultivateurs, par cupidité, détérioraient les cotons, en introduisant dans les balles de l'eau, du sable et des pierres. Le général avait signalé la fraude au juge de paix, l'invitant, pour le cas où les faits se reproduiraient, à sévir selon les rigueurs de la loi ; si l'on n'arrêtait cette fraude dès le principe, elle allait entraîner la dépréciation de nos produits à l'étranger. Le juge, bientôt après, prononça la saisie de trois balles de coton ainsi altérérées. Ces cotons étaient déposés à l'administration ; le président en ordonna la restitution, et la fraude se produisant en toute liberté, amena dans la suite le résultat que l'on redoutait.

On suscita des attaques contre le général jusque dans ses droits de propriété, et le président se rendit complaisamment jusque sur les lieux, afin de recevoir les plaintes et de se montrer favorable à leurs auteurs. Un particulier avait la prétention de s'emparer, à la grande saline, d'une portion de terrain connue sous la dénomination de *Trou du Roi*, dénomination qui à elle seule indiquait un domaine public. Il produisait, à l'appui de sa réclamation, le plan général de la grande saline, dressé par Pinard de la Rosière, où toutes les propriétés anciennes étaient parfaitement définies ; c'était sa propre condamnation. Mais ces terrains étaient devenus la propriété de Bonnet, qui les avait acquis des domaines ; il n'en fallut pas davantage au président pour appuyer les réclamations sans examen, trouvant injuste qu'on voulût enlever ce qui appartenait à cet homme.

A Desdunes autre question. L'Ester est une eau stagnante, qui, gonflée par les pluies, s'étend au loin. Lorsque arrive la sécheresse, les eaux, en se retirant, livrent à la culture des terres d'une grande fertilité. Les concessionnaires du gouvernement s'étaient placés en dedans des digues et n'avaient pas voulu comprendre ces terres dans leur enclave ; chaque année, cependant, ils y faisaient leur récolte de grains. Bonnet, devenu propriétaire du reste de l'habitation, leur demandait ou d'enclaver ces terres dans leurs concessions, ou de se renfermer dans leurs abonnements. La combinaison qu'ils avaient faite augmentait sensiblement leur propriété ; il leur convenait bien mieux de la maintenir. Le président, amené à Desdunes pour leur donner satisfaction, trouvait injuste qu'on voulût les contraindre à se renfermer dans leurs bornes (1).

---

(1) Cette propriété ne rapportait rien au général. La population de Desdunes, placée au milieu d'un vaste marécage, formait une petite république où l'action de la police était entièrement paralysée. On avait conseillé au général d'acquérir le reste de l'habitation, en lui faisant envisager qu'il pourrait, en sa qualité de propriétaire, se trouver en relations avec des surveillants pris parmi cette population elle-même, qui lui faciliteraient ses moyens de police.

La commune de la Petite-Rivière fut témoin d'une tactique autrement habile. Il importait à Edouard de prouver à Boyer que son renvoi dans son commandement avait amené un revirement dans l'esprit de la population, et la portait à apprécier les actes du président qu'elle ne connaissait pas. Il conçut le plan d'une réception brillante à faire au chef de l'État, et déploya dans ce but une grande activité; à Marchand et à la Petite-Rivière, il fit dresser une table somptueuse en l'honneur du président et de sa suite, et mit pour cela le peuple à contribution. Ses officiers de sections parcouraient la campagne, ordonnant aux cultivateurs, hommes, femmes et enfants, de se porter sur la route en habits de gala, pour saluer le président. Boyer fut émerveillé de trouver dans ce parcours de cinq lieues, qui séparent Marchand de la Petite-Rivière, une nombreuse population rangée devant les haies qui bordent les deux côtés de la route, agitant des rameaux sur son passage. Édouard obtint d'autant plus facilement ce résultat, qu'il était d'usage, sous Christophe, d'exiger du peuple qu'il se formât en masse lorsque Sa Majesté était en voyage, et qu'il le saluât de ses acclamations. Le président, qui ne connaissait pas cet usage, ne vit dans cette démonstration qu'un témoignage de l'amour du peuple; témoignage qu'il attribuait d'autant plus volontiers au dévouement d'Édouard pour sa personne, qu'il n'avait pas rencontré une semblable manifestation dans les autres communes de l'arrondissement.

Dans la suite, désirant amender la conduite qu'il avait tenue, Boyer se rendit à Saint-Marc en 1833, avec sa compagne. Madame Joute étant intimement liée d'amitié avec madame Bonnet, un rapprochement s'opéra facilement, et permit au président d'accepter un dîner en famille à la campagne du général. Quel que fût son désir d'effacer l'impression produite par son précédent voyage, les mauvais effets ne s'en firent pas moins sentir. Le lecteur en jugera lui-même.

La cavalerie de l'Artibonite se trouvant en garnison à Port-au-Prince, un cavalier avait pénétré par les jardins du gouvernement jusqu'au président, dans le dessein, dit-on, de l'assassiner. Cet homme ayant été arrêté, on finit par le faire passer pour aliéné ; il fut relaxé et le régiment renvoyé à son cantonnement ordinaire ; Boyer se vengea d'un fait individuel en ordonnant de dissoudre le corps. Cette cavalerie jouissait d'une réputation méritée ; sans cesse recrutée dans la plaine, elle était l'honneur de l'Artibonite. Un stigmate d'infamie jeté sur ce corps allait atteindre la population tout entière.

Bonnet, vivement impressionné de cet ordre donné *ab irato*, cherchait à le faire révoquer, ou tout au moins à en atténuer l'effet ; il finit par obtenir l'autorisation de former de l'élite du corps licencié trois compagnies de gendarmerie. Par ce moyen, il conservait au service quelques-uns des officiers les plus influents.

L'injure néanmoins avait été fortement ressentie ; des réunions se formèrent dans différentes parties de la plaine ; on excitait les citoyens à s'armer contre le gouvernement ; on voulait effectuer une scission du Nord d'avec l'Ouest ; les conjurés étaient convenus de donner aux Anglais le commerce exclusif, croyant par là se faire un appui de l'étranger.

Pendant un moment, les mécontents eurent l'espoir de rallier à leur cause le général, qu'ils croyaient blessé des procédés outrageants dont le président avait usé à son égard. N'osant lui faire des ouvertures directes, ils chargèrent une femme, la sœur d'un des officiers de cavalerie, de sonder le terrain. Le général avait la conviction profonde que, dans l'intérêt du pays, il fallait maintenir la paix, et éviter soigneusement de laisser remuer la cendre mal éteinte de nos dissensions civiles; il s'attachait donc à calmer les esprits, à interpréter dans un sens modéré l'action du gouvernement. Les mécontents, désespérant de mettre le général dans leurs intérêts, et sachant que sa présence dans l'arrondissement était un obstacle insurmontable au succès de leurs projets, résolurent de s'en défaire.

Une circonstance fortuite leur offrit l'occasion d'ourdir le complot. Le quartier-maître du 6e régiment étant mort, le général avait fait donner l'emploi à Eugène Bonnet, son fils aîné, capitaine adjudant-major au corps. Gilles Jasan, adjudant-major au même régiment, qui convoitait cette position, en fut froissé. Il se dévoua corps et âme à la conspiration, parcourut la plaine en tous sens, ralliant les mécontents, afin d'en presser l'exécution. Jean Denis, capitaine d'artillerie, s'était fait accepter comme chef de l'entreprise. Habitant au centre de la plaine, au carrefour Blin, sa maison servait de point de ralliement; on y tenait les conciliabules; là le plan fut arrêté.

On avait projeté de faire du général Guerrier le chef de l'État. Il lui fut fait des ouvertures qu'il accueillit; il traversa même la Coupe à l'Inde, la nuit, et assista chez

Jean Denis à une réunion, manifestant par sa présence son adhésion à la conspiration. Tout étant disposé, il ne restait plus qu'à choisir le moment de frapper; on fixa le 29 octobre.

Le général Bonnet avait fait organiser dans chaque commune la fête de la paroisse. Il se rendait le premier à ces réjouissances, où l'on conviait les habitants des autres parties de l'arrondissement. Par sa présence, il excitait l'émulation parmi elles; son but, en portant les citoyens à se réunir, était de cimenter l'union entre tous.

Le commandant de la Petite-Rivière devait venir au-devant de lui, la veille de saint Jérôme, fête patronale de la commune, en compagnie d'officiers et d'habitants notables. Il fut convenu entre eux que dans le moment de confusion causé par les embarras de la traversée du bac, alors que le général avancerait au milieu des hommes venus à sa rencontre, Vallon, officier de la cavalerie, serait placé de manière à lui porter le coup mortel. Le projet d'assassinat fut la cause de la révélation du complot; ce crime répugnait à une population qui confessait volontiers ce qu'elle devait de reconnaissance au chef dont l'administration paternelle lui avait procuré le bien-être dont elle jouissait (1).

Jean Denis, arrêté un des premiers, s'empressa d'expédier Jean Louis *en garde* (2) pour dire au général Guerrier qu'il devait se considérer comme responsable de

---

(1) On alla au fond de la plaine dénoncer cette trame au commandant Voltaire, officier en retraite, grand ami du général, qui vint à Saint-Marc, malgré son grand âge, le lui révéler.

(2) Nom de guerre.

son arrestation, laquelle avait eu lieu à cause de lui. Guerrier, qui, en présence de l'avortement du projet, entendait répudier toute solidarité avec cette conspiration, renvoya cet émissaire sous escorte à Bonnet. Les hommes mêmes que Boyer avait couverts de sa protection contre l'action des lois, se trouvaient impliqués dans cette conspiration. L'instruction révéla ces faits. Mais ce qui impressionna le plus douloureusement le général, ce fut de voir que les citoyens les plus marquants qui, à d'autres époques, l'appuyaient dans ses efforts pour maintenir la paix et l'ordre, n'avaient plus foi au gouvernement et encourageaient la révolte. Adam vint à Saint-Marc assister Vallon, entraînant à sa suite Basin, qui se chargeait gratuitement d'entreprendre la défense de l'accusé devant le conseil militaire (1).

Au gouvernement on parut ne pas attacher une grande importance à cette trame (2). Guerrier, qui faisait habituellement usage de liqueurs fortes, leur semblait digne de mépris; qui donc pouvait songer à lui confier les rênes de l'État? On ne s'apercevait pas que le nom de Guerrier rappelait aux soldats le souvenir d'un officier d'une intrépidité remarquable. Dans le Nord surtout, c'était toujours le *Duc de l'avancé* que Christophe lui-même avait dû respecter. La connaissance de ses

---

(1) Ils parvinrent à sauver Vallon de la peine capitale. Ils ne se doutaient pas alors qu'après la chute de Boyer, ce même Vallon, par excès de zèle, les assassinerait à leur tour. Ils étaient à table à dîner, lorsqu'un détachement fit feu contre eux. Adam fut tué sur le coup; Basin s'enfuit et Vallon le poursuivant à cheval, le tailla à coups de sabre : son corps fut ramassé par lambeaux.

(2 Parvenu dans la suite à la présidence, Guerrier fit rappeler au service tous les anciens dragons de l'Artibonite et les récompensa en leur prodiguant des brevets. On voyait des compagnies entières compoeséees seulement d'officiers vieillards caducs.

mauvaises habitudes ne dépassait pas Saint-Michel ; le nom restait un drapeau ; on ne conspirait pas au Nord sans demander son concours. On lui avait prédit, en tirant son horoscope, qu'une révolution le porterait au pouvoir sans qu'il eût pris part à l'action. Plein de cette idée, Guerrier adhérait à toutes les ouvertures qui lui étaient faites, ne se compromettait pas et attendait le dénoûment (1).

La conspiration était étouffée ; Boyer manda Guerrier à Port-au-Prince et lui fit des reproches. Le secrétaire général de son côté entreprit de le consoler : il lui communiqua des documents (Guerrier ne savait pas lire) et lui insinua que le général Bonnet, par ses rapports, lui valait les désagréments qu'il éprouvait. Inginac pensait en excitant la haine de Guerrier s'en faire un appui contre le commandant de l'arrondissement de Saint-Marc.

(1) On ne saurait croire le rôle que jouent dans le pays ces prophéties que s circonstances fortuites ont servi à propager. A Christophe on avait prédit qu'un homme de la race des Congos le renverserait du pouvoir. Il se mit à persécuter les Congos, et il advint que Boyer, qui hérita de son pouvoir, appartenait aux Congos du côté de sa mère.

CONCLUSION.

Christophe, Pétion, Boyer. Mort de Bonnet.

Deux systèmes également contraires aux progrès de la civilisation ont prévalu jusqu'ici dans le gouvernement du pays : la force brutale ou l'extrême faiblesse ; Christophe et Pétion peuvent être considérés comme la personnification de ces deux systèmes.

Christophe, il faut le reconnaître, avait des principes d'ordre. Sous le régime colonial, il était chargé du soin des écuries de l'hôtel de la Couronne, et les voyageurs n'avaient jamais eu que des éloges à lui adresser dans l'exercice de ces fonctions (1). L'orgueil, qui faisait le fond de son caractère, ne lui permettait de trouver la dignité et la grandeur que dans cette morgue de la haute aristocratie coloniale qui portait les maîtres à traiter leurs esclaves en méprisables instruments et à les briser au gré de leurs caprices. Il organisa, par la terreur, un gouvernement qui fut une véritable calamité pour le pays soumis à son joug.

(1) Carobajal, dans ses fréquents voyages au Cap, descendait à l'hôtel de la Couronne, et ne manquait jamais de témoigner sa satisfaction à Christophe. Envoyé de Santo-Domingo en ambassade près du roi, Sa Majesté, au début de la réception, s'empressa de lui demander s'il ne se ressouvenait pas de lui. Carobajal, en homme habile, feignit de se recueillir, et finit par déclarer qu'il avait beau rappeler ses souvenirs, qu'il ne le remettait pas. Cette adresse servit admirablement sa mission.

Un jour Dugué, notaire au Cap, recevait des amis à dîner. Un homme du peuple vint au moment où l'on allait se mettre à table réclamer un acte. Séduit par l'odeur des mets qu'on servait, il s'assit résolûment au salon, malgré l'injonction qui lui avait été faite à plusieurs reprises de repasser. A la fin Dugué fut contraint de l'admettre à prendre part au repas. La société s'était à peine retirée que le notaire fut mandé chez Christophe, où il retrouva son convive improvisé. Le général en chef voulut savoir si cet homme se trouvait du nombre des amis conviés. Dugué avoua que le hasard avait amené chez lui ce client au moment où l'on servait, et que par politesse il avait dû l'admettre au dîner. Christophe s'indigna contre l'impertinence de cet intrus, qui se permettait de s'imposer à la table d'un homme de la société recevant ses amis. « *Ah! diable, canaille!* s'écria-t-il furieux se retournant vers le sycophante, M. Dugué est-il ton égal? M. Dugué est-il ton camarade? » Et il ordonna impérativement qu'on le conduisît en prison et qu'on le mît aux fers.

Christophe exigeait que chaque chose fût à sa place ; malheur à qui commettait une faute, même involontaire ; aucune considération ne le faisait revenir sur son jugement. Dans une population qui venait de briser les fers de l'esclavage, il était difficile de trouver d'habiles comptables ; peu lui importait que les états fussent bien ou mal écrits, rédigés d'une façon baroque, il ne recherchait que l'exactitude des chiffres dans le poids et le nombre accusés. Le roi réprimait par la terreur les superstitions de l'Afrique et poursuivait à outrance la secte des Vaudoux et leurs affreuses pratiques. Considérant le mariage comme une institution utile, il faisait des unions en masse et imposait au hasard, à un homme une femme, à une femme un homme, sans qu'ils se fussent jamais connus. On citait un jeune homme du Cap qui avait constamment refusé de cohabiter avec l'épouse qu'il lui avait ainsi donnée. Cet homme, il le fit mettre dans un atelier d'ouvriers, menaçant de l'envoyer à la Ferrière, dont la signification était les travaux forcés. Sans s'inquiéter du nombre de ceux qui succombaient à la peine, Christophe faisait élever par ses prisonniers des constructions gigantesques, que dans la suite personne ne put croire avoir été faites à force de bras. Il créait un homme ouvrier en lui remettant un modèle et des outils ; il fallait, sous peine de mort, devenir d'instinct ou charpentier, ou ébéniste, ou armurier. Sous son règne, le vol n'était jamais toléré ; tout ce qui se perdait, même sur la grande route, devait se retrouver au bureau de place le plus voisin ; la commune entière en était responsable. Léandre, commandant à la grande saline, envoie au roi des poissons de l'Artibonite ; le maître d'hôtel du palais en accuse un de moins ; le malheureux soldat qui en était porteur confesse que, mourant de faim, il l'avait mangé en route : Christophe le fit mourir sous le bâton. Il n'admettait pas la négligence. Ainsi, en vue d'améliorer la race chevaline, il avait introduit sur ses hattes des étalons anglais. Chaque année, Sa Majesté envoyait faire le dénombrement des produits. Ses chevaux pouvaient changer de poil, disait-il, mais ne pouvaient mourir. Il autorisait les gardeurs à avoir des juments en propriété, et lorsque par négligence un cheval venait à mourir, ils étaient tenus de le remplacer. Des inspecteurs parcouraient la campagne et forçaient au travail les cultivateurs. Les préposés remettaient annuellement au roi l'état exact de la récolte faite sur chaque propriété.

Les denrées étaient livrées aux magasins de la couronne, qui avait le monopole du commerce général; tout était taxé à l'avance. Les hauts fonctionnaires ne recevaient pas d'émoluments; Christophe leur allouait, en compensation, la jouissance d'habitations sur lesquelles on concentrait des cultivateurs. Le roi trouvait moyen de reprendre à son tour la part de revenu que ces fonctionnaires en retiraient, en les forçant à déployer un luxe extérieur de galons, d'équipages, de livrées qu'ils renouvelaient sans cesse et dont ils devaient tirer les fournitures des magasins de la couronne.

Pétion avait eu, au contraire, dès sa jeunesse à gémir des préjugés dans les affections mêmes de la famille. Son père, blanc, le trouvait trop brun et le traitait avec indifférence. D'une nature calme, bien que froissé dans ses sentiments les plus chers, il observait froidement cette société coloniale. Pour lui, les noirs avaient trop souffert sous le régime de l'esclavage, il fallait les laisser pleinement jouir de la liberté; et, dans cette disposition d'esprit, non-seulement il était porté à l'indulgence, mais encore il cherchait à pallier le mal, le tolérait et admettait la licence à l'égal de la liberté. Il couvrait de sa protection tous ceux que la justice poursuivait et qui venaient implorer sa bienveillance; il confondait tous les rangs sous le niveau de l'égalité.

Dans un bal donné au palais, le valet de chambre de Pétion trouvait tout simple de solliciter de Lys, maître de cérémonie à cette fête, l'autorisation de figurer dans un quadrille. Lys, froissé, ne consent à donner une carte au serviteur du palais qu'à la condition qu'il irait offrir la main à madame Joute et danserait avec elle. « La femme du président, oh! non, non, » reprit le valet rappelé au respect, et il n'insista plus.

Les embarras financiers du président lui firent créer les d'Haïti; la contrefaçon inonda ouvertement le marché sans répression, sans poursuite. Obligé, à la fin, de supprimer cette monnaie, Pétion disait dans son message au Sénat (14 avril 1813) :

« A peine les pièces d'argent avaient été percées et les morceaux déclarés *petite monnaie*, que de faux monnayeurs se sont occupés de toutes parts à la contrefaçon de cette petite monnaie. La police la plus exacte a été employée pour essayer de réprimer ce désordre; mais une portion (peut-être trop conséquente de nos concitoyens), dirigée par un gain illicite, a souvent prêté les moyens aux coupables d'éluder les recherches de la police. La quantité de la fausse monnaie s'est accrue, parce que le peuple, qui seul pouvait arrêter sa circulation en la refusant, a dans le principe tacitement donné sa sanction à sa circulation en l'acceptant dans ses transactions. Le gouvernement a souvent pris des mesures pour empêcher la circulation des fausses pièces, mais sa voix n'a point été entendue parce qu'il a jugé à propos d'épargner le sang d'un trop grand nombre de complices, sang qui eût été répandu sans arrêter l'abus que le temps seul pouvait faire finir, parce que chacun trouvant dans le prix excessif de toutes choses vendues, pour le métal qualifié *monnaie d'Haïti*, un si grand bénéfice en apparence, il n'eût pu être que par la suite persuadé du malheur dont cette fausse monnaie menaçait le pays en le ruinant totalement.

« Grâce à Dieu, le peuple a enfin ouvert les yeux en refusant cette fausse monnaie dans ses marchés, etc., etc. (1). »

On changea le coin; la nouvelle loi punissait de mort le faux monnayeur. Auber arriva bientôt apportant une masse de cette monnaie contrefaite à l'étranger; le public signala de suite la fraude. Auber, sans se troubler, se rend au gouvernement. « *Malheureux*, lui dit Pétion, *vous êtes encore là, que venez-vous faire ici; voulez-vous bien vous retirer!* » Malgré les lenteurs que la justice mit, intentionnellement, à le poursuivre, n'ayant voulu ni fuir, ni même se cacher, Auber finit par se faire arrêter dans la rue.

La répression étant impuissante à comprimer le désordre, on dévalisait impunément, la nuit, les magasins et les boutiques; plus d'une malheureuse femme ainsi ruinée recevait des secours de la cassette même du président. Les particuliers étaient contraints de pourvoir eux-mêmes à leur sûreté; on citait Southerland qui, ayant pris deux hommes dans un piége à sonnette tendu derrière sa porte, éloigna, de crainte d'être surpris, les malfaiteurs de sa maison. Pétion, tout le premier, gémissait de cet état de choses, mais il n'y voyait qu'une preuve de la perversité humaine; pouvait-il vaincre la nature? Les hommes étaient ainsi faits!

Ces deux extrêmes provenaient cependant d'une

---

(1) *Linstant*, vol. 2, page 162.

cause identique, la volonté du chef substituée à la loi.
« Dans la naissance des sociétés, dit Montesquieu, les
» chefs des républiques font l'institution et l'institution,
» dans la suite, fait les chefs des républiques. » Le
pouvoir absolu, sous quelque forme qu'il s'exerçât, était
pour le pays une calamité. Dans l'état de cette société
nouvelle, si peu éclairée, n'y avait-il donc d'autre moyen
de comprimer les luttes que suscitaient les passions, et
d'amener le peuple à la civilisation, que la violence ou
la faiblesse? Que n'a-t-on essayé d'adopter franchement
le règne de la loi? n'était-ce pas la voie la plus rationnelle pour asseoir la société sur ses bases?

Avec la souveraineté de la loi, le choix de l'homme
appelé à gouverner l'État n'était que d'une importance
secondaire. La loi librement consentie, obligatoire pour
tous, depuis le premier magistrat jusqu'au plus humble
citoyen; la loi strictement observée, impartialement appliquée à toutes les classes de la société, soit qu'elle
punît, soit qu'elle protégeât, établissait la confiance et
la sécurité. Si au règne de la loi on eût ajouté l'enseignement pratique des sciences et des arts; si on eût répandu l'instruction professionnelle dans les masses,
n'aurait-on pas ainsi inculqué d'autres principes, d'autres
idées à la génération qui s'élevait, et aplani au profit
de l'avenir les difficultés du présent? A notre pays, disait
Bonnet, il n'a manqué qu'un homme.

Boyer, par une série de circonstances heureuses,
avait obtenu, dès son début, de grands succès. La paix
s'était consolidée; le commerce plus développé amenait
l'aisance dans la population; les passions qu'entretenait
l'agitation militaire s'étaient calmées. La confiance re-

naissant dès lors, l'influence du président s'était considérablement accrue; cette auréole de gloire lui valut une haute réputation au dehors. Jaloux de maintenir cette opinion, qui flattait son amour-propre, Boyer s'attachait dans ses actes publics à proclamer les principes d'un libéralisme éclairé; mais ces écrits étaient faits seulement en vue de l'étranger. On ne pouvait, disait-on, conformer à ces principes le régime intérieur d'un *peuple à part*, d'un *peuple exceptionnel*, comme on ne cessait de qualifier cette création, nouvelle dans le monde, d'une république de noirs s'administrant elle-même. Très-chatouilleux à l'endroit de son pouvoir, le président s'attachait surtout à se maintenir sans se préoccuper de l'avenir : *après moi le déluge*, avait-il dit ; parole malheureuse qui avait circulé. Rapportant tout à sa personne, il avait détruit toute hiérarchie dans l'autorité et entretenu, par là, l'insubordination. Les chefs des différents services, n'ayant plus d'initiative, étaient obligés de se ménager à leur tour, et le désordre reprenait le dessus. « Vous avez tort de détruire la discipline, disait le général Bonnet au président Boyer, prenez-y garde, le jour où vous aurez besoin de l'armée, elle vous fera défaut. » Le président ne croyait pas à ces paroles, l'adulation avait enflé sa vanité en lui faisant croire qu'il était invulnérable.

D'une grande probité dans le maniement des deniers de l'État, rigoureux à tenir ses engagements en ce qui lui était personnel, parcimonieux presque jusqu'à l'avarice, dans les dépenses publiques, Boyer fermait les yeux, cependant, sur certains abus et se créait ainsi des embarras financiers. En nommant à la direction de la douane de Porte-Plate, un citoyen auquel il voulait être agréable : « *Je vous ai appelé à ce poste*, lui dit-il, *pour vous mettre à même de gagner quelque chose.* » Il ne faut pas augurer de là que le président admettait la dilapidation, qui se produisait ouvertement sous ses yeux sans qu'il s'en doutât. Le jour où, par les jactances d'un directeur de douane, il acquit la conviction que ce fonctionnaire s'était enrichi aux dépens du trésor, il le remplaça immédiatement, sans apporter cependant aucune modification à son système. M. de Las-Cases, dans un mémoire, lui donna, lors de sa mission, les plus sages conseils sur l'administration du pays. Boyer communiqua le manuscrit à Bonnet qui, le voyant favorablement impressionné, crut un moment à des réformes; il n'en fut rien. Boyer resta rivé à sa routine.

Des lettres anonymes, dont le président se préoccupait un peu trop, vinrent troubler son repos; par une similitude d'écriture, il accusait Pierre André d'en être l'auteur. Jupiter fronçant le sourcil, la foudre devait éclater; le 4 juin 1838, le Sénat, toujours aux genoux du maître, élimina Pierre André de son sein. Le sénateur chassé accourut au gouvernement ; Boyer saisi tout à coup d'un mouvement nerveux, les traits animés, les lèvres contractées, ne voulut pas le voir. Deux officiers supérieurs reçurent l'ordre de l'inviter à se retirer. Le général Bonnet qui, arrivé de la veille au soir, se trouvait en ce moment pour sa première visite au palais, garda un morne silence au milieu des scènes de violence qui se produisaient à l'intérieur. Boyer, observant son calme, crut devoir se justifier à ses yeux, en lui prouvant la culpabilité du sénateur. Tandis qu'on exécutait l'ordre qu'il avait donné, Boyer alla prendre, avec les lettres anonymes, des lettres dans lesquelles Pierre André lui faisait des demandes d'argent, invitant le général à les examiner et à les confronter; l'écriture des lettres avait une similitude frappante. « Très-bien, président, lui dit tout bas Bonnet assis à son côté, cela peut être une preuve morale; mais où est la preuve matérielle? Tenez, si j'ai un conseil à vous donner, c'est de ne jamais sortir de la légalité. » Ces paroles le calmèrent. On fit, dans la suite, sans résultat, un semblant de perquisition chez Pierre André, et ce même Sénat qui, sans examen, avait chassé de son sein un de ses membres, sans plus de dignité le réinstalla sur son siége.

Dans la chambre des représentants des communes, une opposition se manifesta. Le président qui n'admettait pas d'opposition, fit chasser les députés du Sud les plus ardents à soutenir leurs réclamations. La violence exercée contre la représentation nationale engendra partout l'opposition qui se produisit peu de temps après avec bien plus de force. Boyer ne voyait dans cette lutte qu'une intrigue de quelques hommes voulant arriver aux fonctions publiques, en déplaçant ceux qui s'y trouvaient : *Ote-toi de là que je m'y mette*, répétait-il ironiquement. Le Sud ayant réélu les mêmes députés, il les fit chasser de nouveau. Ce mépris déversé sur toute une classe d'électeurs, faisait entrevoir à Bonnet un horizon plein d'orages; et lorsqu'il vit ces mêmes électeurs forts de leurs droits élire une troisième fois les mêmes députés : « Allons, dit-il, Wilkes a été deux fois repoussé du parlement anglais, lorsqu'il fut réélu, la couronne céda et il fut admis. » Cette leçon de l'histoire, si le président n'est pas entièrement aveuglé, lui trace sa conduite. La passion l'emporta. Les portes de la chambre se fermèrent violemment une troisième fois devant l'opposition, et les députés furent contraints de se retirer en face des baïonnettes.

Le président avait imposé silence par la force aux discussions de la tribune ; allait-il, du moins, essayer de satisfaire l'opinion en admettant quelques réformes utiles? La question financière était une des plus importantes. On lui avait donné le conseil d'établir le payement des droits de douane en piastres fortes ; il pouvait se procurer par là les espèces métalliques destinées au payement de sa dette envers la France. Cette aggravation d'impôt avait amené le numéraire dans ses coffres. Il avait en circulation 2,500,000 gourdes en papier-monnaie représentant, au change de l'époque, un million de piastres ; cette somme était couverte et au delà par l'effectif du trésor (1,200,000 piastres). Boyer pouvait donc, par de sages mesures financières, consolider la fortune publique et, par contre, sa position. Mais il se serait trouvé, par cela même, dans l'obligation d'entreprendre des réformes administratives pour équilibrer son budget ; il y parut disposé. Des conseillers intimes vinrent enrayer sa volonté ; on lui prouva que céder devant l'opposition serait montrer une faiblesse indigne de lui.

Cependant le mécontentement se propageait partout ; le Sud tout entier était devenu un centre d'agitations. Un avocat de Port-au-Prince, se disant chargé de consulter le général Bonnet sur cette position critique, vint près de lui, en visite, à Saint-Marc. Les hommes du Sud

étaient d'avis de se lever en masse contre le président; à Port-au-Prince, au contraire, on pensait qu'il fallait organiser une société secrète et se préparer, pour le moment d'une élection nouvelle, à faire porter un homme capable à la tête du gouvernement. Cet avocat finit par lui lire le manifeste du Sud et voulut lui en laisser copie; le général se refusa à accepter cette pièce. Bonnet promettait de garder le secret sur la communication qui lui était faite; en retour de la grande confiance qu'on lui témoignait en cherchant à s'entourer de ses conseils, il crut de son devoir de donner franchement son avis. « Il n'y a pas de révolution morale possible dans
» ce pays; pour Dieu, dit-il, laissez mourir cet homme
» dans son lit; si vous avez le malheur de remuer les
» masses, les masses vous déborderont, vous ne pouvez
» prévoir les tristes conséquences qui en résulteront. »

Le général n'entendant plus parler du projet qu'on lui avait confié, pensait que ses avis avaient été appréciés, lorsque déjà gravement atteint de la maladie à laquelle il a succombé, un Français arrivé des Cayes, M. Étesse, vint raconter à Saint-Marc que le général Borgella avait convoqué chez lui une grande assemblée. Dans cette réunion il avait annoncé officiellement qu'une trame s'ourdissait contre le gouvernement, qu'il en connaissait les auteurs et les surveillait.

Borgella sait qu'une conspiration se forme dans son arrondissement, et au lieu d'arrêter le mal à son origine en agissant vigoureusement, il tergiverse! « Allons, dit Bonnet, vous allez assister à de graves événements; mais alors je ne serai plus au milieu de vous. Rappelez-vous bien ce que je vous dis : si ces messieurs prennent les armes aux Cayes, ils n'y pourront tenir. Cazeau s'opposera à leurs projets; Solages, à la tête des troupes d'Aquin, marchera contre eux; le mouvement sur ce point sera étouffé ou dispersé. Mais si en même temps Jérémie vient à se prononcer contre le gouvernement, Boyer courra de bien grands dangers. »

Bonnet connaissait la fluctuation d'esprit de Borgella dans les grands événements politiques et il était loin d'être rassuré sur l'avenir. La conduite de Borgella aux Cayes, dans les derniers temps, lui paraissait malheureuse. L'élection de Borgella à la direction du gouvernement de la scission du Sud, après la mort de Rigaud, lui avait donné un grand prestige dans l'Ouest et le Sud. Boyer partageait l'opinion générale, et lors de la réunion de l'Est, désirant placer à la tête des habitants de cette partie un homme qui, par son mérite personnel, pût les attacher sincèrement à la république haïtienne, il avait sans hésiter confié à Borgella le commandement de Santo Domingo.

Le président, fort étonné en voyant ce général à l'œuvre, le jugea bien vite et fut désenchanté. Il s'empressa, après la mort de Marion, de le ramener au commandement de l'arrondissement des Cayes (mars 1832), l'entourant des mêmes éléments qui lui avaient aliéné les habitants de Santo Domingo. Boyer n'avait pris cette mesure que dans le but de dépopulariser Borgella au sein de la province même où il avait joui d'une haute réputation de capacité.

Marion, doué d'un tact parfait, avait su entretenir l'union et la concorde. La ville des Cayes offrait à tous ceux qui la visitaient un centre social qui les séduisait.

Borgella, lui, rapporta de Santo Domingo de grands airs aristocratiques qui n'étaient pas dans nos mœurs. La révolution contre l'Espagne, tout en modifiant les usages, n'avait pas bouleversé les rangs; mais dans la partie française, la société avait été remuée jusque dans ses fondements. Le devoir des hommes en possession de l'autorité devait tendre surtout à rapprocher les esprits, à calmer les passions, à effacer le germe de nos dissensions civiles. Marion avait compris sa tâche, Borgella vint après lui semer la désunion. Boyer avait pleinement réussi dans ses vues; Borgella était décrédité; mais ce funeste succès était une plus forte raison de redouter de voir naître des troubles dans cette partie de la république.

Le général Bonnet avait présidé à la fête de l'indépendance le 1er janvier 1843. Le 9, il avait succombé. *Le Patriote*, journal hebdomadaire de Port-au-Prince, publiait le 25, l'article suivant :

Saint-Marc, 14 janv. 1844.

« Un nom historique vient de finir!... Un vétéran de notre révolution est encore descendu dans la tombe!... Un souvenir illustre vient se joindre aux souvenirs que nous ont laissés tant d'hommes illustres dont la patrie porte le deuil.

» Le général Bonnet est mort : il était à la fois un des plus fermes soutiens de nos libertés et l'une des principales lumières de l'ordre maçonnique; nous pleurons le grand citoyen, l'ami de l'humanité.

» Depuis quelques mois, il était sujet à de fréquentes mais légères indispositions; cette fois, malgré les soins constants et assidus du docteur Vuelly, son médecin ordinaire, assisté dans les derniers jours du docteur Fresnel et du docteur Jobet, qui était accouru du Port-au-Prince, sur l'avis de sa famille, il succomba le 9 janvier, à minuit précis. Né à Léogane le 15 juin 1773, il accomplissait sa 70ᵉ année. Sa mort fut celle d'un juste. »

Une tristesse soudaine se répandit dans nos murs. Bientôt la plaine, les mornes, tout l'arrondissement fut informé de cette catastrophe.

Le 10 vint éclairer cette scène de désolation. La nature semblait partager nos douleurs. Le soleil dont le lever fut salué par les cris, les plaintes et les gémissements de toute une famille désolée, de tout un peuple consterné, le soleil ne jetait qu'une lueur pâle et rougeâtre (1).

Toute la population s'était portée à la maison mortuaire où se dressait la chapelle ardente. . . . .

Le corps avait été mis en état de conservation d'après le procédé Ganal.

Le 11 à neuf heures du matin, la messe des morts fut chantée par le R. P. Pantalacci, curé de la paroisse, assisté du clergé. A cinq heures et demie, le rituel fut repris pour l'office des vêpres.

Le lendemain, les tambours et les trompettes annoncèrent l'aube du jour. Les cloches recommencèrent le glas funèbre ; le canon tirait toujours de quart d'heure

---

(1) Ce phénomène effectivement avait été remarqué. On ne se l'est expliqué depuis que par l'incendie qui dévora cette nuit même un tiers de la ville de Port-au-Prince.

en quart d'heure. On entendait les sons lugubres de la musique militaire; les troupes de ligne et la garde nationale se mirent en mouvement; une foule de citoyens et d'étrangers en habits de deuil se dirigeaient vers la maison mortuaire; tout annonçait l'approche des funérailles.

Les autorités civiles et militaires des communes de Saint-Marc, de la Petite-Rivière et des Verrettes se trouvèrent bientôt réunies. A neuf heures, le colonel Rigaud, chargé du commandement, parut accompagné de l'état-major de la place et d'un officier de la garde à cheval, porteur des ordres du président d'Haïti, qui lui aussi, manifestait ses regrets par la sollicitude la plus touchante sur les derniers honneurs à rendre à un vieux frère d'armes.

Au moment où le corps fut déposé dans le cercueil, un voyageur (1) se présente et salue ces restes des paroles suivantes :

« La chair se change en vers
» Et les vers en poussière. »

I.

« Heureux le chef dont le cercueil reçoit pour hommage les larmes du peuple qu'il a commandé ! Heureux celui qui, en quittant le monde, laisse le monde dans la consternation ! Mais, Seigneur ! pourquoi ta main divine

---

(1) Osias Skelbec, rédacteur d'un petit journal satirique. Il avait décoché de mordantes plaisanteries contre des personnages influents. Traqué à Port-au-Prince, il avait erré en différents lieux et était venu, en fin de compte, se réfugier à Saint-Marc.

frappe-t-elle les bons, et permet-elle que les méchants sortent les derniers du banquet de la vie?..... Ta justice est impénétrable !

» L'homme de bien est un voyageur qui ne fait que passer : il reste un moment avec nous, puis il quitte notre société, et continue la grande route. Ne semble-t-il pas que ce globe n'ait été créé que pour les êtres sensibles? Le Seigneur appelle à lui tous ceux qu'il chérit.....

II.

» Pourquoi le canon gronde-t-il dans cette ville depuis deux jours? Pourquoi cette ville est-elle devenue plus triste qu'à l'ordinaire? Tous les visages sont abattus, tout paraît plongé dans le désespoir. Hélas! Messieurs, c'est que vous avez perdu votre père ; c'est que le général Bonnet n'est plus. Il n'est plus, frères et sœurs ; et ce cadavre exposé à vos regards, est destiné à être dévoré par les vers. Habitants de Saint-Marc, celui qui depuis si longtemps a vécu parmi vous, celui qui déposait l'autorité pour vous parler en frère et en ami, celui-là va vous quitter pour toujours.

III.

» Permettez-moi de partager vos souffrances ; que votre douleur ne repousse pas la voix d'un compatriote témoin de la détresse qui vous accable.

» Errant de rivage en rivage, ne sachant où fixer mes pas, je suis venu à Saint-Marc ; j'y suis venu demander asile et hospitalité.... Messieurs, vous m'avez bien accueilli; vous m'avez reçu dans vos bras.

» Personne ne m'a persécuté dans votre bonne ville, ni particulier, ni autorité; et puis le **général Bonnet** n'aimait pas la persécution.....

IV.

» Ville de Saint-Marc, tu ne pleureras pas solitaire : Haïti entière pleurera aussi.

» La perte de l'homme de bien est une calamité publique.

» Qu'une plume plus habile que la mienne trace son éloge; que celui qui l'a mieux connu que moi parle de sa carrière législative, civile et politique; comme voyageur, en passant, je n'ai voulu jeter que quelques fleurs sur ses restes inanimés.

» Famille désolée, approchez : vous, ses fils, sa fille, ses parents, ses amis, ses compagnons d'armes, approchez de votre père commun; venez lui faire vos adieux... Hélas! comme il est terrible ce triste moment; comme elle est douloureuse cette séparation, comme il est cruel ce voyage sans retour!.....

V.

» Où va-t-on déposer ses restes ? —Au pied de l'arbre de la liberté, près de l'autel de la patrie; de cet autel qu'il a lui-même élevé..... Qu'il repose là, près des nobles symboles qui faisaient battre son cœur!

» Le premier jour de cette déplorable année, il était

au milieu de nous, il portait la parole; il nous recommandait l'union, la concorde... Hélas! il ne savait pas que la mort allait le frapper! »

A dix heures, des feux de bataillon et une salve de détresse annoncent la levée du corps ; le cortége s'ébranle dans l'ordre suivant :

Les troupes à droite et à gauche bordent la haie, les tambours battent au champ.

Un piquet de cavalerie de la garde nationale.

Un corps de musique.

Un piquet d'infanterie de ligne.

Le clergé.

Le cheval de parade du général caparaçonné, conduit par le maréchal de logis de ses guides.

Le char funèbre de la loge.

Les officiers des différents corps.

Les autorités civiles.

Quatre colonels portant les insignes militaires du défunt.

Le cercueil porté à bras, par des officiers, des bourgeois, des cultivateurs indistinctement.

La famille du défunt et ses aides de camp.

Les guides de son escorte.

Un piquet d'infanterie.

Le peuple accompagnait silencieusement le convoi. Arrivé à l'église, le corps est déposé sous le catafalque élevé au milieu de la nef.

L'office divin est célébré avec pompe. A deux heures de l'après-midi, le cortége reprend l'ordre de marche, précédé des troupes en colonnes, au roulement p des tambours, et se dirige vers la place d'armes, où un caveau avait été préparé au pied de l'autel de la patrie pour y recevoir les dépouilles mortelles du général. L'ordre, la décence, le respect, un silence morne et prolongé président à cette importante cérémonie, qui rappelait cette parole de Sénèque : *Ingentes stupent.*

Au bruit des volées de l'artillerie, le corps, salué par le feu des bataillons, est déposé dans le caveau.

En ce moment solennel, le colonel Rigaud prend la parole, et, dans une allocution chaleureuse, il peint à grands traits l'apôtre de la liberté, le guerrier, l'homme d'État, l'administrateur éclairé qui, comme père et comme ami, donnait de si bons et de si salutaires conseils sur notre système agricole.

Passant à ses qualités privées, il nous montre l'ami de l'humanité, le père de famille dont la bienveillance s'étendait sur tous ceux qui l'approchaient.

Il rappelle enfin qu'il fut l'ami de Pétion, le collaborateur du président Boyer, le compagnon de Rigaud... A ce nom, il s'écrie douloureusement : « Ce fut lui, noble et beau caractère! ce fut Bonnet qui ferma les yeux de mon père, d'André Rigaud, auquel il rendit les derniers honneurs militaires. Après tant de souvenirs cuisants, au milieu des chagrins qui me consument, je me sens glorieux, aujourd'hui, d'être appelé à lui rendre les mêmes devoirs. »

Ces paroles touchantes à peine prononcées, le citoyen Basin cadet, représentant de la commune de la Petite-Rivière, s'avance vers la tombe pour y déposer aussi son dernier hommage. Sa profonde douleur l'empêche de rappeler la carrière militaire et politique du défunt.

« On l'a connu, dit-il, comme législateur, comme financier ; ses actes furent publics, ils sont du domaine de l'histoire ; le jour viendra où la vérité, perçant le voile du mystère, dira au monde ce que fut Bonnet pour son pays. Chacun alors voudra faire l'éloge de celui qui aima mieux sacrifier sa personne que ses principes républicains... »

Retraçant ensuite les bienfaits d'une administration de 22 années, à la tête de l'arrondissement de Saint-Marc, il ajoute :

« N'oublions jamais les conseils qu'il ne cessait de nous adresser. Donnez, disait-il, de l'instruction à vos enfants. C'est par son secours que tous les peuples de la terre ont marché vers la civilisation ; par elle vous marcherez aussi ; elle seule vous conduira au bonheur que vous désirez. L'instruction fait germer des idées de bien-être et d'aisance ; celles-ci feront sentir la nécessité du travail, et l'abondance chassera la misère de vos foyers. — Surtout unissez-vous et introduisez dans votre pays ces machines qui centuplent les forces de l'homme, seul moyen de dérober à nos yeux le manque de population. »

Le docteur Fresnel, orateur de la loge, se rend, à son tour, l'interprète de ses FF∴. Dans un discours qu'il est à regretter de ne pouvoir reproduire ici, il embrasse la vie entière du grand citoyen et de l'illustre maçon.

« En 1791, à peine sorti de l'enfance, il se dérobe à la tendresse de sa mère, et se rend au camp des confédérés, dans les hauteurs de Léogane, avec un fusil et une dame-jeanne de poudre.

» Il sert sous le général Rigaud, dont il devient le

secrétaire et l'aide de camp; son avancement est rapide, car son zèle est ardent et sa conduite exemplaire.

» Bientôt, son chef, vainqueur des Anglais, mais accusé d'ambition par le Directoire exécutif, est obligé de se justifier. Bonnet, qui n'avait encore que vingt-deux ans, est choisi avec Pinchinat et Salla pour remplir cette délicate mission. Quoique le plus jeune des trois commissaires, il est distingué par le Directoire; tous les regards se portent sur lui. Il se présente au conseil des Cinq-Cents, et dans un mémoire énergique, consciencieux, logique, il réfute Sonthonax, et confond les calomniateurs.

» De retour dans sa patrie, la guerre éclate entre Toussaint et Rigaud... guerre désastreuse ! mais Bonnet est fidèle à son drapeau. Par un de ces revers de fortune, les soldats de Toussaint lui ferment la route d'Aquin; Bonnet ne délibère pas ; à la tête de cent grenadiers, il se fraye un passage et frappe l'ennemi de stupeur par cet acte d'héroïsme.

» Cependant Rigaud succombe dans la lutte et se retire dans les îles de l'Archipel. Bonnet, attaché à sa destinée, passe à Curaçao et parcourt l'Amérique. Le malheur retrempe son âme et donne une nouvelle activité à son esprit. Il étudie les institutions des peuples qu'il visite, et il nous revient plus profond en législation, plus versé dans la science difficile de l'économie politique.

» Il prend part à la guerre de l'indépendance. C'est lui particulièrement qui traite de la reddition du Port-au-Prince et, par sa fermeté, sauve la ville du pillage.

» Il signe l'acte de l'indépendance, le 1er janvier 1804. A cette époque, où l'on pensait qu'il fallait régénérer

Haïti par un *baptême de sang,* que de traits d'humanité n'ont pas honoré sa vie !..... »

L'orateur rappelle comment sa mère et son frère échappèrent à la mort par l'intervention du général Bonnet...... ; comment, par son ascendant, Bonnet sut détourner Germain frères du projet atroce de faire passer les femmes de Port-au-Prince par les verges !

« A la mort de Dessalines, Bonnet rédige l'écrit : *Résistance à l'opposition.*

» Membre de l'Assemblée constituante, il est un des principaux rédacteurs de la Constitution de 1806 et de ce fameux rapport du 27 décembre, où l'on trouve cette parole d'autant plus remarquable qu'elle fut bientôt oubliée : « En législation on compte sur les principes, et » jamais sur les hommes. »

» Appelé au Sénat, il en fut une des principales lumières, au milieu des hommes éclairés de cette époque.

» Après avoir rempli une mission périlleuse auprès du général Christophe, Bonnet prend part à la guerre contre ce rebelle à l'autorité constituée. Il était sous les murs de Saint-Marc, lorsqu'une députation du Sénat vint lui apporter sa nomination à l'office de secrétaire d'Etat. Alors on désespérait du pays ; l'administration était en désordre. Bonnet sut créer des ressources là où l'on ne voyait que des ruines ; il rétablit, comme par enchantement, l'ordre, la justice et les finances de l'Etat.

» En 1809, il reçoit le brevet de général de division. L'intrigue renverse l'édifice qu'il avait fondé, mais il est fort de ses principes, heureux du bien qu'il a fait ; ses convictions lui restent.

» D'autres jugeront mieux de la part qu'il prit dans

les affaires de la scission du Sud ; nous sommes encore trop près des hommes et des choses.

» Plus tard, en 1820, on le voit à la tête de l'état-major de l'armée du Nord ; en 1821, nommé au commandement de l'arrondissement de Saint-Marc, il arrête les conspirations des Gonaïves et de l'Artibonite ; en 1822, il commande une division qui marche sur Santo Domingo.

» Il revient dans son commandement, et c'est là, depuis 22 ans, qu'on a pu apprécier l'habileté de l'administrateur et les vertus de l'homme privé.

» Cette vie si bien remplie se rattache à toutes les crises de notre révolution, à toutes les phases de nos institutions politiques.

» Sa carrière maçonnique n'est pas moins grande ni moins chère à l'ordre et à ses FF∴ — C'était encore un moyen d'être utile.

» Initié en 1794, il devient Vén∴ des loges de l'*Heureuse Réunion*, à l'O∴ des Cayes et de l'*Amitié des FF∴ réunis* à l'O∴ du Port-au-Prince.

» Il coopère à la formation du G∴ O∴ d'Haïti auquel il cherche à imprimer une direction à la fois sage, tolérante, philosophique.

» Agrégé au rit écossais ancien, accepté le 5 janvier 1835, sur la poposition de son G∴ R∴ le suprême conseil de France l'élève le 29 mars de la même année à la dignité de S∴ G∴ J∴ G∴ 33° et dernier degré.

» Trois fois il installa la loge la *Vraie Gloire*.

» Il en est proclamé le Vénérable d'honneur.

» Fondateur du chapitre des *Elus de la Vérité*, naguère il le présidait encore.......

» Rappelez-vous, dit l'orateur à ses FF∴, rappelez-vous cette figure sereine, vénérable, qui éclairait notre sanctuaire....... . Combien de fois n'allions-nous pas puiser, nous aussi, à cette source intarissable de bonté, de philanthropie, d'heureuses et nouvelles inspirations !.... C'était près de lui que nous venions rallumer notre foi et notre charité ; c'est en lui que nous aimions à voir renaître l'espérance consolante d'un meilleur avenir......

» Hélas ! les percussions de nos colonnes ne le feron plus voir...... Déjà l'écho du mont Hérédom a fait retentir les voûtes de notre temple, a fait vibrer notre âme par ces accents lugubres : — le F∴ Bonnet n'est plus !....

» Il a terminé sa brillante carrière. Gloire à ses exploits ! honneur à son courage ! respect à ses principes !

» Il est obscurci le soleil de notre temple !.... M. FF∴, rallions-nous, rattachons les anneaux de cette chaîne douloureusement brisée, et secouant l'acacia, effeuillant la rose sur cette urne cinéraire, inclinons nos têtes, et résignons-nous devant le Maî∴ des MM∴ ! »

Ici le F∴ Bourmac, Vén∴ de la loge, prononce, en sanglotant, le triple adieu, et l'assemblée se retire profondément émue des sentiments pénibles qu'elle venait d'éprouver.

APPENDICE.

EXPOSÉ

de la conduite du général RIGAUD, *dans le commandement du département du Sud de Saint-Domingue*,

ADRESSÉ AU DIRECTOIRE EXÉCUTIF PAR LE CITOYEN

BONNET,

aide de camp dudit général.

Chargé spécialement par le général Rigaud de soumettre au Gouvernement des renseignemens exacts sur la situation présente du département du Sud de Saint-Domingue, et sur la conduite particulière que ce général a tenue dans les derniers événemens qui ont agité cette colonie, je me serois acquitté dès long-temps de ce devoir, si depuis près d'une année je n'avois été arrêté par les Anglois, qui m'ont plongé dans une longue et douloureuse captivité, et si l'intrigue et la calomnie de quelques individus, auteurs de tous les désastres de Saint-Domingue, n'avoient suspendu la justice du ministère, et sollicité cette consigne inique qui m'a retenu quatre mois à Cherbourg, avec les députés des départemens du Sud et de l'Ouest.

J'ai saisi mes premiers jours de liberté pour transmettre au Directoire tous les sentimens de ma reconnaissance, et les témoignages éternels de mon dévouement : j'espère également de ses soins publics, qu'il lira avec intérêt ce mémoire, qui présente les faits les plus vrais comme les plus précieux ; qu'il tournera ses regards sur les habitans de Saint-Domingue, qui sont aussi les enfans de la République, et qu'il étendra ses sollicitudes sur cette colonie, trop long-temps négligée, qui a besoin, dans ces momens d'anxiété et de renaissance, de sa surveillance la plus active.

Pour rendre plus intelligibles les détails dans lesquels je vais entrer, il est absolument nécessaire que je donne une idée de la situation politique, et de l'esprit général de la colonie de Saint-Domingue à l'époque de l'arrivée des agens du Gouvernement.

Il a existé, dès le commencement de la révolution, trois partis bien prononcés à Saint-Domingue, le parti des léopardins, le parti des pompons blancs et le parti de la liberté. Je garde pour celui-ci le nom de parti, et je rends aux autres le nom affreux de faction, qui caractérise leur but atroce. La faction léopardine, dirigée par l'assemblée de Saint-Marc, avoit conçu le projet de profiter des troubles politiques de la mère-patrie, pour se mettre à Saint-Domingue à la tête d'un gouvernement indépendant, sous les auspices de la puissance angloise. La faction des pompons blancs vouloit rester attachée à l'ancien gouvernement, dont elle s'obstinoit à imaginer le retour nécessaire, et vouloit défendre et conserver tous les priviléges que cet ancien ordre de choses lui assuroit. Le parti de la liberté étoit le parti sacré de l'éternelle raison, destiné par sa nature même à triompher de tous les efforts du crime, de la tyrannie et de l'erreur, et à se faire des prosélytes de tous les hommes dignes du nom d'homme. Dans ce dernier parti étoient tous les blancs vertueux et magnanimes, tous les noirs ci-devant esclaves et désarmés, et les hommes de couleur dont le plus grand nombre étoit libre, instruit et propriétaire, mais qu'un préjugé, aussi cruel qu'injuste et dénaturé, séparoit encore dans l'opinion, de la caste des dominateurs. On sent que le parti de la liberté avoit dans ceux-ci un appui très-puissant et très-actif, et qu'ils étoient pour les philanthropes blancs, et pour les noirs affranchis, des garans sûrs d'une fidélité inviolable aux principes de l'égalité des droits. La nature sembloit les avoir placés entre la famille innombrable des noirs, et la famille trop peu nombreuse des blancs, comme un terme moyen d'amitié, de bienveillance et d'amour, dans lequel devoient s'absorber toutes les haines, toutes les injustices, toutes les vengeances. On peut dire que la nature prévoyante avait introduit exprès cette nouvelle race d'alliance entre deux races trop long-temps divisées, pour les faire embrasser bientôt sous les auspices de la liberté. Les hommes de couleur ont rempli avec un saint zèle ces fonctions augustes de conciliation, auxquelles leur destinée les appeloit. Enfans de deux familles du genre humain, ils ont rappelé l'une et l'autre à l'humanité qui les unissoit. Le souvenir de la tyrannie dans les uns, et le désir de la vengeance dans les autres, a cédé au souvenir de leur longue alliance, dont les hommes de couleur sont le gage bienfaisant. Et dans ce passage brûlant de la tyrannie à l'égalité, de l'esclavage à la liberté, les hommes de couleur n'ont cessé de bien mériter de la patrie, de l'humanité, de la nature. Fidèles à leurs parens des deux couleurs, enfans de l'Europe et de l'Afrique rapprochées, ils n'ont jamais oublié que le sang qui coule dans leurs veines est un sang d'alliance et de paix : et leur vigilante piété n'a cessé de garantir à leurs pères et à leurs frères leurs droits les plus sacrés. Les noirs ont trouvé en eux un appui certain qui les rassuroit contre le rétablissement de l'esclavage de la part des blancs. Les blancs ont trouvé en eux un appui contre les vengeances des noirs. Les hommes de couleur ont trouvé leur bonheur et leur sûreté dans le salut de tous. Et la politique la plus raffinée ne pouvoit inventer, au milieu de tant de violences, un moyen de neutralisation plus puissant. On n'hésite pas de le dire, les hommes de couleur ont été dans le Nouveau Monde le gage de la réconciliation du genre humain.

On voit que la nature et la raison avoient assuré à Saint-Domingue le parti de la liberté, et que tous ceux qui le composoient avoient des vues trop élevées et des intérêts trop grands pour qu'on puisse jamais soupçonner leur volonté, pour qu'on puisse ne pas être certain de leur tendance continue à priser les bienfaits de la mère-patrie. Il n'en est pas de même des deux factions qui lui étoient en opposition. Le crime et la trahison qui les caractérisoient, les ont obligés à se masquer, à changer continuellement de système, de principe et de marche. Et l'on a vu la faction léopardine opposée dans tout le reste à celle des pompons blancs, se réunir fortement à celle-ci toutes les fois qu'elle a cru pouvoir par cette réunion, écraser le parti des amis de la liberté. Ces deux factions, lassées des échecs qu'elles ont éprouvés à tant de reprises, ont enfin paru se réunir définitivement à l'arrivée des agens du Gouvernement, en floréal de l'an 4, pour circonvenir ces agens, en outrant toutes les mesures révolutionnaires, en affectant le fanatisme de la plus excessive liberté, et en se faisant appliquer ainsi toutes les places et toute l'autorité. En changeant de marche, ces hommes perfides n'ont point changé de but, et le premier et le principal usage qu'ils ont fait de la confiance et de l'autorité, a été de déverser sur les hommes de couleur toute la défiance, toute la haine, toutes les rigueurs du Gouvernement, jusqu'à proposer de les déporter en masse, certaine qu'étoit cette faction liberticide de remettre bientôt les noirs dans l'esclavage, si elle pouvoit se débarrasser de ces intermédiaires énergiques qui sans cesse opposoient des obstacles insurmontables à ses entreprises.

Mias Sonthonax, qui les connoissoit, et qui les a si bien signalés dans ses débats coloniaux, n'a pu prendre le change sur leurs intentions criminelles, et n'a fait, en les soutenant, que déchirer le voile dont il s'efforce en vain de couvrir les projets de domination réelle dont on l'accuse trop justement.

Tous les citoyens de la partie du Sud de Saint-Domingue, attachés à la métropole par tous les nœuds de la fidélité et de la reconnoissance, n'ont cessé de donner les preuves les plus fortes de leur amour ardent pour la République, et de leur zèle assidu pour la prospérité de la colonie. Mais le général Rigaud surtout n'a cessé par son activité, par son courage et son énergie, d'assurer le bonheur public dans ces contrées, d'affermir sur le brisement des préjugés le règne des lois nouvelles, d'épouvanter les Anglois dont il a surmonté tous les efforts, et que, probablement, il auroit chassés entièrement de la colonie, s'il avoit reçu de la commission du Gouvernement, ou du général en chef Lavaux, les secours en armes et en munitions qui lui ont toujours manqué, et qu'il n'a cessé de réclamer. Malgré ce dénuement, peut-être apprendrez-vous sous peu, citoyens Directeurs, l'expulsion totale de ces brigands, ennemis acharnés de nos droits reconquis, et qui, malgré leur puissance infinie, ont toujours cédé à la valeur et à la fidélité des républicains.

Le simple récit des opérations du général Rigaud, une suite de faits certains et prouvés ; les témoignages d'estime et de félicitation que ce général a reçus de la Convention, sa conduite toujours égale et toujours désintéressée, la prospérité éclatante du département du Sud, démontreront que, zélateur ardent de la liberté, il n'a cessé de la servir depuis qu'il a été appelé au commandement de ce département.

Les commissaires civils Polverel et Sonthonax, au moment de leur rappel en France (prairial an 2), laissèrent la partie du Sud et les quartiers de l'Ouest y attenants, aux soins civiques et au zèle brûlant de Rigaud, qui, à cette époque, avoit été blessé dangereusement, lorsque son intrépidité l'avoit jeté sur les Anglois à l'affaire de Tiburon. Ce général sentit tout le poids de cet honneur; il n'accepta que d'après les conseils de Polverel, qui, dans une lettre particulière, s'exprimoit ainsi : « Ce n'est » plus le commissaire civil qui vous écrit. Sonthonax et moi » sommes rappelés en France, nous partons, et il est probable » que nos successeurs arriveront bientôt. En attendant, c'est » sur vous seul que reposent dans votre département le salut de » la colonie et la défense de la liberté et de l'égalité. Je suis » tranquille sur ce département, parce que je vous connois » intrépide et loyal républicain. » Cette lettre est du 11 juin 1794. D'après cette marque d'une insigne confiance, Rigaud n'accepta donc que parce que tout citoyen doit sa vie et ses moyens à la sûreté générale; il n'accepta que dans l'espoir certain d'être bientôt déchargé des fonctions aussi pénibles que redoutables dont il se vit revêtu dans un dénuement absolu de tout appui.

Les Anglois étoient alors très-formidables dans cette fraction de la colonie. Un aspect désastreux s'offroit de toutes parts. La culture étoit perdue, la caisse publique épuisée, le commerce anéanti, la misère à son comble, et la famine promenoit partout ses ravages. L'anarchie et ses désordres dominoient dans toute leur impunité. Sonthonax, en nous faisant ses adieux, avoit lancé un décret qui n'avoit fait qu'accroître le désespoir; et par un dernier coup de sa politique atroce, il avoit conseillé aux Africains *d'égorger tous les anciens libres* (1).

D'un autre côté, les propriétaires d'esclaves conservoient encore une grande autorité ; ils soupiroient après la domination angloise, ils étoient prêts de leur livrer les débris de la colonie; et les Anglois eurent encore l'audace de sommer les mulâtres et les nègres de mettre bas les armes sous peine de la mort. D'après cette exposition rapide, on doit pressentir quel zèle et quelle ardeur devoit avoir le vertueux Rigaud pour rétablir l'ordre au milieu de cette déflagration générale.

Rigaud, afin d'obtenir les lumières et les conseils que sa si-

(1) Ce fait a été déposé par tous les officiers de la garnison de Jacmel, où Sonthonax s'est embarqué pour France : le mémoire qui le contient a été adressé, par le général Beauvais, à la Convention nationale.

tuation présente exigeoit, entreprit, malgré toutes les difficultés, malgré les vaisseaux anglois qui bloquoient toutes les mers, de correspondre avec le général Lavaux, qui se trouvoit à l'autre extrémité de l'isle. Il parvint à lui transmettre ses demandes, quoique les proclamations des commissaires, en date du 28 novembre 1793 et 11 avril 1794, l'autorisassent à ne prendre des ordres que lors de la libre communication entre les divers points de la colonie. Le général Lavaux, applaudissant à sa démarche, lui répondit qu'il n'avoit point d'ordre à lui donner ; mais qu'il l'invitoit à faire pour la défense et le salut du pays, tout ce que sa position et son zèle pourroient lui permettre.

Les premiers pas que fit le général Rigaud dans la carrière dangereuse qu'il avoit à parcourir, furent de rétablir l'union entre les divers commandans qui agissoient sous ses ordres. La moindre mésintelligence suffisoit sans doute pour ruiner encore davantage les affaires publiques. Une vive contestation, survenue entre les citoyens Montbrun et Beauvais, tous deux commandans dans l'Ouest, força le général Rigaud, qui fut appelé par eux et leurs officiers à se rendre à Jacmel. Il aplanit toutes les difficultés, étouffa les divisions, et sa présence fut si salutaire, que la prospérité de cette contrée atteste encore les heureux effets de cette réconciliation.

Le général Rigaud rétablit également partout la tranquillité publique, enflamma tous les courages pour la conservation de la liberté, et unit toutes les haines contre les Anglois. Il ne concentroit pas son activité seulement pour la défense commune, mais il la donnoit encore aux soins des cultures. Il réprima le vagabondage, attacha les agriculteurs à la terre, en leur faisant sentir le prix du travail et le tribut qu'ils devoient par leur assiduité à l'armée chargée de les défendre. Ces nouveaux libres sentirent sans peine qu'ils ne pouvoient prouver d'une manière plus vive à la métropole leur reconnoissance qu'en travaillant, plus que sous leurs maîtres farouches, à féconder le sol d'une colonie où ils acquéroient le droit de citoyens.

Le général Rigaud, de concert avec l'ordonnateur Gavanon, établit provisoirement des réglemens indispensables pour le bien des cultures (1) ; des inspecteurs choisis parmi les hommes les

---

(1) Ces réglemens étoient extraits des proclamations de Polverel ; je défie qui que ce soit d'en citer un seul qui ne soit frappé au coin de la sagesse, de la justice et de l'humanité.

plus humains des anciens conducteurs, et les plus instruits dans ces opérations, furent commis à cette surveillance. Ces inspecteurs particuliers ressortirent à un inspecteur général. Le citoyen Lefranc, commandant des quartiers de Saint-Louis, fut élu pour remplir cette place pénible. Le zèle avec lequel il exerça cette fonction a puissamment contribué à la restauration des cultures ; c'est ce même citoyen, qui fut calomnié depuis avec tant d'impudence par les agens de Sonthonax, lorsqu'ils vinrent dans le Sud pour insurger les noirs, pour ravager toutes les cultures, et pour remettre tout dans le bouleversement et la confusion.

Le général Rigaud tourna ensuite ses regards sur la force militaire qui languissoit dans un état pitoyable. Les soldats étoient sans armes, sans solde, mal nourris, mal vêtus ; on avoit combattu jusqu'alors sans armes dans ce pays ; la pénurie d'espèces qui existoit dans le trésor de la République, avoit supprimé la solde, et la disette, produite par l'interruption du commerce, faisoit qu'on ne pouvoit obtenir ni moyen de nourriture, ni secours de vêtement.

L'armée étoit à peine organisée, autant que l'avoient permis ces misérables conjectures, lorsque les hommes de couleur de Léogane, qui étoit alors sous le joug des Anglois, appelèrent Rigaud à leur secours. Ce général s'empressa de profiter de ces favorables dispositions, et son armée, après des marches forcées, étoit déjà aux portes de la ville, lorsque tout à coup, du fond des pièces de cannes qui se trouvoient près de lui, il vit sortir les principaux citoyens qui l'avoient sollicité. Ces hommes lui apprirent qu'une trahison s'étoit manifestée, que le projet des républicains avoit été découvert, et que les plus effrénés royalistes s'étoient emparés des forts ; qu'une partie des républicains avoit d'abord pris la fuite, pour se soustraire à la fureur des royalistes, qui tous étoient complices ardens des Anglois, que l'autre partie étoit réduite à se cacher dans la ville ; que, dans cette désunion forcée des amis de la France, il étoit presque impossible de faire réussir un tel projet. Ils invitèrent Rigaud à se retirer, tant pour épargner un échec à son armée, que pour sauver les républicains qui étoient dans la ville, en lui observant que c'étoit les exposer aux plus grands dangers, s'il hasardoit une attaque qui ne seroit pas suivie du succès. Mais ce général, à qui le sentiment de la crainte est inconnu, rejeta ces considérations. Brûlant d'ardeur, et animant l'audace de ses soldats, il tomba avec impétuosité sur Léogane et l'enleva d'assaut.

Cet événement mémorable eut lieu dans la nuit du 15 au 16 vendémiaire an 3. La reddition de la ville entraîna en même temps celle du fort qui commandoit la mer.

Après avoir donné à cette brillante conquête tous les moyens de défense nécessaires, il se rendit aux Cayes, pour presser une attaque nouvelle contre Tiburon, place forte, d'où les Anglois incommodoient tous les jours les terres républicaines.

Après une attaque vigoureuse, Rigaud se rendit maître de Tiburon, le 9 nivôse. L'ennemi perdit, avec cette ville, une corvette qui fut détruite, et huit cents fusils qui servirent à augmenter les forces républicaines.

Peu de temps après on apprit qu'il s'étoit formé, au Port-Républicain, un parti en faveur de la République, et qui n'attendoit que la présence de l'armée républicaine pour se montrer. Le général Rigaud, sans perdre un instant, rassembla de suite une armée pour voler au secours de ses concitoyens, et les délivrer de l'oppression des Anglois ; il ne négligeoit aucun des moyens qui pouvoient lui faire espérer la victoire.

Le 28 ventôse nous commençâmes l'attaque du Port-Républicain par le fort Bizoton. La victoire complète que nous remportâmes, à la bataille du 6 germinal, dans la plaine de Truitier, nous faisoit espérer de remporter de plus grands succès à l'avenir.

Sur ces entrefaites, arriva à Jacmel la corvette le *Scipion*, de la Guadeloupe. Le commandant se rendit au quartier général, fit offre de quelques munitions, et se présenta pour concourir avec sa corvette à une expédition projetée contre les Irois. Persuadés qu'il étoit dans l'intention de Victor Hugues de joindre ses moyens militaires au succès de la République, les généraux Rigaud et Beauvais (1) acceptèrent ses offres, et invitèrent le citoyen Ollivaud, commandant de ladite corvette, à se réunir à une petite flottille, que le zèle seul des républicains avoit formée, et qui marchoit aux Irois.

Victor Hugues, ennemi cruel des hommes de couleur, qui avoit été nourri à Saint-Domingue dans toute la férocité des préjugés, se souleva quand il apprit que l'un de ses officiers

---

(1) Le général Beauvais commandoit l'armée en second.

avoit osé combattre les ennemis de la République sous des chefs mulâtres. C'est ainsi qu'un agent de la métropole, par ses menaces et ses insultes, cherchoit à avilir des hommes fidèles, et qui avoient donné des preuves d'un dévouement sans bornes aux intérêts de la mère patrie.

Pour presser plus vivement le siége du Port-Républicain, on sentit qu'il étoit nécessaire de faire attaquer Saint-Marc de nouveau (1), afin d'occuper les Anglois sur tous les points à la fois : Rigaud en fit la proposition au général Lavaux. Celui-ci s'y refusa, et dans son séjour paisible au Port-de-Paix, il se répandit en invectives contre la témérité du général Rigaud. Ses refus ne venoient que de sa jalousie de voir des nouveaux libres servir avec tant de gloire et de succès la République, lorsque lui-même, indifférent au progrès de la liberté, s'endormoit dans une lâche et perfide inaction.

Le général Lavaux, au lieu de se rendre à cette invitation, joignit à ses refus le conseil de lever le siége. Un pareil avis, de la part d'un chef, fut regardé comme un ordre.

Plusieurs autres contrariétés, il est vrai, y contribuèrent également : les pluies continues, les routes impraticables, les transports rendus impossibles, etc.

Les Anglois ayant été instruits, d'après les lâches insinuations des émigrés, que les républicains de Port-au-Prince, avoient voulu favoriser les François, tournèrent en particulier toute leur rage contre les hommes de couleur, qu'ils massacrèrent avec un raffinement de barbarie sans exemple. (2)

Ce fut après cet échec occasionné par toutes ces calamités, que parut cette diatribe de Victor Hugues, qui insultoit à la valeur des citoyens de couleur de Saint-Domingue, et annonçoit d'un ton superbe l'extinction des mulâtres dans son gouvernement. On doit pressentir quel effet cette provocation devoit faire sur des hommes braves, sensibles et justement inquiets. Rigaud ne tarda pas à instruire la Convention nationale de toutes ces manœuvres employées pour le mettre, par son inactivité même,

---

(1) Saint-Marc avoit été précédemment attaqué par le général Toussaint-Louverture. Ce général ayant été repoussé, c'est par cette raison même qu'on invitoit le général Lavaux à se mettre en campagne.

(2) A cette époque, on fit fusiller soixante blancs, ou hommes de couleur, au Port-Républicain ; et cent sept hommes de couleur à l'Arcahaie.

en état de favoriser les Anglois, et pour troubler la colonie par des invectives qui tendoient à en avilir tous les habitans.

Au milieu de ces mouvemens militaires, la culture n'en prospéroit pas moins ; l'abondance, fruit de la sagesse et de l'ordre, adoucissoit les maux que faisoient éprouver les ennemis. Les bâtimens neutres accouroient de toutes parts, et venoient aux Cayes verser les objets de leurs nombreuses cargaisons. Le commerce brilloit même de l'éclat de la paix ; et des corsaires armés et munitionnés par Rigaud, prêtèrent leurs secours à la sûreté des rivages. On encouragea ces bâtimens à se saisir des navires négriers, et l'on vouloit joindre même à l'intérêt des hommes les douces jouissances de l'humanité en délivrant les misérables esclaves qu'on voituroit à la Jamaïque. Le Directoire lui-même a fait rapporter, dans un journal, l'un de ces beaux traits de bienfaisance qui ont si grandement honoré Rigaud, en rendant la liberté aux noirs pris sur les ennemis, et en donnant aux preneurs des indemnités que la contribution de tous les citoyens portoit, par cargaison, jusqu'à 20,000 francs.

Dans cette heureuse position, dans ce zèle de tant de citoyens qui cherchoient à confondre par leur conduite les outrages de quelques hommes, on manquoit pour la défense de la colonie, d'un objet que le courage ne pouvoit procurer : c'étoient les munitions mêmes. Le général Rigaud avoit partagé le peu de poudre qui lui restoit avec le général Lavaux, aussitôt que celui-ci lui avoit fait connoître ses besoins en ce genre.

Le général Rigaud, pour mettre les places du département du Sud à l'abri des incursions de l'ennemi, chargea son père et le citoyen Duval-Monville, contrôleur de la marine, d'inviter le ministre français aux Etats-Unis de l'Amérique, de venir au secours de la colonie ; il les chargea particulièrement de faire tout ce qui dépendroit d'eux pour engager les négocians à nous envoyer de la poudre et des armes. Ces deux vieillards s'acquittèrent avec zèle de cette commission, qui fut couronnée de succès, puisque peu de temps après nous reçûmes plusieurs petites cargaisons de ces objets, dont la poudre se vendoit argent comptant dix-huit francs la livre.

Le citoyen Fauchet, alors ministre de la République, s'empressa d'envoyer à Saint-Domingue une petite cargaison de poudre pour les généraux Lavaux et Rigaud. Ce secours, et plus encore les manières obligeantes de ce ministre, ont laissé dans la reconnoissance du peuple de ce pays des traces bien profondes; heureuse la République qui est représentée d'une manière aussi digne d'elle !

L'audace des Anglois, dès ce moment, fut comprimée; leurs attaques, souvent répétées, furent toujours nulles, et nous eûmes le plaisir d'accroître leur dépit par l'accroissement des *espèces*, qui permirent aux administrateurs de récompenser les soldats par une demi-solde, qui jusqu'alors n'avoit pas encore été accordée.

Vers ce temps (4 brumaire an IV), on apprit l'arrivée au Cap de la corvette la *Vénus*, capitaine Desageneaux, qui apportoit les dépêches si longtemps désirées de la métropole, dont le contenu annonçoit la conclusion de la paix avec l'Espagne, la déclaration solennelle que *l'armée de Saint-Domingue avoit bien mérité de la patrie*, et l'acte constitutionnel présenté à l'acceptation du peuple françois réuni dans ses assemblées primaires, au bas duquel acte étoit une attestation précise du capitaine Desageneaux, qui affirmoit qu'au moment de son départ de Brest il avoit reçu à bord l'avis officiel de l'acceptation de la Constitution et autres décrets favorables.

Ce fut dans des fêtes enthousiastes, dans des banquets civiques, dans des danses générales, que la joie et la gratitude, transportant les esprits, firent émettre un nouveau serment de poursuivre jusqu'à extinction les ennemis de la République, de prouver toute l'étendue de la fidélité et de l'ardeur générale par l'amour de l'ordre, par l'oubli de toutes les haines, par tous les accords d'une touchante harmonie.

Ce fut dans ces momens de plaisirs et de contentement public, que tous les citoyens voulurent présenter leurs remercîmens par l'envoi d'une députation qui, chargée de transmettre à la métropole tous les sentimens de la reconnoissance coloniale devoit, au terme de la loi, siéger au Corps législatif.

La paix avec les Espagnols, l'étonnement des Anglois, qui ne paroissoient presque plus sur les mers, les tems des combats qui jusques-là avoient exigé le concours de tous les courages, donnoient alors la possibilité d'envoyer en France des députés de ce département, lorsque ceux du Nord se trouvoient déjà à leur poste.

On consulta le général Lavaux sur cette exécution formelle de la Constitution. Cette conduite prouve la déférence que l'on avoit pour le général en chef, lorsqu'il n'étoit pas besoin de prendre son avis sur un acte que le peuple a le droit de remplir de sa pleine puissance.

Le général Lavaux s'y opposa fortement; il voulut bien autoriser les généraux Rigaud et Beauvais à envoyer trois citoyens en France, pour remercier la Convention nationale, disoit-il, du grade où elle avoit bien voulu les élever par son décret du 5 thermidor.

Les citoyens Pinchinat, Salla et Fontaine furent choisis pour ce genre de députation. Ils se rendirent aussitôt au Cap pour profiter du départ de la corvette la *Vénus* (1); mais ayant appris qu'elle ne devoit partir que long-temps après l'annonce qu'en avoit faite Lavaux, ils retournèrent aux Cayes où ils avoient été rappelés. Les troubles qui survinrent bientôt au Cap, un système de proscription préparé en France sous formes républicaines, et qui devoit écraser les mulâtres pour faire rentrer les noirs sous le joug, furent des obstacles insurmontables à toute espèce de départ.

Les citoyens du Sud, malgré le mauvais succès de leurs premières démarches, n'en persistèrent pas moins dans leurs dernières résolutions; on sollicita de nouveau le gouverneur Lavaux et l'ordonnateur Perroud, qui consentirent enfin à la convocation des assemblées primaires.

Un désordre apprêté de longue main commençoit à se développer, à cette époque, dans les campagnes de Léogane; il étoit en partie le résultat des perfides conseils de Sonthonax, qui à son départ avoit insinué aux noirs qu'il falloit égorger les anciens libres, s'ils vouloient assurer leur pleine liberté.

Les noirs campés autour du Port-au-Prince ne suivirent que trop bien ce conseil atroce, les uns réunis sous Pierre Dieudonné, qui prenoit le titre de commissaire-civil, se disant revêtu de pouvoir par Sonthonax (2); les autres sous les ordres de Pompée,

---

(1) C'est ce voyage qui servit de prétexte à Sonthonax pour sa fameuse proclamation du 27 prairial, dont le considérant porte que Pinchinat n'a été au Cap, qui n'est pas son séjour ordinaire, que pour fomenter l'affaire du 30 ventôse, rendre la colonie indépendante et former une assemblée coloniale.

(2) Ce Pierre Dieudonné, avant l'époque de la liberté générale, étoit l'esclave du citoyen Dieudonné, négociant au Port-Républicain; Sonthonax nomma ce noir officier municipal en partant pour France; il lui remit son cordon tricolor, en lui disant qu'il le faisoit commissaire civil en sa place.

commencèrent à plonger leurs poignards dans le sein des anciens libres. Ils étendoient leurs massacres sur toutes les couleurs, ravageoient à loisir la plaine de Léogane, et pilloient les cultivateurs paisibles qui dédaignoient leurs enseignes. Rigaud ne put jamais obtenir du général Lavaux une proclamation qui rappelât à leurs devoirs tous ces noirs égarés. Le premier employa d'abord les voies de douceur, mais à l'aspect d'un brigandage qui ne connoissoit plus de bornes, il fallut employer les moyens respectables de la force : on marcha contre eux ; on les traita comme ennemis de la République, comme instrumens des émigrés et des conspirateurs françois, et les succès qu'on en obtint rendirent le repos à Léogane. La correspondance qu'on intercepta apprit aux patriotes que le baron de Montalembert dirigeoit tous ces mouvemens ; qu'il avoit fait des propositions très-honorables, au nom du roi de la Grande-Bretagne, que Pierre Dieudonné avoit déjà acceptées. Ces propositions portoient en particulier qu'il convenoit d'exterminer tous les mulâtres de Léogane, comme trop attachés à la France.

Pompée devoit coïncider avec les mesures de tous ces brigands. Il avoit pour secrétaire un émigré qui le faisoit agir pour la plus grande gloire des Anglois (1) ; mais le projet de Montalembert ayant été renversé, et les noirs ayant reconnu toute l'imprudence de leur conduite, ce Pompée fut saisi, ainsi que Pierre Dieudonné, par leurs propres soldats, et livrés aux autorités constituées.

Les Anglois ignoroient encore l'ébranlement de leurs ardentes opérations, lorsqu'ils marchèrent, entourés de leurs 72 voiles, sur Léogane, débarquèrent leurs bataillons, et pressèrent le siége de la ville ; mais ils furent culbutés par les républicains, laissèrent la terre couverte de leurs morts, abandonnèrent des canons, des munitions, des bagages.

Telle étoit la valeur du général Rigaud, telle étoit son intrépidité, citoyens directeurs, lorsque le déploiement du système de destruction qui devoit englober tous les hommes de couleur, commençoit à avoir son exécution au Cap, sous les auspices de Lavaux. Cette mesure alloit s'étendre sur tout le département du Nord, et à l'arrivée de Sonthonax, elle étoit destinée à avoir

---

(1) Voyez la lettre de cet émigré à Pierre Dieudonné, sous le n° 1 des pièces justificatives.

une partie de ses effets dans le territoire du Sud, qu'on va voir bientôt abandonné à tout le brigandage de ses sicaires.

Je suis obligé de laisser pour un moment le récit des opérations de Rigaud, pour suivre le récit du système de destruction des hommes de couleur dans son agrandissement. Mais je prie de regarder que toutes ces persécutions, dirigées indirectement contre ceux dont je vais parler, étoient autant de coups portés directement à Rigaud.

Au commencement du mois de germinal parurent, dans le département du Sud, les horribles écrits de Lavaux et de Perroud sur les troubles du Nord (1). On vit bien clairement qu'ils cherchoient à semer un germe de division dans la colonie, en généralisant des faits qui ne pouvoient concerner que les habitans de la ville du Cap. Au milieu de ces agitations, la tranquillité fut maintenue dans le Sud par la vigilance des chefs.

Le despotisme monstrueux de Lavaux, les excès de ses complices, son indifférence pour la sûreté de la colonie, au milieu de tous les maux de la guerre, avoient donné naissance à la journée du 30 ventôse. En effet, ce général, après l'incendie du Cap, se retira au Port-de-Paix avec toutes les troupes blanches et tous les fonctionnaires publics, laissant les hommes de couleur et les noirs réduits à leurs propres moyens, et en butte à toutes les horreurs de la famine. Lorsque les Espagnols et les émigrés bloquoient par terre et par mer la ville du Cap, le général Lavaux ne daigna pas même la secourir, quoiqu'il fût dans l'abondance au Port-de-Paix. Ce fut Villatte et ses braves compagnons d'armes qui, par leur contenance ferme et résolue, inaccessibles à tous les moyens de séductions, étonnèrent l'ennemi, et le forcèrent à se retirer (2).

Non-seulement Lavaux n'a point aidé la ville du Cap, mais croira-t-on qu'il a eu la barbarie d'ordonner qu'on tirât sur les canots de cette ville qui alloient dans les environs de Port-de-

(1) L'ordonnateur Perroud, dans ses écrits, imploroit les puissances du ciel et de la terre contre les citoyens de couleur; il invoquoit la vengeance nationale contre les défenseurs de la patrie ; il appeloit à son secours les puissances neutres, alliées et même ennemies.

(2) Pendant près de trois mois qu'a duré la famine, on ne vivoit que de cannes à sucre ; dans le temps du blocus, on étoit réduit à manger des racines et des herbes ; c'est dans ce temps-là même que les Espagnols offrirent un million à Villatte et une capitulation honorable. Ce guerrier républicain a tout refusé pour demeurer fidèle au poste de l'honneur. Oh ! vertu héroïque !...

Paix chercher des bananes, tandis qu'il avoit dans ses magasins une si grande quantité de vivres du pays, qu'il ne put les consommer? La majeure partie de ces vivres ayant été avariée dans la suite, il les fit jeter dans le canal de la Tortue. (1) Croira-t-on que les hommes de couleur qui, pour alimenter leurs familles, armèrent des bâtimens pour aller en courses, et qui furent pris soit par les Anglois ou par les Espagnols, ne furent jamais échangés par ce général, quoiqu'il échangeàt des hommes qui avoient trahi la République, en livrant son territoire à ses ennemis? Croira-t-on que non-seulement Lavaux souffroit la rentrée des émigrés, mais encore qu'il leur donnoit de l'emploi?

Cependant le gouverneur Lavaux apprit que le Cap commençoit à renaître de ses cendres, et que la culture étoit remise en vigueur par les soins et la vigilance de Villatte; il transporta dans cette ville le siège de son gouvernement, où, en accablant les habitans de tout le poids de son despotisme, il les rendit encore spectateurs des abus énormes de Perroud dans les finances. Enfin le peuple, excédé par toutes leurs vexations, finit par arrêter ces deux chefs trop justement odieux, et s'en assura en attendant qu'on trouvât un bâtiment pour les envoyer en France; mais le général Toussaint-Louverture, qui ne voyoit dans Lavaux que son chef, le fit élargir. Il se pouvoit que Lavaux, devenu libre, eût recours à une vengeance longue, terrible, étendue, mais la colonie devoit au moins être conservée sous les auspices du général Toussaint. Lavaux ne laissa pas échapper cette occasion pour porter toute sa fureur contre les mulâtres, quoique les noirs et les blancs eussent eu la plus grande part à sa détention. On croit même, et cette idée, toute extraordinaire qu'elle est, n'est point sans réalité dans les politiques ultra-révolutionnaires; on croit qu'il suggéra l'idée de se faire arrêter, afin d'avoir le prétexte d'écraser à loisir les hommes de couleur. Mais son animosité se tint renfermée jusqu'à l'arrivée de Sonthonax, avec lequel il concerta les moyens sûrs d'une ruine générale, qui devoit même atteindre les enfants de dix ans : c'étoit le projet de déporter tous les hommes de couleur, leurs femmes et leurs enfants, depuis l'âge de dix ans jusqu'à cinquante, projet écrit en entier de la main de Lavaux, et remis au

---

(1) Voyez les renseignemens donnés au conseil des Cinq-Cents par les déportés de Saint-Domingue.

commissaire Sonthonax. Il ne faut plus s'étonner de l'intimité qui règne entre ces deux hommes, qui sont entièrement dans la dépendance l'un de l'autre. Auroit-on pu croire à un tel excès de despotisme et d'audace sous un gouvernement républicain?

Le citoyen Roume, commissaire du Gouvernement, étoit arrivé à Santo Domingo peu de temps avant Sonthonax et ses collègues. Il s'étoit fait rendre compte de l'affaire de ventôse. Villatte, en sa qualité d'homme basané, lui avoit adressé des députés. Lavaux, de son côté, lui avoit envoyé l'ordonnateur Perroud. Les généraux Beauvais et Rigaud, suivant l'ordre du citoyen Roume, lui envoyèrent aussi des députés, mais chargés uniquement de lui rendre compte de l'état où se trouvoient les départemens du Sud et de l'Ouest : ces députés assistèrent aux différentes conférences qui eurent lieu en présence de l'agent national, entre les envoyés de Lavaux et Villatte. Le commissaire Roume avoit fait convenir les uns et les autres de leurs torts (1) ; il avoit dit que cette affaire ne méritoit pas le bruit qu'on lui avoit donné ; il fit promettre une réconciliation sincère ; elle fut jurée de part et d'autre. Perroud même donna le baiser de paix ; mais ce baiser couvroit la plus atroce perfidie. Le citoyen Roume, pour rendre complette le succès de cette réconciliation, délégua les citoyens Boyé et Salla, pour le Cap, afin d'être témoins de la réunion sincère des deux partis ; mais ces citoyens arrivèrent trop tard, et l'arrêt de la mort et de la proscription étoit déjà lancé contre les hommes de couleur.

J'observe ici que l'événement de ventôse, réduit à sa juste valeur, n'étoit même rien au sentiment de Roume. Cependant ce commissaire étoit sur les lieux, il avoit pris les informations les plus exactes ; comment se peut-il qu'en France on prétende mieux voir qu'à Saint-Domingue, et qu'on veuille trancher d'un ton infaillible sur des objets qui se sont passés à dix-huit cents lieues ?

Telle étoit la situation des choses, lorsque la commission du Gouvernement françois descendit au Cap.

Lavaux profita de cette circonstance avec toute la précipita-

---

(1) L'ordonnateur Perroud en étoit tellement convaincu, qu'il écrivit au général Rigaud, pour lui faire part de l'heureuse réconciliation qui venoit d'avoir lieu. Voyez sa lettre sous le n° 2 des pièces justificatives.

tion qui pouvoit lui assurer un triomphe coupable ; il se rendit à bord même des vaisseaux stationnés dans la rade ; il s'aboucha avec la commission, et obtint aisément la promesse d'une victoire complette ; il oublia ses sermens, il écarta le souvenir des baisers de paix, et machina, avec le perfide dictateur lancé par l'Europe, une vengeance grande, terrible, générale.

Sonthonax devoit, pour l'exécution parfaite de ses nouveaux projets, jeter la terreur et l'épouvante par un début aussi sévère qu'impolitique. Ayant avant son départ de France ramassé les moyens de donner une pleine réussite au système de destruction et d'indépendance qu'il avoit concerté dans sa profonde et ténébreuse ambition, il ne tarda plus, et commença ses essais sur la personne de Villatte, homme de couleur, dont la perte résolue alloit imprimer l'effroi à toute sa classe.

Sa première opération fut de demander Villatte au Cap : ce général étoit alors à quelque distance de cette ville avec une foule de républicains pour échapper à la défiance et au ressentiment de Lavaux. Villatte se rendit aux ordres de la commission et traversa les rues du Cap. Toute la ville courut au-devant de lui ; on revoyoit avec joie ce brave citoyen qui avoit rendu des services si éclatans à la colonie, qui l'avoit défendue malgré toutes les suggestions et les promesses des Espagnols et des Anglois ; qui avoit obtenu les plus grands succès au milieu même des horreurs de la plus effroyable famine. Son nom devoit donc être cher à des hommes sensibles ; aussi l'air résonnoit-il des accens flatteurs de la reconnoissance la plus vive.

Lavaux, outré qu'on eût cherché par ces dangereuses proclamations à prévenir contre lui-même l'opinion du conseil, pâle de colère, écumant de rage, fondit le sabre à la main sur la multitude qui se pressoit vers le lieu des séances de la commission, frappa et abattit une foule de citoyens et s'applaudit d'avoir terrassé des femmes.

Dans tout l'égarement de sa frénésie, *il eut encore tout l'esprit de distinguer les femmes de couleur*, qui étoient en petit nombre dans cette multitude énorme de noirs ; *et ces femmes furent particulièrement mutilées.*

La commission, étonnée de l'obéissance de Villatte, et prévoyant que cette soumission renverseroit tous ses projets, trouva à propos de le renvoyer à son camp pour le rendre nécessairement coupable. Bientôt elle lança contre lui plusieurs proclamations, sous le prétexte qu'il n'avoit pas dissous assez tôt son camp ; et sans lui en donner le temps, Sonthonax le mit *hors la loi,* et ordonna qu'on le saisît *mort ou vif.* Mais Villatte dérangea encore toute cette conspiration, en se rendant sur un bâtiment de la rade où il se constitua prisonnier. Ce ne fut pas sans le plus grand danger, car les sicaires de Lavaux battoient la plaine de tous côtés ; et l'on cherchoit à le percer de poignard, afin de l'empêcher de se rendre en France où la vérité pourroit être entendue. Villatte fut peu de temps après déporté avec plusieurs de ses compagnons ; d'autres citoyens suivirent encore cette triste destinée, un grand nombre furent plongés dans les cachots ; enfin l'on mit tout en usage pour ce coup d'éclat, pour tout diviser, pour tout bouleverser.

La partie du nord de Saint-Domingue étoit dans cet état de subversion lorsque j'arrivai au Cap, chargé, par le général Rigaud, commandant le département du Sud, de porter des dépêches à la commission. Je n'ai pas été long-temps dans cette ville sans me convaincre de l'horrible projet qui se tramoit contre les hommes de couleur.

J'étois chargé en particulier de faire connoître à la commission les besoins du département du Sud, en armes et en munitions de guerre ; mais Sonthonax, qui avoit des raisons pour ne point approvisionner cette partie de ces objets, n'y a envoyé que mille fusils et dix milliers de poudre, sur une si grande quantité qu'il avoit apportée de France, tandis qu'il en avoit distribué une quantité considérable aux noirs révoltés de la montagne de l'Est, qui en ont profité pour combattre en faveur des émigrés et des Anglois.

L'ordonnateur Perroud, cet homme si déhonté, qui n'étudioit que les circonstances et se prêtoit à toutes leurs variations, se déborda en un torrent d'injures contre les citoyens de couleur, dans un libelle diffamatoire qui fut même applaudi de la commission par un arrêt particulier. Ce fut dans ce mémoire incendiaire que Perroud accusa les hommes de couleur d'avoir formé l'abominable projet de détruire tous les blancs et de détacher la colonie de la métropole. Eh ! dans quel tems, grand Dieu ! dans le tems où notre sang ruisseloit dans la plaine de Léogane pour le triomphe de la liberté et la gloire de la République ; dans le tems où les citoyens des départemens du Sud et de l'Ouest venoient de resserrer les liens de leur fidélité et de leur attachement à la mère patrie, en nommant leurs députés au Corps législatif! Mais Perroud, pour avoir osé porter une accusation aussi absurde que ridicule, contre une classe entière de citoyens, a-t-il pu croire en imposer? La conduite invariable des hommes de couleur, leur zèle pour la défense du pays, leurs succès sur les ennemis, le mépris constant qu'ils ont toujours fait de leur or, ne sont-ce pas des monumens trop respectables, qui attestent, contre les calomnies de Perroud, leur attachement inviolable à la République? O peuple français, on cherche à t'égarer sur les sentimens de tes frères d'Occident! Comme toi nous gémissions sous le joug de la tyrannie; comme toi nous avions su briser nos fers et recouvrer notre liberté; voilà ce crime qu'on ne sauroit nous pardonner.

Saisi d'indignation à la lecture de cet infâme mémoire, je m'étois proposé de soumettre, dans une lettre adressée à la commission, les plaintes de tous les citoyens que la diatribe de Perroud engloboit tout entier; le commissaire Raymond m'invita au silence, et m'assura que la commission en alloit faire justice. Mon zèle, par ce conseil, fut paralysé, et l'on peut concevoir l'indignation publique, lorsque, loin d'obtenir une réparation légitime de la commission, elle approuva d'une manière si sensible les odieuses calomnies qu'on déversoit sur toute une classe de républicains. La perte de tant de citoyens utiles, nécessaires et fidèles, étoit donc résolue; ils alloient donc devenir les victimes de la fureur, de la cupidité, du ressentiment colonial; leurs biens, leur vie et leur sûreté alloient donc être livrés à la rapacité des flatteurs et des brigands qui, dans leurs hurlemens impies, ne voiloient pas leurs excès, et s'écrièrent même qu'ils n'avoient été envoyés que pour venger les colons.

Les affaires du Nord terminées à la meilleure satisfaction des commissaires, ils portèrent également leur vue sur la ruine de la contrée du Sud, qui, à leur arrivée, étoit au plus haut point de prospérité.

La commission y délégua trois agens, dont les deux premiers, connus par l'impunité de leurs anciens forfaits, et la force remise en de telles mains, devoient rendre certains les complots du gouvernement colonial. Rey, célèbre aux Antilles par sa haine profonde pour la liberté, déporté ensuite par les ordres même de Sonthonax, en 1793 (1), se trouvoit revêtu en ces mo-

(1) Voyez l'ordre de déportation contre Rey, sous le n° 3.

mens d'une fonction délicate. Leborgne, illustre par son titre de *Marat des Antilles*, dont il s'étoit vanté lui-même dans son mémoire justificatif à la Convention, actuellement dans les archives du Corps législatif, illustre par ses vols et par ses brigandages, étoit le collègue de celui-là : ces deux hommes ont justifié pleinement les cruels ressentimens que la colonie devoit avoir de leur présence. Le troisième, le citoyen Kerverseau, plus humain que les deux autres étoit nul par cela même qu'il étoit probe. Telle étoit cette délégation.

En vain les citoyens du département du Sud, effrayés de ces choix, témoignèrent la crainte qu'ils avoient de voir altérer l'union et la tranquillité dont ils jouissoient; en vain le général Rigaud cherchoit à éclairer la religion de la commission sur la conduite précédente de Rey aux Cayes (1). La perte de Saint-Domingue étoit jurée, et certes on ne pouvoit employer de meilleurs moyens pour y parvenir.

On comptoit, à la suite de cette délégation, un contrôleur et un ordonnateur nouveaux; une cinquantaine d'officiers, parmi lesquels Arnaud Préty, le plus lâche brigand que la colonie ait vu dans son sein, se faisoit principalement remarquer (2). Les délégués débarquèrent à Tiburon (à vingt-cinq lieues des Cayes) avec une partie de leur suite; ils passèrent en revue la garnison, et s'informèrent combien il y avoit d'officiers noirs. Le commandant Dartignave leur en présenta onze, et leur dit qu'il y en avoit deux de malades. Peu de tems après, les délégués écrivirent à la commission qu'ils n'avoient trouvé à Tiburon que deux officiers noirs, et ils ajoutèrent : *On peut faire cette application à toutes les troupes du département.* Le délégué Rey, et quelques officiers de sa suite, surtout Arnaud Préty, cherchèrent dès-lors à organiser la guerre civile; ils disoient aux officiers noirs : *Pourquoi n'êtes-vous pas en grade élevé? Ne voyez-vous pas que les mulâtres sont vos ennemis? Ralliez-vous aux blancs,*

---

(1) Voyez la lettre de ce général au commissaire Raymond, sous le n° 4 des pièces justificatives.

(2) Cet Arnaud Préty habitoit au commencement de la révolution dans le quartier de Jérémie; il étoit un des chefs de ces cannibales qui faisoient la chasse aux hommes de couleur, comme on fait celle de bêtes fauves dans les forêts; il portoit à son chapeau, au lieu de cocarde, les oreilles de ces malheureuses victimes sacrifiées à sa fureur barbare. Arnaud Préty, outre le commandement en chef de la gendarmerie du Sud, que lui avoit accordé Sonthonax, occupoit encore la place d'aide-de-camp de Leborgne.

pour les exterminer, et vous aurez leurs places. Sur la route, partout où les délégués s'arrêtoient, c'étoient de nouvelles manœuvres ; ils répondirent à quelques cultivateurs vagabonds, qui se plaignoient qu'on les forçoit au travail : *Travaillez si vous voulez ! vous êtes libres, et personne n'a le droit de vous y contraindre.* Enfin, arrivé dans la plaine du Fond, le citoyen Rey dit aux cultivateurs qui avoient accouru au-devant de la délégation : *Vous êtes des sots d'obéir aux ordres d'un mulâtre comme Lefranc, et de travailler comme vous le faites.* Voilà des préceptes bien dignes des agens de Sonthonax. Celui-ci doit leur savoir bon gré de ne s'être point écartés de ses instructions secrètes.

Quoique l'arrivée aux Cayes de cette délégation eût été précédée par des rapports bien affligeans pour le maintien de la tranquillité publique, les citoyens lui firent la réception la plus magnifique. Elle fit son entrée le 5 messidor : elle-même rendit compte à la commission de la manière touchante dont elle avoit été reçue.

Le lendemain, la délégation s'installa, et prit les rênes du gouvernement ; elle trouva un pays où l'ordre et la tranquillité la plus parfaite régnoient ; où l'union la plus sincère paroissoit animer les citoyens de toutes les couleurs ; où enfin la culture, le commerce et les arts florissoient. Tout fut bientôt renversé. Les délégués suscitèrent de toutes parts les divisions ; ils rompirent les liens de l'amitié, remplirent les maisons de crainte et de terreur, brisèrent les nœuds de la soumission militaire, et hâtèrent en peu de tems l'incendie qui devoit dévorer cette malheureuse colonie.

L'ordonnateur civil Gavanon, qui s'étoit livré avec tant de zèle à la restauration de la colonie, qui jouissoit à juste titre de l'estime générale de ses concitoyens, dont la probité faisoit le plus bel éloge, ce vertueux citoyen fut chassé de ses fonctions, et remplacé par un banqueroutier fameux, adonné à tous les vices, et digne même, par sa lâcheté, de la complaisance des Anglois qui l'avoient employé au Port-Républicain. Cet Idlinger, qui avoit servi les plus féroces ennemis de la République, étoit revenu en France, et après avoir menti aux autorités, étoit retourné à Saint-Domingue, où il obtint aussitôt la faveur de Sonthonax.

La présence de Rey aux Cayes n'a pas été long-temps sans produire l'effet que l'on en attendoit ; ses anciens partisans et complices s'étant réunis à lui, il les a présentés à ses collègues, avec les recommandations les plus fortes. C'est alors que l'on vit la délégation entourée de tous les ennemis bien prononcés de la République et de la liberté, des Esmenard, des Rimbert et autres (2); que les républicains furent destitués de leurs places, et remplacés par les royalistes (1). Enfin, le plus beau titre dont on pouvoit s'étayer aux yeux des délégués, étoit de s'être signalé par une haine implacable pour les hommes de couleur. Rey et Leborgne, par les moyens de leurs émissaires, répandoient l'insubordination dans la plaine, cherchoient à soulever les soldats noirs contre leurs officiers de couleur, et leur disoient : *Vous ne devez plus obéir aux mulâtres ; voyez vos frères du Nord : ils occupent toutes les places, et ici aucun de vous n'est élevé au grade supérieur* (3). *Non, mes amis, vous n'êtes pas libres, nous venons pour rompre vos fers.* La suite de cette délégation n'étoit occupée qu'à accoster les noirs dans les rues pour leur tenir les mêmes propos ; ceux-ci, étonnés de ce qu'on leur disoit, et n'ayant aucuns motifs de se plaindre des hommes de couleur, vinrent leur faire part du projet qui se tramoit contre eux. Considérez, citoyens directeurs, combien cette conduite indigne des délégués devoit verser d'amertume et de tristesse dans l'âme des citoyens de couleur !

Les commandans des troupes furent humiliés par Arnaud Préty, en présence même de leurs officiers. Rigaud lui-même

---

(1) Esmenard et Rimbert étoient les complices de Mouchet et Badolet, dans l'assassinat des hommes de couleur des Cayes, le 14 juillet 1793, jour de la fédération. Voyez le récit de cette terrible journée aux débats sur les colonies, tom. 7, pag. 21.

(2) Il y avoit entre autres Poincellier-Dubuc et Martignac, le premier employé comme capitaine de port, et le second comme officier d'administration. Ces deux hommes avoient été précédemment employés, par le général Rigaud, sur la goëlette de la République *la Convention*, armée aux Cayes. Cette goëlette ayant été prise par les Anglois, et conduite à la Jamaïque, Martignac et Dubuc se sont coalisés avec les émigrés, et les ont aidés à persécuter leur capitaine et les autres officiers. Le citoyen Boulet, commandant la goëlette, et les officiers qui s'étoient fait honneur d'être républicains, dénoncèrent ces deux traîtres en arrivant aux Cayes ; on les fit arrêter, et on trouva dans la malle de Dubuc des lettres que les émigrés écrivoient de la Jamaïque à quelques habitans des Cayes, pour les engager à traiter avec les Anglois ; dans toutes ces lettres on recommandoit, d'une manière toute particulière, Poincellier-Dubuc, et on l'indiquoit comme pouvant servir le plus efficacement à leurs projets ; après cette preuve convaincante de sa trahison, Dubuc fut destitué et emprisonné par ordre du général Rigaud.

(3) Ceci est une pure calomnie ; le citoyen Laplume, noir, aujourd'hui général de brigade, étoit alors chef de brigade.

fut pendant plus d'un mois exposé à toutes les indignités que l'orgueil et la puissance pouvoient suggérer.

Peu de tems après son installation, la délégation fit une tournée dans la plaine du Fond et de Torbeck. Les délégués Rey et Leborgne cherchèrent de nouveau à révolutionner les cultivateurs ; les personnes à leur suite, et principalement Arnaud Préty, dansèrent le calinda avec les noirs (1). Ensuite on s'est transporté au camp Perrin, situé à la frontière de Jérémie : le même Arnaud Préty se glisse parmi les soldats de la garnison ; et par son instigation, ceux-ci l'aidèrent à renfermer dans un cachot le commandant du poste. Le citoyen Geffrard, ayant été relaxé par ses officiers, porta ses plaintes à la délégation, et n'obtint point de justice pour une insubordination aussi contraire à la discipline militaire. Enfin, partout où passèrent les délégués, ils laissèrent après eux les traces d'une insurrection prochaine ; les cultivateurs abandonnèrent leurs travaux pour se livrer à la danse, disant que les commissaires leur avoient dit qu'il ne falloit point travailler. Ce désordre dura pendant trois jours, et les inspecteurs qui vouloient le réprimer étoient menacés par eux, et destitués par la délégation. C'est dans cette tournée où l'on vit les plus grands ennemis de la liberté jouer la philanthropie, et s'appitoyer sur le sort de ces *bons nègres* que jadis ils traitoient avec tant de cruautés. Le général Rigaud, par son influence, parvint à rétablir la tranquillité (2). Après cette tournée où la délégation crut voir les plus heureuses dispositions à la révolte de la part des cultivateurs, elle réitéra la demande qu'elle avoit déjà faite à la commission des armes pour armer, disoit-elle, *nos frères les noirs et les blancs ;* elle se plaignit de nouveau que les noirs ne connoissoient la liberté que de nom. J'avoue que je suis fort embarrassé de pouvoir répondre à cette accusation. Qu'entend-on par le mot liberté, et à quel signe reconnaît-on celui qui en jouit? Est-ce par l'anarchie, le désordre et le brigandage? La liberté est donc incompatible avec le tra-

---

(1) Sur chaque habitation où s'arrêtèrent les délégués, ils firent cesser le travail pour commencer la danse ; les maisons de corrections étoient brisées avec un éclat si scandaleux, qu'on sembloit dire par-là aux cultivateurs : vous voyez que vous êtes libres de travailler si vous le voulez.

(2) Rigaud prévint, dans une lettre confidentielle, le citoyen Raymond des manœuvres employées par les agens de la commission, pour opérer la subversion totale du département du Sud. Voyez cette lettre sous le n° 5 des pièces justificatives.

vail ? Cependant en France, où certainement les hommes sont libres, je vois le pauvre travailler nuit et jour pour pouvoir alimenter sa famille. On m'objectera peut-être qu'à Saint-Domingue, avec le travail de quinze jours, un homme peut entretenir la sienne pendant six mois ; cela est vrai ; c'est par cette raison même que les autorités constituées sont obligées de tenir la main au maintien de la culture ; s'il en étoit autrement, il faudroit donc renoncer à l'usage du sucre et du café. La liberté civile existe, à ce que je crois, dans l'exercice des droits qui nous sont garantis par le pacte social. Or, les noirs, dans le département du Sud, ayant voté dans les assemblées primaires qui y ont eu lieu en germinal an 4, plusieurs d'entre eux ont été nommés électeurs, et ont concouru à l'élection des députés qui devoient représenter la colonie dans le Corps législatif ; ils jouissoient donc de la plénitude du droit de citoyen ; mais, disent les ennemis des hommes de couleur, vous les maltraitiez. Cette calomnie est si absurde, que je me croirois dipensé de la réfuter, si quelques patriotes trompés ne paroissoient y ajouter foi.

Le général Rigaud, pendant tout le tems qu'il a commandé en chef le département du Sud, n'a jamais cessé d'accorder aux citoyens noirs les mêmes protections qu'aux blancs et aux jaunes ; il ne pouvoit faire autrement (en supposant même que son inclination y fût contraire), puisque toute sa force résidoit dans ces mêmes noirs, qui ne se seroient certainement pas prêtés à tyranniser leurs semblables. Lefranc, qui étoit inspecteur général des cultures, est un de ces hommes fanatiques de la liberté, quoique très-riche propriétaire avant la révolution. Une preuve très-convaincante que les hommes de couleur, ni aucune des personnes chargées de surveiller les travaux de la culture, n'employoient aucun mauvais traitement contre les cultivateurs, c'est que, malgré les suggestions perfides des Leborgne, Rey, Petit, Arnaud Préty et autres, les noirs ont refusé constamment de faire les déclarations qu'on vouloit leur arracher contre les hommes de couleur. Au surplus, lorsque le général Rigaud et l'ordonnateur Gavanon entreprirent de rétablir la culture, ils n'écoutèrent en cela que leur zèle pour les intérêts de la France, en préparant à son commerce de nouvelles sources de richesses ; ils croyoient aussi servir les intérêts des propriétaires et des cultivateurs eux-mêmes ; ils croyoient enfin servir les intérêts de la société, en arrêtant le cours d'un vagabondage affreux, pour faire régner l'ordre, l'union et la fraternité : ils n'employoient, pour y parvenir, que les seules voies de la persuasion : il n'étoit infligé d'autres punitions aux infractaires aux réglemens que celles établies par les proclamations du commissaire civil Polverel (1). En quoi donc les hommes de couleur ravissoient-ils la liberté aux noirs? Le général Rigaud étoit bien loin de croire que son zèle eût été mal interprété par les autorités françoises ; quel intérêt, autre que celui de la prospérité du pays, avoit-il en effet de faire refleurir la culture, puisque ni lui ni sa famille n'ont d'habitations? Mais son dévouement ayant déplu à Sonthonax, la race entière des mulâtres devoit périr, pour avoir servi les intérêts de la France. Et quels étoient les hommes dont on vouloit se servir pour l'exécution de ces exécrables vengeances ? C'étoient ces mêmes noirs à qui Sonthonax avoit recommandé, par sa proclamation du 29 août, de ne jamais oublier que c'étoit aux hommes de couleur qu'ils devoient leur liberté ; *de ces hommes qui, fiers de leur indépendance, préfèrent la perte de leurs propriétés à la honte de reprendre leurs anciens fers.* Ceux qui se prétendent les amis exclusifs des noirs disent que les noirs ne connoissoient la liberté que de nom. La faction coloniale qui existe à Paris, et dont les projets sont si bien dépeints par la lettre du commissaire Roume, dit au contraire qu'il faut détruire les mulâtres pour pouvoir rétablir l'esclavage. Le moyen ? en réunissant les noirs avec nous, nous nous débarrasserons aisément de ces figures à rhubarbes ; ensuite, en nous mettant avec les nègres de Guinée contre les nègres créoles, nous parviendrons sans difficultés à détruire ces docteurs maroquins ; enfin la France, fatiguée de tant de désordres, finira par nous laisser faire ; alors nous rétablirons l'esclavage (2).

Tel étoit l'abominable projet formé à Paris avant le départ de Sonthonax pour Saint-Domingue ; la conduite qu'il a tenue dans

---

(1) Ces punitions étoient de deux sortes : 1° Le cultivateur qui abandonnoit son habitation pour se réfugier dans les villes étoit arrêté par ordre de la police, et condamné aux travaux publics sans rétribution. 2°. Les voleurs, ou ceux qui refusoient le travail, étoient condamnés à être mis à la salle de discipline, par un conseil d'administration formé sur l'habitation, et composé des noirs mêmes : ces punitions ne pouvoient se prolonger dans aucun cas au delà de huit jours.

(2) Voyez la lettre de Roume, sous le n° 6.

le Nord, celle de ses agens dans le Sud, ont un rapport direct avec ce plan. Lavaud et Perroud étoient évidemment les agens secrets de cette faction. Les prétendus philanthropes veulent détruire les mulâtres pour assurer la liberté des noirs, et les planteurs à sucres veulent détruire les mulâtres pour pouvoir rétablir l'esclavage : comment expliquer cette énigme ?... Comment concevoir la conduite de la commission du Gouvernement, lorsqu'elle accorde amnistie aux royalistes coalisés avec les Anglois, et qu'on la voit persécuter les républicains pour quelques fautes que le défaut des lois peut leur avoir fait commettre ?

La délégation, de retour aux Cayes, ne s'occupoit plus que des moyens qu'elle devoit mettre en usage pour l'exécution des volontés de Sonthonax ; mais pour couvrir du voile de la loi la trame odieuse qu'elle ourdissoit, elle publia, par une proclamation, que des mal intentionnés cherchoient à imprimer aux noirs des craintes sur leur liberté ; elle déclara enfin qu'elle poursuivroit les agitateurs : il n'étoit d'autres agitateurs que les délégués et leur suite. Après cette simagrée, où les délégués crurent avoir tout fait pour cacher leurs sourdes menées, ils se livrèrent entièrement à l'ivresse d'une aveugle vengeance qu'ils regardoient comme prochaine (1) ; alors les intrigues se renouèrent, et l'on vit des hommes tarés et notés par leur incivisme, installés, pour ainsi dire, à la délégation, où ils étoient journellement reçus avec les démonstrations les plus affectueuses, tandis qu'un accueil froid et hautain étoit réservé aux citoyens les plus avantageusement connus par leur républicanisme. Cette étrange conduite jeta l'épouvante dans tous les esprits ; le général Rigaud lui-même en fut tellement frappé, qu'il écrivit aux délégués pour les prévenir que l'on cherchoit à surprendre leur bonne foi (2).

Le projet de Sonthonax pour la destruction des hommes de couleur étoit tellement connu, que les Jérémiens crurent devoir le favoriser. En effet, ces mêmes Jérémiens qui, avant l'arrivée de la commission, persécutoient de la manière la plus horrible tous les républicains qui tomboient dans leurs mains, se bornè-

---

(1) Je dois avertir ici mes lecteurs qu'en parlant des délégués, mon intention est toujours d'excepter le citoyen Kerverseau.

(2) Voyez la lettre de Rigaud, sous le n° 7 des pièces justificatives.

rent à exercer leur rage contre les noirs et les hommes de couleur. *Arnaud Préty*, sortant du Cap pour se rendre aux Cayes avec les dépêches de Sonthonax pour ses agens dans le Sud, fut pris par un corsaire de Jérémie, et conduit dans ce port ; *Arnaud* fut fêté et renvoyé de suite, sans échange aux Cayes ; on lui permit même de faire sa route par terre, et de traverser tous les postes des Anglois dans une étendue de 50 lieues de terrain, tandis que l'infortuné *Paul Mentor*, jeune officier noir, frère d'Etienne Mentor, actuellement député, qui avoit été pris avec *Arnaud*, fut maltraité par les émigrés ; on voulut le pendre ; on arracha son épaulette, et on l'envoya chargé de fers dans la cale d'un ponton, à la Jamaïque.

Le général Desfourneaux, que Sonthonax avoit réservé pour porter le dernier coup au département du Sud, arriva aux Cayes en qualité d'inspecteur général : ce citoyen étoit connu très-désavantageusement dans cette partie, par suite des événemens qu'il avoit fomentés au Port-Républicain, en mars 1794 : les hommes de couleur et les noirs devoient tout appréhender de la vengeance d'un homme dont ils avoient eux-mêmes provoqué l'embarquement. L'envoi de ce général dans le Sud étoit donc, non-seulement impolitique, mais dangereux à la tranquillité publique. Observons que le commissaire Raymond déclare, page 12 de son rapport au ministre de la marine, que c'est contre son avis que le général Desfourneaux fut chargé de cette mission. Le général en chef, Toussaint-Louverture, déclare aussi, page 26 de ses conférences avec Sonthonax, que si celui-ci ne l'avoit pas voulu, les malheurs du Sud ne seroient pas arrivés ; qu'il avoit écrit à la commission et au général Lavaux pour leur faire part de ses craintes sur les mauvais effets que pouvoit produire la présence de Desfourneaux aux Cayes ; il engageoit la commission à le rappeler : toutes les instances du commissaire Raymond et du général Toussaint ne purent rien changer dans les dispositions de Sonthonax ; la perte de la partie du Sud étoit résolue.

Malgré l'opinion défavorable qu'on avoit du général Desfourneaux, malgré les menaces qu'il avoit faites aux hommes de couleur de l'Anse-à-Veaux, où il avoit débarqué, Rigaud le reçut amicalement, et lui offrit sa maison, sa table, et tout ce dont il pouvoit disposer ; le priant d'agir avec lui sans aucune gêne. Desfourneaux accepta, et, pendant quelque temps, il prit régulièrement ses repas chez Rigaud, ainsi que tous les officiers de son état-major.

Aussitôt la maison du général Rigaud devint un lieu de jeu ; le citoyen Desfourneaux, les bras retroussés jusqu'aux épaules, passoit les nuits à jouer avec tous ceux qui avoient la complaisance de faire sa partie. Un soir que le général Rigaud, travaillé par la fièvre, s'étoit retiré de bonne heure dans sa chambre, le général Desfourneaux alla le voir, et ils eurent ensemble un entretien sur les affaires publiques. Entre autres choses, Desfourneaux lui dit : *Si on vouloit arrêter Pinchinat, est-ce que tu t'y opposerais ?* Etonné de cette question, Rigaud lui demanda pourquoi on arrêteroit Pinchinat. — *Oh ! dit-il, on en arrêtera bien d'autres que lui ; et si tu voulois t'y opposer, tu commencerois par te battre avec moi.* Le général Rigaud, quoique peu endurant, eut la sagesse de se contenir ; il invita le général Desfourneaux à le laisser seul et à se retirer ; ce qu'il fit : mais depuis ce moment il ne garda plus aucun ménagement envers Rigaud.

Cependant, les délégués pilloient les caisses publiques, se gorgeoient d'or et de rapines, autorisoient par leurs décrets mêmes l'infidélité des administrateurs qu'ils avoient nouvellement choisis, partageoient leurs brigandages entre une foule de courtisans qui buvoient à loisir le sang du peuple et dévoroient l'économie de trois années. La demi-solde, accordée aux troupes jusqu'alors, n'étoit plus payée, et la ration même du soldat fut réduite presque de la moitié (1). Enfin, pour assouvir cette soif dévorante de s'enrichir, les délégués firent des emprunts, passèrent un marché onéreux à la République, avec la maison Natham frères, et compagnie. Cette maison étoit à leur égard ce que celle de Lewingston au Cap étoit à l'égard de Leblanc (voyez le rapport de Raymond, page 26). A l'exemple de Sonthonax, ils firent la guerre aux Américains. Des corsaires furent spécialement armés contre eux ; alors on dut appréhender que les subsistances, que le continent américain fournissoit, ne vinssent à manquer ; on eut à craindre de retomber un jour dans ces tems de misère et d'abattement où les Anglois et les émigrés en force nous avoient réduits. Leborgne lui-même étoit

---

(1) Voyez l'adresse du second bataillon du quatre-vingt-huitième régiment (troupes européennes) au général Rigaud, sous le n° 8 des pièces justificatives.

actionnaire sur plusieurs corsaires (1). Juge et partie dans les contestations qui s'élevoient sur les prises, l'on doit pressentir quelle étoit l'équité de ses jugemens. Depuis, la voix publique a accusé les délégués et Sonthonax de s'être fait payer cent portugaises, par les preneurs, pour la condamnation de chaque bâtiment, et les capitaines de corsaires disoient assez publiquement qu'au moyen de cette somme, ils rendoient valable toutes les prises qu'ils faisoient sur le commerce américain : commission et ses délégués s'étoient réservé le droit de juge ces prises.

Le général Rigaud, dominé par des lois supérieures, ne pouvoit rien à tant de désordres ; il supportoit avec patience les vexations odieuses de ses propres concitoyens, et préféroit encore leur extravagance aux succès qu'auroient pu obtenir les Anglois au milieu de ces divisions. Il sembloit que la délégation avoit des ordres secrets de favoriser les ennemis du nom françois, par l'état de foiblesse et d'abandon où elle réduisoit les défenses de la colonie.

Les délégués, toujours actifs pour grossir le nombre des ennemis des hommes de couleur, après avoir employé inutilement toute la subtilité de leur affreuse politique, pour arracher des noirs des déclarations contre les hommes de couleur, tournèrent leurs regards sur les citoyens blancs qui, toujours prompts à s'armer contre leur propre sang, se sont prêtés à ces infâmes machinations. Un certain Dumaugeain, ennemi implacable des têtes jaunes, et ennemi particulier de Lefranc, part de Saint-Louis, et va aux Cayes le dénoncer d'avoir voulu faire égorger les prisonniers qui étoient détenus dans cette commune : les délégués écrivirent à l'administration municipale pour avoir des renseignemens sur cette déposition : celle-ci leur députa deux de ses membres pour les assurer de la fausseté du fait ; néanmoins ils affectèrent des craintes à ce sujet, et ordonnèrent la translation des prisonniers aux Cayes, afin de les mettre plus à portée de servir leurs projets quand le moment de l'exécution seroit arrivé.

Peu de tems après la translation de ces prisonniers, qui tous avoient été pris les armes à la main, combattant contre la Ré-

---

(1) Voyez la pièce qui constate la prise de *douze actions et demie* sur le corsaire *le Sonthonax*, sous le n° 9 des pièces justificatives.

publique, les délégués accordèrent la liberté à plusieurs, et on n'a pas remarqué sans étonnement que leur choix tomboit directement sur ceux qui étoient les plus coupables, tels que Filtgérald, député de la commune de Léogane auprès des Anglois pour traiter de la livraison de cette place, en 1793; Bauduit, officier dans la légion royale britannique de la Croix-des-Bouquets, pris sur un corsaire anglois après deux heures de combat; Jean-Marie Noblet, capitaine de port, au môle Saint-Nicolas (qui avoit fait pendre plusieurs républicains), pris aussi sur un corsaire anglois après quelques heures de combat. On n'a pas vu sans indignation ces hommes, surtout Bauduit et Noblet (1), sous le coup d'un procès criminel, sortir des prisons, le premier pour aller s'installer dans les bureaux de l'ordonnateur Idlenger, et le second, employé à la suite du général Desfourneaux. Ce Noblet ayant trouvé l'occasion de s'évader depuis, s'est rendu directement au môle, où je l'ai vu faisant l'inspection de la rade dans le tems que j'y étois prisonnier.

La construction d'un fort (2) élevé par les ordres du général Rigaud, à l'embouchure de la rivière de l'Islet, fut suspendue par les ordres de la délégation. Le général ne fut pas même instruit des motifs de cette impolitique suspension. La délégation défendit également qu'on délivrât, sur la demande du général, les fusils et les munitions que le besoin faisoit tirer de l'arsenal. Les arrêtés que prirent les délégués à cet égard furent adressés avec des lettres d'envoi aux officiers subalternes qu'ils avoient chargés de leur exécution, et ils ne furent connus du général que parce que ceux-ci, en refusant d'obéir à ses ordres, étoient obligés de les lui communiquer pour justifier leurs refus. Ainsi on accabloit Rigaud d'humiliations, on entravoit toutes ses opérations, on l'exposoit au mépris des troupes

---

(1) Il ne faut point confondre ce *Noblet* dont il est question ici avec le citoyen Noblet, officier d'administration de Miragoine, qui est un républicain estimable, et qui a eu l'honneur de se trouver enveloppé dans la proscription lancée par Sonthonax contre les hommes de couleur.

(2) Ce fort existoit de tout tems, et non élevé dans l'intention d'opprimer les citoyens blancs, comme l'ont osé avancer Lachapelle et Garrigou. Cette batterie étoit construite en terre, et comme elle avoit besoin de grandes réparations, le général Rigaud a ordonné de la reconstruire en neuf : cette opération étoit presque achevée l'arrivée de la commission à Saint-Domingue; et quand les délégués en ordonnèrent la démolition, il ne restoit plus que les canons à monter.

par sa nullité forcée ; mais de telles vexations ne pouvoient exister que pour un tems. L'oppression est plus supportable sans doute que l'avilissement ; et les noirs qu'on cherchoit à armer contre des hommes de couleur qui, pendant trois années, jouissoient de leur reconnoissance et de leur estime, n'étoient pas assez insensés pour croire que quelques hommes en puissance, dont les excès étoient si révoltans, travailloient sincèrement pour la cause de la liberté.

La réorganisation de la garde nationale étoit trop nécessaire aux vues de la délégation pour qu'elle négligeât plus longtems de l'entreprendre ; en effet, l'ancienne fit place à la nouvelle ; mais, pour la rendre plus nombreuse, les délégués ordonnèrent l'enrôlement des matelots de la rade et des domestiques de la ville. Les mille fusils apportés du Cap furent distribués à ces nouveaux auxiliaires, au préjudice des troupes en activité de service. Les officiers de cette armée de réserve, étoient nommés par la délégation (1). Les cultivateurs de la plaine devoient être aussi organisés en gardes nationaux, et on n'attendoit, pour le faire, que l'arrivée des fusils qu'on avoit demandés à la commission.

Le général Desfourneaux unissoit ses efforts à ceux des délégués. Le choix de ces individus, dont l'aspect seul faisoit frissonner les habitans de Saint-Domingue, prouve invinciblement, et plus que ne le pourroit la masse de pièces et de titres que j'ai

---

(1) Parmi les nouveaux officiers de cette garde nationale, je dois en citer deux, pour faire connoitre quels étoient les desseins des délégués. Ce sont les citoyens MARC et JOSEPH ; le premier étoit domestique à la délégation, et le second étoit au service du citoyen Chalviré, officier municipal. Ces hommes sont deux noirs ci-devant esclaves du citoyen Chalviré ; égarés par les blancs des Cayes, ils avoient pris les armes contre les hommes de couleur, lorsque ceux-ci avoient réclamé l'exercice de leurs droits politiques. Rey, qui les connoissoit *particulièrement*, les proposa à Leborgne, comme des instrumens propres à servir à leurs projets. Ils résolurent de sonder l'intention de Marc ; ils le mandèrent à la délégation, et après lui avoir fait part de ces projets, ils lui promirent la place de Lefranc, c'est-à-dire celle de chef de brigade de la légion du Sud, et l'autorisèrent à recruter tous ses anciens camarades. Marc, après avoir tout promis, se retira, et se rendit de suite chez le général Rigaud, à qui il fit part de l'horrible conspiration qui étoit tramée contre la caste de couleur, en lui disant : *Soyez tranquille, général, je connois la faute que j'ai faite au commencement de la révolution, et soyez persuadé que je n'y retomberai jamais.* Cependant les délégués comptèrent tellement sur la parole de Marc, que le jour que devoient se faire les grandes arrestations qu'on projetoit depuis long-temps, elle lui confia la garde du fort la Tourterelle ; mais Marc resta fidèle à la cause de la liberté et de l'égalité.

entre les mains, quels étoient les desseins perfides de ceux qui les employoient. Les délégués agitoient en tous sens la garnison des Cayes. Ils promettoient des places aux uns et des récompenses aux autres. Par le moyen de l'aide-de-camp Edouard (noir, ancien domestique de d'Orléans), ils distilloient plus librement le cruel venin de leurs calomnies; enfin, la délégation et ses sicaires étoient parvenus à mettre le département du Sud à la veille d'une subversion générale.

Mais ils étoient retenus par la présence du général Rigaud qui, prévoyant que ses ennemis le rendroient encore responsable de tous les maux qu'ils préparoient, usoit de toute sa prudence et de son activité pour arrêter la colonie sur le penchant de sa ruine; la délégation résolut de s'en débarrasser et de l'occuper contre les Anglois de Jérémie.

Le général Rigaud obéit; ayant une connoissance parfaite du terrain qu'occupoit l'ennemi, il proposa dans le conseil de guerre un plan d'attaque dont la sagesse répondoit du succès; mais les délégués, qui ne vouloient que se débarrasser de la présence d'un homme qui gênoit la grande opération qui devoit avoir lieu, s'embarrassoit fort peu du succès de l'entreprise formée contre Jérémie; ils rejetèrent le plan du général Rigaud, et en arrêtèrent un autre, dont les dispositions ne prouvoient point l'ignorance, mais bien la perfidie; l'armée devoit périr tout entière: aussi fut-elle battue par un simple poste avancé de trente hommes.

Les forces étoient divisées et devoient se porter sur trois points différens; la colonne du centre, forte de dix-huit cents hommes, étoit commandée par le général Desfourneaux, celle guidée par le général Rigaud étoit de douze cents hommes, et celle sous les ordres du chef de bataillon Doyon aîné étoit composée de six cents hommes.

La délégation disposoit de toutes les opérations de l'armée; elle descendoit dans les détails les plus minutieux sur les mouvemens des troupes; en sorte que les généraux ne savoient plus à quoi on les destinoit. Les délégués marchèrent à la tête de la colonne du centre, avec une pompe et un faste que jamais les consuls de Rome ne mirent dans leurs jours de triomphe. On ne peut se figurer le ton superbe de ces hommes, qui affectoient toute l'insolence des rois.

Sous le vain prétexte d'acheter la trahison d'un émigré commandant sous les ordres des Anglois (1), les délégués se firent donner une somme de 50,000 fr. (2) ; ils devoient en faire passer 33,000 à celui qu'ils estimoient devoir livrer le poste Raymond ; mais ce poste n'ayant pas été livré, et l'argent très-certainement n'ayant pas été donné, il est permis de demander qu'est donc devenue cette somme qui n'est pas rentrée au trésor.

La délégation avoit tari toutes les ressources publiques (3) ; il ne lui restoit plus qu'à sacrifier les meilleures troupes de la colonie, et qui pendant tant d'années avoient fait des campagnes aussi belles qu'importantes.

L'armée s'étant mise en marche (20 thermidor), la colonne du centre s'approcha du camp Raymond, situé sur la montagne de Plimouth. On députa vers ce poste un parlementaire pour présenter l'amnistie que la commission du gouvernement avoit accordée à tous les François coalisés avec les Anglois. Le Directoire remarquera ici de quelle manière favorable on traitoit les traîtres et les royalites, et de combien de persécutions et d'amertume on abreuvoit les citoyens fidèles et les zélateurs de la République.

Le parlementaire fut accueilli d'une décharge de mousqueterie, comme on s'y attendoit, et le combat s'engagea. Dix-huit cents hommes échouèrent devant une petite redoute. Le général Desfourneaux, après avoir exposé sa troupe au feu, compagnie par compagnie, après avoir réduit sa colonne à presque rien, se retira en laissant une pièce de canon au pouvoir de l'ennemi.

Arrivé au camp Perrin, quartier de réserve, le général ne put se contenir ; il laissa éclater sa haine contre les hommes de couleur ; c'est là qu'ayant rassemblé le reste de ses soldats mutilés, il leur tint les discours les plus infâmes ; c'est là qu'il fit fabriquer une liste des hommes qu'il prétendoit avoir fui lâchement du combat, lesquels devoient être traduits à un

(1) Voyez les renseignemens donnés par Rigaud sur cet émigré, sous le n° 10 des pièces justificatives.

(2) Cette somme a été fournie par la maison Natham frères, partie en argent, et partie en billets à ordre et en lettres de change en faveur d'une femme sans mœurs que Leborgne avoit laissée à Paris. Voy. ces pièces sous les numéros 11 et 12 des pièces justificatives.

(3) La dépense personnelle de la délégation s'élevoit, pour deux mois, à 300,000 livres. Observez qu'à leur arrivée aux Cayes, Leborgne et Rey n'avoient presque pas même de linge. Le jour de leur réception, le citoyen Rey n'avoit pas de bas : c'étoient ses bottes qui lui en servoient.

tribunal militaire pour être jugés; quel fut son étonnement, lorsqu'il fit l'appel nominal des proscrits, et qu'il apprit que la plupart de ceux dont les noms étoient portés sur la fatale liste avoient été tués ou blessés dans l'action (1)! Ce seul fait devoit convaincre le général Desfourneaux de son erreur. Cependant, il n'en poursuivit pas moins la recherche des prétendus coupables; il s'indigna contre les braves militaires de la légion, et ne put tarir les éloges outrés qu'il donna à la garde nationale et aux troupes blanches. Mais qu'étoit cette garde nationale? Un canevas de vagabonds, de gens sans aveu que la délégation avoit levés pour en faire l'appui de ses manœuvres horribles. La troupe blanche étoit, à force de corruption et de calomnie, devenue l'ennemie des hommes de couleur, et les louanges du général Desfourneaux ne tendoient qu'à lui faire sentir la prééminence de sa couleur et l'infamie des autres peaux. Les légionnaires s'indignèrent aussi à leur tour; sans la prudence du chef de bataillon Dénard, il se seroit passé ce jour-là une scène dont l'horizon de Saint-Domingue n'avoit peut-être pas éclairé de pareille.

Les délégués qui s'étoient retirés aux Cayes après la retraite de la colonne du centre, imitèrent le général Desfourneaux, en comblant d'éloges, par une proclamation, les troupes blanches, et en diffamant le corps de la légion. Ils firent bien plus, ils comparèrent la retraite du général à une *victoire complette*, et approuvèrent les avancemens qu'il avoit accordés dans le militaire.

Le chef de bataillon Doyon fit son devoir; il n'eut pas de grands succès, mais il n'éprouva aucune perte.

Le général Rigaud, malgré la foiblesse de sa troupe, eut des avantages qu'il ne put poursuivre; il avoit établi savamment ses batteries; il étoit au moment d'obtenir les succès les plus brillans comme les plus décisifs, lorsque les troubles des Cayes, suscités perfidement pendant son absence, le forcèrent à venir au secours de la ville.

Les délégués, toujours extravagans et obstinés, n'en poursuivoient pas moins leurs attentats; des arrestations continuelles et arbitraires, exercées sur les meilleurs citoyens, échauffoient de plus en plus les esprits. Déjà, dès leur arrivée, ils avoient

---

(1) Voyez la pièce sous le n° 13.

employé tous les moyens de la ruse et de la corruption pour se saisir de Pinchinat, et l'envoyer comme une victime garrottée, à Sonthonax, qui brûloit de l'avoir en sa puissance, et d'anéantir, par sa mort, un trop formidable témoin de ses forfaits. Pinchinat vivoit isolément; il couloit des jours tranquilles dans la retraite, sans fonctions, sans biens : on ne pouvoit donc l'accuser d'avoir fait servir l'ambition qu'on lui reprochoit à entasser des richesses et des dignités ; mais il étoit homme de couleur, et par là coupable : il étoit l'auteur des concordats qui avoient assuré la liberté de ses frères, et par cela même plus coupable encore. Son titre de député au Corps législatif avoit été annulé par la seule volonté de la commission : ce généreux citoyen, déjà sur l'âge, en butte à toute la violence de ces sicaires, est obligé de fuir et de se cacher dans les montagnes. L'ex-ordonnateur Gavanon fut mandé par la délégation pour le consulter, disoit-elle, sur un réglement pour la culture, auquel elle travailloit; Gavanon, dont le zèle pour les intérêts de la République lui fait un devoir de concourir à tout ce qui peut tendre à sa prospérité, se rendit en diligence auprès des délégués, accompagné du perfide Brébion, qui avoit été le chercher (1). Aussitôt qu'il est rendu, il est saisi et conduit à fond de cale, à bord de la corvette l'*Africaine*, où il est déposé. Les scellés sont posés à minuit chez lui, par ordre des délégués. Le citoyen Tuffet-Laravine (2), propriétaire, homme paisible, est aussi enlevé de son domicile, au milieu des cris et des gémissemens de sa famille éperdue, et traîné impitoyablement vers cette bastille flottante. Le chef de bataillon Faubert, les citoyens Gaston-Duvivier et Noblet, officiers d'administration, le premier au petit Goave, et le second à Miragoine, avoient été mandés, et se

(1) La délégation étoit parvenue à démoraliser tous ceux qui l'entouroient. Ce citoyen Brébion avoit des obligations au citoyen Gavanon, de qui il avoit reçu de grands services : c'est ce même homme qui a été tromper son bienfaiteur, en lui parlant d'un plan de culture lorsqu'il n'étoit question que de l'arrêter.

(2) Tuffet avoit été accusé, par un officier de la suite de la délégation, d'avoir mal parlé de Sonthonax. Au sujet de cette arrestation, il existe un fait qu'il est bon de connoître pour juger de la tyrannie de ces proconsuls. Le conseil assemblé, le citoyen Kerverseau représente à ses collègues qu'ils ne pouvoient, sans blesser la Constitution, faire arrêter et déporter un citoyen contre lequel il n'existoit point de grief qui puisse autoriser des mesures aussi rigoureuses. *Oh ! dit Leborgne, si nous voulons suivre la Constitution, nous ne finirons jamais.* Ces opinions ont été rendues publiques par Garrigou, secrétaire général de la délégation.

rendoient aux Cayes où on les attendoit pour peupler cette nouvelle prison.

Ces arrestations, qui avoient suivi une foule de destitutions, s'exécutoient la nuit, au mépris de l'article de la Constitution ; tout étoit menacé, une terreur effroyable pesoit sur tous les cœurs. Le peuple voyoit avec douleur et bientôt avec indignation, et enfin avec rage, les vexations dont on accabloit les plus zélés défenseurs de ses droits.

Le chef de brigade Lefranc, commandant temporaire à Saint-Louis, qui jouissoit de l'estime et de la confiance, qui, par son activité et ses soins pour la culture, avoit imprimé une régularité admirable à toutes les habitations comme à tous les ateliers, le citoyen Lefranc reçut, le 10 fructidor, la lettre suivante du général Desfourneaux : « Je vous invite, mon cher camarade, » à vous rendre de suite aux Cayes, où votre présence est néces- » saire ; je vous attends. » Lefranc, plein de zèle pour son devoir, et pénétré de l'obéissance que l'on doit à ses chefs, se rendit de suite auprès du général. A peine celui-ci l'eut-il aperçu, qu'il se jeta sur lui, le désarma, et sans ordre ni information, il ordonna son transport vers la corvette. Lefranc ayant trouvé l'occasion d'échapper à cette inique translation, en profita avec prudence. Un aide-de-camp du général Desfourneaux, aussi inconséquent qu'imprudent, courut après lui le sabre nu à la main, en criant de toutes ses forces : « *Arrêtez-moi ce mu-* » *lâtre ! arrêtez-moi ce mulâtre !* »...... A ce mot de mulâtre qui ne retrace plus que des idées d'esclavage, le peuple s'attroupe, frémit, et se rappelant le souvenir du massacre du 14 juillet 93, opéré dans la même ville et à pareille heure, la fureur s'empare de tous les citoyens, des cris aux armes s'élèvent de toutes parts : il semble que les mêmes dangers menacent les noirs et les hommes de couleur, lorsque, dans cette journée de juillet, les blancs assassinèrent les uns et les autres sur l'autel même de la patrie, où ils avoient juré une réconciliation parfaite. Les délégués, de leur côté, firent battre la générale : le trouble est bientôt à son comble.

Les noirs, les hommes de couleur et une partie des blancs, courent en foule s'emparer et se mettre en sûreté dans les forts de l'Islet et de la Tourterelle. La délégation réunit à elle le reste des citoyens blancs qui étoient restés en ville. C'est ainsi qu'eut lieu la plus funeste catastrophe le jour même de la promulgation de la Constitution (1).

La guerre civile est dès lors organisée. Le vœu de Sonthonax est entièrement accompli ; tous les citoyens sont armés les uns contre les autres. Cet agent du gouvernement doit s'applaudir de voir ses délégués suivre avec tant de soins ses décrets ; il dut s'applaudir d'avoir remis toute sa puissance entre les mains des Rey et des Leborgne pour agiter un département qui, depuis trois années, n'avoit éprouvé aucun trouble.

Bientôt après, la délégation ordonna une attaque sur les forts de l'Islet, mais elle n'eut aucun succès, et les républicains triomphèrent ; malgré les soins et les moyens empressés de la corruption employée pour soulever la troupe, elle demeura fidèle à la cause publique, et par son inaction et par sa contenance immobile, elle sauva ce département prêt à être embrasé.

La délégation, prévoyant les maux qui devoient résulter de la disposition où elle avoit mis le peuple, crut pouvoir réparer en un moment les désastres qu'elle s'étoit livrée à fomenter pendant toute sa mission ; elle fit des arrêtés insidieux, tandis

(1) Il est à remarquer que depuis l'arrivée de la commission trois mois s'étoient déjà écoulés, et qu'elle n'avoit pas publié la Constitution. Les délégués avoient réorganisé les tribunaux et remis en activité les municipalités, en suivant tantôt les formes voulues par la Constitution, et tantôt en les foulant aux pieds, suivant que cela étoit nécessaire ou non à leurs vues. Sonthonax, qui jusqu'alors avoit applaudi ses agens en tout, désapprouva cette fois leur conduite ; il leur disoit, dans sa lettre du 19 messidor an 4 : « En réintégrant dans ses fonctions l'administration mu-
» nicipale des Cayes, vous avez également, citoyens, outre-passé vos pouvoirs.
« D'abord cette mesure est prématurée dans l'état où se trouve la colonie ; souillée
» encore par la présence des Anglois, livrée à des troubles intérieurs, il est im-
» possible de rendre à l'autorité municipale tous ses droits, sans enlever beaucoup à
» l'autorité militaire, qui même, sous le rapport de la police, nous est nécessaire
» jusqu'au parfait rétablissement de la paix. Nous avons pour guide et pour
» exemple, à cet égard, la conduite du Directoire de France, qui a momentanément
» suspendu l'autorité civile dans les départemens voisins de la Vendée et autres
» lieux insurgés. » Comment concilier ces phrases de Sonthonax avec celles qu'il débite au Corps législatif, ainsi que son collègue Leborgne, contre l'usurpation des pouvoirs des commandans militaires, et sur l'état d'avilissement où ils prétendent avoir trouvé les municipalités : il est vrai que les municipalités avoient perdu leurs droits, et que toutes leurs fonctions se bornoient à enregistrer les actes de naissance, mariages et décès, mais il est faux de dire que c'étoient les commandans militaires, qui les avoient réduites à cet état de foiblesse, puisque c'est d'après une proclamation de Polverel et Sonthonax qu'elles avoient cessé les autres fonctions qui leur étoient attribuées par la loi.

que le peuple demandoit à grands cris la liberté des individus que la vengeance, la haine et l'esprit de subversion avoient fait incarcérer. Les délégués appelèrent à leur secours le général Rigaud, qui alors étoit occupé au siége des Irois; les opprimés en firent autant. Rigaud étoit le seul en effet qui, par sa prudence et par la confiance dont il jouissoit, pouvoit ramener le calme au milieu de tant de désordres. Ce fut à lui qu'il étoit encore réservé de sauver ce département de la férocité, de l'anarchie, comme il l'avoit tant de fois préservé contre toute la violence et la fureur de l'Angleterre.

L'armée aux ordres du général Rigaud étoit déjà instruite des troubles des Cayes; elle frémissoit d'indignation de voir que pendant qu'elle étoit occupée à combattre les ennemis de la République, on avoit profité de cette absence pour accroître l'oppression publique; ce fut dans ces conjonctures que le général Rigaud reçut l'ordre de se rendre en hâte aux Cayes. Les campagnes étoient dans la plus grande agitation, des groupes nombreux les parcouroient dans tous les sens, et l'on avoit à craindre que les différens partis qui divisoient alors la colonie, ne profitassent de ces circonstances fatales pour se livrer au pillage, à l'incendie, à l'assassinat. Rigaud tâchoit de remettre l'ordre partout où il passoit; il invitoit les citoyens au calme, à la modération; il s'efforça par toutes sortes de voies d'apaiser le ressentiment de tant d'hommes irrités : la déférence qu'on lui marqua d'abord prouva combien étoient grands les torts de ceux qui avoient provoqué un tel renversement : mais plusieurs victimes avoient déjà été immolées.

Rigaud arrivoit avec la troupe nécessaire au rétablissement de l'ordre, lorsque des coups de canon, tirés du fort de l'Islet, répandirent l'alarme, et attirèrent une foule immense de cultivateurs qui se portèrent sur la ville, en franchissant les fossés et les remparts. Le départ clandestin de Rey et de Desfourneaux, qui sembloit déceler des coupables, avoit donné naissance à ce tumulte; les coups de canon étoient dirigés contre le bateau qui les portoit, pour les contraindre à retourner au port.

Les délégués Leborgne et Kerverseau reconnurent alors leur insuffisance; ils prirent en conséquence un arrêté par lequel ils remirent au général Rigaud tous les pouvoirs nécessaires pour rétablir l'ordre et la tranquillité publique. Cet arrêté fut apporté au général avant son arrivée aux Cayes par le citoyen

Desclaux, commandant de la garde nationale; ainsi, c'est à tort que ces délégués prétendent aujourd'hui que c'est sur la demande de Rigaud que cette ampliation de pouvoirs lui a été conférée (1). .

Nous n'étions pas encore arrivés aux portes de la ville, que nous entendîmes des coups de fusils de toutes parts; une multitude incroyable de cultivateurs s'y étoit déjà introduite, et la mort précédoit leurs pas. Au milieu de ces scènes affreuses, le général Rigaud donne des ordres partout pour arrêter le cours des vengeances; il ordonne aux officiers qui l'entourent de voler au secours de leurs concitoyens en danger; ceux-ci accoururent et arrachèrent à la fureur de ces hommes exaltés huit cents personnes, lesquelles trouvèrent un asile chez le général Rigaud, où on avoit préalablement fait placer une garde nombreuse pour les protéger : leur vie fut en effet conservée; mais, au milieu de cette absence des lois, lorsque les liens de la discipline et de l'obéissance avoient été rompus par la délégation elle-même, le général ne trouvoit pas de moyens assez repressifs pour protéger les jours de ceux qu'un peuple irrité rencontroit dans les rues. Une quarantaine d'hommes furent immolés à la vengeance long-tems comprimée des citoyens les plus emportés. On ne peut douter que ces mouvemens n'eussent été beaucoup plus étendus sans les efforts du général Rigaud, qui courut les plus grands dangers, dont l'autorité fut méconnue, et qui fut même foulé aux pieds. Il parvint enfin, par ses conseils, par son ardeur, par la sagesse de ses proclamations (2), à réconcilier peu à peu les différens partis, à remettre l'ordre dans la ville et dans les campagnes, à replacer la confiance et la paix dans la situation où elle s'étoit trouvée avant l'arrivée des agens et des complices de Sonthonax.

Après l'éruption de ce volcan affreux, les délégués perdirent totalement la confiance, et le peuple ne voulut plus reconnoître leur autorité; les citoyens, avisant au moyen de maintenir la tranquillité, confièrent au général Rigaud les rênes de l'administration des affaires publiques, jusqu'à ce que le gouvernement eût pris d'autres mesures à cet égard (3).

(1) Voyez cet arrêté sous le n° 14 des pièces justificatives.
(2) Voyez sa proclamation du 15 fructidor, sous le n° 15 des pièces justificatives.
(3) Voyez les arrêtés ou adresses pris à ce sujet, sous les n°s 16 et 17 des pièces ustificatives.

La commission ayant été instruite de cette terrible réaction, s'empressa de rappeler ses délégués, et d'envoyer aux Cayes les généraux Martial-Besse et Chanlatte, pour prendre des renseignements sur les événemens qui venoient de se passer. Sonthonax couvroit, par ce choix, la poursuite de ses projets ; et quoique les rapports de ces généraux, ainsi que du général Beauvais, fussent favorables à Rigaud et conformes à la vérité, il ne se prêtoit qu'aux discours et aux écrits mensongers de ses délégués, qui ne présentoient les objets que sous le point de vue le plus propice à leur conduite. C'est sur ces dernières considérations que le machiavélique Sonthonax établit les bases de son horrible proclamation du 23 frimaire an 5.

Sonthonax, avant cette mesure atroce, avoit rompu toute communication avec la partie du Sud, en refusant toutes les correspondances qui pouvoient lui être adressées, et ne voulut correspondre qu'avec les deux nouveaux agens qu'il y avoit députés, mais qu'il ne tarda pas à persécuter, parce que ces deux braves généraux, qui avoient combattu avec tant de gloire pour la liberté coloniale, ne voulurent pas servir d'instrumens aux nouvelles vengeances qu'il avoit méditées sur les citoyens du 4 avril.

Le général Rigaud conserva, pendant cette scission, les fonctions qui lui avoient été confiées d'après le vœu très-prononcé de tous les citoyens réunis, et de toutes les autorités publiques de ce département. Il ne se rendit qu'avec la plus grande peine à ce témoignage de l'estime générale, et n'accepta de nouveau sa pénible administration que pour réparer, autant qu'il étoit en lui, les désordres excités avec tant de rage par une perversité si constante et si soutenue. Il n'accepta que pour prouver au Directoire qu'il étoit toujours l'homme de la liberté ; qu'il répondoit de la conservation de cette colonie tant qu'il seroit chargé de cette surveillance, et qu'il espéroit enfin que le gouvernement françois le déchargeroit du poids de ces fonctions rigoureuses et délicates, par le choix d'un successeur ami de la liberté de tous, libre de lâches passions et exempt de préjugés.

Telles sont, citoyens Directeurs, les causes qui ont produit les malheureux événemens des 10 et 14 fructidor. Je ne prétends point justifier les meurtres qui ont été commis dans ces journées malheureuses ; mais si je suis parvenu à faire connoître les auteurs très-directs de cette funeste catastrophe, je croirai avoir touché à mon but. Sous quelque point de vue qu'on puisse envisager ces événemens, il n'en demeurera pas moins prouvé, qu'ils ne sont que le résultat de la défiance qu'imprimoit dans tous les cœurs la conduite désordonnée des délégués; ils ne sont que l'effet du désespoir général d'un peuple calomnié, avili, que des persécutions injustes ont conduit au bord du précipice, et qui, pour ne pas s'y laisser engloutir, s'est vu forcé de reculer en arrière, et de se faire jour au travers d'une multitude d'ennemis qui le pressoit; ils ne sont enfin que l'effet de l'indignation publique, produite par cette odieuse proscription lancée contre une tribu de citoyens par Lavaux, et sanctionnée par Sonthonax. Quel homme sans prévention qui ne se révolteroit pas de la conduite de cet infâme dictateur, qui, pour assouvir des vengeances personnelles, sacrifie à sa haine particulière l'intérêt général et le bien de son pays! qui substitue à la loi sa volonté et sa souveraine puissance, et qui foule aux pieds la Constitution qui devoit être le seul guide de toutes ses opérations; qui proscrit une classe d'hommes qui n'avoit cessé, et qui ne cesse encore de donner les preuves les plus authentiques de son attachement inviolable à la République, tandis qu'il accorde amnistie aux traîtres qui avoient livré le territoire françois à ses ennemis; qui refuse des armes et des munitions de guerres aux défenseurs de la patrie, et qui en distribue à des hommes qui en ont fait usage contre elle; qui n'a investi d'une si grande autorité des hommes réprouvés de toute la colonie que pour secouer les brandons de la discorde et de la guerre civile dans cette portion intéressante de l'isle, qui jouissoit, à la guerre extérieure près, de la plus brillante prospérité. Les délégués, après avoir pillé le trésor public, ont laissé le département du Sud surchargé de 7 millions de dettes qu'ils avoient contractées pendant les deux mois qu'ont duré leurs fonctions. Oh Sonthonax! Sonthonax! que de maux ta défiante tyrannie, ta dévorante ambition et ta soif de domination ont causés à mon malheureux pays!...

Je crois qu'il n'est point étranger à mon sujet de faire connoître comment Sonthonax, en annulant la nomination des députés du Sud et de l'Ouest au Corps législatif, résultat du vœu libre et spontané des électeurs, leur en a substitué d'autres de son choix. Le nombre des électeurs que devoit fournir chaque canton étoit fixé par la proclamation du 19 thermidor; et par une raison toute simple, les cantons du Nord, qui sont dépeuplés, fournissoient néanmoins plus d'électeurs que ceux du Sud, dont la population est au moins un tiers plus forte. La réunion de tous les électeurs en une seule assemblée électorale, tenue au Cap, lieu de la résidence de la commission, étant une mesure indispensable pour s'assurer des votes, elle fut décrétée, malgré l'interruption par terre des communications, et les dangers que l'on couroit par mer pour se rendre au Cap. Ainsi, la Constitution fut mutilée dans toutes ses parties; mais quoique toutes ces mesures parussent coïncider parfaitement avec les vues de Sonthonax; quoique les bulletins fussent distribués à la commission même, et par ses ordres, les bons citoyens alloient l'emporter sur l'intrigue et la cabale, lorsque Sonthonax, perdant tout espoir d'être nommé, fit agir le dernier ressort de sa politique monstrueuse pour parvenir à son but. C'est alors que l'on vit le général de brigade Pierre-Michel, électeur du haut du Cap, suivi de cinquante dragons bien armés, investir le lieu des séances de l'assemblée, et ensuite s'asseyant au milieu de ses collègues étonnés, déclarer que s'ils ne nommoient pas Lavaux et Sonthonax, il alloit mettre tout à feu et à sang.

Presque toutes les communes du département du Sud n'avoient point envoyé d'électeurs à cette assemblée du Cap; les communes de l'Ouest qui y avoient envoyé, non-seulement ont protesté contre les opérations de cette assemblée, mais les électeurs eux-mêmes ont protesté aussi contre leurs propres opérations. Toutes les communes persistèrent de nouveau dans le maintien de leurs élections de germinal an 4, et invitèrent les députés qu'elles avoient investis de leur confiance de se rendre à leur poste.

Parmi les députés nommés en fructidor au Cap, et qui siégent aujourd'hui au Corps législatif, il en est qui possèdent l'estime et la confiance de leurs concitoyens, et qui ont des droits pour représenter la colonie; mais il n'en est pas moins vrai que Sonthonax a usurpé le pouvoir législatif, en annulant les élections qui avoient été faites avant son arrivée dans la colonie, pour se faire nommer député lui-même; il n'en est pas moins vrai, que la volonté de Sonthonax, appuyée par la force des baïonnettes, n'étant pas celle des électeurs, Saint-Domingue ne peut pas se dire représensé au Corps législatif (1).

---

(1) Voyez les protestations des communes et des électeurs, sous les nos 18 et 19 des pièces justificatives.

Citoyens Directeurs, nous savons que tous les maux dont vous venez de voir le récit n'ont été opérés par ces agens que parce qu'ils ont secoué le joug des lois, et méprisé vos propres instructions ; et nous voyons, avec reconnoissance, vos soins paternels s'occuper à réparer les désordres occasionnés par des prévarications que votre justice a déjà jugées par l'envoi dans la colonie d'un pacificateur illustré.

Depuis que la nécessité, la plus impérieuse de toutes les lois, a occasionné le départ de Sonthonax, toutes les communications sont parfaitement rétablies entre les diverses parties de la colonie ; le département du Sud présente l'aspect flatteur de la prospérité la plus brillante et de la fraternité la plus intime. Les missives les plus récentes représentent la colonie persévérant toujours dans cette rassurante attitude : de coupables desseins tendroient peut-être à vous la peindre sous des couleurs plus sombres ; mais ces peintures de l'imagination perverse seroient aussitôt effacées qu'elles voudroient s'exposer aux regards du public. Il sera facile de pénétrer ces futiles et pernicieux moyens, qui ont déjà été employés par l'intérêt personnel ; il sera toujours de mon devoir de les combattre et de prouver au gouvernement l'authenticité des faits renfermés dans ce mémoire, comme la certitude de la prospérité réelle et permanente de Saint-Domingue, depuis que les auteurs de ses troubles et de sa désolation ont reflué dans cette Europe, où le tribunal de l'opinion publique les a dès long-tems jugés.

Tel est le compte que je rends au Directoire, au Corps législalif et à la mère-patrie, de la conduite du général Rigaud dans le commandement du département du Sud de Saint-Domingue. Je le dois, ce compte intéressant, à la patrie, comme citoyen ; à la justice administrative, comme témoin d'actions généreuses que l'imposture puissante veut dénaturer, pour en faire la source de nouveaux désastres ; à l'honneur militaire, comme frère d'armes d'un général vertueux dont le courage m'a enflammé, dont le républicanisme m'a toujours dirigé contre les ennemis de la liberté et du nom françois, dont la pureté m'est connue comme mon existence, dont la réputation m'est devenue aussi chère que mon propre bien.

A l'égard des calomnies réitérées contre le général Rigaud, dans les mémoires qui viennent d'être répandus avec tant de profusion, et colportés par ces vils détracteurs dans tous les siéges des autorités constituées et dans tous les cercles, il suffit de faire observer que tandis que des lâches travaillent à le perdre dans l'esprit de ses magistrats et de ses concitoyens à deux mille lieues de lui, ce brave général verse son sang pour défendre sa patrie et pour faire triompher la liberté. A des imputations controuvées, il répond par des faits éclatans ; à d'obscures menées, par des victoires glorieuses ; à l'acharnement qu'on met à le diffamer, par la constance qu'il met à donner des preuves d'une inviolable fidélité. On l'accuse depuis quatre ans de chercher à pactiser avec les Anglois : depuis quatre ans il a été couvert de blessures en combattant contre les Anglois. On lui impute l'*idée* de livrer le territoire à ces intrigans insulaires, et tout ce que nous en avons arraché des mains de ces perfides ennemis, leur a été arraché par son courage, par son intrépidité, par son génie. On va jusque dans l'avenir, lui chercher la possibilité des crimes, et je puis plus sûrement lui trouver dans l'avenir la réalité des vertus, en affirmant que Rigaud conservera à la République, arrachera aux Anglois le département qui lui est confié, ou qu'il périra en vrai républicain. Voilà comment un militaire répond à de lâches calomniateurs, et voilà comment un militaire défend un autre militaire, dont il reconnoît invariablement la fidélité et l'héroïsme.

PIÈCES JUSTIFICATIVES.

N° I.

Beauséjour (quartier de Léogane), le 12 nivôse an de la République françoise, une et indivisible.

HONORÉ BAUDOIN, *Secrétaire de l'arrondissement de Beauséjour* (1),

AU *citoyen Pierre Dieudonné, Président des volontaires gardes nationaux de la Charbonnière, faisant fonction de Commissaire civil, etc., etc.*

CITOYEN COMMISSAIRE,

J'ai reçu de mes parens une éducation assez soignée. Ils ont eu soin dans ma jeunesse de me donner les connoissances dont l'homme a besoin pour se conduire lui-même et être utile à ses semblables. La nature, en naissant, m'a doué d'un cœur porté au bien, elle y a mis un amour ardent pour tous les hommes en général, et en même temps une aversion implacable contre l'orgueil et l'injustice des méchans, contre la tyrannie, la violence et l'oppression ; j'ai vécu jusqu'ici avec des gens éclairés et instruits ; j'ai beaucoup étudié le cœur humain, et j'ai eu la douleur de voir, après une foule de réflexions, que l'orgueil, l'ambition et la cupidité, en étouffant dans la plupart des hommes les sentimens de la nature, ont amené tous les maux qui nous affligent.

(1) Honoré Baudoin étoit employé par les Anglois au Port-Républicain ; il quitta cette ville au commencement de l'an 4, et se rendit à la Charbonnière auprès de Pierre Dieudonné, qui le fit passer à Pompée, en qualité de secrétaire.
Ce Baudouin, qui n'étoit qu'un émissaire des Anglois, se donnoit à ces hommes naturellement confians pour un patriote persécuté ; c'est sous ce manteau que l'imposteur, abusant de leur crédulité, travailloit à la ruine de sa patrie et à l'asservissement de ces infortunés ; il profita de l'ignorance de Pierre Dieudonné pour l'entraîner dans le parti anglois, et parvint malheureusement à lui faire adopter les propositions du baron de Montalembert. Pierre Dieudonné étoit sur le point de livrer ses frères, lorsque le citoyen Laplume, qui étoit sous ses ordres, le fit arrêter.

Je réfléchis chaque jour sur votre position et celle de tous les frères qui sont sous vos ordres ; je suis accablé de l'incertitude où nous sommes du moment où la France viendra rendre justice aux bons, châtier les méchans, et vous aider à chasser l'ennemi du dehors ; je crains que des forces angloises ne préviennent, dans cette colonie, celles que nous attendons de la mère-patrie ; que les escadres ennemies n'empêchent nos frères d'Europe de venir à notre secours, et de nous apporter avec eux les moyens d'attaque et de défense qui nous manquent, et dont nous sommes indignement privés par le gouvernement des mulâtres. D'un côté, la connoissance que j'ai du caractère remuant et perfide des hommes de couleur, de la haine qu'ils ont pour vous et vos frères, de l'ambition et de l'orgueil qui les domine ; et de l'autre, la certitude où doivent être les hommes de couleur que les crimes qu'ils ont commis, et que le sang des blancs et des noirs dont ils ont rougi tant de fois la surface de cette colonie, ne peuvent s'effacer de la mémoire des uns et des autres, ne me permettent pas de douter que cette classe d'hommes ne fasse jouer tous les ressorts imaginables pour tâcher d'anéantir tous ceux qui les connoissent à fond, comme vous ; qui sont en garde contre leurs ruses, leurs séductions et leurs perfidies ; dessillent les yeux de leurs frères, les empêchent d'être victimes de leur aveuglement et de leur crédulité ; dépouillent par ce moyen l'homme de couleur du rempart qui l'entoure, le laissent livré à sa propre foiblesse, et préparent ainsi de loin l'événement qui doit rabaisser leur insolence et leur orgueil.

D'après toutes ces connoissances, je considère que les hommes de couleur, ayant tout à craindre tant de la France que de la part des Africains, ne manqueront pas tôt ou tard de prendre des arrangemens avec les émigrés et les Anglois pour vous faire attaquer à la Charbonnière, tandis qu'ils marcheront eux-mêmes dans les arrondissemens qui vous reconnoissent pour leur chef, dans l'espérance que la division que vous serez obligé de faire de vos forces pour faire face partout, jointe au manque de munitions, vous fera succomber partout ; et il est difficile que cela n'arrive tôt ou tard, parce que les soldats des mornes se décourageront faute d'être puissamment soutenus ; parce qu'ils ne pourront se présenter à l'ennemi faute de munitions; parce que les chefs ne méritent peut-être pas toute la confiance possible, et qu'ils seront peut-être les premiers à se laisser séduire ; parce qu'enfin les chefs et les soldats qui vous resteront fidèles, demeurant sans munitions, ne pourront résister nulle part, ne trouveront d'asile que dans les bois, et seront réduits au rang des esclaves marrons de l'ancien régime.

En considérant la marche actuelle des choses, je ne saurois me persuader que les hommes de couleur ne soient d'intelligence avec les ennemis de la République pour votre destruction et celle de vos frères; toutes leurs manœuvres l'annoncent; et si vous n'êtes pas attaqué avec vigueur de ce côté-ci, c'est peut-être parce que le moment n'est pas encore venu; parce que les Anglois ne sont peut-être pas prêts encore; parce que les Africains qu'ils ont pour soldats répugnent peut-être à marcher contre leurs frères; ou peut-être encore parce qu'ils craignent que ces mêmes Africains ne s'aperçoivent de leur perfidie, et ne les abandonnent. Ils laisseront les Anglois épuiser vos munitions par diverses attaques, et quand ils verront qu'il ne vous en restera pas du tout, soyez bien certain qu'ils marcheront dans les mornes, et vous ne devez pas compter tout plein sur les hommes des mornes, surtout si vous aviez du désavantage. Il est presque assuré que plusieurs abandonneroient votre parti.

Si cela est, comme je le présume très-fort, vous devez beaucoup vous défier des motifs de la députation que vous avez reçue de Port-au-Prince; les Anglois seront instruits des attaques que vous font les mulâtres, et que vous avez fait passer des forces, tant à la rivière Froide que dans cet arrondissement, et auront voulu s'assurer de tout cela par le rapport du député qu'ils vous ont envoyé, voir s'il vous restoit beaucoup de monde, et prendre, peut-être, en conséquence leurs mesures pour vous attaquer, au premier jour, avec succès.

Si, au contraire, je me suis trompé, s'il n'y a point d'intelligence entre eux et les hommes de couleur, et qu'ils agissent de bonne foi dans les propositions qu'ils ont pu vous faire, quelles qu'elles soient, permettez-moi de vous dire que, dans cette circonstance, il faudroit avoir l'air de ne pas les rejeter entièrement, et leur laisser entrevoir l'espérance de quelque accommodement avec vous, pour prévenir et empêcher celui qu'ils pourroient faire avec les mulâtres; se relâcher même de quelque chose en leur faveur pour en obtenir des munitions; car les mulâtres, plus traîtres et plus perfides que les Anglois, sont vos ennemis les plus dangereux; et qu'en ayant de quoi châtier leur insolence, et les mettre hors d'état de faire des complots avec les ennemis du dehors, vous grossirez infiniment votre parti, et il vous sera bien plus aisé de vous défendre de ces derniers.

Je sais qu'il ne faut pas d'arrangement sincère avec les ennemis de la République, surtout avec une nation qui n'est venue dans ce pays-ci que pour remettre vous et vos frères dans les fers, et s'enrichir de leur sang et de leurs sueurs. Mais je sais aussi que la politique est une science nécessaire aux hommes en place, et que cet art peut seul les tirer d'embarras dans les circonstances les plus critiques. C'est elle souvent qui décide du sort des peuples, et fait plus que les fortes armées. La France, malgré sa puissance et sa force, a agi dans cette révolution par les ressorts de la plus fine politique contre les ennemis extérieurs, et si les commissaires Sonthonax et Polverel n'avoient pas usé de politique et d'adresse en arrivant dans cette colonie, ils auroient été embarqués de suite.

La politique, citoyen commissaire, consiste à tromper adroitement son ennemi par des promesses, par des apparences spécieuses, à le faire tomber adroitement dans le piége qu'on lui tend, en ayant l'air d'agir avec la bonne foi la plus apparente, et à en tirer par ce moyen ce qui manque pour lui faire la guerre à lui-même et aux autres.

« Je suis persuadé que les Anglois et les émigrés françois, si souvent trompés par les hommes de couleur, n'auront jamais que très-peu de confiance en eux, et qu'ils en auroient, au contraire, infiniment plus en vous, qui ne les avez jamais trompés, qui n'avez jamais montré qu'une marche uniforme et une fermeté soutenue. Ne pouviez-vous pas, en usant de beaucoup d'adresse, leur laisser entrevoir que vous n'êtes pas éloigné de prendre des arrangemens avec eux ; prendre leurs députés en particulier, et leur dire de bouche, avec l'apparence de la meilleure foi possible, combien vous détestez les hommes de couleur, et combien vous désireriez pouvoir tirer vengeance de ceux de Léogane et de Jacmel ; les charger de dire à leur général que vous ne seriez pas éloigné de le seconder dans l'attaque de Léogane ; que vous fermeriez avec votre armée la communication de cette ville avec Jacmel et les Cayes, et intercepteriez les secours qui lui seroient envoyés, pourvu que tous les mulâtres fussent embarqués, et qu'on vous fournît les munitions nécessaires pour cette expédition, que vous vous engageriez même de payer en denrées ; que vous leur abandonneriez la possession de la plaine jusqu'à la paix qui surviendroit ; leur recommander le plus grand secret, et demander une réponse? Si vous aviez le bonheur de les faire tomber dans le panneau, et d'obtenir ce que vous auriez demandé, vous ne feriez alors que ce qu'exige l'intérêt de la République, ce que vous prescrit le devoir d'un vrai républicain, votre amour pour vos frères, et la confiance qu'ils ont en vous. Encore une fois, il n'y pas de honte à abuser de la crédulité de son ennemi : il est glorieux, au contraire, de le combattre avec les armes qu'il nous fournit lui-même.

Pardon, citoyen Commissaire, des réflexions et des idées que je me suis permis de vous communiquer dans cette lettre; je n'ai d'autre but que de vous témoigner mon attachement pour vous et vos frères, qui sont devenus les miens, et le vif intérêt que j'aurois de les voir jouir tranquillement des bienfaits de la régénération françoise.

Signé BAUDOIN.

N° II.

LETTRE *de l'ordonnateur général Perroud au général Rigaud, datée à Santo Domingo le 26 floréal an 4 de la République.*

C'est avec une satisfaction bien douce, citoyen général, que je vous annonce la fin des dissensions qui déchiroient la partie du Nord, et qui alloient enlever aux chefs vertueux, à qui la France doit la conservation de cette portion précieuse de l'île, tout le fruit de leurs glorieux et infatigables travaux.

Des hommes profondément pervers, ceux qui jusqu'à présent ont dirigé les poisons de l'infernale faction léopardine, étoient parvenus à armer les patriotes contre les patriotes, et leur sang alloit peut-être encore rougir cette terre, quand l'agent de la République, le citoyen Roume, conduit par le génie bienfaisant qui veille sur les destinées de la France, est venu mettre fin à nos calamités.

Réuni ici à vos députés, à ceux du général Beauvais et du général Villatte, le citoyen agent de la République, qui s'est convaincu, à Paris, du complot affreux qui s'y tramoit contre la prospérité de Saint-Domingue, nous a fait connoître la source de nos maux et la cause de nos divisions. Cette source et cette cause se trouvent dans les machinations criminelles de ces misérables colons, qui, dans la lutte à laquelle ils osèrent provoquer les immortels proclamateurs des droits de l'homme, aux Antilles françoises, n'avoient d'autre but que de tuer la liberté et l'égalité à Saint-Domingue.

Frappés de cette vérité, heureux de ne rencontrer parmi nous aucuns coupables, nous nous sommes tous simultanément précipités dans les bras les uns des autres, et nous avons juré tous entre les mains de l'agent de la République, l'oubli des torts qui ont dû nécessairement résulter de l'erreur fatale dans laquelle nous étions plongés.

Votre républicanisme bien connu, prouvé par tant de travaux, et un dévouement si constant à la cause de la République, m'est garant que vous approuverez les mesures conciliatoires, auxquelles ont si puissamment coopéré vos députés.

Salut et fraternité, *Signé* PERROUD.

N° III.

L'ordre de déportation contre Rey.

Au nom de la République françoise. — Commission nationale civile.

Nous Etienne Polverel et Léger-Félicité Sonthonax, commissaires nationaux civils, délégués aux îles françoises de l'Amérique, sous le vent, pour y rétablir l'ordre et la tranquillité publique.

Ordonnons que Rey, faisant fonctions d'adjudant de l'armée du Sud, sera arrêté et conduit, sous bonne garde, dans les prisons des Cayes Saint-Louis, où il sera détenu jusqu'à son embarquement pour France.

Chargeons le commandant de la province du Sud de l'exécution du présent ordre.

Fait au Cap, le 15 juillet 1793, l'an deuxième de la République françoise.

Signé POLVEREL et SONTHONAX.

Par les commissaires civils, *signé* POITEVIN, secrétaire.

N° IV.

LETTRE *confidentielle du général Rigaud au citoyen Raymond, Commissaire du Gouvernement françois, datée de Léogane le 28 prairial an 4 de la République.*

Mon cher frère et pays,

Il faut aujourd'hui que j'épanche dans votre cœur les douleurs et les chagrins dont le mien est dévoré ; vous êtes mon frère, mon ami, mon chef aujourd'hui ; il faut que je vous dise ce que je n'oserois dire à la commission dont vous êtes membre, il faut que vous sachiez la vérité, il faut que vous sauviez votre pays, en faisant connoître à vos collègues qu'il ne suffit pas d'avoir de bonnes intentions pour faire le bien, mais bien prendre les mesures convenables pour cet effet.

Je vous ai déjà dit deux mots de Villatte, je ne dirai plus rien à son égard ; la commission sera parfaitement instruite de tout ce qui s'est passé dans le Nord, et l'on n'est pas souvent aussi coupable que l'on paroît l'être d'abord ; je me repose sur sa justice et son humanité.

Je souhaite la tranquillité et la prospérité de la partie du Nord et de celle de l'Ouest de la colonie ; je me bornerai à celle du Sud, confiée à mon commandement, que je ne garderai que tout le tems que je croirai y faire le bien, que je quitterai dès le moment qu'il me faudroit coopérer avec d'autres autorités à y opérer le mal.

Je viens d'apprendre que le citoyen Pascal, secrétaire général de la commission, et Leborgne sont vos délégués dans le département du Sud ; rien au monde ne me fait plus de plaisir ; la réputation dont jouissent ces deux républicains est un garant sûr de leur civisme et du bien qu'ils chercheront à opérer ; mais qu'ai-je entendu dire ? que Rey est le troisième délégué.... Non, cela ne peut se croire ; et où la commission auroit-elle donc été chercher Rey pour le nommer son délégué ? Elle ne connoît pas ce Rey ; elle a été trompée ; elle porte le coup de la mort au département du Sud. Rey (son caractère de votre délégué à part) est un scélérat, un ennemi de la liberté et de l'égalité, un des principaux auteurs de l'assassinat commis sur moi et sur tous mes camarades le 14 juillet 1793. Rey, agent des aristocrates envoyés près des Anglois pour leur livrer la partie du Sud ;

Rey enfin, mon antagoniste, et le plus cruel de mes ennemis.....

Rey n'a intrigué et n'a eu une place éminente que pour faire le mal; s'il reste aux Cayes, quelques mauvais citoyens, ses amis et ses partisans, les malveillants enfin, qui avoient perdu l'espoir de perdre le pays, vont voir renaître leurs espérances; mais je pense que les citoyens Leborgne et Pascal pareront ce coup funeste.....

Le citoyen Idlinger m'écrit qu'il vient ordonnateur pour cette partie, et le citoyen Lamontagne contrôleur; je souhaite que ces administrateurs fassent le bien; mais je ne puis voir sans peine Gavanon, Duval et Bonard, qui ont bien mérité de la République, déplacés de cette manière; je suis persuadé qu'ils seront charmés d'être débarrassés d'un fardeau aussi pesant; ils ont eu toute la peine dans des temps bien critiques, maintenant les autres vont faire merveille, le pain est mâché....

Je désire d'être remplacé également dans l'espoir que tout ira mieux; cependant j'ai fait tout ce qui étoit en mon pouvoir de faire : mes concitoyens en rendront compte.

On a tout fait pour diviser les noirs d'avec les hommes de couleur, afin de détruire les derniers; nous étions prévenus dans cette partie. Votre collègue Roume a bonne connoissance de cet infâme projet; j'ai prévenu plusieurs fois mon camarade Villatte, pour qu'il fît tous ses efforts pour se réunir aux généraux Lavaux et Toussaint-Louverture, pour déjouer les malveillans; mais son caractère hautain l'a empêché de plier, ce qui cependant étoit très-nécessaire pour se mettre à l'abri de toute inculpation fausse ou vraie. Ce que je craignois est arrivé dans le département du Nord..... Les ennemis de la liberté et de l'égalité ne pourront jamais pardonner aux hommes de couleur d'avoir prétendu à l'égalité politique, et d'avoir soutenu la liberté des Africains; ils se sont aperçus qu'ils étoient trop foibles pour se venger eux-mêmes; ils trompent les noirs ignorans pour les faire agir contre leurs propres intérêts; ils croient avoir tout fait en disant : *Les mulâtres veulent détruire les blancs pour rendre les nègres esclaves;* eh bien, je change la phrase, ce sont les mauvais blancs de Saint-Domingue qui voudroient détruire les hommes de couleur pour asservir les noirs.

On a facilité dans la province du Nord la rentrée à un grand nombre de scélérats, ce qui a bouleversé cette partie; le département du Sud s'est maintenu par ma surveillance et mon activité; aujourd'hui je ne réponds de rien, et pour peu que je voie mal aller les choses, je me retirerai dans un pays où je vivrai inconnu, parce que si je reste ici, je ne serai jamais ignoré, les méchans diront que j'ai fait le mal par dessous-main, les ignorans appuieront cette calomnie, je serai victime avec un cœur pur et une conduite sans reproche.

De grâce, mon cher compatriote, empêchez le mal! si vous le pouvez, je ne vivrai ni ne commanderai jamais où Rey sera délégué; si sa nomination est irrévocable, procurez-moi ma retraite; je ne voudrois pas être destitué, je ne ferai jamais rien pour le mériter, parce que celui qui a le malheur de l'être est flétri dans l'opinion publique; jaloux de ma réputation, préférant mon honneur à ma vie, je deviendrois le plus malheureux des hommes si j'essuiois un pareil désagrément, encore sans l'avoir mérité.

J'écris à la commission, mon bon ami je lui envoie quelques renseignemens sur la force armée et l'administration du Sud; je désire que les idées que j'ai mises sur le papier, après mûre réflexion, puissent vous être de quelque utilité; je me ferai un plaisir, un devoir même, de vous satisfaire sur tout ce que vous me demanderez; comptez sur celui de vos frères qui vous admire et vous aime le plus, qui est attaché à la République, à la cause de l'humanité, et qui se fera toujours une gloire de dire la vérité, telle chose qui puisse arriver.

Salut, amitié et fraternité. *Signé* A. RIGAUD.

P. S. Des scélérats ont osé calomnier Pinchinat et Sala, un de mes aides de camp; il seroit à souhaiter que tous les hommes fussent comme ces deux républicains; croyez un ami de la vérité, Pinchinat et Sala sont incapables de donner de mauvais conseils, ce sont des amis de la tranquillité et des apôtres de la liberté et de l'égalité, et ils ne cessent de prêcher les vertus républicaines; c'est bien ce qui leur fait des ennemis, car tout le monde n'a pas le bonheur d'être vertueux comme le sont ces deux hommes.

N° V.

Lettre *confidentielle du général Rigaud au citoyen Julien Raymond, commissaire du Gouvernement françois.*

Cayes, le 29 messidor an 4 de la République.

J'ai reçu, citoyen commissaire, votre lettre du 19 de ce mois; je suis sensible au souhait que vous me faites d'une bonne santé. Je n'aurois rien à désirer à cet égard, si le bonheur de ma vie n'étoit pas attaché au sort de tous mes concitoyens, de tous mes frères, à la prospérité de la République, au triomphe de la liberté et de l'égalité : mais les préventions défavorables que le Gouvernement paroît avoir contre les meilleurs citoyens, les démarches sourdes de ceux qui entourent les autorités, l'insubordination et l'abandon du travail qui en seront les funestes suites, tout me fait présager un avenir sinistre à la colonie de Saint-Domingue, et particulièrement au département du Sud, ce qui me cause de noirs chagrins et altère de jour en jour ma santé.

Les délégués de la commission ont été, la décade dernière, faire une tournée en plaine ; ils ont été jusqu'au camp Périn, où des troupes sont cantonnées pour s'opposer aux incursions que les Jérémiens pourroient faire sur le territoire républicain. Les officiers composant la suite des délégués, se sont plu, partout où ils ont passé, à faire envisager aux cultivateurs que la condition dont ils jouissoient n'étoit pas celle d'hommes libres. Arrivés au camp Périn, un nommé *Arnaud*, l'un des aides de camp de la délégation, demanda au commandant du camp l'élargissement de trois militaires qui étoient détenus pour avoir manqué à la subordination et à la discipline. Ce dernier ne lui refusa pas l'objet de sa demande, attendu que les délinquans étoient déjà assez punis : il les fit donc mettre en liberté. Alors Arnaud chercha à capter l'esprit des soldats, en leur disant qu'on les vexoit, qu'ils étoient libres, qu'en conséquence ils ne devoient pas être traités aussi indignement, et que cela changeroit. Il réussit à causer une fermentation si grande, que les soldats finirent par emprisonner leur chef, en lui disant : que ce citoyen venoit de les assurer qu'il n'existoit ni cachot, ni prison chez les républicains, et que c'étoit vouloir l'esclavage, que de punir et maltraiter les hommes de cette manière.

L'insubordination étoit poussée au point que, sans mon arrivée imprévue, la scène auroit fini peut-être d'une manière tragique. Je venois communiquer aux délégués des nouvelles que j'avois reçues de Léogane; je trouvai tout le camp dans le plus grand désordre. Ayant demandé le sujet d'une telle rumeur, un officier m'apprit qu'Arnaud en étoit la cause, et que le commandant venoit d'être enfermé par ses suggestions perfides. Je pris les mesures convenables pour réprimer le désordre, et rappeler chacun à son poste et à ses devoirs; ensuite je fis vivement sentir à cet intrigant toute l'inconséquence de son procédé, et lui demandai s'il étoit plus ami de la liberté des noirs que ceux qui en étoient les défenseurs, lui qui naguère étoit à Jérémie parmi les ennemis de la République, fustigeant et brûlant ces mêmes noirs que maintenant il vouloit séduire. Il finit par me demander excuse, et moi par me plaindre amèrement de sa conduite aux délégués. Après avoir rendu le calme et l'ordre au camp, je me retirai.

En passant sur les habitations Laborde, les délégués firent démolir une prison qui servoit à punir les cultivateurs qui quittoient le travail pour pratiquer le brigandage. Je ne prétends pas trouver mauvais que les délégués de la commission aient supprimé ce lieu de correction, mais la manière dont ils l'ont fait a causé de mauvais effets, en faisant connoître aux cultivateurs qu'il n'y avoit plus aucun frein pour ceux à qui il plaisoit de se livrer à la paresse; ceux qui entourent la délégation ont dit aux Africains que les mulâtres étoient leurs oppresseurs; qu'eux venoient les faire jouir de la liberté de travailler à leur gré; que désormais les nègres ne devoient plus rien faire que pour eux-mêmes et pour les blancs.

Les inspecteurs des cultures, qui sont des hommes bien intentionnés, les plus sages et les plus instruits qu'il y ait parmi les noirs, sont venus me manifester les craintes qu'ils avoient que cette récolte, qui promettoit les plus grands revenus, ne produisît rien, ou du moins peu de chose, d'après les impressions désagréables qu'on cherche à inspirer aux cultivateurs, et qui, malheureusement, commençoient à leur faire perdre l'amour du travail qu'ils avoient contracté.

On n'a épargné aucuns moyens pour gagner également les noirs qui sont dans le militaire; on leur a fait des propositions d'avancement, on leur a fait envisager les hommes de couleur comme leurs ennemis, et tout annonce qu'on veut les porter à un soulèvement général contre leurs chefs.

Je ne sais ce que se promettent les hommes qui manœuvrent de cette sorte, mais je ne trouve pas de meilleur moyen pour faciliter aux ennemis l'entrée de ce département que de susciter des divisions entre les citoyens qui en sont les défenseurs.

Trouvez-vous, mon cher frère, que le moyen de faire fleurir la culture soit celui qu'on emploie? Croyez-vous qu'il soit nécessaire, pour attacher au travail, d'insurger ceux qu'on y trouve déjà appliqués? Je pense, au contraire, que trouvant tout sur un bon pied, on pouvoit faire les réformes qu'on auroit trouvées nécessaires, sans occasionner aucun désordre, sans répandre de la défaveur sur personne, en un mot, sans chercher à insurrectionner le pays.

Les délégués ont envoyé dans les divers quartiers du département des commissaires pour examiner les prisons, recevoir les dépositions des détenus, et reconnoître les motifs de leur arrestation : ces commissaires, en passant à Saint-Louis, où étoient emprisonnés les plus grands ennemis du bien public, ont fait mettre en liberté des hommes dont l'influence peut devenir dangereuse. D'après la demande de la commission, je lui ai fait passer un état des détenus, qui contient l'exposé des faits qui leur sont imputés; je croyois qu'on n'auroit rien statué à leur égard que d'après la comparaison qu'on auroit faite des renseignemens que j'ai donnés, avec les dépositions que les commissaires des délégués étoient chargés de recueillir. Certes, les moyens de remettre la colonie dans l'état où elle étoit plongée avant que des mesures rigoureuses n'eussent ôté à ses ennemis la liberté de consommer sa ruine, seroit de mettre ces mêmes ennemis à même de manœuvrer à leur gré.

Par quel renversement de principes se fait-il qu'en même temps qu'on favorise les malveillans d'une part, on persécute, d'un autre côté, des hommes qui n'ont jamais cessé de donner des preuves du plus pur patriotisme?

Pinchinat est, quoi qu'on en dise, du nombre de ces derniers, et il y a un arrêté de la commission, en date du 27 prairial, qui le mande au Cap comme le moteur des troubles du 30 ventôse, comme ayant cherché à séparer cette colonie de la métropole, et à former une assemblée coloniale. Les délégués m'ont envoyé cet arrêté ce matin, pour le faire exécuter; Pinchinat, sans doute, prévenu de son arrestation, a pris la fuite, car je ne l'ai pas vu d'aujourd'hui.

Peut-on regarder comme ennemi de la France un homme qui a constamment professé des principes dignes d'éloges, un homme qui, sans ambition, s'est rendu utile à ses frères, et a propagé les principes des commissaires civils? Peut-on comparer cet homme aux Bruley, aux Page, etc. comme on le fait en lui prêtant l'intention de former une assemblée coloniale, lui qui a été de tout temps l'ennemi déclaré du système de ces colons, lui qui a toujours manifesté des opinions contraires aux leurs?

Il n'est pas étonnant que Pinchinat ait été au Cap, où il ne fait pas sa demeure, puisque, d'après l'invitation faite à Beauvais et à moi par le général Lavaux, nous l'avions envoyé au Cap avec les citoyens Sala et Fontaine pour s'embarquer sur la corvette la *Vénus*, afin d'aller faire nos remercîmens à la Convention nationale.

J'ai beau chercher : il m'est impossible de pénétrer les motifs de la conduite étrange qu'on tient vis-à-vis des amis de la République et vis-à-vis de ses ennemis. Vous conviendrez avec moi que la proscription lancée contre un homme aussi respectable, et aussi estimable que l'est Pinchinat, présage un triste sort à ceux qui, comme lui, ont fait le bien quand ils l'ont pu, sans chercher à faire le mal, pas même à leurs ennemis.

La citoyenne Françoise Raymond et le citoyen Boisrond se rendent auprès de vous : je les ai priés de vous remettre la présente, et de vous faire de vive voix le tableau de ce qui se passe ici, afin que, s'il vous est possible d'empêcher le mal qui se prépare, vous employiez à cet effet toute votre influence.

Je vous ai déjà écrit dans le genre de cette lettre-ci : je n'ai encore reçu aucune réponse catégorique. Je pense que vous ne voulez pas vous compromettre en vous expliquant, mais que vous gémissez comme moi : sans cette idée, votre silence seroit un coup de foudre pour moi. Mais enfin vous pourriez, par une occasion sûre, me faire connoître vos sentimens, et par là éclairer mes pas sur l'abîme où me plonge tout ce que j'entrevois.

Signé A. RIGAUD.

N° VI.

EXTRAIT *de la lettre du commissaire Roume aux généraux Lavaux, Toussaint-Louverture, Villatte, Pierre-Michel et Pierre Léveillé, datée de Santo Domingo, le 22 floréal an 4.*

J'ai vu Lavaux et Perroud, eux-mêmes trompés par les mêmes scélérats, accuser dans leurs écrits publics, non-seulement les citoyens de couleur du Cap, mais tous ceux de la colonie entière, d'un projet atroce contre l'espèce totale des blancs ; projet qui n'entra jamais dans le cœur de ces hommes régénérés ; projet si absurde qu'il se détruit par sa simple énonciation ; projet dont le seul soupçon injurie, non-seulement ceux qui en sont accusés, mais encore la nation françoise en masse ; car la nation ne permet pas de croire que ses défenseurs infatigables, que des gens honorés de son estime, que des héros nécessaires à la conservation de son territoire, puissent vouloir se souiller d'un crime dont la seule idée fait horreur.

..... Tout ce qui s'est passé m'étoit connu depuis quinze à dix-huit mois. Un blanc du Cap, bavard de son naturel, me découvrit ce nouveau complot, un matin dans ma chambre à Paris. Non-seulement il m'annonça ce que vous venez de voir, mais il me raconta toute la suite d'un complot dont vous ne connoissez encore que le premier acte. Cette exécrable tragédie, digne en tout point de leur âme infernale, consiste en trois actes que je vais dévoiler en vous répétant la conversation d'un colon.

Je sors (c'est le colon qui parle) *de chez les commissaires* Page *et* Bruley, *où se sont trouvés beaucoup de patriotes de Saint-Domingue, et la Convention nationale aura beau vouloir l'égalité des mulâtres et la liberté des noirs, elle finira par avoir le dessous par les mesures qu'on vient de prendre.*

Nous commencerons par brouiller les mulâtres avec les nègres, en coalisant ceux-ci avec les blancs. Ce moyen procurera la destruction totale de ces figures à rhubarbe.

Ensuite nous brouillerons les nègres créoles avec les nègres de Guinée, en coalisant ceux-ci avec les blancs : ce second moyen nous délivrera de tous ces docteurs maroquins.

Enfin la France, ennuyée de tous les crimes qui se seront commis, ne pourra plus regarder les nègres que comme des bêtes fé-

roces, *indignes de la liberté : elle rétablira l'esclavage ; nous nous déferons de tous ceux qui auront de l'énergie; nous en ferons venir d'Afrique, et nous les tiendrons sans cesse sous le fouet et les chaînes.*

N° VII.

LETTRE *du général Rigaud aux délégués de la commission du Gouvernement françois, dans le département du Sud.*

Aux Cayes, le 17 messidor an 4 de la République.

J'ai lu avec attention, citoyens délégués, votre proclamation du 13 courant; j'y vois que des malintentionnés vous ont peint la masse des citoyens du département du Sud, et surtout ceux de la ville des Cayes, bien différemment qu'ils ne sont. Les mêmes instigateurs qui, avant votre arrivée, faisoient courir les bruits alarmans que vous veniez destituer tous les fonctionnaires civils et militaires, pour les remplacer par des gens connus pour ennemis de la République, ont osé répandre, après votre arrivée, que les républicains en fonctions craignaient cette mesure injuste. Ils n'ont d'autre but que d'occasionner un mouvement insurrectionnel, afin de justifier leurs manœuvres perfides. Je vous déclare, au nom de tous les vrais républicains du département, que nous ne craignons aucune injustice, parce que nous sommes persuadés que vous n'êtes pas venus ici pour en exercer. Forts de notre conduite passée, et de notre soumission aux lois de notre patrie, nous espérons, au contraire, tout des délégués du gouvernement françois ; je suis seulement affligé que des factieux et des traîtres aient provoqué une proclamation qui pourra faire croire au loin qu'il y a eu des mouvemens dans cette partie, ce que je tiens pour contraire. Les craintes et les méfiances se trouvent toujours chez le peuple peu instruit et crédule : malheureusement celui de Saint-Domingue est encore dans ce cas. Les sciences et la philosophie ne l'ont point encore tiré de l'ignorance où il fut de tout temps plongé. Vous nous apportez le flambeau de la raison et de la justice ; vous êtes dans cette partie l'organe de la nation françoise; vous nous trouverez unis, et par conséquent forts ; nous n'avons plus besoin que de connoître parfaitement les lois de la République françoise, auxquelles nous nous soumettons entièrement, et de marcher contre les Anglois pour les expulser de Saint-Domingue, afin de faire régner, dans toutes les parties de cette colonie, la liberté et l'égalité.

Permettez-moi une observation sur quelques réflexions que j'ai eu occasion de faire : c'est une question, citoyens commissaires ; je vous prie de la résoudre.

Polverel et Sonthonax ont triomphé de leurs ennemis ; la plus grande preuve est que Sonthonax est revenu investi des plus grands pouvoirs. Polverel seroit également revenu s'il eût vécu (gloire soit rendue à sa mémoire). Polverel et Sonthonax ont propagé, soutenu et plaidé la cause de l'humanité, de la liberté et de l'égalité ; leur conduite a été approuvée, ainsi que leurs actes : par quelle fatalité, citoyens délégués, leurs plus cruels ennemis, ceux qui ont voulu les assassiner, les embarquer ; ceux qui ne vouloient point de liberté pour les Africains, ni d'égalité pour les hommes de couleur ; ceux qui ont appelé les Anglois, ceux enfin qui, peu de tems avant votre arrivée, auroient facilité, s'ils l'avoient pu, l'invasion du pays que les vrais amis de la France et de ses lois lui ont conservé ; par quelle fatalité, dis-je, sont-ce ces mêmes hommes qui entourent votre demeure, qui se sont introduits auprès de vous pour calomnier les républicains ; qui font éclater une joie qui est suspecte ; qui, se donnant pour les amis de l'ordre, trament sourdement pour mettre le désordre, comme ils l'ont fait autrefois ? Ces hypocrites affectent de menacer les républicains ; ils semblent avoir remporté une victoire, et paroissent persuadés que leurs principes vont être mis en pratique. Quelles peuvent être leurs espérances ? Vous ne pouvez être abusés, du moins pour long-tems, car les ennemis de Polverel et Sonthonax, les partisans de Page, Bruley, Thomas Millet, Verneuil, etc., ne peuvent être les vrais amis ni les partisans de ce même Sonthonax, ni de Roume, ni de Raymond, ni de Leborgne, etc. Je les connois parfaitement ; ils changent d'opinion, de conduite suivant les circonstances, comme le caméléon change de couleur. Vous les verrez un jour, citoyens délégués, tourner leurs traits envenimés, diriger leurs poignards contre vous-mêmes, quand ils se seront fait mieux connoître, et que vous les regarderez pour ce qu'ils sont. Heureux si d'ici à ce temps il n'arrive aucun événement malheureux produit par leur scélératesse ! Ces hommes, toujours hardis et entreprenans, se présentent les premiers, sollicitent des places, quelquefois les obtiennent, et s'en servent pour venir à leurs fins, pour assouvir leurs vengeances ; tandis que les honnêtes gens, les républicains pour mieux dire, attendent que les autorités les appellent, n'ambitionnent, ne demandent qu'à être bien connus ; heureux d'avoir pu être utiles à leur patrie, d'avoir pu suivre le chemin de l'honneur et du patriotisme, ils ne considèrent cette foule d'ambitieux empressés que comme des intrigans et des scélérats qui ne tarderont pas d'être démasqués, tels que le furent en France les contre-révolutionnaires.

Pour moi, citoyens commissaires, je périrai à mon poste, soit contre les ennemis extérieurs, soit contre ceux de l'intérieur ; si ceux-ci persistant dans leurs manœuvres perfides et liberticides, parvenoient à troubler la tranquillité publique, ma religion est connue, ma profession de foi est faite, je serai toujours fidèle à la République françoise et aux autorités par elle constituées. Je n'aurai jamais d'autre ambition que celle de servir ma patrie, et coopérer au bonheur de mes concitoyens ; tels furent les mobiles de ma conduite, tel vous me trouverez toujours dans toutes les actions de ma vie publique et privée. Ma correspondance, tous les actes émanés de moi jusqu'à ce jour vous convaincront de la sincérité de mes sentimens ; jamais je ne fus ému par aucun motif particulier et personnel. Depuis le départ des commissaires civils Polverel et Sonthonax, quoique revêtu d'une commission de gouverneur général par *intérim* de ce département, j'ai cherché à ouvrir une commission avec le général Lavaux, pour avoir un régulateur de ma conduite, pour lui demander des ordres et des instructions ; je n'ai cessé, depuis, d'entretenir une correspondance suivie avec ce chef, aussi fréquemment que les circonstances l'ont permis, je lui ai régulièrement fait le rapport de la situation et de tous les mouvemens de ce département ; je lui ai envoyé des états de la force armée, et n'ai cessé de réclamer ses ordres ; ses décisions et son approbation sur tous les actes émanés de moi, et j'ai eu la douce satisfaction de voir que le général Lavaux n'en a improuvé aucun, m'a comblé d'éloges, et m'a prescrit de continuer à agir comme je l'entendrois, pour le plus grand bien de la chose publique.

Signé A. Rigaud.

N° VIII.

Extrait *de la lettre des officiers, sous-officiers et volontaires du 88ᵉ régiment d'infanterie françoise (ci-devant* Berwick), *au général Rigaud.*

<small>Cayes le 4ᵉ jour complémentaire de l'an 4 de la République.</small>

A l'arrivée des délégués tout change de face en ce département. Les factieux, les ennemis de la liberté et de l'égalité relèvent la tête ; ils s'agitent en tout sens, obsèdent la délégation. Elle prête une oreille trop facile aux discours empoisonnés de la calomnie, accueille les fausses délations sans examen, médite dès ce moment l'arrestation des citoyens qui ont fait le bien, qui se sont montrés ardens à soutenir la liberté et l'égalité, qui ont enfin déployé, en faveur de l'humanité, toute l'énergie de leur caractère.

Dès ce moment, le sort des troupes change aussi. La prodigalité, les dilapidations succèdent à une sage économie, à un véritable et juste emploi des fonds publics. Notre ration de pain est diminuée et devient insuffisante pour nous alimenter. Plus de fournitures d'habillemens, plus de demi-paye ; tous les fonds se consomment sous nos yeux en objets de luxe. Une table splendide est entretenue chez les délégués aux dépens de la nourriture du soldat. Les payemens des anciennes fournitures sont suspendus, les travaux importans des fortifications sont arrêtés par ordre de la délégation ; on protège quelques armemens, mais on reçoit des actions des armateurs. On inquiète la navigation des neutres pour nous rejeter dans le premier état de misère ; et, pour retirer du fruit des actions, on juge tout de bonne prise, etc., etc.

C'est en vain que l'odieuse calomnie voudroit accréditer le bruit qu'elle fait courir, que les citoyens blancs n'occupent aucunes places dans ce département. Les faits démentent ouvertement cette assertion. C'est ce qui sera prouvé par tous les citoyens blancs de cette commune ; mais nous nous bornerons ici à ce qui regarde notre corps. Nous n'avons pas l'avantage de posséder parmi nous beaucoup de nos frères des autres couleurs ; tous nos officiers sont blancs, notre chef de bataillon est commandant militaire depuis le 16 mars 1794, etc., etc.

Suivent un grand nombre de signatures.

N° IX.

Billet des actions.

Cayes Saint-Louis, île Saint-Domingue, le 2 fructidor an 4 de la République françoise.

Bon pour *douze actions et demie*, à raison de *seize cent cinquante livres chaque*, que nous reconnoissons avoir cédé ce jour au *citoyen Leborgne*, sur le corsaire le *Sonthonax*, capitaine Rolland ; ledit armement s'élevant à la somme de cent soixante-cinq mille livres est divisé en cent actions, dont nous sommes propriétaires de soixante-neuf actions, comme par l'acte passé le jour d'hier par-devant Deletang, notaire, *rconnoissant avoir reçu le montant desdites douze actions et demie en actif*, dont quittance.

Signé Nathan frères et compagnie.

Bon pour 20,625.

N° X.

Aux Cayes, le premier thermidor an 4 de la République.

Extrait *de la lettre du général Rigaud aux délégués de la commission du gouvernement françois aux Cayes.*

Ce paquet contenoit en outre votre lettre sous le rapport qui vous a été fait par les émissaires employés à Jérémie. Après avoir lu ce rapport, je vois qu'il n'est rien moins que la force supérieure qui soumettra le quartier de Jérémie et dépendances aux lois de la République françoise.

Ce Pochet dont il est question est un habitant des Baradaires, le plus grand scélérat qu'il y ait jamais eu, ayant déjà, avec Nicole Dupérier et autres, promis de se soumettre aux ordres des commissaires Polverel et Sonthonax, et qui ont eu la perfidie de tendre des piéges à l'armée que je commandois dans le temps envoyée à Jérémie. Je vous préviens qu'il n'y a point à compter sur Pochet : en allant à Jérémie, il faut y aller en force, ou ne pas y songer.

Signé A. Rigaud.

N° XI.

Billet de *Denton et Hall.*

Bon pour la somme *de deux cents portugaises,* que nous payerons *à l'ordre de la délégation.* Aux Cayes, le 13 fructidor an 4 de la République.

Signé Denton et Hall.
Bon pour 13,200 livres.

N° XII.

Lettre *de change.*

Echange pour 50 louis en numéraire et non autrement.

A sa vue, il vous plaira payer par cette seconde d'échange, la première et la troisième ne l'étant, à l'ordre de la *citoyenne Clotilde Hainhault,* la somme de *cinquante louis d'or de vingt-quatre livres tournois chaque, en numéraire et non autrement,* valeur reçue en pareille somme du *citoyen Leborgne,* que vous passerez suivant l'avis de vos amis.

Signé Nathan frères et compagnie.

Au citoyen Dufrayer,
rue Saint-Martin, près le café du Commerce, a Paris.

N° XIII.

Extrait *du mémoire du chef de bataillon Dénard sur l'expédition contre le camp Raymond.*

Le 27 on battit la générale au camp Perrin; je reçus ordre de m'y rendre avec ma troupe. En arrivant, on nous fit former un bataillon quarré; le général Desfourneaux se rendit au centre, et après avoir recommandé le silence, il nous donna lecture d'une lettre de la délégation, par laquelle elle le félicitoit des peines qu'il s'étoit données pour s'emparer du camp des ennemis; que malheureusement la fortune l'avoit mal servi, mais qu'il n'avoit pas été vaincu; que sa retraite honorable valoit bien une victoire; qu'elle étoit la preuve de son courage et de son attachement à la liberté et à l'égalité; que l'avancement qu'il demandoit pour ceux qui s'étoient distingués dans cette expédition étoit juste, et qu'elle s'empresseroit à le demander à la commission du gouvernement françois au Cap.

Lecture faite de cette lettre, le général Desfourneaux fit les plus grands éloges au bataillon du 88ᵉ régiment et à la garde nationale; mais quel fut mon étonnement, lorsque j'entendis accabler d'injures les troupes coloniales, les traiter de scélérats, de brigands et d'assassins; les accuser indignement d'avoir désarmé la garde nationale, après l'avoir assassinée; leur reprocher même qu'ils étoient bien aises de sa non-réussite, et qu'elle n'étoit que l'effet de leur lâcheté! Cessez, général Desfourneaux, cessez de donner le change sur la cause de cette malheureuse défaite, il ne faut qu'être instruit du vice de votre plan d'attaque, et de la foiblesse de votre tactique, pour attribuer la déroute à votre impéritie; heureux pour vous encore, si cette mauvaise combinaison, qui vous a porté à envoyer les compagnies l'une après l'autre à l'assaut, n'est pas regardée par des yeux plus clair-voyans comme une machination perfide, dont le but étoit de sacrifier ces compagnies.

Mais ce qui met le comble à la conduite scandaleuse du général Desfourneaux, ce qui donne fortement lieu de croire qu'il brûloit en secret du désir criminel d'exciter une fermentation parmi les troupes coloniales, et de les porter à des extrémités fâcheuses pour venger leur honneur outragé, c'est la rédaction d'une liste odieuse, où l'on ne voyoit parmi les délinquans, parmi ceux qu'il accusoit de désertion, que des officiers et des soldats de la légion, tandis que ce corps n'a point dérogé, dans l'attaque du camp Raymond, au courage et à l'intrépidité qu'il a toujours montrés sous les ordres du général Rigaud, ce qui est constaté très-authentiquement par l'état nominatif des blessés conduits à l'hôpital militaire de cette ville, et par celui des morts, qui se monte à une vingtaine d'hommes, parmi lesquels on voit le citoyen Bardou, sergent-major de la compagnie Romain, qui cependant étoit porté sur la liste des déserteurs; on trouvoit aussi sur cette liste, ouvrage de la prévention et de la calomnie, le citoyen Cotard, sergent de la compagnie de François Rigaud, dont le nom se trouve pareillement inscrit sur l'état des militaires blessés et transportés à l'hôpital.

Ce général, dont la colère fut presque l'état habituel pendant toute la campagne, voulut, au mépris de la loi, forcer plusieurs de nous à frapper les soldats, sur lesquels il vouloit assouvir ses emportemens; mais leur refus n'ayant fait que l'irriter, il tenta de punir leur modération, en faisant le geste injurieux de leur arracher leurs épaulettes.

Il falloit être retenu comme nous l'étions, par la crainte de faire naître une malheureuse affaire, pour ne pas céder aux provocations réitérées qu'il nous faisoit de nous abandonner à l'excès de la fureur et de la vengeance que nous renfermions dans nos cœurs.

N° XIV.

LIBERTÉ GÉNÉRALE.   ÉGALITÉ PARFAITE.

Les *délégués de la commission du gouvernement françois dans les départemens du Sud et de l'Ouest, à Saint-Domingue :*

Considérant que le salut du peuple est le premier devoir du gouvernement comme la première des lois, et que dans les circonstances actuelles, ils sont dans l'impuissance de l'opérer;

Chargent le général Rigaud de prendre les mesures convenables pour le rétablissement de l'ordre et de la paix, mettent sous sa sauvegarde et sous sa responsabilité la sûreté des personnes et des propriétés, la liberté individuelle des citoyens, le dépôt sacré de la constitution et des lois, et l'investissent des pouvoirs nécessaires pour sauver la patrie.

Signé Kerverseau et Leborgne.

N° XV.

LIBERTÉ. — ÉGALITÉ. — RÉPUBLIQUE FRANÇOISE.

PROCLAMATION.

André Rigaud, *général de brigade, commandant en chef dans le département du Sud et quartiers de l'Ouest y annexés.*

Les malheureux événements qui viennent de se passer ayant déterminé la délégation à me charger, par sa lettre du 14 de ce mois, de prendre les mesures convenables pour le rétablissement de l'ordre et de la paix, deux pétitions, dont l'une signée individuellement par tous les citoyens de la ville des Cayes, et l'autre par les représentans des citoyens cultivateurs réunis à l'Islet et à la Tourterelle, au nombre de six mille, m'investissant de tous les pouvoirs nécessaires pour rétablir l'ordre et la tranquillité ; cédant à ces diverses et pressantes réclamations de tout le peuple, j'annonce à tous les citoyens que j'ai pris en main les rênes du gouvernement, jusqu'à ce que le rétablissement entier de l'ordre et de la paix ait mis à même de prendre les mesures et de suivre les formes prescrites par la Constitution.

En conséquence, j'ordonne :

Art. 1. Tous les chefs des corps des troupes soldées les feront rentrer dans leurs quartiers respectifs, consigneront la troupe, et ordonneront aux officiers de se tenir exactement à leurs compagnies jusqu'au rétablissement de l'ordre.

Art. II. Le commandant militaire fera commander de fortes patrouilles de dragons et d'infanterie, pour parcourir la ville, arrêter les hommes armés qui errent sans ordre de leurs chefs, et les consigner à la salle de discipline, dans le quartier de la légion, sur la place d'armes.

Art. III. Les cultivateurs de la plaine qui se trouvent encore dans la ville seront invités par les chefs de patrouilles de retourner à leurs travaux ordinaires; ils seront même conduits jusque sur la levée, pour s'assurer de l'exécution dudit article.

Art. IV. Tout individu qui sera rencontré dans la ville, se portant au désordre ou cherchant à le provoquer, sera arrêté de suite et conduit dans les prisons, pour être jugé conformément aux lois.

Art. V. Les citoyens et citoyennes qui ont quitté leurs maisons sont invités à y retourner, ils y seront sous la sauve-garde de la loi et de la force armée chargée de son exécution.

La présente sera imprimée, lue et affichée partout où besoin sera, envoyée à toutes les municipalités et commandans militaires du département du Sud et des quartiers de l'Ouest y annexés, chargés de tenir la main à son exécution.

Fait aux Cayes, le 15 fructidor l'an quatrième de la République françoise, une et indivisible.

Signé A. Rigaud. *Par le général,* L. Poutu.

N° XVI.

EXTRAIT *de l'arrêté du conseil populaire séant à l'Islet ce 14 fructidor an quatrième de la République françoise, une et indivisible.*

LE conseil des membres des représentans des citoyens réunis à l'Islet et à la Tourterelle, a ouvert sa séance, par suite de l'arrêté du jour d'hier, qui dit qu'on attendroit l'arrivée du général Rigaud pour prendre les mesures les plus propres pour ramener l'ordre et la tranquillité.

Le conseil a arrêté et arrête :

Qu'attendu son arrivée, et connoissant la confiance qu'il a su inspirer à tout le monde, on lui remet tous les pouvoirs pour parvenir à rétablir l'ordre, l'accord et l'union parmi les citoyens.

Fait et clos par le conseil populaire, les jour, mois et an que dessus, et ont signé à la minute : *Drouet, Demuzaine aîné, Pillorge, Joseph Bourry, H. Bleck,* président ; *Dejoye,* secrétaire.

N° XVII.

Aux Cayes, le 14 fructidor an quatrième de la République françoise, une et indivisible.

Nous, citoyens françois, habitans de la ville des Cayes, réunis en ce moment dans la maison du général Rigaud, où il nous a fait conduire lui-même pour sauver nos jours, qui étoient dans le plus grand péril, ayant vu l'arrêté de ce jour de la délégation et conformément à ses dispositions, qui chargent le général Rigaud de sauver la chose publique, témoins de l'extrémité cruelle où se trouvent réduits non-seulement la ville, mais la plaine et les départemens entiers du Sud et de l'Ouest :

Considérant que le général Rigaud est le seul qui, par son influence et son autorité, puisse ramener le calme dans ce malheureux pays ;

Considérant qu'il n'y a pas un moment à perdre, au milieu des gémissemens plaintifs de nos femmes et de nos enfans, nous signons tous individuellement la prière que nous adressons au général Rigaud, de prendre provisoirement en main les rênes du gouvernement, et de sauver la chose publique par tous les moyens que lui suggéreront son zèle, son patriotisme et son amour pour l'humanité.

Suivent un grand nombre de signatures.

N° XVIII.

LIBERTÉ. — ÉGALITÉ. — RÉPUBLIQUE FRANÇOISE.

EXTRAIT *des minutes déposées au greffe de l'administration municipale de la commune des Cayes, l'an 4 de la République françoise, une et indivisible, et le 3e jour complémentaire.*

LES citoyens de la commune des Cayes, département du Sud de Saint-Domingue, assemblés en la maison commune de cette ville, en vertu d'une proclamation de la commission déléguée par le Gouvernement françois aux îles sous le vent, en date du 19 thermidor dernier, portant convocation des assemblées primaires dans toute la colonie, et d'un arrêté de la délégation dans les départemens du Sud et de l'Ouest, en date du 7 fructidor, relatif à ladite proclamation, et à la convocation des assemblées primaires dans lesdits départemens.

Sous la présidence provisoire du citoyen Longuefosse, le plus ancien d'âge, et le citoyen Duguer, comme le plus jeune, remplissant proviroirement les fonctions de secrétaires,

On a procédé, par la voie du scrutin, à la nomination d'un président et d'un secrétaire : dépouillement fait d'icelui, il en est résulté que les citoyens Longuefosse et Duguer ont été confirmés, le premier en qualité de président, et le second de secrétaire.

L'assemblée ainsi constituée :

Vu le procès-verbal de l'assemblée des électeurs du département du Sud réunis dans la ville des Cayes, en date des 20 et 21 germinal dernier, duquel il résulte que six députés ont été choisis et nommés au Corps législatif ;

Vu pareillement la susdite proclamation de la commission du Gouvernement françois, en date du 19 thermidor, et l'arrêté de la délégation, en date du 7 fructidor ;

La matière mise en délibération, le tout discuté et mûrement examiné :

L'ASSEMBLÉE :

Considérant que les articles 23 et 43, titres 3 et 4 de la Constitution, portent que le Corps législatif prononce seul sur la validité des opérations des assemblées primaires et électorales, et que, par conséquent, nulle autre autorité n'a le droit de suspendre les opérations, et de contrarier le vœu du peuple librement émis ;

Considérant que le département du Sud n'ayant point été représenté à la Convention nationale, que les citoyens de ce département n'ayant reçu, à l'époque des assemblées primaires et électorales, qui ont eu lieu ans le mois de germinal dernier, ni la liste des membres qui étoient en activité à la Convention, ni le tableau du nombre des députés que chaque assemblée électorale devoit fournir, d'après les états de population, conformément aux articles 2 et 8 de la loi du 13 fructidor, on ne peut justement leur reprocher de s'être conformés à la loi du 22 août 1792 (*vieux style*) qui fixe à dix-huit le nombre des députés de Saint-Domingue à la Convention nationale ; savoir, six pour le département du Nord, six pour le département du Sud et six pour le département de l'Ouest ;

Considérant qu'aussitôt que les citoyens du département du Sud ont eu connoissance certaine de la Constitution françoise acceptée par le peuple françois, ils n'ont pas dû attendre sa promulgation à Saint-Domingue pour donner à la métropole des témoignages de leur attachement ; qu'on ne sauroit leur faire un crime de leur empressement à donner à la mère-patrie des preuves de leur amour, de leur reconnoissance et de leur soumission à ses lois, par la nomination de leurs députés au Corps législatif ; qu'ils ne peuvent être blâmés de n'avoir pas suivi des bases de représentation qu'ils ne connoissoient pas, ni par conséquent être taxés d'avoir eu l'intention de s'écarter des lois des 5 et 13 fructidor, en ce qui concerne le nombre des députés que chaque département devoit fournir au Corps législatif ;

Considérant que la proclamation de la commission déléguée par le Gouvernement françois aux îles sous le vent, en date du 19 thermidor, présente la violation manifeste, 1° des articles 4 et 5, titre premier ; — 2° de l'article 9, titre 3 ; — 3° de l'article 33, titre 4 ; — 4° de l'article 36, titre 4 de la Constitution, lequel dernier article prescrit une assemblée électorale dans chaque département ;

Considérant que, quoique l'île de Saint-Domingue, à cause de la cession de la partie ci-devant espagnole à la France, doive, conformément à l'article 7, titre premier de la constitution, être divisée en quatre ou six départemens, il n'en est pas moins vrai qu'en attendant la division, qui sera déterminée par le Corps législatif, il existe dans la partie françoise de cette île trois départemens, dont les limites sont parfaitement connues et peuvent, suivant l'article 4, titre premier de la Constitution, être changées ou rectifiées par le Corps législatif.

Considérant qu'il n'existe aucune loi qui autorise la réunion des électeurs de plusieurs départemens en une seule assemblée électorale ; que si une pareille mesure pouvoit être autorisée par la loi, on n'aurait jamais dû, vu l'impossibilité de se rendre par terre au Cap, et les dangers que les citoyens des départemens de l'Ouest et du Sud courent à s'y rendre par mer, fixer l'assemblée électorale dans une ville située à l'extrémité de la partie françoise, et qui se trouve déchirée par des factions, par des dissensions intestines, par des troubles et par une guerre civile qui ont mis la commission du Gouvernement françois dans la triste nécessité de déclarer, par son arrêté du premier fructidor, que le département du Nord *étoit en danger*, d'où il résulte qu'attendu que les Anglois sont en possession du département de l'Ouest, et pour ne pas multiplier les assemblées électorales, on auroit pu se permettre, tout au plus, de réunir provisoirement aux départemens du Nord et du Sud, les cantons de l'Ouest qui y sont attenans ;

Considérant que si, aux termes de la susdite déclaration du 19 thermidor, *le défaut de municipalité en plusieurs cantons* du département du Nord *dévastés par la guerre civile, nécessite la réunion des votans dans la ville ou le bourg le plus prochain*, il n'en est pas de même dans le département du Sud, où tous les cantons, où toutes les communes jouissent de la plus grande tranquillité, et peuvent former autant d'assemblées primaires que le nombre des citoyens l'exige, conformément à l'article 19, titre 3 de la Constitution ;

Considérant qu'il est difficile de concevoir comment la commission du Gouvernement françois, qui, dans sa proclamation du 19 thermidor, déclare ne point connoître le recensement exact de la population coloniale, a pu se permettre de fixer le nombre d'électeurs que chaque canton doit fournir et s'attribuer à elle-même un droit qui, suivant l'article 33 du titre 4 de la Constitution, n'appartient qu'aux assemblées primaires ;

Considérant qu'il n'existe pas dans le département du Sud un seul canton qui, en se conformant à l'article 33 de la Constitution, ne soit susceptible de fournir plus d'électeurs que n'en indique la proclamation du 19 thermidor ;

Considérant qu'il est encore plus difficile de concevoir quels motifs ont pu déterminer la commission du Gouvernement françois, qui avoue elle-même son ignorance sur la population coloniale, à indiquer cent trois électeurs pour le département du Nord et les cantons de l'Ouest y attenans, tandis qu'elle n'en indique que cinquante-six pour le département du Sud et les cantons de l'Ouest y attenans, quoique ceux-ci renferment une population plus nombreuse que les autres ;

Considérant que la précipitation avec laquelle les dernières assemblées primaires ont été convoquées dans le département du Sud n'a pas permis aux citoyens cultivateurs, et autres de la plaine et des montagnes qui composent la presque totalité de la population de chaque canton, d'être instruits de cette convocation, et de se rendre aux lieux indiqués pour les assemblées ; que par conséquent la nomination des électeurs qui s'est faite dans quelques cantons du département du Sud n'a pu être et n'a été que le résultat du vœu de quelques citoyens domiciliés dans les bourgs ;

Considérant que la réunion des électeurs des départemens du Nord, de l'Ouest et du Sud en une seule assemblée électorale au Cap, et la précaution prise par la commission du Gouvernement françois de fixer le nombre des électeurs que chaque canton doit fournir sont inconstitutionnelles ; que la partialité avec laquelle elle fixe le nombre de ces électeurs, que le soin qu'on a pris de convoquer les assemblées primaires dans le département du Sud, de manière que la très-grande majorité des citoyens n'en fût pas instruite, annoncent évidemment le *projet de priver ce département du droit que la Constitution françoise accorde à tous les autres de nommer des députés au Corps législatif, de couvrir par ce moyen la vérité d'un voile impénétrable, et d'ôter à la France les moyens d'être instruite de ce qui se passe dans ce département par l'organe de ses représentans immédiats ;*

Considérant enfin que les assemblées primaires et électorales qui ont eu lieu dans le département du Sud, dans le mois de germinal dernier, ont rempli, au nombre des députés près, toutes les formalités prescrites par l'acte constitutionnel ; que les nominations qui y ont été faites présentent le résultat du vœu de l'universalité des citoyens ;

L'assemblée, en confirmant autant qu'il est en son pouvoir les nominations qui ont été faites par l'assemblée électorale qui a eu lieu aux Cayes les 20 et 21 germinal dernier, déclare soumettre au jugement du Corps législatif les opérations de ladite assemblée électorale et des assemblées primaires qui l'ont précédée ; déclare pareillement s'en rapporter au Corps législatif pour le nombre des députés du département du Sud, qui doivent être admis dans son sein, et pour le choix des membres de la Convention nationale qui doivent être réélus pour compléter le Corps législatif, conformément aux lois des 5 et 13 fructidor ;

Proteste contre la réunion des électeurs des départemens du Nord, de l'Ouest et du Sud en une seule assemblée électorale ; contre toute nomination de députés et autres opérations de ladite assemblée électorale qu'on voudroit présenter comme le résultat du vœu des citoyens du département du Sud ;

Invite le général Rigaud, commandant en chef le département du Sud et quartiers de l'Ouest y annexés, en vertu des pouvoirs à lui donnés par les délégués de la commission du Gouvernement, et par les communes du département, à prendre les mesures nécessaires pour faire rendre en France les députés nommés par l'assemblée électorale, qui a eu lieu dans la ville des Cayes, les 20 et 21 germinal dernier, et de pourvoir, de la manière qui paroîtra la plus prompte et la plus convenable, aux dépenses, tant pour le bâtiment qui doit les transporter, que pour leurs frais personnels ;

Arrête que la présente délibération sera livrée à l'impression, que copie d'icelle sera envoyée au Corps législatif, au Directoire exécutif, à ses délégués aux îles sous le vent, à tous les cantons et communes du département du Sud, de même qu'à ceux de l'Ouest attenans à celui du Sud.

Fait et clos en séance les jours, mois et an que dessus, et ont signé en la minute :

Suivent un grand nombre de signatures.

N° XIX.

EXTRAIT des registres des déclarations de la municipalité d'Aquin.

Aujourd'hui 6 vendémiaire l'an 5 de la République françoise, une et indivisible, est comparu le citoyen GAYE, cadet, lequel a fait la déclaration suivante :

Qu'étant nommé électeur de la paroisse, et voyant, avec surprise qu'étant réunis au Cap, Jean-Pierre Michel, général de brigade, électeur du haut du Cap, dit en pleine assemblée : Que si l'on ne nommoit pas Lavaux et Sonthonax députés au Corps législatif, il achèveroit d'incendier la ville du Cap; que pour cet effet, il y venoit avec une escorte de cinquante ou soixante dragons, pendant la tenue de l'assemblée, afin d'en imposer au parti contre, et que les électeurs ayant vu qu'une obstination de leur part auroit pu occasionner le malheur de tous les concitoyens du Nord, ils ont préféré adhérer à leurs désirs, réservant le droit de protester contre une telle nomination, présente déclaration faite pour servir et valoir ce que de droit.

Signé au registre, GAYE, cadet.

Collationné LOUIS MENDES, *Secrétaire.*

Pareille protestation a été faite par tous les cantons des départemens du Sud et de l'Ouest, et par tous les électeurs desdits cantons.

JE *certifie et j'atteste l'existence des Pièces ci-dessus conformes aux originales, que j'offre d'exhiber en cas de besoin. A* PARIS, *le premier messidor an sixième de la République françoise,* **une et indivisible.**

Signé BONNET.

Paris, le 10 fructidor an 5 de la République française, une et indivisible.

GUY-JOSEPH BONNET,

Aide-de-camp du général Rigaud, commandant le département du Sud de Saint-Domingue.

Au Directoire exécutif et au Corps législatif.

D'après les preuves irrécusables dont j'avois étayé les faits que la justice et mon devoir me forçoient de publier, en réponse aux atroces calomnies dirigées contre les meilleurs citoyens de Saint-Domingue, je ne croyois pas qu'il pût s'élever quelque voix contre l'autorité de ces titres incontestables, qui auroient dû arrêter pour jamais l'éruption d'une nouvelle insulte.

Trop heureux s'ils pouvoient être oubliés ! Nos adversaires, quoiqu'aidés d'une influence suprême, devoient sans doute ne point provoquer une seconde discussion, et nous fournir ainsi l'occasion de faire valoir toute la force de nos moyens, et la puissance toujours irrésistible de la vérité.

Le citoyen Sonthonax se jette dans l'arène, et commence l'attaque par une de ces plates injures qui prouvent tout à la fois, et la difficulté de sa défense, et l'instabilité de ses principes. Il m'accuse d'avoir été domestique d'un négociant de Léogane, et, par cette première divagation, il prétend que je ne puis être l'auteur du mémoire que je viens d'adresser au Directoire exécutif. Ceux qui ont pu lui donner des renseignemens sur mon compte auroient dû être plus exacts, afin de lui épargner le ridicule d'avoir avancé une imposture aussi grossière : ils auroient dû lui dire que, descendu d'une famille honnête et fortunée, j'ai dû me trouver au-dessus du besoin, et par conséquent à l'abri d'embrasser l'état de domesticité. La nature, il est vrai, ne m'a point favorisé du sublime talent de l'éloquence, mais elle m'a doué de ce gros bon sens qui porte l'homme à distinguer le bien d'avec le mal ; et ce discernement me donne assez de courage pour confondre la calomnie, pour ne pas craindre le puissants oppresseurs de ma patrie et pour saisir corps à corps les ennemis les plus acharnés de mon pays et de mes concitoyens.

J'ai dû dédaigner, sans doute, la qualification de domestique que l'on me donne ; mais cette dénomination attestera de la part de celui qui l'emploie, quelle espèce de *philanthropie* règne dans son âme, que les mots d'égalité, de liberté et de vertu, ne sont pour lui que des termes hypocrites, et qu'il est facile de juger de son orgueil extrême par les tons humilians qu'il laisse souvent échapper.

Quoique je voue à tout le mépris qu'elle mérite l'orgueilleuse, la malicieuse, l'absurde accusation de SONTHONAX, néanmoins mon respect pour la vérité me fait un devoir d'y répondre.

Ce seroit peut-être ici le cas de tracer l'histoire de ma vie, et de sommer SONTHONAX de faire connoître le nom du négociant de Léogane de qui j'étois domestique, et d'en indiquer l'époque ; mais ce seroit occuper le lecteur d'un récit et d'une discussion qui doivent lui être indifférens ; en conséquence, je me bornerai seulement à dire que, dans ma jeunesse, j'ai travaillé dans l'étude d'un notaire public de Léogane et dans plusieurs maisons de commerce, notamment dans celle du citoyen Pilloton, aujourd'hui lieutenant de vaisseau, sur la corvette *la Bergère*, dont la liquidation m'est confiée. Lorsque les Anglois et les Espagnols abordèrent les côtes de Saint-Domingue, la colonie en danger appela ses enfans à son secours ; à cette voix si chère je renonçai à mes intérêts particuliers pour voler sous l'étendard de la liberté, et marcher contre les ennemis de la République. Je suis, à vingt-cinq ans, dans la sixième année de ma carrière militaire, et j'ai la douce satisfaction de pouvoir présenter à ma famille et à mes concitoyens d'honorables attestations, de la part de mes chefs, et des autorités civiles dans les communes où j'ai résidé, de mon civisme, de mon zèle, et de mon dévouement inviolable à la cause sacrée de la liberté. Toutes ces pièces authentiques, ainsi que mes brevets, sont en ce moment déposés au ministère de la guerre, pour constater mes services.

Maintenant je vais entrer dans une discussion plus sérieuse ; en suivant le discours de SONTHONAX dans l'ordre qu'il a établi sa réfutation, je prouverai victorieusement qu'il n'a nullement répondu aux faits qui lui sont imputés, qu'il les a torturés, qu'il les a dénaturés pour pouvoir les réfuter, encore n'y est-il point parvenu ; j'observerai en passant que c'est toujours comme défenseur, et non comme accusateur, que je me suis présenté; j'observerai aussi qu'en éclaircissant la conduite du général Rigaud, j'ai dû tracer celle de ses adversairses, et qu'en défendant mes malheureux compatriotes proscrits, j'ai dû faire connoître les auteurs de l'infâme projet qui devoit les faire disparoître du sol qui les vit naître. Je passe à la réfutation.

1° Pour répondre au reproche d'avoir, en partant de Saint-Domingue en l'an 2, conseillé aux Africains d'égorger tous les anciens libres, SONTHONAX dit : *Si en partant de Saint-Domingue, à la suite de ma première mission, j'ai décrété (pour me servir de l'expression de Bonnet) la mort des anciens libres, j'ai dû le faire verbalement ou par écrit; si c'est verbalement, où sont les dépositions?* Je réponds à SONTHONAX que les dépositions se trouvent (ainsi que je l'ai déjà indiqué) dans un mémoire adressé à la Convention nationale, par le général Beauvais, lequel mémoire est revêtu de la signature de tous les officiers de la garnison de Jacmel; je cite le témoignage du citoyen Rey-Delmas, nommé député de Saint-Domingue en germinal an 4, qui en a fait mention dans ses écrits. Si l'on joint à toutes ces manœuvres les massacres qui ont eu lieu au camp *Neret*, et dans les montagnes de la Charbonnière; le refus qu'ont fait constamment *Pierre Dieudonné et Pompée*, chefs des Africains campés dans cette partie de se réunir aux défenseurs de la patrie pour expulser les Anglois du Port-Républicain, et l'accord qui, par l'entremise du baron *de Montalembert*, existoit entre ces deux chefs et les Anglois, pour attaquer les mulâtres de Léogane, seuls ennemis qu'ils eussent à craindre, certes il ne doit plus rester de doute à cet égard.

2° SONTHONAX nie d'avoir, à la même époque, nommé Pierre Dieudonné commissaire civil; il observe que, dans ses deux missions à Saint-Domingue, il n'a point fait de délégués sans leur donner des brevets : « *Où est donc* (s'écrie-t-il) *le brevet de Pierre Dieudonné?* » Il eût été absurde, à SONTHONAX surtout, au moment de son rappel en France, de donner un brevet ostensible qui auroit pu le compromettre. Cependant *Pierre Dieudonné* arrêté par les siens, à l'instant même où il alloit livrer aux Anglois tous les quartiers de la Charbonnière, est traduit à la cour martiale. Interrogé pourquoi il prenoit dans ses actes publics et particuliers le titre de commissaire civil, il répondit que c'étoit d'après l'autorisation de SONTHONAX : sommé d'exhiber cette autorisation, il déclara qu'il avoit prêté serment au commissaire de ne jamais communiquer cette pièce, et dût-il lui coûter la vie, il ne pouvoit violer son serment; il a ajouté même qu'il avoit enterré cette pièce avec d'autres papiers, et qu'il périroit avec son secret. Est-il besoin de commentaires plus étendus? Si le rapprochement de toutes ces circonstances et des événements qui en ont été la suite n'équivaut pas à des preuves juridiques, n'est-on pas forcé de convenir qu'il y a dans les faits imputés à SONTHONAX plus que de la probabilité?

3° SONTHONAX nie encore *d'avoir concerté, avec le général Lavaux, la déportation générale des hommes de couleur, leurs femmes et leurs enfans*. « *Vous m'accusiez* (dit-il) *il n'y a qu'un instant d'avoir ordonné le massacre de cette caste; optez entre ces deux accusations, et prouvez l'une ou l'autre.* » Mais ici il n'est pas question d'opter; tout concours a démontré que ces deux projets ont existé; le dernier est nécessairement l'effet du peu de succès qu'a eu le premier. La preuve de l'existence de l'un et de l'autre se trouve dans le rapport du commissaire Raymond, dans celui du général en chef Toussaint-Louverture, dans les déclarations des citoyens Kerverseau, Pascal, Gautier, Grandet, Christophe, etc.; dans l'adresse de l'administration municipale de Plaisance au Corps Législatif; dans la conduite de SONTHONAX au Cap, dans celle de ses délégués dans le Sud; dans ce ramas d'hommes aussi féroces qu'immoraux, qui entouroient la personne de cet agent, et qu'il employoit avec distinction.

Eh quoi! cet assemblage monstrueux de tant d'iniquités n'est-il pas suffisamment prouvé par la déportation injuste de Villatte et de ses compagnons, par l'anéantissement et l'abjection des hommes de couleur dans le Nord, par le *massacre de leurs femmes exécuté en plein jour par Lavaux, sous les yeux même de la commission?* Voilà plus que des probabilités; et cependant SONTHONAX prétend que *sur toutes ces imputations* (ce sont ses propres termes) *il pourroit se contenter de la négative.*

4° Au reproche d'avoir fait distribuer des armes et des munitions aux noirs révoltés de la montagne de l'Est, SONTHONAX répond qu'il n'a point fait distribuer des armes aux noirs révoltés *sous la bannière angloise*. J'observe que je n'ai pas construit ma phrase de cette manière, ce qui donneroit un avantage à SONTHONAX à l'aide d'une sottise qu'il me feroit dire. Je rétablis le texte qui présente un résultat très-conséquent. J'ai dit que Sonthonax avoit fait distribuer des fusils *et de la poudre aux noirs révoltés de la montagne de l'Est;* que ces noirs ont tourné ces armes contre la République, en se coalisant *depuis* avec les Anglois, pour combattre contre les républicains et contre la commission. C'est un fait vrai, connu de toute la colonie de Saint-Domingue, et avoué par la commission elle-même dans ses proclamations. Sonthonax nous dit : «*Demandez au général Desfourneaux si ce n'est pas par mes ordres qu'il a marché contre eux et qu'il les a vaincus.*» Il est vrai que la *commission* (et non Sonthonax) effrayée des désordres que commirent ces hommes égarés, ordonna au général Desfourneaux de les combattre; mais ce n'est point de cela qu'il s'agit, lui dirai-je à mon tour; il est constant que vous aviez donné des armes à ces noirs révoltés et qu'ils les ont tournées contre la République; je vous demande pourquoi vous n'avez envoyé que mille fusils dans les départemens de l'Ouest et du Sud, qui depuis longtemps étoient dénués d'armes et de munitions, tandis que vous en avez distribué trente ou quarante mille dans le département du Nord? Voilà ce qu'on vous reproche; voilà ce qu'on vous demande, et c'est à quoi vous ne répondez pas un mot.

5° A l'égard du citoyen *Rey,* qu'on lui reproche d'avoir nommé délégué, après avoir lancé contre lui en 1793 (*v. St.*) un ordre d'arrestation et de déportation, Sonthonax s'exprime ainsi : « *Les gens en place ne sont pas infaillibles, et chaque jour le Directoire lui-même revient sur des arrêts de rigueur rendus sur de faux exposés.* » Cela est vrai, mais les clameurs qui se sont élevées au sujet de la nomination du citoyen *Rey,* les réclamations des citoyens, les représentations du commissaire Raymond, et les malheurs arrivés dans le département du Sud, tout concourt à démontrer que ce n'étoit pas sur de faux exposés que *Polverel* et Sonthonax avoient ordonné la déportation de Rey. D'ailleurs, on n'a jamais vu les hommes en place, ni le Directoire lui-même, nier, comme Sonthnax, les ordres donnés et les arrêtés de rigueur pris à l'égard des personnes sur le compte desquelles on a surpris leur religion. « *J'assure* (dit-il) *que la prétendue déportation de Rey est un faux matériel; elle est datée le* 15 *juillet, et à cette époque cet adjudant étoit, depuis plus d'un mois, prisonnier des Anglois à la Jamaïque.* » Mais on n'a jamais dit que la déportation de *Rey* ait été effectuée; on convient au contraire, qu'ayant eu connoissance de l'ordre lancé contre lui, Rey, pour en prévenir l'exécution, avoit émigré à la Jamaïque; j'ai avancé, et je soutiens, la preuve à la main que cet ordre, signé POLVEREL et SONTHONAX existe, et que copies collationnées doivent se trouver dans les archives du Corps législatif, et dans celles du Directoire exécutif.

Quant à ce que dit SONTHONAX : *« que le Directoire revient tous les jours sur des arrêts de rigueur, rendus sur de faux exposés, »* cela fait l'éloge du Gouvernement, et prouve son impartialité et sa justice. Au reste, ces magistrats suprêmes n'ont de haines pour aucune classe de citoyens (il n'étoit de même de SONTHONAX) et les personnes qu'ils ont réintégrées dans leurs fonctions sont sous leur surveillance, et ils sont toujours à même de réprimer leur audace, s'ils vouloient abuser de leur confiance pour commettre des injustices. Cette intégrité du Directoire me donne enfin l'espoir qu'il reviendra bientôt sur l'opinion qu'un agent infidèle avoit surprise à sa bonne foi dans son message du 3 floréal.

6º Au reproche d'avoir autorisé le brigandage des corsaires qui capturoient les bâtimens neutres qui abordoient sur les côtes de Saint-Domingue, SONTHONAX répond « qu'*il n'a fait en cela que suivre les ordres et les intentions du Directoire*. C'est dans cette occasion, sans doute, que SONTHONAX paroît avoir répondu d'une manière péremptoire, et à laquelle il semble qu'il n'y ait rien à répliquer ; mais son triomphe ne sera pas de longue durée, et je prends l'engagement solennel de démontrer sa perfidie, et de prouver qu'il n'a point répondu au point le plus essentiel de l'imputation qui lui a été faite.

Je le demande, n'étoit-il pas permis aux citoyens de Saint-Domingue, ignorant les ordres et les intentions du Directoire, de se plaindre d'une mesure dangereuse qui pouvoit exposer la colonie aux horreurs de la plus affreuse famine? N'étoit-il pas permis de se récrier sur les pirateries exercées par un ramas de corsaires, chargés d'hommes inconnus, étrangers à Saint-Domingue, qui, pour satisfaire leur cupidité, saisissoient ou pilloient indistinctement tous les bâtimens neutres qui tomboient entre leurs mains avides? N'étoit-il pas permis de se plaindre surtout de ce que LEBORGNE, délégué de SONTHONAX dans le Sud, avoit pris des intérêts directs sur des bâtimens armés en courses et se soit rendu par-là juge et partie dans les contestations élevées à l'égard des bâtimens capturés? J'ai rapporté dans mon premier mémoire, des pièces à l'appui de ce fait. Voilà à quoi SONTHONAX devoit répondre, et voilà à quoi il ne répondra jamais d'une manière satisfaisante.

Cependant, pour sortir d'embarras, SONTHONAX ajoute « qu'*il n'appartient qu'à des anglo-colons de blâmer sa conduite,* » comme si le républicanisme des citoyens de Saint-Domingue pouvoit être douteux; mais pour prouver à SONTHONAX que ce ne sont pas seulement les *anglo-colons* qui blâment cette piraterie des corsaires, et qu'il n'est jamais entré dans *l'intention* du Gouvernement d'affamer nos possessions coloniales qui ne peuvent obtenir de subsistances que du continent américain, je le renvoie à l'arrêté du Directoire du 13 thermidor dernier, qui proscrit ce brigandage, pour savourer à longs traits les délices du triomphe qu'il croit avoir remporté.

7º Pour répondre enfin au reproche d'avoir accordé l'amnistie aux traîtres qui avoient livré le territoire françois à l'ennemi, tandis qu'il persécutoit les patriotes, SONTHONAX, pour détourner cette grave imputation, se rejette sur un article isolé de sa proclamation alambiquée du 19 messidor an 4. « Sont exceptés de l'amnistie (y est-il dit, article 2) ceux qui ont signé les capitulations à l'aide desquelles on a livré le territoire françois aux agens du gouvernement britannique, ceux qui ont accepté de ce gouvernement des emplois civils et militaires. »

Par l'exposition de son article 2, SONTHONAX se croit triomphant; mais moi, qui tiens sous les yeux cette même proclamation, j'y lis, article premier :

« Déclarons l'amnistie générale pour tous les François qui habitent les villes et quartiers possédés par les Anglois dans la colonie de Saint-Domingue, soit qu'ils aient ou non porté les armes pour l'ennemi dans l'intérieur desdites villes et des dits quartiers; leurs propriétés seront protégées, et mises sous la sauvegarde de la République. »

Ensuite je passe au troisième article, et j'y lis :

« Pourront cependant y être compris (dans l'amnistie) ceux qui, après avoir signé des capitulations, ou accepté des emplois publics faciliteroient par des coups d'éclat, *ou par des manœuvres secrètes*, la rentrée aux armées de la République sur son territoire. »

D'après cela n'est-il pas prouvé qu'il a donné l'amnistie aux traîtres qui ont porté les armes contre la patrie? N'est-il pas démontré que ceux qui ont porté les armes contre la République ont concouru à livrer son territoire à l'ennemi? N'est-il pas évident encore qu'au moyen de l'article 3, qui se trouve à la suite de celui cité si complaisamment par SONTHONAX, le plus scélérat ennemi de la République pouvoit se tirer d'affaire, et que parmi des hommes presque aussi coupables les uns que les autres, il n'en est pas un seul qui n'eût trouvé des attestations, au moyen desquelles il auroit joui du bénéfice de cette proclamation?

Au surplus, les citoyens de Saint-Domingue n'ont jamais blâmé cette mesure d'indulgence, mais il leur étoit impossible de la concilier avec les persécutions exercées envers les meilleurs patriotes. L'humanité s'oppose, sans doute, à ce que je m'élève contre une *amnistie* accordée aux François coalisés avec les Anglois (quoiqu'ils aient reçu la proclamation à coups de fusils); mais je me plains, je m'indigne, avec tous les citoyens de la colonie, de voir qu'en même temps qu'on favorisoit les traîtres, on persécutoit les zélés défenseurs de la patrie, ceux que la loi du 5 thermidor an 3 déclaroit avoir bien mérité d'elle. Voilà ce que nous reprochons à SONTHONAX; voilà sur quoi il ne s'est pas justifié.

C'est ici que se termine la réfutation de SONTHONAX; je laisse au lecteur éclairé le soin de l'apprécier à sa juste valeur. Quant à moi, je n'y trouve que des déclamations, de la mauvaise foi, et le soin qu'il a pris de ne combattre que l'ombre des imputations qui lui ont été faites. Cependant, ce même SONTHONAX s'écrie ici d'un air de triomphe: « *Admirez maintenant, citoyens collègues, l'impudence de mes calomniateurs, et voyez quelle foi méritent leurs allégations. Certes! elles sont si sottement méprisables, que je me garderai bien de les relever toutes; il me suffit de vous indiquer les plus grossièrement fausses.* »

Je ne conçois pas, en vérité, comment SONTHONAX a pu avoir la maladresse d'employer cette exclamation emphatique, et comment il ne s'est pas aperçu qu'elle étoit directement contraire au but qu'il se proposoit; je sais qu'il ne me pardonnera pas cette réflexion, mais il ne peut m'empêcher de lui faire observer qu'il a commencé son ouvrage par où il devoit le finir; car il conviendra, sans doute, ou d'autres conviendront pour lui, qu'en fait de réfutation, on s'attache ordinairement aux objections les plus fortes, pour pulvériser ensuite plus facilement, et à son aise, celles qui n'ont aucune vigueur, aucune solidité. Vous sentez, lui dira-t-on, que votre écrit n'est qu'une plaisanterie indigne du caractère dont vous êtes revêtu; mais vous ne serez pas toujours couvert de la pourpre sénatoriale, et si vous vous en tirez si mal à l'égard des imputations les plus invraisemblables, les plus sottement méprisables, les plus grossièrement fausses (ce sont vos propres termes), que doit-on attendre de vous lorsque vous en viendrez à la réfutation de celles qui portent un caractère de vraisemblance, même de vérité; de celles surtout qui sont appuyées par des preuves?

Sonthonax réserve le trait le plus acéré pour terminer son opuscule; c'est contre Pinchinat, c'est contre Rigaud, c'est contre Villatte qu'il lance ce dard avec lequel il fait toujours de profondes blessures.

Le citoyen Pinchinat est actuellement à Paris; j'espère qu'il repoussera d'une manière victorieuse le trait de la calomnie la plus envenimée, et qu'il fera éclater son innocence en démontrant la perfidie de son persécuteur.

Quant au général Rigaud, c'est en vain que Sonthonax voudroit le charger de ses propres crimes et de ceux de ses délégués: une voix trop puissante, celle de tout le peuple de Saint-Domingue, s'élève trop haut en sa faveur pour que l'on parvienne jamais ni à dénigrer sa conduite ni à affoiblir sa fidélité pour la mère patrie.

Villatte, l'une des premières victimes de Sonthonax, est encore l'objet de sa délirante frénésie; il falloit avoir bien peu de générosité pour attaquer de nouveau ce généreux guerrier, qui a rendu des services si essentiels à son pays, et qui languit sans gloire à Rochefort; que l'on mette en comparaison ces deux individus, et l'on verroit bien vite de quel côté pourroient tomber les suffrages. Villatte, d'une intrépidité peu commune, est célèbre par sa brillante défense contre les Espagnols, malgré la famine la plus désastreuse, malgré tout l'or corrupteur, malgré l'infâme désertion de beaucoup de François. Les bataillons d'émigrés et d'espagnols rompus et détruits, la prise du Port-Margot, la ville du Cap conservée, sont des trophées illustres, auxquels son diffamateur ne peut opposer que des ruines, des décombres et des incendies.

Revénant tout à coup à ses injures favorites, Sonthonax qualifie tous les citoyens qui prennent la défense de la colonie *de continuateurs de Vaublanc, d'hommes soldés par l'Angleterre;* il désigne les hommes de couleur comme les partisans des Anglois et de l'indépendance. Nous ne pouvons empêcher Sonthonax de nous donner telle dénomination qu'il lui plaît; mais pour prouver sa perfidie et sa mauvaise foi, je prie le lecteur de se ressouvenir de tout ce qu'a dit Sonthonax en faveur des hommes de couleur dans ses débats coloniaux; je le prie surtout d'ouvrir le tome 3, pag. 200, où il trouvera ce témoignage irrécusable du patriotisme des citoyens du 4 avril.

« Sur le reproche que fit *Duny* à *Sonthonax*, d'avoir déporté les patriotes de Saint-Domingue, celui-ci répondit qu'il n'y avoit dans la colonie que deux factions, les royalistes et les indépendans, et qu'il n'y avoit de patriotes que les hommes de couleur. »

Quel langage étonnant! quelle suite de manœuvres perfides! Eh quoi! les hommes de couleur ont-ils démérité? Non; toujours attachés à la métropole, ils ont prouvé par leur fidélité et leur courage combien ils étoient dignes du titre honorable de citoyens françois. Sonthonax nous donne l'épithète *de persécuteurs et de calomniateurs*, et il déclare qu'*il ne prendra conseil désormais que de sa juste indignation* (contre les mulâtres). Ah! il y a longtemps que sa fureur barbare nous poursuit; il s'est flatté, depuis son retour en France, *qu'il vouloit rendre les hommes de couleur aussi odieux aux François que l'étoient les Anglois.* Loin d'avoir été *calomniateurs* et *persécuteurs*, nous avons été, au contraire, calomniés et persécutés, et nous n'avons fait qu'élever une foible voix contre des oppresseurs environnés de puissance et accrédités par l'audace.

Sonthonax nous promet *un compte à rendre, qui, avec les pièces justificatives* (dit-il) *formeront ensemble l'acte d'accusation de ses calomniateurs!* Mais qui ignore de quel creuset il tire ses prétendues pièces justificatives? Un fait vrai, que je vais rapporter, fera connoître quel degré d'authenticité devra mériter ce *compte à rendre.*

Un officier de génie, l'un de ceux qui accompagnèrent les agens de Sonthonax dans le Sud, avoit, sur leur réquisition, dressé procès-verbal sur la construction du fort l'Islet, aux Cayes; depuis le retour en France de cet officier, *Leborgne* exigea de lui une nouvelle rédaction de ce procès-verbal, en l'étayant de beaucoup de faits qui ne subsistoient pas dans la première; celui-ci eut la foiblesse d'y souscrire, et consentit à faire un faux matériel; mais, aiguillonné par le remords de sa conscience, il écrivit à un chef de brigade du corps du génie, pour lui faire part des motifs qui l'y avoient déterminé, et ces motifs n'étoient puisés que dans les circonstances. Qu'ils aient l'impudence de le nier!.... Voilà, citoyens, une des pièces qui, sans doute, doivent servir d'acte d'accusation contre les hommes de couleur.

C'est en accumulant sur nous les calomnies les plus atroces; c'est en nous menaçant de toute sa fureur, que SONTHONAX espère d'étouffer la foible voix de l'innocence, luttant contre le crime et l'audace; mais il se trompe, ses menaces ne m'effraient point; il peut m'écraser sous le poids de sa puissance, mais en succombant même, les derniers accens de ma voix expirante iront réveiller la sensibilité des âmes bienfaisantes, et exciter l'attention des vrais amis de la liberté, en attendant que le cri de mes concitoyens vienne retentir sous les voûtes du Sénat.

Pendant la première mission de SONTHONAX à Saint-Domingue, la ville du Cap a été incendiée, la guerre civile organisée, une partie de la colonie est devenue la proie des Espagnols et des Anglois. A son départ pour la France, en prairial an 2, la guerre civile cesse, nos places occupées par l'ennemi leur sont arrachées par le courage de ceux-là même qu'on qualifie aujourd'hui de partisans des Anglois; la culture se rétablit et se vivifie; le commerce en activité attiroit dans nos ports une foule de bâtimens neutres. SONTHONAX reparoît sur l'horizon de Saint-Domingue, en floréal an 4, tout à coup la guerre recommence, l'assassinat et l'incendie s'organisent et se propagent sous ses auspices. Le brave Toussaint Louverture, indigné de ses manœuvres horribles, l'embarque de force pour la France; alors le calme renaît, les citoyens vivent paisiblement sous l'influence des lois et des autorités constituées; les Anglois, resserrés dans le centre de l'isle, laissent échapper trois places importantes, qui sont maintenant occupées par les républicains. Quel contraste frappant, et combien il démontre que la seule présence de SONTHONAX a toujours été désastreuse à la plus riche et à la plus fidèle des colonies!

Je termine par l'examen du *post-scriptum* de l'écrit de SON-

THONAX; c'est là où je trouve vraiment une imputation grave : « *Il est plus que plaisant* (y est-il dit) *d'entendre Bonnet et Pinchinat se plaindre de leur prétendue captivité en Angleterre; ils y étoient libres, et choyés par les agens de Pitt; ils y étoient envoyés par Rigaud pour traiter de la reddition de la partie du Sud de Saint-Domingue.*

Malgré toute la connoissance que j'ai de la méchanceté des hommes, je ne croyois pas que l'on pût se livrer à cet excès d'impudence. Je réclame ici l'aveu des citoyens *Lachapelle* et *Garrigou*, qui furent députés avec nous pour venir dénoncer au Directoire exécutif SONTHONAX et ses agens, et qui partagèrent notre infortune : ces deux hommes ayant trahi la confiance de leurs commettans, et s'étant jetés dans le parti même de ceux qu'ils venoient accuser, leur témoignage, sans doute, ne peut pas être suspect; eh bien! qu'ils déclarent si jamais nous avons été à Londres, ni adulés ni choyés par les agens de Pitt; qu'ils disent, au contraire, si nous n'avons pas été dépouillés de tout, détenus pendant neuf mois sur des bastilles flottantes, insultés de la manière la plus grossière, et constamment menacés du gibet, en notre qualité de républicains, et si nous avons jamais mis pied à terre, ni au Môle ni en Angleterre, avant le jour de notre échange, que nous avons été de *Gosport à Southampton* pour nous embarquer sur le parlementaire françois, qui devoit nous porter en France où tant d'autres peines nous attendoient!

Au surplus qu'avions-nous besoin de nous exposer à un voyage long et périlleux, tandis que les Anglois étoient à nos portes! Quoi de plus absurde que d'aller au fond de l'Europe pour traiter d'un objet qui pouvoit s'effectuer sur les lieux mêmes. Mais qui s'est donc opposé au succès de notre négociation? Dira-t-on que *Pitt* a refusé de prendre possession de Saint-Domingue? A quel dessein, pendant notre détention au *Môle*, SONTHONAX offroit-il à l'amiral Parcker cinquante prisonniers pour chacun de nous? Pourquoi, depuis 21 mois que nous sommes partis de Saint-Domingue, la partie du Sud ne s'est-elle pas encore livrée aux Anglois? Qu'attend-on pour le faire? Répondez, lâches calomniateurs!!!

Quant au général Rigaud, il me sauroit mauvais gré, que dis-je? ce seroit lui faire injure que de le défendre sur une accusation aussi absurde; il n'a que ses actions à opposer à de telles allégations; pour confondre leurs auteurs, il n'a qu'à découvrir sa poitrine, ses honorables blessures témoignent en sa faveur. Eh quoi! sa victoire toute récente contre les Anglois (1) n'est-elle pas une preuve éclatante de sa fidélité inviolable à la République?

Mais SONTHONAX peut-il chercher à voiler à ce point ses manœuvres désorganisatrices; prétend-il faire retomber sur nous ses propres crimes? Tant de faits parlent contre lui, de sa prédilection pour les Anglois, et de son zèle à les servir, qu'il seroit inutile de publier de nouveau la foule des moyens cruels que cet homme a mis en œuvre pour armer les citoyens les uns contre les autres, éloigner pour toujours la concorde en Amérique, et laisser à jamais le souvenir odieux de ses fureurs, remplissant encore d'effroi tout le peuple qu'il a mutilé.

C'est sur un bâtiment parlementaire, destiné pour les ports d'Angleterre (ajoute SONTHONAX) *qu'ils sont partis des Cayes. Je les défie de nier ces faits.* Mais qu'avons-nous besoin de nier un fait que nous avons déposé nous-mêmes devant l'administration municipale de Cherbourg, dans nos déclarations, qui ont été transmises aux ministres de la marine et de la police? Les côtes de Saint-Domingue étant couvertes de frégates angloises, et le général Rigaud n'ayant à sa disposition aucun bâtiment de guerre pour faire porter en France les députés que la colonie adressoit à la métropole, se détermina, sur l'avis de plusieurs marins, à nous faire partir sur un bâtiment expédié en parlementaire. Cette ruse ne nous réussit pas; nous fûmes visités par deux frégates ennemies, qui trouvèrent dans le lest de notre malheureux navire les *douze caisses de papiers*, adressés au Directoire et au Corps législatif, dont nous étions porteurs. Notre véritable mission découverte, on nous déclara de bonne prise, et l'on nous fit endurer tous les tourmens et toutes les humiliations que la férocité du caractère anglois peut inventer.

Mais il est étrange au moins que SONTHONAX ait l'air de vouloir nous faire un crime de cette expédition masquée, lui qui, à peu près à la même époque, en avoit fait une pareille de plusieurs navires qui le gênoient au Cap, lesquels ont été pris et déclarés de bonnes prises comme le nôtre.

Je déclare à SONTHONAX que si je connoissois un François qui eût été en Angleterre pour traiter de la livraison de son pays,

(1) Dans sa dernière attaque dirigée contre la partie du Sud.

et qui n'ayant pu consommer ce crime affreux, seroit retourné dans le sein de cette même patrie qu'il vouloit sacrifier, sans l'accabler d'inutiles invectives, je le traînerois sans pitié devant un tribunal, pour lui faire subir le juste châtiment qu'il mérite.

Voilà tout ce que j'ai à répondre à Sonthonax, et pour finir par un trait de lumière sur les principes du général Rigaud, je fais imprimer à la suite de cette lettre deux pièces intéressantes, qui ne laisseront rien à désirer à cet égard. La première est une missive du royaliste *Lapointe* au général Rigaud, pour lui faire des propositions de la part des Anglois; et la seconde est la réponse énergique du général républicain, dans le temps même que nous étions dans les fers chez les Anglois, et que nous avions tout à craindre de ces féroces ennemis : cette dernière lettre fait la gloire de son auteur et notre justification.

Vive la République !

BONNET.

Arcahaye, 22 juillet 1797.

Au général Rigaud, commandant la province du Sud.

La guerre que le commissaire Sonthonax allume contre vous doit vous convaincre de la perversité de ses projets, et de sa constante résolution de faire de Saint-Domingue le sépulcre de tout ce qui fut, avant la révolution, libre et propriétaire. Cet homme altéré de sang, après avoir anéanti, ou, pour mieux dire, réduit à un tel point de nullité les blancs, qu'il n'a plus rien à craindre d'eux, appelle la vengeance des nègres contre les hommes de couleur. Les malheureux blancs qui se trouvent dans son parti, aveuglés par la haine et le préjugé, abondent dans son sens. Pour les y amener, il a dépeint à leurs yeux les hommes de couleur comme les destructeurs de Saint-Domingue. Le perfide sait bien le contraire; mais pour justifier ses atroces complots, il le répète sans cesse. Le Gouvernement françois feint de le croire, ou le croit réellement; il vous a mis hors la loi; et Sonthonax, avide de tout ce qui peut contribuer à faire couler un sang qui n'eut d'autre tort que celui de l'avoir écouté, a déjà sonné le tocsin de la mort sur la tête de ce qu'il appelle aujourd'hui les mulâtres.

De grands préparatifs sont faits contre vous ; le nègre Toussaint, aidé des blancs qui ont eu la lâcheté de se ranger sous sa bannière, emploie la vigilance la plus active pour s'ouvrir une communication dans le Sud (nous le gênons, à la vérité; il faudroit pour cela nous forcer, et la chose n'est pas aisée). Je ne crois pas, quoi que m'en aient dit quelques-uns de ses partisans que j'ai été à même de voir ces jours derniers, que son projet soit de vous attaquer à force ouverte. Cet esclave est trop lâche pour l'entreprendre ; mais je suppose qu'il compte sur l'influence que lui donne sa couleur et le rôle qu'on lui fait jouer sur les noirs, pour capter ceux de votre province ; alors vous vous verriez réduit à périr de la main de ses satellites, devenus plus féroces à l'instigation des bourreaux qui arment leurs bras contre vous.

Vous connoissez sans doute la proclamation de SONTHONAX par rapport à vous ; vous aurez sans doute remarqué, avec quelle barbare adresse il rappelle l'affaire des nègres de la Croix-des-Bouquets, connus sous la dénomination de Suisses, embarqués par Caradeux pour la baye des Moustiques.

Attendrez-vous que ce monstre consomme ses forfaits ? Attendrez-vous qu'il porte les derniers coups à la population libre, et que par son machiavélisme il soit parvenu à faire de cette isle superbe une nouvelle Guinée ? La faction dont il est l'agent n'eut jamais d'autre but ; et quoique ce terrible système soit changé en France, le cruel n'a pas renoncé à ses projets. Ouvrez, je vous en conjure, les yeux ; promenez vos regards dans l'avenir, et recourant à cette énergie qui vous a fait surmonter tant d'obstacles, prenez un parti qui vous sauve et ceux que la fortune lie à votre sort, d'un massacre et d'une proscription semblable à celle qu'il exerça contre les blancs, lors de son premier voyage dans cette colonie. Nous touchons peut-être au moment où une paix générale rendue à l'Europe, réglera les destinées de Saint-Domingue. Ne seroit-il pas flatteur pour vous d'avoir préservé les restes infortunés des hommes et des propriétés des lieux où vous commandez, de la fureur dévastatrice de brigands qui ne connoissent que l'anarchie ? Croyez que quelle que soit la puissance destinée à posséder Saint-Domingue, elle s'estimera heureuse d'y trouver le noyau d'une colonie contre laquelle tant de coups ont été dirigés ; et les conservateurs auront seuls raison.

N'attendez pas que la guerre s'allume dans les lieux où vous commandez; vous connoissez ses ravages ; ils entraîneroient infailliblement la destruction de ce que vous avez conservé, et le hideux en retomberoit sur vous.

Je ne vous propose aucun parti, vous êtes grand et sage. Je vous envoie un ouvrage imprimé vers la fin de l'année dernière, sous les yeux du Directoire françois; lisez-le avec attention ; cette lecture fixera votre opinion sur tout ce qui a trait à la colonie. Je désire que vos réflexions se rencontrent avec les miennes.

Si vous êtes jaloux de répondre à mon ouverture, j'en serai enchanté ; cela pourroit nous mener, sans compromettre notre honneur, à quelque chose d'utile à la colonie. Je suis autorisé à cette démarche par mes chefs ; le désir de concourir à la restauration de mon pays me l'a fait entreprendre. Par le moyen de mes bâtimens armés, vous pouvez correspondre sans craindre les barges de Léogane. Je ne vous indiquerai aucuns moyens d'exécution ; peut-être ne les auriez-vous pas ; mais ces bâtimens me les donnent. Celui qui protège le parlementaire chargé de la présente, reparoîtra cinq jours après son arrivée devant le Petit-Goave. Alors à un signal, qui sera pavillon national devant, et anglois derrière, vous pourrez le renvoyer. Votre loyauté m'est garant de sa sûreté. Son équipage est de deux hommes.

Faites tout pour la perfection de votre ouvrage, la conservation ; c'est votre apanage, ne souffrez pas qu'on le souille. Je ne puis m'étendre davantage. Il me suffit, j'ai commencé, continuez, et si vous le désirez, nous nous expliquerons ouvertement.

Signé J.-B. LAPOINTE.

Pour copie conforme :

Signé A. RIGAUD.

Aux Gayes, 26 messidor an 5.

Le général Rigaud à J.-B. Lapointe, aux Arcahayes.

J'ai reçu, avec autant de surprise que vous méritez de mépris, la lettre que vous m'avez écrite, et mon étonnement s'est accru à chaque ligne que j'en ai lue.

D'abord j'ai cru que ce pouvoit être l'aveu des crimes que vous avez commis envers votre patrie et vos frères ; je m'imaginois que, reconnoissant enfin la profondeur de l'abyme où vous vous êtes précipité, vous vouliez avant de subir le sort qui vous attend, transmettre à la postérité, par mon entremise, le tableau des plaies que vous avez faites à l'humanité : mon cœur s'ouvriroit à la joie en vous voyant susceptible de remords..... Mais non ; vous persévérez dans le vice, et vous osez proposer à un républicain intègre de vous imiter, de sacrifier ainsi la gloire de vous avoir combattu, vous et vos maîtres, et d'avoir constamment résisté à vos efforts réunis, à vos promesses et à vos menaces, et dans quel tems, grand Dieu, osez-vous tenir ce langage! Au moment même où la paix rendue à l'Europe, dites-vous, réglera les destinées de Saint-Domingue. Ces destinées peuvent-elles être incertaines? et Lapointe peut-il se flatter d'en goûter le fruit? La colonie de Saint-Domingue peut-elle appartenir à une autre puissance qu'à la République françoise? et pouvez-vous espérer d'y finir paisiblement vos jours, après avoir abreuvé cette terre de tant de sang innocent?

Est-ce vous qui prenez tant d'intérêt à mes camarades et moi, vous qui avez fait égorger impitoyablement ceux qu'il étoit en votre pouvoir de sauver? Vous qui auriez consommé, si vous l'aviez pu, la destruction de tous les hommes de couleur attachés à leur patrie, avez l'audace de vous montrer sensible aux malheurs dont vous les croyez menacés?

Si nous avons quelques différens avec les agens que le Gouvernement françois a envoyés dans la colonie, c'est à ce Gouvernement seul à en connoître. Nous n'avons et ne voulons avoir d'autre appui que sa justice.

Si les Africains, pour la liberté desquels j'ai combattu, devenoient ingrats au point de méconnoître mes services, je n'en serois pas moins fidèle à ma patrie, pas moins attaché aux sublimes principes qui m'ont dirigé : je trouverai au fond de mon cœur la douce consolation d'avoir embrassé une cause à laquelle la mienne est nécessairement liée, et qui auroit été aussi la vôtre si vous aviez connu vos vrais intérêts ; mais ils ne sont pas tous aussi injustes à mon égard, et l'affection de ceux qui me connoissent me venge bien de la haine qu'on a suggérée à ceux qui n'ont pas été à portée de m'apprécier. Au reste, un républicain qui, pour le bonheur de son pays, sait affronter la mort dans les combats, doit-il la craindre de la part des factions de l'intérieur ? Et cette crainte doit-elle le porter à trahir ses devoirs, à vivre dans l'ignominie plutôt qu'à mourir, s'il le faut, avec gloire et sans reproche ?

Il n'est pas étonnant que vous m'ayez envoyé un livre composé par un colon qui ne parle que de la nécessité de maintenir l'esclavage. La lecture que j'en ai prise n'a fait que me convaincre de la conformité des principes de l'auteur avec les vôtres et ceux de vos pareils.

Je dois réprimer votre insolence, et relever le ton méprisant avec lequel vous me parlez du général françois, Toussaint Louverture. Il ne vous convient pas de le traiter de lâche, puisque vous avez toujours craint de vous mesurer avec lui ; ni d'esclave, parce qu'un républicain françois ne peut pas être un esclave. Ces titres vous appartiennent, parce que vous n'avez jamais su combattre vos ennemis qu'avec les armes de la perfidie lorsqu'ils étoient sans défense, et parce que vous servez des hommes dont vous ne pourrez jamais devenir l'égal ; que vous travaillez en les servant, à maintenir l'esclavage. Toussaint, au contraire, combat sous les drapeaux de la liberté pour affranchir les hommes que vous asservissez. Sa qualité de nègre ne met aucune différence entre lui et ses concitoyens, sous l'empire d'une constitution qui n'établit pas les dignités sur les nuances de l'épiderme.

Lorsque vous aurez pris connoissance de mes sentimens par la lecture de la présente, vous serez sans doute convaincu que mon honneur seroit gravement compromis si j'avois une plus longue correspondance avec vous. Je ne réponds à votre ouverture que pour vous payer le juste tribut d'indignation que votre conduite liberticide et sanguinaire vous attire de la part de tous les hommes sensibles. Chargé de si grands forfaits, il ne vous reste plus *d'honneur. Vos chefs* ont si bien senti cette vérité qu'après m'avoir envoyé des propositions anonymes, ils vous ont chargé de m'en faire de signées, comme n'ayant pas *d'honneur à compromettre*. Mais moi, qui suis jaloux de conserver le mien, je ne puis longtemps m'entretenir avec un traître.

Vos envoyés ne méritent pas plus d'égard que vous; car ce sont aussi des François rebelles à leur patrie, et exposés à toute la rigueur de ses lois. Ils ne peuvent être considérés comme parlementaires, étant chargés d'une mission contraire à toutes les lois de la guerre. Ce ne seroit donc pas manquer de loyauté que de les retenir, et je ne les renvoie que pour vous faire parvenir ma réponse.

A. RIGAUD.

MÉMOIRE

Sur la situation du département du Sud de Saint-Domingue, adressé au ministre de la marine et des colonies.

PAR

GUY-JOSEPH BONNET,

Aide de camp du général Rigaud, commandant ledit département.

Paris, le 22 vendémiaire an 7 de la République française, une et indivisible (13 octobre 1797).

CITOYEN MINISTRE,

L'île de Saint-Domingue a été considérée dans tous les temps comme une de nos plus importantes possessions dans le Nouveau-Monde. Aucune n'a contribué davantage à la grandeur et à la prospérité de la France; et sous ce rapport elle n'a cessé d'être l'objet particulier des plus vives sollicitudes du gouvernement. Né dans cette colonie, personne ne peut mieux que vous, sans doute, juger de toute son importance; personne ne doit mieux sentir combien il est de la gloire et de l'intérêt de la République de veiller sur un établissement aussi précieux, et d'écarter par les secours de tout genre que sa situation exige, les dangers pressants qui le menacent de toutes parts.

Jaloux de contribuer, autant qu'il est en mon pouvoir, au salut d'un pays qui m'a vu naître, je m'empresse de vous faire part, Citoyen ministre, de quelques observations que les circonstances où se trouve la colonie m'ont suggérées, et de vous communiquer, surtout, les renseignements les plus précis sur les besoins de la partie du Sud, qu'une résidence habituelle m'a mis à portée de connaître plus particulièrement. Ce travail, d'ailleurs, est un devoir sacré auquel je ne puis me soustraire, il fait partie de la mission dont le général Rigaud m'a chargé, et j'aurais même fixé d'abord l'attention du gouvernement sur cet objet si, à l'époque de mon arrivée en France, j'avais pu me flatter de recueillir quelque avantage des détails où je serais entré à cet égard. Mais à peine échappé des mains des féroces Anglais qui m'avaient retenu prisonnier neuf mois consécutifs à bord des *Rewings schips*, parvenu enfin à ma destination, après un long circuit, lorsque je croyais que ma mission n'avait plus d'obstacles à éprouver, je m'aperçus avec douleur combien la malveillance avait profité de mes revers, en semant de tous côtés les bruits les plus injurieux, les calomnies les plus atroces. J'entendais accuser de trahison le brave général Rigaud, qualifier de rebelles les fidèles citoyens du département du Sud. Des hommes astucieux et pervers, essayant de jeter un voile sur les délits de tout genre dont ils s'étaient rendus coupables, s'empressaient d'accuser leurs propres victimes, et de noircir dans l'esprit du gouvernement ceux mêmes dont ils avaient à craindre le redoutable témoignage.

Je dus commencer par détruire des préventions aussi injustes. Attaché particulièrement au général Rigaud, mon premier soin fut de repousser les accusations infâmes dirigées contre un officier irréprochable, qui n'a cessé de donner des preuves de son dévouement à la République ; qui, par son courage, ses talents militaires, a préservé du joug odieux des Anglais le territoire confié à son commandement, et dont les soins, la surveillance active pour la restauration et le progrès des cultures, ont mis cette partie de Saint-Domingue à même de fournir, un jour, des ressources nouvelles au commerce de la France. Ce premier devoir rempli, je vais m'occuper, Citoyen ministre, du dernier objet de ma mission. Les nuages qui obscurcissaient la vérité sur les causes des derniers troubles de Saint-Domingue commencent enfin à se dissiper ; l'accueil que le général Hédouville a reçu dans cette colonie a démontré suffisamment l'absurdité des bruits que la malveillance s'était plu à répandre ; la tranquillité est enfin rétablie ; les Anglais sont chaque jour repoussés du territoire français, et le dernier échec qu'ils viennent d'essuyer dans l'attaque dirigée contre la ville des Cayes est un nouveau démenti que donnent à leurs lâches calomniateurs les fidèles citoyens du département du Sud. Je trahirais leur espérance si je me taisais plus longtemps sur les besoins en tout genre qu'ils éprouvent, et si je différais à vous faire connaître, Citoyen ministre, les secours qu'ils ont droit d'attendre de votre justice et de la sollicitude qui vous anime pour les intérêts de la République.

Je vais d'abord mettre sous vos yeux, Citoyen ministre, un précis court et exact du département du Sud ; je vous ferai connaître ensuite les secours qu'il est indispensable de lui procurer le plus promptement possible pour le mettre à l'abri de toute invasion étrangère, et j'oserai enfin soumettre à votre sagesse quelques-unes des mesures qui m'ont paru les plus propres à rétablir à jamais l'ordre et la tranquillité dans cette portion intéressante de la colonie, et de l'élever même au degré de prospérité dont elle est susceptible.

Saint-Domingue a été longtemps le théâtre des événements les plus désastreux, où l'ambition et la cupidité ont joué les plus grands rôles. La liberté ayant à lutter contre la tyrannie la plus odieuse qui jamais ait pesé sur l'espèce humaine, n'a pu renverser tous les obstacles qui retardaient son triomphe, sans exciter de violentes secousses, qui ont troublé l'ordre social ; et la résistance opiniâtre que le despotisme a opposée a dû nécessairement le faire tomber avec plus de fracas. L'œil du philosophe ne doit point s'arrêter sur quelques-uns de ces déplorables résultats du choc de tant d'opinions différentes, il doit remonter à leur source, afin de détruire les effets en détruisant la cause. Le remède salutaire qui doit opérer un si grand bienfait est dans le choix des agents que la Constitution appelle à représenter le gouvernement français dans les colonies. Cette vérité a été sentie du Directoire, et déjà Saint-Domingue, fatigué du joug anarchique qui lui a été imposé si longtemps, respire enfin sous l'administration du général Hédouville. Le compagnon d'armes de l'immortel Hoche ne démentira pas la haute opinion qu'on a conçue de ses talents et de ses vertus ; il justifiera le choix du gouvernement, et remplira l'attente d'un peuple infortuné qui a fondé sur lui toutes ses espérances.

Les divisions fomentées et alimentées par un homme qu'animait seulement la soif des richesses et du pouvoir arbitraire, n'existent déjà plus. Ceux que trop de chaleur avait entraînés un moment au delà des bornes sont rentrés sous le joug des lois ; un rapprochement fraternel vient de les rattacher pour jamais à la cause commune. Les torches de la discorde sont enfin étouffées, les lois ont repris leur empire, et l'union des principales autorités en assure l'exécution ; enfin tous les esprits en ce moment sont dirigés vers un seul et même but : l'établissement d'une constitution sage et populaire qui doit rétablir à jamais l'ordre et la tranquillité à Saint-Domingue. La culture, cette mère de l'abondance, fait les progrès les plus rapides, et toute la surface de ces riches campagnes, jadis ravagées par les flammes, n'offrent plus que le spectacle de champs fertiles, cultivés avec soin par des mains libres et laborieuses, et prêts à réparer les pertes que le commerce français a essuyées.

L'aspect militaire de la partie du Nord paraît imposante : celle du Sud n'est pas, à beaucoup près, dans un état de défense aussi respectable. On peut affirmer, sans craindre d'être démenti, qu'abandonnée à elle-même, oubliée, pour ainsi dire, par la métropole, elle n'a subsisté jusqu'à ce jour que par le civisme de ses habitants. Elle n'a rien reçu de France depuis le commencement de la révolution; et, à l'exception de quelques centaines de fusils et d'un peu de poudre, elle n'a point participé à la répartition des armes, munitions, effets d'habillement et équipement que le gouvernement y avait fait passer en floréal an IV (avril-mai 1796) avec ses agents. Tous ces objets ont été distribués et disséminés dans le Nord. Plusieurs places du département du Sud, principalement celle des Cayes (regardée comme la clef de cette partie par son commerce et la fertilité de son territoire), auraient besoin de régulariser leurs fortifications; mais le dénûment de grosses pièces d'artillerie a toujours mis obstacle à l'exécution de cette entreprise, à laquelle néanmoins est attaché le salut de ce département. Une armée de douze mille hommes aguerris et disciplinés veille sans relâche à sa défense; mais ils sont mal armés, mal équipés. Sept places fortes offrent quelque résistance, mais elles sont dépourvues de munitions et d'une grande partie des ustensiles nécessaires au service de l'artillerie.

Les Anglais sont à nos portes; ils occupent encore la plus riche et la plus florissante contrée de la colonie, Jérémie enfin ; et, quel que soit le courage des citoyens, quelque ardent que soit le désir qu'ils éprouvent depuis longtemps de nettoyer le territoire français de cette horde féroce, ils ne peuvent guère se flatter de réussir dans une entreprise de cette importance, tant qu'ils seront dénués des moyens propres à en assurer le succès. La garde nationale sédentaire, les cultivateurs mêmes des campagnes brûlent de combattre les ennemis de la République ; mais tant de zèle reste inutile, le défaut d'armes paralyse tant de bras redoutables. Depuis que la France est en guerre avec les puissances maritimes, que de sacrifices il a fallu faire, à Saint-Domingue, pour se maintenir seulement sur la défensive! Le général Rigaud a été forcé de faire venir des munitions par la voie des États-Unis, et il a fallu payer jusqu'à 18 fr. la livre de poudre.

Les tribunaux sont organisés, mais ils sont dépourvus des lois de la République qui doivent les diriger dans l'exercice de leurs fonctions. L'administration de la marine éprouve le même dénûment. Le commerce est actif, mais toutes ses richesses passent chez l'étranger. L'instruction est nulle et les lumières rétrogradent chaque jour. Les hôpitaux, enfin, ces établissements si précieux, si indispensables, surtout en temps de guerre, n'offrent aucune ressource aux défenseurs de la patrie, dont le sang a coulé dans les combats. On y compte peu d'officiers expérimentés; on y manque de médicaments, et la nature a presque seule fait, jusqu'ici, tous les frais de la médecine.

Tel est, Citoyen ministre, le tableau, malheureusement trop fidèle, de la situation où se trouve le département *du Sud* de Saint-Domingue. Permettez-moi de vous transmettre rapidement quelques observations à cet égard. Sans doute le général Hédouville fera connaître au ministre les besoins de cette portion de la colonie; mais le service souffre, et le moindre retard peut devenir funeste. Il est d'ailleurs pour chaque citoyen un devoir sacré, celui de transmettre au gouvernement tous les renseignements qui peuvent devenir utiles au bien de son pays. C'est un tribut que je dois à la chose publique, et que je m'empresse de lui payer.

Pour assurer la défense du département du Sud, il faut 10,000 *fusils*, autant de *gibernes* et de *havresacs;* 4,000 paires de *pistolets d'arçon*, 4,000 paires de *pistolets de ceinture;* 4,000 *sabres* pour la cavalerie; 4,000 *briquets* pour les grenadiers et les canonniers; l'habillement complet de 12,000 hommes; 2 *mortiers* de campagne avec 1,000 *bombes;* 1 *fourneau* de campagne et tous ses attirails; 2 *coulevrines* de 16 ou 18, en bronze, montées sur des affûts de campagne; une compagnie de *bombardiers artificiers;* 2 *officiers* du *génie;* 8 *sergents instructeurs* pour l'artillerie; 100 milliers de *poudre;* les matières nécessaires pour composer les artifices, et plusieurs exemplaires de la collection des lois militaires.

Une *musique guerrière* excite et soutient le courage du soldat;

il serait donc à désirer qu'on envoyât quelques *musiciens* pour l'armée du Sud qui n'en a jamais eu.

Dans la partie du Sud, les troupes n'ont commencé à toucher une *demi-solde* que le 1er vendémiaire an IV (23 septembre 95), tout ce qui est antérieur à cette époque leur est dû; elles comptent, à cet égard, sur la justice du gouvernement.

Au départ des commissaires civils, Polverel et Sonthonax, en prairial an II (juin 94), le général Rigaud resta *chef supérieur de la partie du Sud et quartiers de l'Ouest y attenants,* avec la qualité de *gouverneur général* dont l'avaient revêtu lesdits commissaires. La reprise de Léogane et de Tiburon sur les Anglais ayant nécessité une augmentation dans la force armée, ce général fut obligé d'accorder des *brevets* provisoires aux nouveaux officiers, ainsi qu'à ceux que les différentes mutations portaient à des grades supérieurs. Ces brevets n'ont été encore confirmés par aucune autorité supérieure, et les malintentionnés, ceux qui ne trouvent de bonheur que dans le désordre, se plaisent à insinuer à ces officiers que leur qualité est méconnue par le gouvernement, et qu'ils seront tous destitués. Cette insinuation perfide jette la crainte dans l'âme de ces militaires, et et cette crainte peut produire des effets dangereux au succès de nos entreprises militaires et peut influer sur la tranquillité intérieure. En conséquence, je sollicite, au nom de la justice, au nom du bien public et au nom de ces braves républicains qui vainquirent tant de fois les Anglais à Saint-Domingue, la confirmation de ces brevets provisoires.

Il y a quelques hôpitaux militaires établis dans le département du Sud; mais ils sont tous, comme je l'ai déjà dit, dépourvus de médicaments et d'officiers de santé : le bien du service exige même que le nombre en soit augmenté. Il en faut nécessairement aux Cayes, à Saint-Louis, à Tiburon, au Petit-Trou, au Petit-Goave, à Jacmel et à Léogane, toutes places fortes où on est obligé d'entretenir une nombreuse garnison. Ce n'est pas l'humanité seule qui commande ces établissements, la discipline militaire y est elle-même intéressée. On est forcé, chaque jour, pour suppléer aux hôpitaux, de donner des congés aux soldats pour se faire traiter à la campagne, ce qui entraîne les plus grands abus et détruit d'ailleurs entièrement la subordination. Il faut, pour obvier à des inconvénients aussi graves, plusieurs *officiers de santé,* instruits et expérimentés, une quantité suffisante de *drogues médicinales*, et qu'un hôpital soit établi dans chacune des places que j'ai désignées.

Les *finances* sont épuisées, la pénurie la plus grande existe dans les caisses de l'État; l'économie la plus sévère ne peut remplir le vide qui se fait remarquer si sensiblement; les contributions ne suffisent pas aux dépenses de la colonie, et la perception des impôts *se faisant en denrées*, les revenus publics sont sujets aux mêmes variations que le prix de ces denrées. Pour assurer le service, en attendant qu'on puisse y faire passer des moyens pécuniaires, il est peut-être indispensable que le gouvernement autorise son agent à faire verser dans les magasins de l'État le produit des habitations dont les propriétaires sont absents, et à fournir à ceux-ci ou à leurs chargés de procurations des *lettres de change* sur le trésor national, lesquelles seraient acquittées sur-le-champ moyennant un crédit qui sera ouvert à la trésorerie à cet effet.

La culture est parfaitement rétablie dans la partie du Sud, à l'exception de la commune de Tiburon, dont la proximité avec les camps ennemis a fait déserter les cultivateurs qui n'avaient point de sûreté contre les incursions des Jérémiens. La plaine de Léogane, qui avait été ravagée par les flammes, lorsque les Anglais s'en étaient emparés, se rétablit avec beaucoup de rapidité, et bientôt les immenses revenus qu'on en retirera feront oublier les malheurs qu'elle a éprouvés. La partie du Nord renaît de ses cendres, grâce aux soins vigilants de l'agent du Directoire, le citoyen Raimond. Cette situation des choses, quoique satisfaisante, peut être amenée à un degré plus brillant. On atteindrait facilement ce but, si le gouvernement encourageait le commerce français à faire des armements pour la colonie, en lui accordant une prime sur les objets de première nécessité; mais en attendant que nous puissions, par nous-mêmes, nous procurer les instruments aratoires dont nous avons un urgent et indispensable besoin, il serait à désirer que le ministre pût y envoyer des *houes, serpes, couteaux à indigo, haches*, petits sabres vulgairement appelés *manchettes, cuillères à sucres, écumoires*, et d'autres ustensiles servant à la fabrication du sucre.

D'après le tableau que je viens de tracer de l'état actuel de la culture à Saint-Domingue, on serait peut-être étonné que la culture ne pût suffire elle-même à tous ses besoins; mais j'observerai que dans le temps de sa plus grande splendeur, elle n'y a jamais suffi; par conséquent, elle le peut encore moins, après avoir éprouvé des secousses si violentes, et sans cesse harcelée par un ennemi puissant et dangereux. Au surplus, que l'on considère que les administrateurs de la colonie ont été obligés d'affermer un grand nombre d'habitations dont la plupart étaient en friche. Cette mesure était la seule qui pouvait amener un résultat heureux et satisfaisant. Les prix de ces fermes ont dû être très-modiques; or, il n'est pas étonnant que le produit qu'en retire l'administration ne soit pas fort considérable, mais l'époque de la cessation de ces fermes produira de très-grands avantages à la République et aux propriétaires desdites habitations.

Dans un État républicain l'*instruction* est la sauvegarde de la liberté. Saint-Domingue, privé sous le règne de la tyrannie de ce bienfait inappréciable, peut aujourd'hui le réclamer avec confiance de la plus généreuse des nations qui, la première, brisa les chaînes de l'esclavage. Les Français d'occident ont aussi du goût pour l'étude; ils sont nés pour les sciences; éclairés par le flambeau de la philosophie, leur génie peut s'élever jusqu'aux sciences les plus abstraites; et la république des lettres, en étendant son domaine, n'oubliera pas de transmettre à la postérité le nom du ministre bienfaisant qui lui aura procuré cet avantage. En attendant que l'ouverture des communications puisse permettre l'établissement de plusieurs *colléges* à Saint-Domingue, je sollicite, au nom de cette jeunesse qui fait l'espoir de la patrie, l'envoi dans la colonie de *six instituteurs*, savoir : deux pour diriger l'école centrale établie au Cap par la commission du gouvernement, et les quatre autres pour en former une dans la ville des Cayes, qui sera destinée à recevoir les enfants des citoyens des départements du Sud et de l'Ouest. De pareils établissements offrent à la fois deux grands avantages, celui de l'instruction qui conduit à la civilisation, et celui, plus grand encore, de cultiver ces jeunes esprits dans les principes républicains : principes qui ne peuvent prendre racine que dans des cœurs non encore atteints par la corruption. Si le ministre se déterminait à faire passer ces instituteurs, il serait nécessaire de les munir des *livres classiques*, attendu la rareté de ces objets à Saint-Domingue.

De fréquentes communications avec la colonie deviennent chaque jour un objet fort essentiel, et la facilité de correspondre avec la mère patrie produira un effet salutaire sur tous les esprits. La saison où nous sommes est des plus favorables pour y expédier une *frégate*, les escadres ennemies étant obligées de s'éloigner des côtes et de rentrer dans leurs ports. Si le ministre approuve mes observations, et qu'il veuille faire l'envoi des objets que je lui ai indiqués pour la défense de la colonie, je sollicite mon retour; ma tâche étant remplie, je dois rejoindre mes drapeaux ou rentrer dans mes foyers.

Je termine ici, Citoyen ministre, les renseignements que mon zèle pour le bien de la colonie me faisait un devoir de vous donner; je n'ai pas cru qu'il fût nécessaire de parler de son *organisation civile*, cette matière étant trop délicate à traiter pour qu'un talent médiocre osât l'entreprendre. J'ai laissé ce soin au général Hédouville, pour ne m'occuper que de vous faire connaître nos besoins les plus pressants. Si vous daignez accueillir mes demandes, la conservation de Saint-Domingue sera votre ouvrage, et la reconnaissance de ses habitants sera le prix de vos bienfaits.

Salut et respect.

Signé BONNET.

NOTA. Ce mémoire était déjà achevé lorsque j'ai appris l'évacuation de Jérémie par les Anglais, et l'arrivée à la Corogne du général Watrin, porteur des dépêches du général Hédouville pour le gouvernement. Malgré les précieux renseignements que ces dépêches doivent contenir, je n'ai pas cru devoir rien retrancher des miens; je les présente donc dans le même ordre que je les ai tracés avant que j'eusse connaissance de ces nouvelles satisfaisantes.

TABLE ANALYTIQUE.

PREMIÈRE PARTIE.

                   PAGES.

INTRODUCTION   v

CHAP. I. — Bonnet, ses premières années ; rupture des concordats ; incendie de Port-au-Prince ; son emprisonnement ; camp de la Croix-des-Bouquets, son retour à Léogane et sa nomination au grade de capitaine du contingent marchant, sous Rigaud, au siége de Port-au-Prince.
Romaine *la Prophétesse*; Saint-Léger, commissaire civil, dissout sa bande. Soulèvement de la plaine du Cul-de-Sac ; Bélisaire roi. Loi du 4 avril ; arrivée des commissaires civils Polverel, Sonthonax et Aillaud ; livraison de plusieurs villes aux Anglais ; esprit qui anime l'armée des hommes de couleur ; conseil de guerre, jugement de Dupaty.   1

CHAP. II. — Polverel et Sonthonax, décrétés d'accusation, confient le département du Sud à Rigaud. Organisation préalable ; prise de Léogane ; prise de Tubiron ; l'armée marche sur Port-au-Prince ; affaire de Truitier.
Décret du 5 thermidor, l'armée de Saint-Domingue a bien mérité de la patrie. Pinchinat, Salla et Fontaine, envoyés pour remercier la Convention nationale, se rendent au Cap. Laveaux consent à la formation des assemblées électorales ; les députés sont rappelés. Affaire du 30 ventôse
Seconde mission de Sonthonax ; projet de vengeance contre les hommes de couleur. Mise hors la loi de Villate ; Rey, Leborgne, Keverseau, envoyés aux Cayes ; conduite des délégués dans le Sud ; attaque du camp Perrein ; Desfourneaux battu ; arrestations dans la ville des Cayes ; affaire de fructidor.   21

CHAP. III. — Mission en France ; le navire qui porte les députés est capturé par la croisière anglaise qui rallie au Môle Saint-Nicolas l'amiral Parker. Captivité des envoyés sur les pontons à Portsmouth ; leur délivrance; débarquement à Cherbourg. La faction royaliste domine en cette ville. Après le 18 fructidor, Pinchinat et Rey-Delmas se rendent à Paris; Bonnet est retenu à Cherbourg. Il adresse une pétition au conseil des Cinq-Cents, la consigne est levée. Position dans laquelle il retrouve Pinchinat; sa détermination de défendre les opérations du Sud; son entrevue avec le ministre de la marine; il dîne chez M. Vincent; son mémoire en réfutation des assertions de Sonthonax. Persécution dans les bureaux; il est attaché à l'Expédition d'Égypte; le Directoire lui donne audience; Barras lui remet une carte de sûreté. Il utilise son séjour à Paris en se livrant à l'étude; de Pelletier et de la police de Paris. Rapport d'Hédouville. Bonnet essaye de conjurer la guerre civile; il expose ses vues, le gouvernement approuve ses idées; une frégate est mise à sa disposition, il se rend à Bordeaux pour s'embarquer. Le ministre contremande l'ordre. Retour de Bonnet à Saint-Domingue sur un navire de commerce. 45

Chap. IV. — Des causes qui ont amené la guerre civile; les colons, leurs vues, leurs tendances. Polverel et Sonthonax, divergence de leur caractère; jalousie de Sonthonax envers Polverel et sa haine contre les hommes de couleur. Montbrun, sa lutte avec Desfourneaux, préventions des commissaires civils contre lui; différends avec Beauvais; intervention de Rigaud, embarquement de Montbrun. Villatte, sa belle défense du Cap; jalousie de Laveaux; Toussaint Louverture passe au service de la république; menées de Laveaux et des colons pour l'opposer à Villatte et aux hommes de couleur; Sonthonax vient se jeter dans ce parti, il livre ses pouvoirs à Toussaint qui le renvoie de la colonie. Hédouville, conduite de Toussaint et de Rigaud à son arrivée; Toussaint propose à Rigaud de chasser l'agent. Capitulation de Jérémie et du Môle. Toussaint méconnaît l'autorité de Hédouville. L'agent du Directoire exécutif, obligé de se retirer, maintient Rigaud dans le commandement du département du Sud. . 67

Chap. V. — Guerre civile; Delva prend possession du petit Goave; hésitations de Rigaud. Roume paralyse Beauvais qui abandonne la garnison de Jacmel; siége de cette ville, noble conduite de Pétion. Geffrard et Bonnet s'échelonnent alternativement et protégent la retraite de l'armée du Sud; passage du morne Saint-Georges; Bonnet reçoit un brevet de colonel. Défection de Lefranc, Bonnet le remplace dans le commandement de Saint-Louis; M. Vincent vient inviter Rigaud à faire sa soumission; les garnisons de Saint-Louis et de Cavaillon livrent ces places à Dessalines; Geffrard s'évade par adresse; retraite du département du Sud; Rigaud à Saint-Thomas et à la Guadeloupe. La goëlette qui porte les officiers du Sud relâche à Curaçao; ces officiers rallient l'expédition du général Jeannet. Projet d'attaque contre Curaçao; Bonnet envoyé à Santo-Domingo avec mission de réunir les débris de l'armée de Rigaud; Toussaint Louverture à Santo Domingo; la combinaison échoue. Bonnet obtient passage sur une frégate des États-Unis, et se rend à San-Yago de Cuba; son séjour en cette ville.   83

Chap. VI. — Expédition française; les réfugiés à Cuba sont rapatriés par *l'Indienne*, capitaine Proto. *La Créole*, capitaine Massa, les conduit à Saint-Marc. Combat de la Crête-à-Pierrot, Entrevue de Rigaud et de Bonnet. La déportation de Rigaud excite la défiance de Bonnet qui cherche à se mettre à couvert. M. Morin l'emploie sous le titre de garde du génie. Cruautés de Rochambeau; bal au gouvernement; Lamahotière est pendu; Bonnet se rend au Cap pour se rallier à Pétion. Geffrard le rejoint en cette ville; patriotisme des femmes du Cap. Pétion lève l'étendard de la révolte; ordre d'arrestation de Dessalines; soulèvement à la Petite-Rivière. Pétion attaque le Cap, il est repoussé; mort de Leclerc, Rochambeau est élevé au gouvernement général: deuxième attaque du Cap; la colonne de Christophe atteint le Champ-de-Mars. Une compagnie de jeunes gens de couleur fait rebrousser chemin à la colonne; conduite de Rochambeau. Geffrard s'enfuit du Cap. Assemblée tenue par Rochambeau; Bonnet retourne à Cuba. Jonction de Pétion et de Dessalines; Pétion le reconnait pour chef de l'insurrection. Geffrard s'empare de Jérémie. Bonnet le rejoint en cette ville, et, de là, se rend à l'armée qui campait à l'Arcahaie. Dessalines nomme Bonnet adjudant général, campagne de Port-au-Prince; Bonnet va traiter avec le général Lavalette de la capitulation de cette ville.   99

DEUXIÈME PARTIE.

Chap. I. — Dessalines. Projet d'incendie et de pillage de Port-au-Prince; Germain Frère veut faire passer par les verges les femmes de la rue des Fronts-Forts; acte de proclamation de l'indépendance d'Haïti; massacre des blancs; administration désordonnée; orgies; Christophe veut renverser l'empereur; projet de spoliation des propriétés anciennes; soulèvement au Port-Salut; Gérin est placé à la tête de la révolution. Mort de Dessalines.   125

Chap. II. — Conseil tenu à Port-au-Prince; on arrête en principe l'établissement d'une république. Bonnet, chargé d'offrir à Christophe la première magistrature, est envoyé au Cap. Exclamation de Christophe lorsqu'il apprend la mort de Mentor. La Constituante se forme, la Constitution est votée. Christophe marche contre l'assemblée. Combat de Sibert; attaque de Port-au-Prince. Christophe se retire. L'armée s'élance à sa poursuite. Conseil tenu à l'Arcahaie. Gérin désigné à la présidence. Opposition de Pétion. Opposition de Bonnet. Loi sur l'organisation administrative. Gérin veut renverser cette loi

TABLE ANALYTIQUE.

PAGES.

par une démonstration militaire. Élection de Pétion à la présidence. La commune du Port-de-Paix se prononce en faveur de la république. Bazelais, envoyé au secours des habitants du Port-de-Paix, s'arrête aux Gonaïves; son retour à Port-au-Prince. Lamarre prend le commandement de l'expédition. Ajournement du Sénat. 143

CHAP. III. — Conspiration de Yayou.. 165

CHAP. IV. — Affaire de Magloire Ambroise.. 171

CHAP. V. — Le Sénat, ses actes. Lamarre, sa correspondance. Nouvelle campagne. Pétion donne à Bonnet le commandement de l'armée. Combat de Charette. Le président ordonne de ramener l'armée à l'Arcahaie, remontrances du Sénat. L'armée s'ébranle de nouveau; combat de Couilleau; Bonnet enlève la position de Veyrier; siége de Saint-Marc. Bonnet avec sa gauche enlève le fort libre; sa droite est attaquée par l'ennemi. Christophe veut évaquer la place. Pétion abandonne l'armée et se retire sur la flotte. Bonnet opère sa retraite et sauve l'armée. Détresse de Lamarre au Môle. Le Sénat fait un emprunt au commerce étranger et décrète une contribution extraordinaire. Inquiétude que cause au Sénat la position de l'armée devant Saint-Marc. Gérin appelé à reprendre le service. Retour de Pétion à Port-au-Prince, sa mésintelligence avec le Sénat. Bonnet se décide à accepter la secrétairerie d'État. 192

CHAP. VI. — Bonnet secrétaire d'État; ses premiers travaux. Sabourin et Inginac, chefs de division; antipathie de Pétion contre eux. L'entourage du président veut introduire le gaspillage dans les domaines, la désorganisation dans les finances. Le secrétaire d'État s'oppose à la loi agraire et à la falsification des monnaies. Entraves apportées à l'établissement d'un lycée. Les courtisans se prononcent contre Bonnet. Boyer se met à la tête de l'intrigue; on inspire des craintes à Pétion pour son pouvoir. Suppression de la charge de secrétaire d'État.. 209

CHAP. VII. — Scission du Sud, ses causes. Lys et Bonnet se retirent aux Cayes. Lettre de Pétion à Rigaud, réponse de Lys et de Bonnet à cette lettre. Entrevue du pont de Miragoane. Affaire du 17e régiment. Assassinat de Quenez; mort de Rigaud. Bigot et Prou; intrigues au conseil; élection de Borgella. Une frégate de Christophe vient se rendre au département du Sud. Un commandant anglais attaque la frégate; mort de Bigot; Prou veut venger son ami. Dangers que courent les Anglais aux Cayes. Henry se prononce contre Borgella; fin de la scission du Sud. Pétion aux Cayes. Exil de Bonnet aux États-Unis. 238

CHAP. VIII. — Retour de Bonnet à Port-au-Prince. Conduite de Pétion à son égard. Assassinat de Delva. Relation du siége de Port-au-Prince;

TABLE ANALYTIQUE. 501

PAGES.

Borgella arrête les progrès de l'ennemi au morne de l'Hôpital; Lys, sa belle défense du fort national. Simon, Daumec, Lespinasse élus au Sénat. On ranime les passions contre les hommes qui se sont ralliés à la scission du Sud. Révision de la constitution. Présidence à vie. Les idées de Pétion lui donnent un profond dégoût de la vie. Sa mort. Témoignages d'amour et de regrets du peuple entier. Boyer lui succède, ses premiers actes; il écarte les anciens amis de Pétion; ses défiances contre Sabourin et Inginac. Il révoque le directeur de la monnaie. Projet d'appliquer le Code Napoléon au pays. 263

CHAP. IX. — Christophe, sa tyrannie; terreur qu'il inspire à ses administrés. Révolte de la garnison de Saint-Marc, qui appelle Boyer à son aide. Le roi frappé de paralysie à l'église de Limonade : sa mort. Le président marche sur le Cap, ouverture du Nord. Sage conduite de Boyer; il protége ouvertement madame Christophe et les deux princesses ses filles; il donne le commandement des provinces à des hommes de choix. Conspiration du général Romain. Bonnet va sur les lieux déjouer la conspiration, moyen qu'il emploie; arrestation des conjurés. Le président se rend dans le Nord; sa clémence. Commandement très-étendu confié à Bonnet, qui s'attache à ramener le calme et la confiance. 283

CHAP. X. — Réunion à la république de la partie de l'est d'Haïti. Boyer envoie Béchet prendre les avis de Bonnet. Lettre de Bonnet au président. Un corps d'armée, sous les ordres de ce général, envahit le pays par le nord-est, tandis que le président marche sur Santo Domingo par le sud-est. La jonction des deux corps d'armée s'opère à San-Carlos. Boyer se présente aux portes de Santo Domingo; Nuñes de Carcères lui remet les clefs de la ville. 313

CHAP. XI. — Négociation avec la France. Reconnaissance de l'indépendance d'Haïti; embarras que cet acte suscite. Projet de révision de la constitution. Le code rural. Causes qui arrêtent les progrès de l'agriculture : conseils donnés pour y obvier. Action des tribunaux Échaffourée du cap haïtien. 325

CHAP. XII. — Terrible ouragan dans le département du Sud; dangers que court le président. Agitation à la Petite-Rivière; Bonnet calme l'effervescence; commission d'enquête. Inginac va recueillir des renseignements sur les lieux. Voyage de Boyer à l'Artibonite. Intrigues ourdies contre Bonnet dont le président veut détruire l'influence. Conséquences de cette conduite. Conspiration de Jean Denis. . . 349

CONCLUSION. — Christophe, Pétion, Boyer. Mort de Bonnet. 369

502 TABLE ANALYTIQUE.

PAGES.

APPENDICE. — Exposé de la conduite du général Rigaud dans le commandement du département du Sud de Saint-Domingue. 395

PIÈCES JUSTIFICATIVES. 439

MÉMOIRE sur la situation du département du Sud de Saint-Domingue, adressé au ministre de la marine et des colonies. 488

Paris. — Imprimerie de E. Donnaud, rue Cassette, 9.

www.ingramcontent.com/pod-product-compliance
Lightning Source LLC
Chambersburg PA
CBHW051351230426
43669CB00011B/1603